Logique et épistémologie

Dans la collection Didac-Philo

La collection **Didac-philo (Série générale)** est dédiée aux aspects théoriques et pratiques, historiques et institutionnels de l'enseignement de la philosophie. Elle propose aux enseignants des outils utiles à la conduite de la classe, et à un plus large public des synthèses sur l'éducation par la philosophie et sur les transformations des pratiques scolaires ou extra-scolaires.

http://www.didac-philo.com

Les séries **Notions** et **Les Notions par les textes** offrent des livres de référence sur les notions aux programmes des classes de terminale, des concours des grandes écoles, des Capes et des Agrégations de philosophie. Rédigés par des professeurs de classes préparatoires ou des universités soucieux de rigueur conceptuelle, ces ouvrages montrent comment élaborer un chemin explicatif ou spéculatif original dans le respect des complexités, de l'histoire et de la fécondité des notions abordées.

La théorie, coordonné par Ph. Touchet, 2018.
La vérité, coordonné par Ph. Touchet, 2019.
La morale, par G. Pigeard de Gurbert, 2019.
Le commun, par M. Goëtzman et G. Durieux, 2020.
L'inconscient, coordonné par A. Feron, 2020.
Le langage, coordonné par Ph. Touchet, 2020.
Le bonheur, coordonné par Ph. Touchet, 2021.
L'esthétique, coordonné par C. Guesde, 2021.
Le principe, coordonné par A. Feron et E. Partene, 2021.
La justice, coordonné par Ch. Giolito et É. Zernik, 2021.
Le corps, coordonné par L. Guerpillon et M. Eychenié, 2022.
L'humain et ses limites, coordonné par Ch. Giolito, 2022.
Les sciences humaines, coordonné par Y. Douet et A. Feron, 2022.
Le travail, coordonné par Ph. Touchet, 2022.
L'imagination, coordonné par Ph. Choulet et A. Tomès, 2023.
La politique, coordonné par Ch. Giolito, 2023.
La sensibilité, coordonné par Ph. Touchet, 2023.
La métaphysique, coordonné par L. El Hachimi et E. Partene, 2023.
La religion, coordonné par P.-A. Gutkin-Guinfolleau, 2023.
La création, coordonné par Ph. Touchet, 2024.
Logique et épistémologie, coordonné par P. Wagner, 2025.

SÉRIE « NOTIONS »

sous la direction de Frédéric Cossutta

Marianna Antonutti Marfori, Vincent Ardourel, Anouk Barberousse,
Julie Brumberg-Chaumont, Denis Forest, Henri Galinon,
Philippe Huneman, Mathilde Lequin, Francesca Merlin, Alberto Naibo,
Marco Panza, Anne-Lise Rey, Stéphanie Ruphy, Henri Stéphanou,
Marion Vorms, Pierre Wagner

Logique et épistémologie

Ouvrage coordonné
par
Pierre Wagner

Publié avec le concours de Institut d'histoire et de philosophie des sciences et des techniques, UMR 8590, CNRS, Université Paris 1 Panthéon-Sorbonne

PARIS
LIBRAIRIE PHILOSOPHIQUE J. VRIN
6 place de la Sorbonne, V^{e}
2025

Imprimé en France
ISSN 2681-0115
ISBN 978-2-7116-3211-4
www.vrin.fr

Sommaire

III. Sciences, valeurs, société

Introduction

par Pierre Wagner

« Épistémologie » et « logique » partagent les avantages et les inconvénients des termes polysémiques dont seul le contexte permet de saisir précisément le sens. Les deux mots appellent des éclaircissements sur la variété de leurs significations respectives.

1. Épistémologie et philosophie des sciences : quelles différences ?

« Épistémologie » est utilisé tantôt comme synonyme de « philosophie des sciences » ou de « philosophie des sciences de la nature »[1], tantôt pour désigner la théorie de la connaissance[2] ou la philosophie de la connaissance (comme traduction de l'anglais « *epistemology* », qui ne se confond nullement avec « *philosophy of science* »), tantôt pour parler d'une tradition de pensée proprement française associée principalement à Bachelard, Canguilhem et Foucault, mais qui inclut également d'autres auteurs comme Comte, Rey ou Cavaillès[3] et qui est souvent identifiée à l'« épistémologie historique »[4].

1. Le livre de Carl Hempel *Philosophy of Natural Science* (Englewood Cliffs, Prentice-Hall, 1966) a ainsi été traduit par B. Saint-Sernin sous le titre *Éléments d'épistémologie* (Paris, A. Colin, 1972).

2. L'épistémologie génétique de Jean Piaget est une théorie de l'acquisition de la connaissance chez l'enfant.

3. Voir J.-F. Braunstein, « Bachelard, Canguilhem, Foucault. Le "style français" en épistémologie », dans P. Wagner (dir.), *Les philosophes et la science*, Paris, Gallimard, 2002.

4. Voir les précisions apportées par J.-F. Braunstein ; I. Moya Diez et M. Vagelli (dir.), *L'épistémologie historique. Histoire et méthodes*, Paris, Éditions de la Sorbonne, 2019 et la section de la bibliographie consacrée à ce courant, ci-dessous, p. 428.

Il est parfois difficile de savoir lequel de ces multiples sens est entendu dans tel usage particulier [5]. Des expressions telles qu'« épistémologie sociale » ou « épistémologie située », tout comme, en anglais, « *social epistemology* » ou « *standpoint epistemology* » désignent des champs d'étude qui concernent la connaissance en général mais portent aussi, en particulier, sur les formes scientifiques de la connaissance. Lorsque la thématique « logique et épistémologie » est mise au programme de l'oral du concours de l'agrégation de philosophie, les sujets proposés aux candidats montrent que le mot « épistémologie » est entendu en un sens large et englobant qui n'exclut ni les questions de philosophie de la connaissance ni les questions de philosophie des sciences.

Dans le présent ouvrage, « épistémologie » s'entend prioritairement au sens de « philosophie des sciences » sans exclure, dans plusieurs chapitres, certaines questions de philosophie de la connaissance. La philosophie de la connaissance n'est cependant pas traitée de façon systématique et prioritaire, ce qui explique que la bibliographie de fin de volume ne réserve qu'une section très limitée à ce qui se trouve être par ailleurs un vaste champ de la philosophie.

La philosophie des sciences a elle aussi des interprétations variées selon ce que l'on entend par « science » en cette occurrence. Se trouvent parfois exclus de son champ d'étude la logique et les mathématiques (parce que les questions spécifiques qu'elles soulèvent appellent un traitement séparé) ou les sciences humaines et sociales (chez les auteurs qui estiment que ce champ disciplinaire ne relève pas de ce qu'ils entendent à proprement parler par « science » [6]). En anglais, on dit plus volontiers « *philosophy of science* », où « *science* » est au singulier. En français, « philosophie de la science » est moins courant mais justifié si l'on souhaite insister sur le problème de l'unité des connaissances scientifiques : y a-t-il, au-delà des disciplines que forment les sciences, quelque chose que l'on puisse désigner comme « la science » ? Qu'inclut-elle, si tel est le cas ? Qu'est-ce qui fait son unité ? Le mot « science » a longtemps désigné ce qu'on nommerait aujourd'hui un « état épistémique » – la connaissance certaine, distinguée de l'opinion et de la croyance (sens que l'on entend encore dans certaines expressions

5. L'ouvrage dirigé par Michel Bitbol et Jean Gayon, *L'épistémologie française. 1830-1970* ([2006], Paris, Matériologiques, 2018) réunit des chapitres consacrés à des philosophes des sciences français sans se limiter à la philosophie des sciences de style français.

6. Le *Dictionnaire d'histoire et philosophie des sciences* dirigé par Dominique Lecourt (Paris, Puf, 1999), fait ainsi l'impasse, sans du reste s'en expliquer, sur les sciences humaines et sociales.

telles que « savoir de science certaine ») – mais ce n'est généralement pas ce que l'on entend par « science » aujourd'hui[7].

Au sens où l'expression est utilisée dans le présent ouvrage, la philosophie des sciences inclut non seulement la philosophie des sciences de la nature mais également la philosophie de la logique, des mathématiques, de l'informatique, des sciences humaines, des sciences historiques, ainsi que la philosophie de la technique, sans exclure la philosophie des nombreux domaines scientifiques dont il n'est pas spécifiquement question dans ce livre : sciences de la complexité, chimie, sciences sociales, sciences cognitives, intelligence artificielle, sciences de l'environnement, médecine, etc. Savoir où s'arrête exactement cette liste est une question de philosophie des sciences, celle du rapport entre science et non-science ou pseudo-science.

Le mot « épistémologie » est relativement récent. Il fut introduit en 1901 dans la traduction française de l'*Essai sur les fondements de la géométrie* de Russell et fit l'objet d'un article de Couturat dans le lexique philosophique annexé à cette traduction. Voici ce qu'écrit Couturat, qui donne au mot « épistémologie » un sens normatif et clairement marqué par le contexte néokantien de l'époque :

> Épistémologie : (en anglais, *Epistemology*). – Ce terme, qui signifie étymologiquement *théorie des Sciences* (ἐπιστήμη, λόγος), correspond au mot allemand *Erkenntnisstheorie* ou *Erkenntnislehre* (théorie de la connaissance) et à l'expression française *Philosophie des sciences*. [...] elle a pour objet les lois idéales auxquelles la pensée doit se conformer pour être correcte et vraie [...]. L'Épistémologie recherche les principes *constitutifs* de la pensée, qui lui fournissent un point de départ et un contenu réel et lui assurent une valeur objective. Enfin, [...] l'Épistémologie recherche les principes (axiomes, hypothèses ou postulats) qui servent de fondement [aux diverses sciences], et en discute la valeur et l'origine (empirique ou *a priori*). En résumé, l'Épistémologie est la théorie de la connaissance appuyée sur l'étude critique des Sciences, ou d'un mot, la *Critique* telle que Kant l'a définie et fondée.

Quelques années plus tard, Meyerson identifie « épistémologie » et « philosophie des sciences » dans l'avant-propos d'*Identité et réalité* où il écrit : « Le présent ouvrage appartient, par sa méthode, au domaine de la philosophie des sciences ou *épistémologie*, suivant un terme suffisamment approprié et qui tend à devenir courant ». Cependant, alors que, selon Meyerson, « pour résoudre des problèmes concernant le sens commun, la voie la meilleure consiste à examiner les méthodes

7. Sur ce que les philosophes ont entendu par « science » depuis l'Antiquité jusqu'au XXe siècle, voir P. Wagner, (dir.), *Les philosophes et la science*, *op. cit.*

suivies dans les sciences »[8], Bachelard soutient au contraire que la science s'oppose à la connaissance commune.

L'influence des écrits de Bachelard va donner au mot « épistémologie » un sens qui ne l'éloigne pas seulement de la philosophie de la connaissance mais également de toute philosophie des sciences qui concevrait la science dans un rapport de continuité avec la connaissance commune. En France, il arrive encore que l'on parle d'« épistémologie régionale » au sens de « philosophie d'une science particulière » sans que l'on perçoive toujours clairement que ce terme appartient en propre à la philosophie de Bachelard. Il porte avec lui l'idée d'une rupture entre science et connaissance commune, celle d'un rationalisme régional et d'une discontinuité entre les sciences, ainsi que la valorisation d'une analyse historique des sciences. Dans les années 1960, Althusser s'inspire des idées bachelardiennes de rupture et d'obstacle épistémologique lorsqu'il introduit le concept de « coupure épistémologique » pour l'appliquer au matérialisme historique et à l'interprétation de l'œuvre de Marx[9]. Dans le contexte des années 1960 et 1970, le mot « épistémologie » se charge d'une force polémique qui s'exprime dans les virulents débats politiques de l'époque sans s'y limiter. On oppose le concept bachelardien d'obstacle épistémologique non seulement aux « mythes empiristes de la continuité progressive »[10] mais aussi à la philosophie kuhnienne des révolutions scientifiques[11] censée être fondée « sur des thèses *sociologistes* et conventionnalistes vulgaires »[12], la discontinuité au sens de Kuhn étant jugée « élémentaire » et « simpliste »[13]. Chez les intellectuels pour lesquels tout est politique, l'épistémologie l'est d'autant plus qu'elle est mise au service d'un marxisme auquel on cherche à donner un fondement scientifique.

L'épistémologie des héritiers de Bachelard est pensée dans un rapport de proximité à l'histoire des sciences[14] et, *a contrario*, dans une relation d'opposition à l'empirisme, au positivisme et à la logique mathématique ou formelle, jugée abstraite, anhistorique, déconnectée

8. É. Meyerson, *Identité et réalité*, Paris, Félix Alcan, 1908, Avant-propos.

9. Voir É. Balibar, « Le concept de "coupure épistémologique" de Gaston Bachelard à Louis Althusser » [1977], dans É. Balibar, *Écrits pour Althusser*, Paris, La Découverte, 1991.

10. É. Balibar, *Écrits pour Althusser*, *op. cit.*, p. 12

11. T. Kuhn, *La structure des révolutions scientifiques* [1962], trad. fr. L. Meyer, Paris, Flammarion, 2018.

12. É. Balibar, *Écrits pour Althusser*, *op. cit.*, p. 53.

13. *Ibid.*, p. 54.

14. Sur les rapports entre l'épistémologie de style français et l'histoire des sciences, voir J.-F. Braunstein (dir.), *L'histoire des sciences*, « Textes clés », Paris, Vrin, 2008.

de toute réalité sociale, et donc inadaptée à un usage authentiquement philosophique. Le couple logique-épistémologie a donc aussi pu, dans le passé, être conçu comme formé de termes antagonistes.

L'épistémologie, en France, a une histoire complexe, fortement marquée par les figures de Comte, Bachelard, Canguilhem[15] et Foucault, et elle est porteuse d'un lourd héritage. Les multiples strates de signification qui se sont superposées, depuis l'introduction du mot en 1901, expliquent qu'« épistémologie » ne soit pas, en général, synonyme de « philosophie des sciences ». Dans le présent ouvrage, nous concevons l'épistémologie de style français comme l'une des composantes, parmi d'autres possibles, de l'unique champ de la philosophie des sciences.

En anglais, « *epistemology* » est introduit en 1847 dans un compte rendu littéraire anonyme[16] pour traduire le titre allemand de l'ouvrage de Fichte *Wissenschaftslehre*. Le mot est explicitement formé par analogie avec « *technology* ». Dans le contexte philosophique, « *epistemology* » apparaît ensuite sous la plume de James Frederick Ferrier en 1854 dans ses *Institutes of Metaphysics*, au sens d'une philosophie ou théorie de la connaissance. Les différents termes utilisés pour désigner une étude philosophique de la science ou de la connaissance (« *Wissenschaftslehre* », « *Erkenntnistheorie* » et « *Erkenntnislehre* » en allemand, « *philosophy of science* » et « *epistemology* » en anglais, « philosophie des sciences » et « épistémologie » en Français) sont tous introduits au cours du XIXe siècle (ou au tout début du XXe siècle dans le cas d'« épistémologie »), à une époque où s'affirme la séparation de la philosophie et de la science et qui rompt avec l'idée selon laquelle « science » et « philosophie » seraient synonymes[17].

L'apparition relativement récente (à l'aune de l'histoire de la philosophie) de cette série de termes ne signifie pas qu'il n'y ait pas eu dans l'histoire antérieure au XIXe siècle de questionnement philosophique sur ce que les auteurs dont on interroge les textes entendaient par « science » (ou par « *Wissenschaft* », « *scientia* », « ἐπιστήμη », etc.). L'histoire de ces mots nous fait cependant découvrir des sens parfois très éloignés de ce que nous nommons « science »

15. La publication récente des *Œuvres complètes* de Canguilhem (t. 1 à 6, Paris, Vrin, 2011-2025) est l'un des témoins de l'intérêt porté, en France et hors de France, à cette tradition de pensée.

16. *The English Review* 7, London, F. & J. Rivington., juin 1847, p. 296.

17. Diderot peut encore écrire en 1850, dans l'« Explication détaillée du système des connaissances humaines » qui ouvre l'*Encyclopédie ou dictionnaire raisonné des arts, des sciences et des métiers* : « [...] une distribution générale de la philosophie ou de la science (car ces mots sont synonymes) ».

aujourd'hui et des interrogations qui, en conséquence, peuvent être différentes de celles de la philosophie des sciences contemporaine. Un exemple bien connu est celui de la théologie, considérée comme une science au XIIIe siècle [18] ; d'autres exemples éloquents sur la variabilité du sens du mot « science » se trouvent dans les listes de sciences données par Platon [19].

On trouve, dans l'article « Philosophie » de l'*Encyclopédie* Diderot et d'Alembert l'idée que « toutes les sciences, tous les arts ont [...] leur philosophie », ce qui ne signifie évidemment pas que l'*Encyclopédie* contienne déjà l'idée de ce que nous nommons « philosophie des sciences ». La lecture du *Discours sur la philosophie des sciences*, du naturaliste Jacques Draparnaud, publié à Montpellier en 1802, confirme qu'on peut tout à fait trouver le mot dans des textes du passé sans y trouver l'idée. *A contrario*, rien ne nous empêche aujourd'hui de parler rétrospectivement – en assumant l'anachronisme – de la philosophie des sciences d'Aristote, de Descartes ou de Kant, à condition de ne pas imaginer que ces auteurs pensaient dans les termes de ce que nous nommons « philosophie des sciences » les réponses que nous cherchons, dans leurs œuvres, aux questions que nous nous posons.

La philosophie des sciences en tant que champ distinctif des études philosophiques a une histoire qui remonte au mieux à la seconde moitié du XIXe siècle [20] et qui est fortement influencée par les sciences particulières qu'elle se donne comme objet. Les philosophes-physiciens de la fin du XIXe ou du début du XXe siècle tels que Duhem, Boltzmann ou Poincaré ont orienté la philosophie des sciences vers des questions telles que : qu'est-ce qu'une théorie ? Qu'est-ce qu'une loi de la nature ? Qu'est-ce qu'un fait ? Que nous apprend l'expérience ? Plus tard, les philosophes-biologistes de la seconde moitié du XXe siècle ont soulevé de nouvelles questions : qu'est-ce qu'un organisme ? Qu'est-ce que l'évolution ? Qu'est-ce qu'une espèce ? Leurs travaux ont fortement infléchi la représentation que nous pouvons nous faire de la science en général et, par voie de conséquence, la philosophie des sciences elle-même. L'histoire, l'archéologie et la paléoanthropologie posent également des questions qui leur sont propres et qui interrogent la

18. Voir ci-dessous, p. 162, note 62.

19. Voir J.-B. Gourinat, « Platon et l'invention de la science », dans P. Wagner (dir.), *Les philosophes et la science*, *op. cit.*

20. Sur les commencements de la philosophie des sciences comme discipline constituée, voir C. U. Moulinès, *La philosophie des sciences. L'invention d'une discipline*, Paris, Rue d'Ulm, 2006, et A. Brenner, *Les origines françaises de la philosophie des sciences*, Paris, Puf, 2003.

prééminence de la science expérimentale: qu'est-ce qu'une trace? Comment lire et interpréter les documents d'archive ? Comment décrire et classer des espèces disparues ? Les sciences humaines et sociales soulèvent elles aussi d'autres questions qui enrichissent encore notre compréhension de la science et orientent la philosophie des sciences dans de nouvelles directions, qu'il s'agisse de philosophie générale des sciences ou de philosophie d'une science particulière [21].

2. La logique en philosophie

2.1. Penser les rapports entre logique et épistémologie

« Logique » n'est pas moins polysémique qu'« épistémologie », que le mot soit considéré dans ses usages contemporains ou d'un point de vue historique. Il a reçu, depuis l'Antiquité, des sens variables souvent relatifs à une pensée philosophique particulière, comme on le voit chez des auteurs tels qu'Aristote [22], les stoïciens, Albert le Grand, Guillaume d'Ockham, Buridan, Leibniz, Kant, Hegel, Bolzano, Mill ou encore Husserl. En dépit de ces différences, la logique est souvent comprise comme la science des formes du raisonnement correct, de l'inférence valide ou de la relation de conséquence entre prémisses et conclusion. Elle énonce les règles et les lois universelles de la pensée, indépendantes de tout domaine d'objets particulier. Depuis la fin du XIXe siècle, elle a pris une forme mathématisée au point d'être souvent considérée aujourd'hui comme une partie des mathématiques, sans avoir perdu, bien au contraire, la valeur universelle que lui reconnaît généralement la philosophie.

« Logique » n'a cependant pas le même genre de polysémie qu'« épistémologie ». Selon les contextes, la logique a pu être conçue comme une science, une méthode, un outil, un système, un langage ou un calcul [23]. Il n'est certes pas impossible de mettre en parallèle, à des fins de comparaison, les deux termes du couple logique-épistémologie, si l'on restreint artificiellement le sens de ces deux mots, par exemple en concevant la logique et l'épistémologie comme deux approches ou

21. Sur les sciences humaines, voir le volume de la même collection : *Les sciences humaines*, coordonné par Y. Douet et A. Feron, 2022.

22. On trouve dans l'œuvre du stagirite l'adjectif « λογικός » mais aucun équivalent grec du mot « logique » employé comme substantif. Ce fait ne nous empêche pas de parler à juste titre de « la logique d'Aristote ».

23. Voir J. Van Heijenoort, « Logic as Calculus and Logic as Language », *Synthese* 17, 1967.

deux méthodes d'analyse de la science ou des sciences ; mais les usages les plus courants du mot « logique » rompent cette symétrisation. Le sens que l'on donne aux rapports entre logique et épistémologie est du reste étroitement lié à la langue dans laquelle on s'exprime. Si l'on avait la curieuse idée de traduire « logique et épistémologie » en anglais par « *logic and epistemology* », on produirait des rapports de signification tout à fait différents. Une telle expression, en anglais, évoquerait par exemple les usages des méthodes d'analyse logique en philosophie de la connaissance ou le problème des fondements de notre connaissance des vérités et des principes logiques.

Afin de clarifier les différents sens du mot « logique » et les différentes questions philosophiques qu'il est possible de soulever touchant la logique, il sera utile d'établir certaines distinctions fondamentales, à commencer par la différence entre la logique comme science et la logique comme outils ou instrument[24].

2.2. La logique comme science des inférences formellement valides

La logique est souvent définie comme la science des inférences formellement valides, ce qui soulève la question de savoir si elle est science parmi les sciences ou science *de* toutes les sciences (ou *pour* toutes les sciences). Pour comprendre ce que signifie cette définition et comment surgissent les questions que se pose le logicien, on ne peut guère éviter de partir d'un cas concret, sous peine d'en rester à des considérations générales et vagues, sans rapport étroit avec ce qui se pratique effectivement en logique. Comment disserter sur la logique si l'on n'a aucune idée des questions précises dont traitent les logiciens ? Considérons donc un exemple simple de raisonnement dans lequel une conclusion (placée après le trait horizontal) est inférée de deux prémisses (placées au-dessus du trait horizontal) :

Tous les philosophes sont logiciens
Antoine n'est pas philosophe

Antoine n'est pas logicien

24. Sur les rapports entre logique et philosophie, voir H. Leitgeb, « Logic and Philosophy. A Reconstruction », *in* E. Brendel *et al.* (eds.), *Oxford Handbook of Philosophy of Logic*, Oxford, Oxford University Press, à paraître. J. Van Benthem, « Logic in Philosophy », *in* D. Jacquette (ed.), *Philosophy of Logic*, Amsterdam, Elsevier-North Holland, 2007.

On demande si la conclusion est conséquence logique des prémisses, ce qui ne dépend pas de la vérité de ces énoncés mais de leur forme logique. Pour le déterminer, nous considérons donc la forme logique de l'inférence, que l'on obtient en faisant abstraction de tous les termes non logiques et que l'on peut exprimer par la forme inférentielle suivante :

Tous les *P* sont *Q*
a n'est pas *P*

---

a n'est pas *Q*

Est-ce que pour toute interprétation de « *P* », « *Q* » et « *a* », la conclusion est vraie si les prémisses le sont ? Interprétons « *P* » par l'ensemble des chats, « *Q* » par l'ensemble des mammifères et *a* par mon chien Médor. Nous obtenons l'inférence suivante :

Tous les chats sont des mammifères
Médor n'est pas un chat

Médor n'est pas un mammifère

Dans cette inférence, les deux prémisses sont vraies et la conclusion est fausse. Il existe donc une interprétation de « *P* », « *Q* » et « *a* » qui rend les prémisses vraies et la conclusion fausse. On en conclut que cette forme inférentielle n'est pas valide et que le raisonnement initial est incorrect.

Pour formuler plus précisément la forme inférentielle précédente, on a recours à un langage formel (c'est-à-dire non interprété) composé de symboles. Les prémisses et la conclusion deviennent des formules de ce langage :

$\forall x\,(Px \rightarrow Qx)$ se lit : pour tout individu *x*, si *x* est *P*, alors *x* est *Q*
$\neg Pa$ se lit : *a* n'est pas *P* (« $\neg$ » exprime la négation)

$\neg Qa$ se lit : *a* n'est pas *Q*.

On dit que la formule « $\neg Qa$ » n'est pas conséquence logique des deux formules « $\forall x\,(Px \rightarrow Qx)$ » et « $\neg Pa$ », ce qui montre que le raisonnement initial (qui concluait qu'Antoine n'est pas logicien) n'est pas formellement valide.

On pourrait montrer que la formule « $\neg Pa$ » est en revanche conséquence logique des deux formules « $\forall x\,(Px \to Qx)$ » et « $\neg Qa$ » et que la forme inférentielle suivante est valide :

$$\begin{array}{l} \forall x\,(Px \to Qx) \\ \neg Qa \\ \hline \neg Pa \end{array}$$

En effet, si tous les P sont Q et que a n'est pas Q, alors a n'est pas P, ce que l'on peut exprimer par la formule suivante :

$$[\forall x\,(Px \to Qx) \wedge \neg Qa] \to \neg Pa$$

où le signe « $\wedge$ » exprime la conjonction (qui se lit « et ») et le signe « $\to$ » exprime l'implication (qui se lit « si … alors »). On dit que cette formule est *valide* et qu'elle exprime une vérité logique. Dans cet exemple « $\forall$ », « x », « $\neg$ », « $\wedge$ » et « $\to$ » sont des signes logiques alors que « P », « Q » et « a » sont des signes non logiques. Les parenthèses sont des signes auxiliaires (dont nous pourrions nous passer, en adoptant d'autres règles d'écriture).

En généralisant cet exemple simple, on peut comprendre en quel sens la logique est science de l'inférence formellement valide. Une telle généralisation suppose cependant de pouvoir répondre à une série de questions. Par exemple, dans l'analyse qu'on vient de donner, la distinction entre signes logiques et signes non logiques est essentielle. Comment distinguer, en général, les signes logiques et les signes non logiques, dans une langue naturelle et dans un langage formel (qui sert à exprimer la forme des énoncés, et donc la forme des inférences) ? Pour interpréter les formules qui donnent la forme des énoncés, on interprète le langage formel dans lequel elles sont exprimées. Mais qu'est-ce que l'interprétation d'un langage formel ? Dans notre exemple, l'inférence comportait seulement deux prémisses. Toutefois, le nombre de prémisses peut être quelconque (il peut même être infini). Soit Γ un ensemble d'énoncés d'un langage formel L et φ un énoncé de L. On définit la relation de conséquence logique entre Γ et φ ainsi [25] :

> φ est conséquence logique de Γ si, et seulement si, pour toute interprétation I du langage L, si I rend vrais tous les énoncés de Γ, alors I rend vrai φ.

25. Sur cette conception tarskienne de la conséquence logique, voir D. Bonnay, « La relation de conséquence logique », dans F. Poggiolesi et P. Wagner (dir.), *Précis de philosophie de la logique et des mathématiques*, vol. 1, *Philosophie de la logique*, Paris, Éditions de la Sorbonne, 2021.

Autrement dit : chaque fois que les prémisses sont vraies, la conclusion est vraie, ce qu'on exprime souvent de manière imagée en disant que la conclusion « découle » des prémisses. Mais comment définir précisément la vérité d'un énoncé du langage formel *L* dans l'interprétation I de *L* ? En utilisant la réponse que la logique donne à cette question, on définit la validité d'un énoncé : un énoncé d'un langage formel *L* est valide si, et seulement si, cet énoncé est vrai pour toute interprétation I du langage *L*. Par exemple, si φ est un énoncé quelconque de *L* et si l'on note « $\vee$ » la disjonction (qui se lit « ou », au sens inclusif), alors « $\varphi \vee \neg\varphi$ » (qui se lit « φ ou non φ ») est une formule valide, traditionnellement nommée « tiers exclu ».

Dans ce qui précède, nous avons présenté les questions dont traite la logique (qu'est-ce qu'une inférence formellement valide ? Qu'est-ce qu'un énoncé valide ? À quelles condition un énoncé d'un langage formel *L* est-il conséquence logique d'un ensemble d'énoncés de ce langage ? etc.) d'un point de vue *sémantique*. Les réponses données aux questions posées sont en effet formulées en termes d'interprétations d'un langage formel *L* et de vérité dans une interprétation I de *L*. Selon une autre approche de la logique, les questions qui touchent à l'inférence sont formulées en termes *syntaxiques*. On demande alors : qu'est-ce qu'une démonstration ? Qu'est-ce qu'une preuve formelle ? À quelles conditions une déduction est-elle correcte ? Pour répondre à ces questions, la logique formalise non seulement les énoncés mais aussi la déduction, en construisant des méthodes de dérivation formelle sur la base d'un ensemble de règles d'inférence et d'axiomes (le calcul des séquents, la déduction naturelle, les systèmes à la Hilbert sont des exemples de telles méthodes). Donnons deux exemples de règles d'inférence, dans lesquelles deux prémisses sont placées avant le trait horizontal, la conclusion étant placée après le trait :

$$\frac{\varphi \qquad \varphi \rightarrow \psi}{\varphi} \qquad\qquad \frac{\varphi \quad \psi}{\varphi \wedge \psi}$$

Selon la première règle (traditionnellement nommée « *modus ponens* »), à partir de « φ » et de « $\varphi \rightarrow \psi$ » (c'est-à-dire : « si φ alors ψ »), on dérive « ψ ». Selon la seconde règle à partir de « φ » et de « ψ », on dérive « $\varphi \wedge \psi$ » (c'est-à-dire « φ et ψ »). Autrement dit, si l'on a une dérivation de « φ » et une dérivation de « ψ », cette règle nous permet d'obtenir une dérivation de « $\varphi \wedge y$ ». On voit en quel sens cette approche de la logique est syntaxique : il n'y est pas question d'interprétation du langage *L* ni de vérité d'un énoncé dans une telle interprétation, mais uniquement de règles d'inférence et de dérivation formelle [26]. La logique répond alors aux questions suivantes : à quelles conditions un énoncé φ d'un langage formel L est-il formellement déductible (ou « dérivable ») d'un ensemble d'énoncés Γ du langage L ? Puis, pour faire le lien entre syntaxe et sémantique : quelle relation existe entre la relation sémantique de conséquence logique et la relation syntaxique de dérivation formelle ? Autrement dit, entre « φ est conséquence logique de Γ » et « φ est formellement dérivable à partir de Γ » ?

Sur ces bases, la logique définit des familles de langages formels, qui se distinguent par leurs capacités expressives [27], et elle étudie les propriétés sémantiques et syntaxiques de ces langages. Elle offre ainsi un cadre adéquat pour la représentation formelle de théories, notamment, mais pas uniquement, des théories mathématiques, dont elle étudie les propriétés : telle théorie est-elle consistante ? complète ? équivalente à telle autre théorie ? etc. [28].

2.3. La logique comme instrument et comme objet d'étude pour la philosophie

La logique comme science soulève donc les questions suivantes : qu'est-ce qu'un mot ou un symbole logique ? Qu'est-ce qu'un langage formel ? Quelles ressources expressives adopter pour la définition d'un langage formel ? Qu'est-ce que l'interprétation d'un langage formel ? Comment définir la relation de conséquence logique ? Quelles règles d'inférence adopter ? Comment définir la relation de déduction ou de dérivation formelle ? etc. Les logiciens ne s'accordent cependant pas sur les réponses qu'il convient d'apporter à ces questions. Ils construisent de multiples formes de langages, une variété de relations de conséquence logique, et ils inventent, à des fins diverses, des systèmes de dérivation formelle différents les uns des autres, dont les propriétés sont étudiées et comparées, sans que soient nécessairement visées la question normative de la correction des raisonnements et celle de la validité des inférences.

26. Voir J. Fichot et A. Naibo, « Qu'est-ce qu'une démonstration ? », dans F. Poggiolesi et P. Wagner (dir.), *Précis de philosophie de la logique et des mathématiques*, vol. 1, *Philosophie de la logique*, *op. cit.*

27. Voir dans le chapitre « Les méthodes d'analyse logique contribuent-elles à clarifier les problèmes philosophiques ? », la section 1.2 sur la quantification et la différence entre langages du premier ordre et langages d'ordre supérieur, *infra*, p. 128-130.

28. On trouvera une introduction à la logique élémentaire dans P. Wagner, *Logique et philosophie*, Paris, Ellipses, 2014, et une vue d'ensemble sur la logique dans P. Wagner, *La logique*, « Que sais-je ? », Paris, Puf, 2024, 5e éd.

Par « système formel », on entend alors simplement un langage formel muni d'une relation de dérivation formelle ou d'une méthode d'interprétation du langage (une sémantique et une relation de conséquence logique). De tels systèmes trouvent des usages et des applications bien au-delà du problème de la formalisation d'une théorie mathématique et de la validité des raisonnements. Ils deviennent des outils au service de fins diverses : formalisation de raisonnements dans un domaine particulier de la connaissance, étude des langues naturelles, modélisation de processus informatiques, conceptions d'ingénierie informatique, etc.

En soulevant le problème des usages et des applications possibles de systèmes formels divers, on donne au mot « logique » un autre sens. La logique en effet n'a plus alors la valeur universelle et normative que Kant lui reconnaissait en affirmant qu'elle contient « les règles absolument nécessaires de la pensée, sans lesquelles il n'y a aucun usage de l'entendement »[29]. Frege écrit dans le même esprit que les lois de la logique sont « les lois les plus générales, qui prescrivent universellement comment on doit penser, dès lors qu'on veut, en général, penser »[30]. On s'autorise à ne plus parler de *la* logique mais d'*une* logique ou *des* logiques comme autant d'instruments dépourvus de toute valeur normative. Les systèmes formels en ce sens sont construits, étudiés et appliqués en informatique, en mathématiques, en linguistique et dans tous les domaines où ils peuvent servir à modéliser ou à représenter des raisonnements ou des systèmes de traitement de l'information, y compris en philosophie, dans l'analyse logique du langage, l'étude du vague et de l'infini, les définitions de la vérité, ou encore dans l'analyse des paradoxes de la connaissance.

« Logique » s'entend donc en des sens différents selon que l'on parle de *la* logique ou d'*une* logique. Dans le premier cas, on parle d'une discipline unique, dans le second d'une pluralité de systèmes. Toutefois, parler de *la* logique comme d'une discipline soulève une série de questions controversées, qui ne sont plus des questions *de* logique mais qui portent cette fois *sur* la logique : quelle est sa nature ? Quelle est sa fonction, son unité ou encore sa justification ? Quel est son rapport aux autres sciences ? Est-elle une science comme les autres ? Les réponses à ces questions prennent la forme de thèses qui sont discutées en philosophie de la logique. Par exemple, on nomme

29. E. Kant, *Critique de la raison pure*, A52, B76, trad. fr. A. J. L. Delamarre et F. Marty, Paris, Gallimard, 1980, p. 119.

30. G. Frege, *Grundgesetze der Arithmetik*, vol. 1, Iéna, Hermann Pohle, 1893, Introduction.

« pluralisme logique » la thèse selon laquelle il n'y a pas une logique mais plusieurs logiques – non pas plusieurs systèmes formels inspirés des travaux des logiciens, ce qui ne pose aucun problème, mais plusieurs logiques en un sens normatif[31]. Selon le monisme logique, il existe non pas plusieurs mais une seule logique, ce qui soulève un nouveau problème : quelle est cette logique ? Quels sont les principes de ce qu'on nomme *la* logique ? On nomme « anti-exceptionnalisme logique » la thèse selon laquelle la logique est une science comme une autre, qui ne fait donc pas exception, et dont les méthodes et les justifications sont comparables à celles des autres sciences. Quine a ainsi défendu la position naturaliste selon laquelle toutes les sciences, y compris la logique, sont des sciences « naturelles »[32]. On nomme « conventionnalisme logique » la thèse selon laquelle les principes de la logique ne sont pas absolus mais conventionnels. Chacune de ces thèses s'entend en des sens multiples et fait l'objet de débats philosophiques. Un autre exemple de question soulevée en philosophie de la logique touche au fondement de notre connaissance de la logique : comment les vérités et les principes de la logique peuvent-ils être justifiés ? Ou encore : que signifie que la logique ait une valeur normative ? Quel sens donner à la normativité de la logique ?

On voit qu'il existe pour le philosophe plusieurs manières de se rapporter à la logique, selon qu'il la considère comme une discipline à laquelle il peut contribuer, un outil dont il peut se servir, une méthode qu'il peut appliquer, ou une science au sujet de laquelle il peut s'interroger. Si la logique est enseignée aux étudiants de philosophie, c'est aussi en raison de sa valeur pédagogique. Elle aide à clarifier et préciser sa pensée, à établir des distinctions conceptuelles, à analyser les énoncés et les arguments, à expliciter les présupposés d'un discours, à mesurer les capacités expressives d'un langage, à découvrir les erreurs de raisonnement ou encore à clarifier les problèmes philosophiques.

31. Voir par exemple S. Shapiro, *Varieties of Logic*, Oxford, Oxford University Press, 2014.

32. W. V. O. Quine, « Deux dogmes de l'empirisme », trad. fr. P. Jacob *et al.*, dans *Du point de vue logique*, Paris, Vrin, 2003.

3. Approches contemporaines de la logique et de l'épistémologie

Les philosophes qui s'interrogent aujourd'hui sur la science soulèvent des questions variées : quels sont ses objets, ses méthodes, ses fondements, ses limites, ses valeurs, ses visées ? Quelle est son objectivité, son unité, son historicité, son rapport à la pratique, à la technique, au politique, aux institutions ? Au sujet de la logique et des mathématiques, on se demande, en outre, ce qui les distingue des sciences de la nature et des sciences humaines, et si elles font réellement exception. Sont-elles sciences d'objets idéaux ou abstraits ? Constituent-elles des outils ou des langages ? Comment nous donnent-elles accès à des vérités ? Quelle est leur valeur normative ?

Pour aborder ces questions, la logique et l'épistémologie, comme domaines de la philosophie, supposent une connaissance minimale de la réalité effective des sciences, de leur histoire et de leur état présent. Il leur faut, en outre, non seulement s'appuyer sur des réflexions philosophiques acquises mais aussi se réinventer. Le présent ouvrage se place à la croisée des textes classiques et des approches épistémologiques les plus récentes. Il présente un choix de dix-sept questions philosophiques classiques discutées dans des chapitres indépendants les uns des autres, qui innovent par le choix des sujets, des points de vue, des exemples et des références, et par une prise en considération des formes contemporaines de la connaissance scientifique. Un seul chapitre est de nature purement historique, ce qui ne le rend pas moins novateur que les autres, bien au contraire. Nous espérons qu'il contribuera à mettre en lumière et à faire davantage connaître une vaste période de l'histoire – la période médiévale – dont l'importance est encore très largement sous-estimée dans les programmes d'étude en philosophie.

Nous prenons délibérément le parti de ne pas traiter d'un certain nombre de problèmes, d'auteurs ou de courants de pensée dont personne ne conteste qu'ils soient fondamentaux pour la logique et la philosophie des sciences mais au sujet desquels un nombre important d'excellentes publications sont déjà disponibles. Comme en témoigne la bibliographie générale qu'on trouvera en fin de volume, il existe aujourd'hui, y compris en français, une abondante littérature à disposition des étudiants, des professeurs, des chercheurs en logique et philosophie des sciences et, plus généralement, de quiconque porte un regard réflexif sur les sciences.

Chaque chapitre se clôt par une bibliographie indicative à l'attention des lectrices et des lecteurs qui voudront approfondir la question traitée et prolonger la réflexion. Le fait qu'un grand nombre des références indiquées dans ces bibliographies soient de langue anglaise reflète une réalité de la recherche contemporaine en logique et philosophie des sciences, à savoir son internationalisation et l'usage majoritaire de l'anglais pour les publications de portée internationale dans ces champs d'étude. Afin de faciliter l'accès aux textes des lectrices et des lecteurs francophones, nous indiquons systématiquement une traduction française publiée lorsqu'il en existe une. Une bibliographie générale se trouve à la fin de l'ouvrage.

Pour une plus grande commodité d'usage, les dix-sept chapitres sont répartis en trois parties. Cette subdivision reprend des principes de classification souvent adoptés, sans prétendre sur ce point à aucune originalité ni à aucune signification philosophique profonde. Ces trois parties sont les suivantes :

I. Logique, mathématiques, algorithmes
II. Sciences de la nature et sciences humaines
III. Sciences, valeurs, société

Le choix des titres de ces parties et l'ordre des chapitres ne visent pas à fixer une classification ni à suggérer aucun ordre de lecture qui devrait être privilégié. Lectrices et lecteurs sont au contraire invités à créer leur propre parcours de l'ouvrage et à imaginer, entre les questions traitées, des mises en relations susceptibles de les faire apparaître sous un nouveau jour.

Première partie

Logique, mathématiques, algorithmes

Preuves et algorithmes

par Alberto Naibo

La notion d'algorithme est aujourd'hui omniprésente dans les discours sur les applications et les implications de l'informatique dans nos vies. Il s'agit pourtant initialement d'une notion propre aux mathématiques, en usage bien avant l'arrivée des ordinateurs. Dans le discours mathématique, la notion d'algorithme est étroitement liée à celle de preuve : ces deux notions ont une portée épistémique précise, qui concerne nos critères de connaissance, de certitude et de fiabilité. D'un côté, un algorithme est une procédure permettant de résoudre pas à pas et de manière systématique un problème, et d'acquérir ainsi une connaissance, dans la mesure où il permet d'établir la preuve de la vérité d'un certain énoncé. De l'autre, pour montrer qu'une certaine procédure exécutée pas à pas et de manière systématique n'est pas un simple calcul aveugle, mais correspond à un algorithme, il faut avoir une garantie, une preuve, qui permette de savoir que cette procédure fait bel et bien ce pour quoi on l'a conçue. Les notions d'algorithme et de preuve sont donc deux notions interdépendantes. Nous développons dans ce chapitre plusieurs exemples permettant de comprendre cette articulation réciproque. Nous considérons d'abord le cas d'un théorème mathématique dont la démonstration peut être reformulée comme une procédure algorithmique. Nous analysons ensuite les algorithmes en tant qu'outils d'accès à des connaissances et nous étudions leurs propriétés épistémiques en relation aux usages qui en sont fait par des agents humains. Nous nous interrogeons enfin sur la manière de garantir qu'un algorithme fait bel et bien ce pour quoi il a été conçu, à la fois du point de vue mathématique et du point de vue des applications informatiques liées aux systèmes d'intelligence artificielle.

1. De la démonstration à l'algorithme

1.1. Un cas d'étude : l'infinité des nombres premiers

Le théorème qui énonce qu'il existe une infinité de nombres premiers est l'un des plus fondamentaux de la théorie des nombres et il présente un grand intérêt pour notre sujet. Voyons comment le démontrer. Un nombre *premier* est un nombre entier supérieur à 1 qui n'admet pas de diviseurs autres que 1 et lui-même. Un nombre *composé* est un nombre entier supérieur à 1 qui n'est pas premier. On démontre d'abord que chaque entier positif supérieur à 1 peut être exprimé comme le produit d'entiers premiers[1]. Autrement dit, chaque entier positif supérieur à 1 est divisible par un nombre fini d'entiers premiers (ses facteurs). La démonstration que l'ensemble des nombres premiers est infini procède alors ainsi[2] : supposons que l'ensemble des entiers premiers soit fini ; il existe donc un nombre fini n d'entiers premiers, qu'on notera $p_1, \ldots, p_n$; tout autre entier (positif) est donc composé, et donc divisible par au moins l'un des entiers premiers $p_1, \ldots, p_n$. Considérons l'entier q obtenu en multipliant entre eux les entiers premiers $p_1, \ldots, p_n$ et en ajoutant 1, c'est-à-dire $q = (p_1 \times \ldots \times p_n) + 1$; cet entier q est plus grand que tous les $p_1, \ldots, p_n$; il est donc composé. Toutefois, la division de q par chacun de ces entiers p_i (pour $1 \leq i \leq n$) donne 1 comme reste. Par conséquent, q ne pourra pas être divisé par un entier premier (puisqu'on suppose que ces entiers sont $p_1, \ldots, p_n$), ce qui contredit le fait que chaque entier est divisible par des entiers premiers. On en conclut que l'hypothèse initiale est fausse, et que sa négation est vraie, et donc que l'ensemble des entiers premiers est infini.

Ce raisonnement pourrait conduire à penser que l'existence d'un nombre infini d'entiers premiers repose sur une démonstration indirecte, puisqu'elle s'appuie sur un raisonnement par l'absurde : on ne montre pas directement l'existence d'un nombre infini d'entiers premiers ; on montre plutôt que sa négation implique contradiction[3]. On peut cependant modifier cette démonstration pour la rendre constructive, dans la mesure où il est possible de décrire une procédure permettant de construire ou de produire pas à pas une succession infinie d'entiers premiers.

1. On trouvera une démonstration de ce fait dans G. H. Hardy et E. M. Wright, *Introduction à la théorie des nombres*, trad. fr. F. Sauvageot, Paris, Vuibert, 2007.

2. La démonstration qui suit, qui n'est pas celle qu'Euclide donne dans les *Éléments* (livre IX, proposition 20), se trouve dans R. Courant et H. E. Robbins, *Qu'est-ce que les mathématiques ?*, trad. fr. M. Anglade et K. Py, Paris, Cassini, 2015, p. 30-31.

3. Pour une analyse philosophique et historique détaillée de ce type de raisonnement, voir J.-L. Gardies, *Le raisonnement par l'absurde*, Paris, Puf, 1991.

Pour ce faire, soulignons d'abord un aspect fondamental de la notion d'entier premier, à savoir que pour chaque entier, on peut vérifier si la propriété *être premier* est satisfaite ou non. Plus précisément, nous pouvons définir une procédure qui consiste en une suite d'opérations, dont l'exécution permet, en un nombre fini de pas, de décider pour chaque entier s'il est premier ou non. Par exemple, si on nous donne un entier $n > 1$, nous pouvons commencer par le diviser par tous les entiers inférieurs à lui et strictement plus grands que 1. Comme ce nombre d'entiers est fini, il suffit d'effectuer un nombre fini de divisions. Si chaque division donne un reste (différent de zéro), l'entier est premier. En revanche, si au cours de nos divisions, nous trouvons un entier m, strictement compris entre 1 et n, qui divise n sans donner de reste, alors n est composé. Une telle procédure peut être décrite comme une suite finie d'instructions non ambiguës, où l'application de chaque instruction est complètement déterminée par la précédente, de manière à ce que ces instructions puissent être exécutées sans aucune ingéniosité ou inventivité. En ce sens, nous pouvons reformuler la procédure que nous venons de donner de la manière suivante :

(i) Prendre $n > 1$.
(ii) Poser $m = 2$.
(iii) Si $m = n$, alors s'arrêter et dire que n est premier. Sinon, diviser n par m et calculer le reste r de cette division.
(iv) Si $r = 0$, alors s'arrêter et dire que n est composé. Sinon, revenir à (iii) en incrémentant m de 1.

Il s'agit là d'un bon exemple de ce que l'on peut appeler une procédure *algorithmique* ; la propriété *être premier* peut donc être vérifiée par un algorithme. En exploitant cette caractéristique, il devient possible de rendre constructive la démonstration de l'infinité des nombres premiers. Supposons un nombre fini d'entiers premiers $p_1, \ldots, p_n$ et définissons le nombre $q = (p_1 \times \ldots \times p_n) + 1$. Sur la base de ce que nous venons de dire, nous pouvons vérifier algorithmiquement si q est premier ou non. S'il est premier, nous avons trouvé un $n + 1$-ème entier premier, qu'on note p_{n+1}. Sinon, il s'agit d'un entier composé. Nous pouvons le diviser par tous les entiers strictement compris entre 1 et lui-même pour trouver au moins un entier m qui le divise parfaitement. Pour chaque m, nous pouvons vérifier, à son tour, s'il est premier ou non. On aura ainsi un nombre fini de vérifications à effectuer et, en procédant ainsi, on trouvera forcément un nombre premier qui divisera q et qui ne sera pas égal aux $p_1, \ldots, p_n$ (car q n'est pas divisible par $p_1, \ldots, p_n$). Il est d'ailleurs possible qu'il y ait plusieurs entiers premiers autres que $p_1, \ldots, p_n$ qui divisent q. En choisissant le plus petit parmi eux, nous obtenons le $n+1$-ème entier premier. Nous avons ainsi trouvé une manière de générer pas à pas une liste infinie d'entiers premiers $p_1, \dots, p_n, p_{n+1}, \dots$ C'est en ce sens qu'on peut dire que la preuve est constructive.

1.2. Idéalisation et questions de complexité calculatoire

Pour un indice n relativement petit, le processus permettant de déterminer quel nombre est p_n peut requérir un très grand nombre d'étapes de calcul. Par exemple, dans le cas de $n=52$, le nombre q obtenu en suivant la procédure décrite ci-dessus correspond à un nombre à 335 chiffres (écrit en base 10) ; les opérations de factorisation à effectuer pour déterminer quel nombre est p_{52} pourraient être si nombreuses qu'elles ne soient pas faisables à la main par un être humain (en raison de limites cognitives ou de limites liées à la durée d'une vie), ni par un ordinateur (en raison de limites matérielles comme les limites de mémoire ou de vitesse de calcul). Or, en mathématiques et en informatique théorique, la notion d'algorithme fait traditionnellement abstraction de telles limites car on ne s'intéresse pas au mathématicien en chair et en os, ni aux ordinateurs concrètement réalisés par des circuits électriques mais à un mathématicien idéalisé et à des machines théoriques telles que les machines de Turing[4]. Le mathématicien idéalisé et la machine théorique possèdent eux aussi des capacités finies. Cependant, à la différence du mathématicien en chair et en os

4. Les machines de Turing ne sont pas des machines matérielles mais, comme le dit Turing lui-même, des « machines de papiers » (A. M. Turing, « Intelligent Machinery » [1948], *in* B. Meltzer et D. Michie (eds.), *Machine Intelligence* 5, Edinburgh, Edinburgh University Press, 1969, p. 9). On remarque d'ailleurs que la structure et le fonctionnement de ces machines sont conçus en analysant les actions d'un agent humain idéalisé qui « effectue un calcul en inscrivant certains symboles sur une feuille, que l'on peut supposer divisée en cases comme un cahier d'écolier. [...] le calcul est effectué sur un papier unidimensionnel, à savoir une bande divisée séquentiellement en cases [et] les symboles susceptibles d'être inscrits sur la bande sont en nombre fini » (A. M. Turing « Théorie des nombres calculables, suivie d'une application au problème de la décision » [1936], trad. fr. J. Basch dans *La machine de Turing*, Paris, Seuil, 1936, p. 77). Ainsi, un « homme, muni de papier, d'un crayon et d'une gomme, et soumis à une discipline stricte, est de fait une machine universelle » (A. M. Turing, « Intelligent Machinery », *in* B. Meltzer et D. Michie (eds.), *Machine Intelligence* 5, *op. cit.*, p. 9). Il existe d'autres exemples de machines théoriques comme les machines de Kolmogorov et Uspensky, les machines de Gandy, les machines de Schönhage, les machines à registres illimités, les machines RAM, etc. Il s'agit dans tous les cas de machines conçues pour modéliser, de manière abstraite, la notion de calcul et qui représentent donc des modèles de calcul. Voir J. Mosconi, « The Developments of the Concept of Machine Computability from 1936 to the 1960s », *in* J. Dubucs et M. Bourdeau (eds.), *Constructivity and Computability in Historical and Philosophical Perspectives*, Berlin, Springer, 2014.

et de l'ordinateur concrètement réalisé, aucune borne concernant leur réalisation biologique ou physique ne limite leurs capacités. On demande que les processus algorithmiques soient exécutables en un nombre d'étapes fini, mais ce nombre peut être arbitrairement grand. Cependant, lorsqu'on sort de ce cadre théorique et que l'on cherche à appliquer des algorithmes à des situations pratiques, il faut prendre en considération des questions de complexité et d'optimisation des opérations exécutées au moyen de ces algorithmes. Par exemple, lorsqu'on veut faire « tourner » un algorithme sur un ordinateur en implantant l'algorithme dans un programme exécutable sur cet ordinateur, l'algorithme doit être efficace et adapté à l'architecture physique de la machine. Or l'algorithme décrit plus haut pour décider si un entier positif n est premier est, en ce sens, loin d'être efficace. On peut calculer qu'en suivant cet algorithme, si la longueur de la représentation binaire de n est de 150 chiffres (*bits*)[5], il faudra, dans le cas où n est premier, 2^{150} étapes de calcul, ce qui prendrait des milliards d'années de calcul sur les ordinateurs les plus rapides actuellement existants.

D'un point de vue théorique, cet algorithme est tout à fait digne d'intérêt, mais il ne peut être employé pour des applications pratiques, par exemple en cryptographie, où la question de savoir si un entier positif est premier ou composé joue un rôle crucial dans l'envoi et la réception sécurisés d'informations, et où il est donc essentiel de posséder des méthodes efficaces pouvant être implantées sur nos ordinateurs. Or il existe des méthodes permettant de déterminer si un entier n est premier et dont la complexité de calcul est bien moindre, mais il s'agit de méthodes dont la réponse n'est pas toujours exacte : si elles permettent de dire avec exactitude qu'un entier est composé, elles ne permettent d'affirmer qu'un entier est premier que de manière probable, bien que l'on puisse atteindre une probabilité extrêmement élevée que la réponse soit correcte. Le gain que l'on tire en rendant possible l'implantation de telles méthodes sur nos ordinateurs, en pouvant les faire « tourner » même dans le cas d'entiers très grands, rend la possibilité d'erreur pratiquement négligeable. Nous étudierons par la suite les algorithmes d'un point de vue idéalisé, en faisant donc abstraction des questions de complexité et de faisabilité du calcul, puisque ces questions se posent surtout pour l'implantation d'un algorithme dans une machine concrète, alors que les algorithmes existent indépendamment de leurs réalisations sur des ordinateurs.

5. Un ordinateur ne travaille pas avec des entiers en notation décimale, mais avec des entiers en notation binaire.

2. Questions d'épistémologie

2.1. L'accès à la vérité : démonstrations *vs* algorithmes

Nous venons de voir un exemple emblématique de la manière dont, dans certains domaines des mathématiques, la pratique démonstrative est étroitement liée à la recherche et à la conception de méthodes algorithmiques. Nous articulons à présent les rapports entre démonstrations et algorithmes d'un point de vue conceptuel.

Selon une conception traditionnelle, une démonstration est une suite finie d'énoncés déclaratifs ou de propositions, c'est-à-dire une suite d'entités exprimables dans un langage et jugeables comme étant vraies ou fausses [6], liées entre elles par l'application de règles déductives, et plus précisément, par des règles qui transmettent la vérité, des prémisses à la conclusion [7]. L'idée est qu'une démonstration correspond à un raisonnement ou une argumentation permettant de montrer la vérité d'une proposition en passant par la vérité d'autres propositions ; la démonstration joue notamment un rôle épistémique, car elle offre une manière de garantir la connaissance de la vérité de la conclusion en faisant reposer cette connaissance sur celle des propositions de départ. Ces propositions de départ peuvent être des théorèmes (pour lesquels on possède déjà une démonstration) ou des axiomes et des définitions (dont on accepte la vérité de manière immédiate, sans passer par d'autres propositions), ou des hypothèses (qu'on suppose être vraies, sans qu'elles fassent objet de connaissance) [8].

Dans la démonstration analysée au début du chapitre, les points de départ explicitement évoqués étaient un théorème (« tout entier

6. La proposition est une entité abstraite qui correspond au contenu sémantique (c'est-à-dire soit le sens, soit la valeur de vérité) véhiculé par un énoncé particulier qui peut aussi bien être exprimé par un autre énoncé dans une autre langue. On tente souvent d'employer un langage symbolique comme celui de la logique pour dégager le contenu sémantique commun, en faisant apparaître la forme logique que partagent les deux énoncés. Nos jugements de vérité portent sur ce contenu sémantique commun plutôt que sur les énoncés particuliers dans lesquels ce contenu est véhiculé.

7. *Cf.* B. Mélès (2016), « Démonstration », *L'encyclopédie philosophique en ligne*, 2016. URL = <https://encyclo-philo.fr/demonstration-gp> et l'entrée « Démonstration » dans A. Lalande, *Vocabulaire technique et critique de la philosophie* [1902-1923], Paris, Puf, 1996, 18e éd.

8. La distinction entre axiomes et définitions comme principes démonstratifs se trouve par exemple chez Aristote (*Seconds Analytiques*, I, 2) ou Pascal (*De l'esprit géométrique*). Dans les mathématiques contemporaines, on conçoit parfois les axiomes comme des définitions implicites (voir P. Wagner, « Pourquoi et comment définir ? », dans le présent volume, p. 116-119).

peut être représenté comme un produit de facteurs premiers ») et une hypothèse (« l'ensemble des nombres premiers est fini »). Les axiomes qui gouvernent le comportement de la multiplication et de la division sur les entiers étaient implicites (par exemple la commutativité de la multiplication). Dans cette démonstration, l'application des règles de déduction mène à une contradiction, ce qui oblige à remettre en cause la vérité de l'hypothèse de départ ; on conclut par la vérité de sa négation, en appliquant la règle de réduction à l'absurde.

Nous avons montré comment passer de cette démonstration à un algorithme permettant de générer une suite infinie de nombres premiers. Ce passage, d'un point de vue conceptuel, n'est pas anodin. En effet, lorsqu'on a affaire à un algorithme, on n'a plus affaire à une suite finie de propositions jugeables comme vraies ou fausses, mais plutôt à des instructions, c'est-à-dire des énoncés performatifs qui visent à l'exécution de certaines actions. Il s'agit d'actions « suffisamment élémentaires pour pouvoir être accomplies de manière exacte et en un temps fini »[9] et exécutées selon un ordre bien spécifique, dans le but de répondre à une question ou de résoudre un problème. Nous avons donné quelques exemples : l'algorithme pour déterminer si un entier positif est premier ou non, ainsi que l'algorithme pour trouver un nouvel entier premier à partir d'un ensemble d'entiers premiers donnés. D'autres exemples tirés des mathématiques élémentaires sont l'algorithme pour calculer le plus grand commun diviseur de deux nombres entiers et l'algorithme pour déterminer s'il existe des solutions (dans l'ensemble des nombres réels) d'une équation de deuxième degré à une variable et à coefficients entiers (qui passe notamment par le calcul du discriminant). Il s'agit de questions et de problèmes d'ordre général, au sens où ils concernent des objets quelconques d'un ensemble d'objets d'un même type, questions et problèmes qui peuvent avoir en principe un nombre infini d'instances particulières. Un algorithme est une méthode complètement déterminée à l'avance conçue pour donner une réponse systématique et uniforme pour chacune de ces instances. Par exemple, la question « Est-ce que n est premier ? » est générale parce qu'elle peut être posée pour n'importe quel nombre entier positif n. L'algorithme qui répond à cette question donne lieu à une procédure qui est la même pour n'importe quelle instance de la question. Par exemple, « est-ce que 32 est premier ? », « est-ce que 2 757 est premier ? », etc. De la même manière, si l'on considère le problème

9. D. E. Knuth, *The Art of Computer Programming : Fundamental Algorithms*, vol. 1, Reading (Mass.), Addison Wesley, 1997, 3e éd., p. 6. Nous traduisons.

« Déterminer un nouvel entier premier à partir de l'ensemble d'entiers premiers $\{p_1, \ldots, p_n\}$ », l'algorithme procédera de la même manière pour toutes les instances du problème, c'est-à-dire pour n'importe quel choix d'entiers premiers $p_1, \ldots, p_n$.

Or répondre à des questions ou résoudre des problèmes en suivant des méthodes précises, déterminées et générales rentre dans le cadre de l'entreprise scientifique. Les algorithmes permettent de fournir, en particulier, des preuves de la vérité de certaines propositions telles que « n est composé » ou « il y a une infinité de nombres premiers », au sens où ils permettent de produire un témoin ou une garantie de la vérité de ces énoncés. Cette preuve correspond à la production d'un certain objet[10], comme un diviseur de n, ou à la présentation d'une procédure pour générer certains objets, comme celle qui permet de générer toujours un nouvel entier. L'important est que, dans tous les cas, cette preuve consiste en un objet, c'est-à-dire quelque chose qu'on exhibe, qu'on présente, et qui n'est pas de nature discursive ou linguistique. Comme les démonstrations, les algorithmes jouent ainsi un rôle épistémique, puisqu'ils permettent de reconnaître la vérité de certaines propositions ; cependant, à la différence des démonstrations, ils ne le font pas au moyen d'autres propositions, mais de manière plus directe. En ce sens, les algorithmes sont un exemple emblématique du fait que prouver ne se fait pas exclusivement au moyen de démonstrations : on peut aussi prouver par des méthodes permettant d'exhiber ou de reconnaître des objets appropriés, eu égard à certaines propriétés recherchées[11].

Remarquons cependant qu'il existe des questions ou des problèmes que l'on ne peut résoudre de manière algorithmique. Par exemple, le fait de déterminer les solutions d'une équation de degré supérieur à quatre, à une variable et à coefficients entiers, ou le fait de déterminer les solutions d'une équation diophantienne (c'est-à-dire une équation algébrique à une ou plusieurs variables à coefficients entiers pour laquelle on cherche des solutions dans les entiers). La conception de

10. L'algorithme décrit plus haut qui permet de décider si un entier est premier ou non produit une réponse de type « oui (n est premier) » ou « non (n n'est pas premier) ». Pour qu'il produise un entier en sortie, il faudrait le modifier légèrement.

11. Le mot « preuve » vient le verbe latin « *probare* », qui renvoie à l'idée de tester ou de vérifier, opérations qui entrent en jeu lorsqu'on exécute un algorithme. La distinction entre « preuve » et « démonstration », présente dans des langues latines comme le français ou l'italien, est moins évidente en anglais où, dans le contexte mathématique et scientifique, c'est le terme « *proof* » qui est couramment employé, même s'il existe le terme « *demonstration* ». Sur ces questions voir G. Sundholm, « Questions of Proof ». *Manuscrito* 16, 2, 1993.

méthodes algorithmiques ne va donc pas de soi : elle représente un aspect essentiel de la recherche mathématique et soulève des questions fondationnelles. Pour montrer qu'un problème n'est pas susceptible de résolution de manière algorithmique, il faut déterminer avec exactitude le domaine des méthodes algorithmiques qui sont admises et, idéalement, déterminer exactement par une caractérisation formelle ce qu'est un algorithme en général[12].

Réfléchissons à présent aux propriétés considérées comme caractéristiques des algorithmes. Nous verrons que définir exactement ce qu'est un algorithme est loin d'aller de soi.

2.2. Acquisition de connaissances et terminaison : algorithmes *vs* calculs mécaniques

Si un algorithme correspond, comme on vient de le dire, à une méthode uniforme mise en place pour résoudre un problème de manière systématique, et acquérir ainsi une connaissance, on peut s'attendre à ce qu'il donne toujours une réponse, pour chaque instance du problème. En ce sens, il semble assez naturel d'attribuer à un algorithme la propriété de la terminaison, selon laquelle un algorithme doit se terminer après un nombre fini d'étapes. Que dire alors d'une méthode pour calculer l'expansion décimale de la racine carrée d'un nombre entier qui, appliquée à l'entier 2, donne lieu à une procédure qui ne se termine jamais ? Une solution possible serait de dire que le problème vient de la représentation potentiellement infinie des réels. On pourrait alors décider de travailler avec des approximations finies des réels et s'arrêter par exemple au dixième chiffre après la virgule.

Considérons maintenant un autre exemple. Soit le problème suivant : « Pour deux entiers naturels *m* et *n*, déterminer le plus petit

12. La question de la caractérisation formelle des procédures algorithmiques a commencé à se poser avec précision à partir des années 1930, dans le cadre des tentatives pour donner une réponse à ce que Hilbert et Ackermann (in *Grundzüge der theoretischen Logik*, Berlin, Springer, 1928) avaient appelé le « problème de la décision » (*Entscheidungsproblem*), à savoir la question de savoir si l'on possède une méthode qui permet, en un nombre fini d'étapes, de savoir si une formule de la logique du premier ordre est valide ou non. Le travail de Turing dans son article de 1936 (« Théorie des nombres calculables, suivie d'une application au problème de la décision », art. cit.) vise justement à donner une réponse à ce problème. Or, bien que Turing arrive à donner une réponse (négative) au problème de la décision posé par Hilbert et Ackermann, cela ne veut pas dire qu'il parvient à définir ce qu'est un algorithme et à formaliser tout type d'algorithme. Sur ces questions voir A. Naibo et T. Seiller « Algorithme », *Encyclopædia Universalis*, 2024, URL = <https://www.universalis.fr/encyclopedie/algorithme/>.

entier naturel x tel que $x^2 - m.x + n = 0$ ». Si nous voulons donner une méthode algorithmique pour résoudre ce problème, nous devons donner une méthode uniforme, qui soit donc indépendante du choix de m et n. Une manière de résoudre ce problème consiste à chercher la valeur de x en le testant de façon systématique sur tous les entiers à partir de 0. Nous pouvons l'écrire de la manière suivante :

(i) Prendre deux entiers naturels m et n.
(ii) Prendre une nouvelle variable a et la poser égale à 0.
(iii) Remplacer x par a (dans l'équation en question) et tester si $a^2 - m.a + n$ donne comme résultat 0. Si c'est le cas, s'arrêter et donner a comme réponse (c'est-à-dire, $x = a$), sinon passer au point (iv).
(iv) Incrémenter a de 1 et répéter (iii).

Par exemple, si l'on prend $m = 4$ et $n = 3$, on obtient que pour $a = 0$, $0^2 - 4.0 + 3 = 3 \neq 0$. On considère alors $a = 1$, ce qui donne $1^2 - 4.1 + 3 = 0$. On a donc trouvé comme solution $x = 1$. Cependant, si l'on prend $m = 1$ et $n = 1$, alors on obtient que pour $a = 0$, $0^2 - 1.0 + 1 = 1 \neq 0$; pour $a = 1$, $1^2 - 1.1 + 1 = 1 \neq 0$; pour $a = 2$, $2^2 - 1.2 + 1 = 3 \neq 0$; et ainsi de suite. Y aura-t-il un moment où l'on arrivera à trouver une solution ? La procédure algorithmique ne nous le dit pas. C'est seulement en raisonnant sur la forme de l'équation $x^2 - 1.x + 1 = 0$ que nous pouvons montrer qu'il n'y a pas de valeur de x qui permettrait de la satisfaire. En effet, si $x = 0$, elle n'est pas satisfaite et si $x \geq 1$, alors $x^2 \geq 1.x$, ce qui fait qu'en rajoutant 1 à $x^2 - 1.x$ on aura toujours une valeur positive du côté gauche de l'équation. Mais ce type de raisonnement ne peut pas être inféré de la procédure algorithmique décrite ci-dessus. Si nous nous contentons de suivre cette procédure, nous continuerons à passer sans cesse de (iii) à (iv), sans jamais trouver de solution quand $m = 1$ et $n = 1$. Nous resterons toujours en attente de la solution. Décider de l'arrêter de manière arbitraire après un certain nombre d'étapes risquerait simplement de nous laisser dans l'ignorance sur l'existence d'une telle solution, si jamais à un moment la procédure s'arrêtait.

Mais quel rôle épistémique joue une procédure qui ne s'arrête pas pour toute instance du problème ? Une telle procédure peut-elle être considérée comme une véritable source de connaissance ? On pourrait certes considérer qu'elle permet d'acquérir une connaissance au moins partielle : en choisissant l'une après l'autre toutes les valeurs qu'on peut donner à m et n, on pourrait employer la procédure décrite plus haut pour reconnaître les m et n pour lesquels il y a une solution de l'équation et dire quelle est cette solution. Autrement dit, la procédure nous permettrait de trouver une solution quand il y en a une, sans nous permettre de dire quand il n'y a pas de solution pour certaines entrées.

Toutefois, si l'on accepte la possibilité de procédures qui ne terminent pas toujours (et pour lesquelles on ne sait pas dire à l'avance pour quelles entrées elles terminent), on ouvre aussi la possibilité d'avoir des procédures qui ne terminent pour aucune entrée choisie. Serait ainsi ouverte la possibilité de considérer comme algorithmique la procédure suivante :

(i) Prendre un entier naturel *n*.
(ii) Ajouter 3 à *n*. Si le résultat obtenu est égal à 0, alors s'arrêter, sinon passer au point (iii).
(iii) Répéter (ii) en incrémentant *n* de 1.

Une telle procédure suit des instructions qui ne sont pas ambiguës, chaque étape de la procédure est déterminée par la précédente et permet d'exécuter un certain calcul, mais qui ne s'arrête jamais. Cette procédure permet-elle de résoudre un problème ou de donner une réponse à une question ? Nous apporte-t-elle une certaine connaissance ?

Ceux qui comme Donald Knuth, l'une des figures majeures de l'algorithmique du XXe siècle, considèrent qu'un algorithme est une procédure qui satisfait nécessairement une forme de finitude, en ce qu'elle doit toujours se terminer en un nombre fini d'étapes, estiment qu'une procédure qui ne termine pour aucune entrée n'est pas véritablement algorithmique. En suivant Knuth, on pourrait alors dire qu'une « procédure qui possède toutes les caractéristiques d'un algorithme, sauf celle, éventuellement, de la finitude, peut être appelée méthode de calcul[13] ». Une procédure comme celle que l'on vient de décrire correspond en effet à une méthode permettant d'effectuer pas à pas et de manière complètement déterminée – par les instructions données, donc sans aucune forme d'ingéniosité – un certain calcul (arithmétique). Il s'agit d'une procédure de calcul qui peut être effectuée par une machine (idéalisée), ce qui autorise à dire qu'il s'agit d'une procédure de calcul mécanique. Il importe donc de distinguer la notion d'algorithme et celle de méthode de calcul mécanique. Les méthodes de calcul mécaniques peuvent donner lieu à des processus de calcul « aveugles », puisqu'ils suivent tout simplement des instructions de manière bureaucratique, sans pour autant viser

13. D. E. Knuth, *The Art of Computer Programming : Fundamental Algorithms*, *op. cit.*, p. 5. Nous traduisons.

la solution d'un problème. Il s'agit de procédures pour lesquelles on peut dire ce qu'elles font étape par étape, sans dire toutefois dans quel but elles le font : comment savoir quel est le problème qu'elles sont censées résoudre, si elles ne donnent jamais de réponse ? Pour espérer avoir une réponse, on devrait continuer à calculer, mais ce calcul ne s'arrête jamais (sans qu'on puisse le savoir, dès que la procédure est complexe). En revanche, un algorithme n'est pas simplement une procédure s'effectuant sans ingéniosité et pouvant être exécutée par n'importe quel système mécanique : il demande à être conçu en vue de faire quelque chose, il est donc dirigé vers la solution d'un problème ou vers la réponse à une question. Une telle conception de la notion d'algorithme exige ainsi un agent qui le conçoit (et pas seulement un agent qui l'exécute), en vue d'acquérir une certaine connaissance. En ce sens, on peut dire que le caractère épistémique d'un algorithme est étroitement lié à une composante de type intentionnelle (qui prend donc en compte l'intention d'un agent).

2.3. Niveaux de description

Un algorithme se donne sous la forme d'une liste d'instructions servant à produire certaines actions. Nous le concevons généralement en vue de le communiquer à d'autres personnes pour qu'elles puissent faire quelque chose. Or, le niveau de description des actions à faire dépend de ce que nous considérons comme pertinent ou essentiel pour décrire ces actions. Par exemple, dans l'algorithme donné p. 29 pour décider si un entier est premier ou non, nous avons formulé l'étape (iii) en termes d'une division et du calcul du reste de cette division. Nous avons donc considéré ces deux opérations comme élémentaires, c'est-à-dire comme ne nécessitant pas d'être elles-mêmes définies. Nous avons considéré que les usagers de cet algorithme savent déjà comment faire une division et calculer un reste. On voit donc qu'un algorithme s'appuie sur des connaissances implicites. Il y a cependant plusieurs manières d'opérer une division et d'en calculer le reste. De ce fait, on pourrait considérer que l'algorithme que nous avons donné n'est pas encore complètement spécifié, car il laisse une certaine liberté à l'utilisateur dans la manière dont il opérera la division et le calcul du reste. On pourrait alors demander de détailler la manière de le faire, en disant par exemple que la division s'effectue par une suite finie de soustractions réitérées, et que le reste est ce qu'on obtient quand on ne peut plus opérer de soustractions. Par exemple, diviser 13 par 4 revient à soustraire 4 à 13 pour obtenir 9, puis à soustraire 4 à 9 pour obtenir 5, puis à soustraire encore 4 à 5 pour obtenir 1. On a donc opéré 3 soustractions de 4, et l'on obtient comme reste 1. On pourrait alors se contenter de ce niveau de détail dans la manière d'exécuter la division, ou bien considérer que la soustraction elle-même n'est pas quelque chose de primitif et employer d'autres opérations pour expliquer comment la réaliser.

Cette remarque montre bien que, lorsque l'on définit un algorithme, aucun ensemble d'opérations de base n'est fixé une fois pour toutes : ce qu'il faut considérer comme une opération de base – une opération élémentaire – dépend de la question de savoir qui conçoit l'algorithme et qui en fait l'usage. La même question se pose lorsque l'on veut implanter un algorithme sur un ordinateur : la manière de le faire dépend des langages de programmation choisis et des opérations que ces langages admettent comme primitives. Mais si des opérations primitives différentes sont choisies, peut-on dire qu'il s'agit encore du même algorithme ? Si l'on réécrit l'algorithme présenté p. 29 en décomposant l'étape (iii) en différentes sous-étapes où la division est effectuée par réitération de la soustraction, s'agit-il du même algorithme ou avons-nous défini un algorithme différent ? On soulève ici une question qui est celle de l'identité des algorithmes. Cette question est-elle légitime ? Ou est-elle mal posée, dès lors que l'identification d'un algorithme dépend du point de vue du concepteur et de l'usager ? Déterminer ce qu'est précisément un algorithme suppose de pouvoir établir des critères d'identité.

3. Résolution de problèmes et preuves de correction

3.1. Au-delà du calcul : les constructions géométriques comme algorithmes

Un algorithme sert-il seulement à effectuer des calculs de type numérique ou arithmétique ? Nous avons caractérisé un algorithme comme une méthode générale permettant de résoudre un problème de façon systématique, mais tous les problèmes ne portent pas sur des nombres. Un exemple emblématique vient de la géométrie d'Euclide. Selon la lecture qu'en fait Proclus, les propositions du livre I des *Éléments* peuvent être divisées entre celles qui correspondent à des problèmes à résoudre et celles qui correspondent à des théorèmes à démontrer. La solution des problèmes est donnée grâce à la construction (*kataskené*) de certains objets. Il devient alors tentant de se demander si les constructions d'Euclide peuvent être vues comme des algorithmes. Considérons, à titre d'exemple, la proposition 1 du livre I des *Éléments* : on demande de construire un triangle équilatéral à partir d'un segment donné. La méthode de construction d'une telle figure procède ainsi :

(i) Prendre un segment a dont les extrémités sont les points A et B.
(ii) Tracer un cercle α de centre A et de rayon a.
(iii) Tracer un cercle β de centre B et de rayon a.
(iv) On obtient les points d'intersection de α et β, à savoir C et D.
(v) Choisir l'un des deux points, disons C.
(vi) Tracer le segment c de A à C.
(vii) Tracer le segment b de B à C.

On peut voir là une liste d'instructions pouvant s'exécuter pas à pas à partir de deux opérations élémentaires (stipulées par les postulats 1 et 3 des *Éléments*) :

- tracer un segment entre deux points (au moyen d'une règle)
- dessiner un cercle à partir de deux points (qui déterminent le rayon du cercle et donc l'ouverture du compas nécessaire pour le dessiner ; dans la procédure donnée, le rayon correspond au segment a qui relie A et B).

On peut suivre ces instructions pas à pas – en les effectuant sur du papier à l'aide d'un crayon, d'une règle et d'un compas – jusqu'à obtenir comme résultat une figure qui corresponde à un triangle équilatéral.

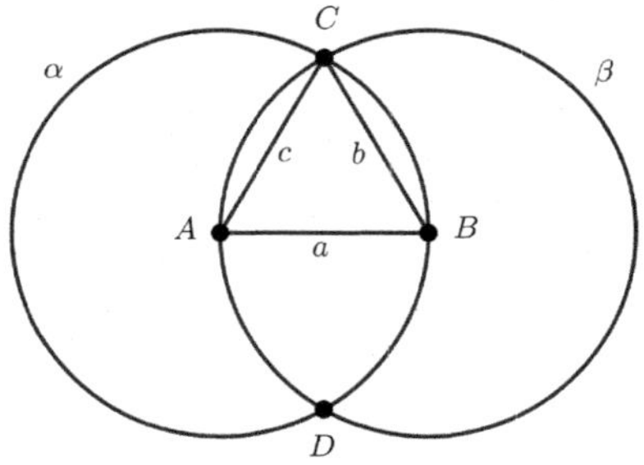

Fig. 1

Il semblerait alors assez naturel d'affirmer que « [l]a construction euclidienne répond à toutes les exigences d'un algorithme : elle est non ambiguë, correcte et se termine » [14]. Pourtant, si l'on compare cette méthode de construction avec les algorithmes de calcul numérique considérés précédemment, deux différences majeures apparaissent, qui invitent à se demander dans quelle mesure exactement cette construction est un véritable algorithme.

Considérons la première différence. Les algorithmes présentés et discutés jusqu'ici correspondent à des procédures permettant, pour chaque donnée en entrée, d'obtenir une et une seule donnée en sortie. En ce sens, on peut les voir comme des procédures permettant de calculer les valeurs de certaines fonctions. Au contraire, la construction que nous venons de présenter ne peut être vue, semble-t-il, comme une fonction car l'intersection des deux cercles α et β détermine deux points, en sorte que deux triangles peuvent être construits. La solution du problème posé n'est donc pas unique car on doit choisir entre C et D et, en ce sens, la clause (v) comporte une composante non déterministe. S'agit-il d'un manque de précision ou d'une sous-spécification de la procédure de construction ? Pour avoir un véritable algorithme, faut-il modifier la construction pour n'avoir qu'un seul point d'intersection ? Si oui, comment ?

Une autre manière de comprendre cette situation consiste à penser que la construction considérée correspond bel et bien à un algorithme, mais qui fait appel à une information venant de l'extérieur pour déterminer quel choix faire, information qui peut être fournie par un agent humain ou une machine. Autrement dit, l'opération consistant à choisir entre C et D peut être interprétée comme une question que l'algorithme pose à un environnement avec lequel il peut interagir. En changeant d'agent ou de système, la réponse donnée à la question posée par l'algorithme peut varier. C'est là ce qui donne le caractère non déterministe, et non le fait que l'algorithme ne spécifie pas toutes les opérations à effectuer.

Considérons maintenant la seconde différence. La représentation des nombres entiers est de type numérique ou discrète, au sens où les signes sont simplement juxtaposés. En revanche, dans le cas de la représentation des objets géométriques, les figures tracées peuvent se couper et donner lieu à de nouvelles figures, comme les deux cercles α et β dans la construction du triangle équilatéral : ces deux

14. F. P. Preparata et M. I. Shamos, *Computational Geometry : An Introduction*, Berlin, Springer, 1985, 2e éd., p. 1. Nous traduisons.

cercles se coupent entre eux, produisant des demi-cercles et deux nouveaux points d'intersection. Dans le cas des objets géométriques considérés par Euclide, on a affaire à des entités qui possèdent des propriétés de continuité. Si l'on accepte l'idée que la construction du triangle équilatéral donnée par Euclide est un véritable algorithme, on accepte l'idée que les algorithmes peuvent opérer aussi sur des entités continues. Or les ordinateurs que nous employons opèrent sur des entités finies discrètes. Accepter de voir les constructions géométriques d'Euclide comme des algorithmes, c'est considérer que certains algorithmes ne peuvent être directement implantés sur nos ordinateurs, parce qu'une telle implantation suppose de passer par un encodage du continu dans le discret. Cet encodage change en effet le niveau des opérations élémentaires considérées : ce ne sont plus celles qu'Euclide considère et on ne rend donc plus fidèlement compte des algorithmes correspondant aux constructions géométriques d'Euclide.

Les objets numériques de l'arithmétique et les objets géométriques d'Euclide ont néanmoins un point commun : ils sont des objets quasi-concrets, au sens où ces objets reçoivent une représentation graphico-symbolique, qui donne des informations sur la nature de ces objets en reflétant certaines de leurs propriétés, comme la continuité dans le cas des objets géométriques. En outre, quand nous voulons appliquer un algorithme à des entrées spécifiques pour l'exécuter concrètement, les opérations requises doivent être exécutées sur un support, comme un support graphico-symbolique. On doit, par exemple, choisir la manière de représenter cet entier (en notation décimale, binaire, etc.). Par ailleurs, il est des situations où nous voulons raisonner sur l'algorithme, sans l'appliquer à des entrées spécifiques, sans l'exécuter concrètement. Dans ce cas, il semble possible de raisonner sur les propriétés abstraites et formelles des objets sur lesquels porte l'algorithme, indépendamment de leur représentation concrète. Clarifions ce point à la lumière de la notion de preuve de correction d'un algorithme.

3.2. Prouver la correction des algorithmes

Nous avons dit qu'un algorithme est une procédure conçue dans un certain but – la résolution générale et systématique d'un problème – et que cet aspect intentionnel le distingue d'une simple procédure mécanique de calcul. Selon cette conception, il est naturel de vouloir vérifier que les algorithmes que nous concevons sont corrects, c'est-à-dire qu'ils effectuent exactement la tâche pour laquelle ils ont été conçus. Dans le cas de l'algorithme de construction d'un triangle équilatéral, pour savoir que la figure obtenue est bien un triangle équilatéral, il faut avoir une définition du triangle équilatéral et montrer que la figure satisfait les propriétés imposées par cette définition. Pour ce faire, il est nécessaire de faire appel à d'autres définitions (comme celle de triangle tout court et celle de cercle), ainsi qu'à des axiomes[15] portant sur la relation de congruence entre segments (relation qui dit que deux segments ont la même longueur). Expliquons ce point.

La construction présentée dans la section précédente permet d'obtenir trois segments (*a*, *b*, *c*) qui ont, deux à deux, un point en commun. Cependant, cela ne suffit pas à garantir que nous avons un triangle : les trois points *A*, *B*, *C* pourraient en effet être colinéaires, ce qui produirait un triangle plat. Or Euclide demande qu'un triangle soit une figure « contenue » par trois segments (déf. 19 des *Éléments*), en entendant par-là que les lignes qui composent cette figure soient fermées et délimitent une aire contenue entre ces lignes. Si les points étaient colinéaires il n'y aurait pas d'aire et donc pas de véritable triangle. Mais pour avoir un triangle équilatéral, il faut aussi que les segments qui le composent soient congruents entre eux. Pour montrer tout cela, il faut faire appel à la définition du cercle et du centre d'un cercle (déf. 15 et 16) :

> 15. Un *cercle* est une figure plane contenue par une ligne unique [appelée circonférence] par rapport à laquelle tous les segments menés à sa rencontre à partir d'un unique point parmi ceux qui sont placés à l'intérieur de la figure, sont [jusqu'à la circonférence du cercle] égaux entre eux.
>
> 16. Et le point est appelé *centre* du cercle[16].

À partir de ces deux définitions, nous pouvons déduire que les segments c et a sont égaux (ils sont congruents) puisqu'il s'agit de deux segments tracés du centre du cercle à sa circonférence. Nous pouvons ainsi affirmer que $c \equiv a$ (où $\equiv$ est la relation de congruence). En outre, comme C et B (qui sont des extrémités de c et de a) ne sont pas coïncidents[17], C ne peut pas se trouver sur a. En effet, si tel était le cas, alors le segment

15. Euclide parle en fait plutôt de « notions communes ». Le terme « axiomes » vient de la terminologie aristotélicienne des *Seconds Analytiques*.

16. Euclide, *Les éléments*, intro. M. Caveing, trad. fr. et comm. B. Vitrac, vol. 1, livres I-IV : géométrie plane, Paris, Puf, 1990. Nous modifions la traduction de B. Vitrac en remplaçant « droite » par « segment » pour être cohérent avec la terminologie du reste du chapitre. Les phrases entre crochets sont des interpolations.

17. Chez Euclide, le fait que ces deux points ne sont pas coïncidents, mais distincts, est inféré à partir du diagramme. Dans les *Éléments*, le diagramme joue donc un rôle inférentiel : il garantit que dans le cas de certaines configurations il y a des intersections et que ces intersections produisent de nouveaux points.

c serait une partie du segment *a*, et par la notion commune 8, *c* serait plus petit que *a* ($c < a$)[18], ce qui contredirait le fait que $c \equiv a$. De la même façon, nous pouvons déduire que *B* ne peut pas être sur *c*. Nous pouvons ensuite appliquer le même type de raisonnement sur les segments *b* et *a*, en déduisant que $b \equiv a$ et que *A* n'est pas sur *b*. On pourra ainsi déduire que les trois points (*A*, *B*, *C*) ne sont pas colinéaires. En outre, en faisant appel à la notion commune 1, on peut déduire que $b \equiv c$, à partir du fait que $b \equiv a$ et que $c \equiv a$[19]. On peut donc conclure que *a*, *b* et *c* forment un triangle équilatéral.

La garantie que l'algorithme fait exactement ce pour quoi il a été conçu passe ainsi par une démonstration : nous avons déduit que *a*, *b* et *c* forment un triangle équilatéral en appliquant des règles d'inférence logique (comme le raisonnement par l'absurde) à partir de certaines définitions et axiomes. Cette démonstration assure que l'algorithme est correct. Cela montre que les notions d'algorithme et de démonstration ne s'opposent pas vraiment. Ces deux notions clés en mathématiques et en informatique interagissent. Si nous considérons un programme comme la réalisation d'un algorithme dans un langage spécifique et avec des opérations primitives fixées, alors la fiabilité de ce programme repose sur la possibilité de prouver, au moyen d'une démonstration, que l'algorithme est correct.

Dans la preuve de correction considérée, nous ne raisonnons pas sur les objets géométriques du point de vue de leur réalisation concrète (qui est en revanche celle sur laquelle nous opérons quand nous exécutons l'algorithme). Nous raisonnons sur les objets géométriques d'un point de vue abstrait et formel : le type d'objets admissibles, les propriétés de ces objets, ainsi que les relations qu'ils entretiennent entre eux, sont fixés par des définitions et des axiomes, de manière indépendante de la représentation spécifique des objets géométriques. Définitions et axiomes nous disent que les points, les segments, les cercles, les triangles, etc. sont des objets géométriques distincts et quelles sont leurs propriétés et les relations qu'ils entretiennent, avant même que l'on dise comment construire ces objets, comment tracer les figures correspondantes. Par ailleurs, les axiomes et les définitions disent tout ce qu'il faut savoir sur les objets géométriques et leurs relations. La notion de cercle est en ce sens complètement déterminée par les définitions données ci-dessus. Tandis que les relations de

18. La notion commune 8 affirme « Et le tout [est] plus grand que la partie ».

19. La notion commune 1 affirme « Les choses égales à une même chose sont aussi égales entre elles ».

congruence entre segments sont complètement déterminées par les notions communes.

La correction des algorithmes qui concernent les entiers premiers repose également sur des démonstrations qui procèdent de certaines définitions et axiomes. Ces définitions et axiomes sont également formels car ils valent en général, indépendamment de la représentation des entiers. En ce sens, la preuve de correction d'un algorithme peut être établie sans même devoir exécuter l'algorithme : il suffit de raisonner sur les propriétés générales du type d'objets sur lesquels porte l'algorithme. Cette preuve peut être effectuée *a priori*.

3.3. La question de la correction dans l'apprentissage automatique

Nous avons vu que les algorithmes sont des méthodes conçues dans le but de résoudre certains problèmes ou de répondre à certaines questions, de manière systématique, sans recours à des capacités ou des compétences particulières : il suffit de suivre pas à pas les instructions données. Or les exemples de problèmes et de questions traités de manière algorithmique que nous avons considérées viennent tous des mathématiques. Y a-t-il des problèmes et questions non mathématiques qui puissent être traités algorithmiquement ? Cette question se pose naturellement si l'on pense à une certaine manière de présenter les objectifs de l'intelligence artificielle (IA) aujourd'hui. On parle en effet souvent de la possibilité de résoudre des problèmes ou de répondre à des questions de façon algorithmique à l'aide de systèmes d'IA. L'idée est d'employer des systèmes d'IA pour résoudre de manière automatisée certains problèmes d'ordre pratique, qui ne semblent pas pouvoir être abordés par des techniques usuelles de programmation, dès lors qu'ils portent sur des questions qui ne sont pas explicitement ou pas directement caractérisables de manière mathématico-formelle[20]. Pensons à des problèmes de classification, par exemple celui de reconnaître si un certain animal sur une photographie est un chien ou non, ou encore celui de reconnaître si certaines cellules sont cancéreuses ou non. Pensons aussi à la question de décider de façon automatique s'il faut attribuer ou non un prêt bancaire à des clients. Il s'agit de problèmes pour lesquels on s'attend à ce qu'il soit possible, au moins en principe, de pouvoir toujours donner une réponse (c'est d'ailleurs ce que nous faisons quand nous sommes confrontés à ces

20. Voir A. Jean, *Les algorithmes*, Paris, Puf, 2024, p. 68-69.

problèmes), même si nous ne disposons pas d'une définition exacte et complètement formelle de ces problèmes. Comment pourrait-on en effet définir formellement ou mathématiquement ce qu'est un chien ? Si l'on devait donner des caractéristiques abstraites et formelles à un ordinateur, nous nous trouverions rapidement face à quantité de difficultés : on pourrait commencer par dire qu'il s'agit d'un animal à quatre pattes, qui a une queue et des oreilles. Mais comment le distinguer alors d'un chat ? Et surtout comment définir formellement ce qu'est une oreille ? On pourrait dire qu'il s'agit d'une entité triangulaire que l'on trouve au-dessus d'un museau. Mais est-ce que ce sont exactement des triangles ? Pas vraiment. Et qu'est-ce qu'un museau ? Là aussi, on pourrait tenter de dire que c'est une entité de forme ovale. Mais ne serait-ce pas trop simplifier les choses ? Finalement le museau d'un chien a une forme beaucoup plus compliquée qu'un ovale. Bref, on voit bien que chercher à donner une caractérisation abstraite qui puisse être comprise par un ordinateur, au moyen d'une série d'éléments purement formels, semble extrêmement compliqué, voire impossible. Et pourtant, quand nous voyons un chien nous savons le reconnaître (avec éventuellement une marge d'erreur, mais qui reste très faible). Nous considérons d'ailleurs qu'une telle reconnaissance devrait être une tâche automatisable : il n'y a pas vraiment besoin d'ingéniosité pour reconnaître un chien. Il s'agit d'une tâche que l'on pourrait déléguer à une machine. Et en effet, c'est ce que l'on arrive à faire aujourd'hui grâce à des techniques dites d'« apprentissage automatique » ou d'« apprentissage machine » (*machine learning*) qui, à la différence des techniques informatiques traditionnelles, ne travaillent pas sur des données abstraites caractérisées formellement par des définitions et des axiomes (comme les objets de la géométrie et de l'arithmétique dont nous avons parlé).

Pour comprendre l'idée qui est à la base de ces techniques et savoir si l'on peut dire qu'il s'agit de techniques algorithmiques, prenons un exemple simple. Considérons le problème de la classification, ou catégorisation, des fleurs selon leur espèce et, plus précisément, considérons le problème de la classification de trois espèces d'iris (*Iris setosa, Iris virginica et Iris versicolor*)[21]. L'idée est de considérer une collection de données préalablement traitées, c'est-à-dire des

21. L'une des premières collections de données utilisée pour l'étude des questions de prédiction et de classification dans le cadre des sciences statistiques consistait en données sur ces trois espèces d'iris. Ces collections de données ont été ensuite très utilisées dans le cadre de l'apprentissage automatique à des fins pédagogiques.

échantillons de fleurs d'iris classés par des experts en botanique[22]. On considère ensuite les caractéristiques observables des éléments classés, comme la largeur et la longueur des pétales et des sépales des iris[23]. Ces quatre caractéristiques sont exprimées par des nombres et peuvent donc devenir éléments d'un vecteur (dans ce cas, un vecteur à quatre dimensions). Le but est alors de considérer des exemplaires de fleurs différents de ceux du jeu de données initial et de déterminer à quelle espèce d'iris ils appartiennent, sans recourir à des experts en botanique, mais en s'appuyant seulement sur les caractéristiques observables déjà considérées. L'objectif est d'arriver à faire « apprendre » au système d'IA (ou, si l'on veut, au programme informatique) comment classer les exemplaires de fleurs qu'on lui présente. Pour ce faire, on peut employer différentes méthodes (souvent appelées « modèles ») d'apprentissage. L'une des plus simples est la méthode des *k* plus proches voisins. Essayons de la décrire brièvement.

Les éléments précédemment classés, comme ceux qui sont à classer, sont représentés par des vecteurs ; on peut donc voir tous ces éléments comme les points d'un espace vectoriel. La méthode des *k* plus proches voisins procède ensuite de la manière suivante :

(i) Soit *D* le jeu de données de départ, composé de *n* points, où chaque point est associé à une certaine classe (catégorie).
(ii) Pour chaque point *x* à classer, on considère l'ensemble *U* des *k* points de *D* les plus proches de *x*, selon une certaine métrique.
(iii) Pour chacun de ces *k* points, on regarde à quelle classe ils sont associés.
(iv) On assigne à *x* la classe *C* qui compte le plus d'éléments parmi les *k* considérés.

22. En ce sens, il s'agit d'un apprentissage « supervisé », car les données sur lesquelles on applique la méthode d'apprentissage sont déjà catégorisées selon la réponse visée. Il existe d'autres méthodes d'apprentissage, dites « non supervisées », où les données ne sont pas préalablement catégorisées.

23. Dans ce cas, on considère des caractéristiques directement associées à des valeurs numériques. On aurait pu aussi partir d'un certain nombre de photos d'iris et en extraire d'autres caractéristiques : par exemple, en annotant la photo où l'on voit des pétales, puis en indiquant la couleur et la forme du contour des pétales. Ensuite, ces annotations seraient associées à des valeurs numériques, par exemple selon une échelle de gradation des couleurs, ou selon une échelle concernant la forme plus ou moins arrondie des pétales. Le travail d'annotation et d'étiquetage d'image par des agents humains peut être extrêmement long et pénible (*cf.* A. Jean, *Les algorithmes*, *op. cit.*, p. 70-72). Sur les implications économiques et sociologiques de ce type de travail, notamment l'exploitation de travailleurs précaires et sous-payés (des « petites mains » de l'IA), voir aussi A. A. Casilli, *En attendant les robots : enquête sur le travail du clic*, Paris, Seuil, 2019.

On arrive ainsi à assigner une classe à chaque nouveau point, c'est-à-dire à chaque nouvel élément considéré, ou encore à chaque nouvel exemplaire d'iris ayant les caractéristiques associées. La procédure se termine donc. Mais peut-on dire qu'elle est correcte ? Quel est le critère de la correction ?

On pourrait penser que l'on peut le vérifier en comparant les réponses qu'elle permet d'obtenir avec les réponses qui sont données par un expert, comme un botaniste, et voir jusqu'à quel point elles sont en accord. Il s'agit d'une preuve de correction *a posteriori*. Pour procéder ainsi, il faut en effet faire « tourner » le système d'IA – c'est-à-dire, exécuter le programme correspondant – sur certaines entrées spécifiques (afin qu'il les catégorise et que l'on puisse justement comparer ensuite la catégorisation faite par le système avec celle faite par un expert). Il y aurait donc une différence par rapport à la preuve de correction que nous avons vue dans le cas des algorithmes géométriques, qui était justement une preuve *a priori*, qui précède l'exécution de l'algorithme.

Or le fait que la correction de la méthode d'apprentissage soit jugée *a posteriori* conduit assez naturellement à faire un rapprochement avec les méthodes des sciences expérimentales, plutôt qu'avec celles des sciences formelles. Il est en effet impossible de donner une démonstration du fait que le système d'IA que nous avons esquissé pour classer des iris le fait correctement. Ni un iris, ni les différentes espèces d'iris ne sont définis de manière formelle : il n'y a donc pas d'ensemble d'énoncés, tels que des axiomes, qui fixent les propriétés des iris et de leurs espèces de manière indépendante des spécimens considérés. En fait, l'idée même de modèle d'apprentissage consiste à partir d'un jeu de données censé être ce qui « définit » ce qu'est un iris et quelles sont les différentes espèces considérées. Par conséquent, non seulement la preuve de correction ne repose pas sur une déduction de propriétés à partir d'un certain ensemble de principes fixant les caractéristiques fondamentales des objets en question, mais lorsque le système d'IA finit par juger comme étant un iris d'une espèce plutôt qu'une autre, il ne le fait pas en étant guidé par ce qu'est un iris en général, mais seulement en partant d'un ensemble de cas particuliers [24]. Il est en effet possible que le jeu de données soit tellement spécifique que la classification change, même en gardant la même méthode d'apprentissage, par exemple si le

24. On retrouve ici le problème typique de l'induction empirique : peut-on dire ce qu'est un iris (ou une certaine espèce d'iris) en exhibant un grand nombre de cas ? Est-il possible d'inférer ce qui est général à partir d'un grand nombre de cas particuliers ?

jeu de données initial est biaisé par le choix d'iris ayant poussé dans des conditions climatiques spécifiques à un lieu géographique particulier.

La classification peut dépendre non seulement du jeu de données initiales, mais aussi de la métrique qui détermine la distance entre les points, dans le cas de la méthode des *k* plus proches voisins (si les éléments des vecteurs sont des approximations de nombres réels, différentes méthodes de définition de la distance sont possibles). On peut également changer la méthode d'apprentissage elle-même et obtenir ainsi des réponses différentes. Dans chacun de ces cas, le système d'IA associe des entrées – des exemplaires d'iris – à des sorties – une espèce d'iris. En changeant de métrique ou de modèle, on peut obtenir des résultats différents pour les mêmes entrées : on peut finir par associer des espèces différentes aux mêmes exemplaires d'iris, ce qui veut dire qu'il n'y a pas de solution unique pour un même problème.

Pour résumer, dans le cas de l'apprentissage automatique, ni les données en entrée ni les données en sortie ne sont spécifiées à l'avance. Il n'y a pas de caractérisation, de spécification, abstraite ou formelle de ce qu'est un iris ou de ce qu'est une espèce d'iris. Il est donc non seulement impossible d'avoir une démonstration *a priori* de la correction de l'algorithme, mais aussi difficile – voire impossible – de formuler de manière abstraite le problème considéré et la solution de ce problème. Pouvons-nous donc dire que les systèmes d'IA reposant sur l'apprentissage automatique sont des algorithmes ? Doit-on plutôt dire que ce sont des méthodes statistiques que l'on peut automatiser (en les implantant sur ordinateur), sans qu'ils satisfassent pour autant tous les critères permettant de dire que ce sont des algorithmes ? Dire que les méthodes d'IA sont des méthodes de type algorithmique est en tout cas loin d'être évident. Nous avons même de bonnes raisons de penser le contraire. On se gardera donc d'affirmer sans autre précision et discussion que les algorithmes constituent le principal objet d'étude de l'IA.

Conclusion

Dans ce chapitre, nous avons montré que la notion d'algorithme n'est pas apparue avec la naissance de l'informatique et les ordinateurs. Il s'agit d'une notion centrale des mathématiques, intimement liée à nos méthodes d'acquisition de connaissances. C'est pourquoi il existe un lien entre algorithme et démonstration : il s'agit dans les deux cas de méthodes visant à prouver la vérité de certains énoncés. Nous avons également étudié les rapports entre la notion d'algorithme et celle de calcul mécanique, en montrant que ces notions ne coïncident pas, dans la mesure où la notion d'algorithme est orientée vers la résolution de problèmes. Nous avons aussi vu que, pour prouver qu'un algorithme est correct – ou qu'il fait ce pour quoi il a été conçu – nous avons recours à une démonstration, ce qui renforce l'idée d'un lien étroit entre ces deux notions. Nous avons finalement analysé la question de la correction eu égard aux méthodes d'apprentissage automatique employées dans l'IA contemporaine, et avons montré qu'il est difficile de spécifier avec précision le problème à résoudre et impossible de donner une véritable démonstration de la correction de ces méthodes.

Nous avons proposé des pistes de réflexion pour étudier les relations entre preuves, démonstrations et algorithmes, en mettant l'accent sur des questions de type épistémique. De nombreuses questions restent en suspens, concernant en particulier le rôle de la logique dans l'établissement du lien entre preuves et algorithmes. Certains résultats permettent d'établir une correspondance entre démonstrations formelles ou preuves (écrites dans un certain système logique) et programmes (écrits dans un certain langage calculatoire) : la correspondance entre preuves et programmes ou correspondance de Curry-Howard. Mais si l'on considère qu'un programme est une manière d'implanter un algorithme, alors une telle correspondance permet d'établir aussi une correspondance entre preuves et algorithmes[25]. Ces deux notions ne dialogueraient pas seulement, mais, sous certaines conditions, coïncideraient. D'ailleurs, si nous avons pu formaliser la notion de démonstration à l'aide d'un symbolisme logico-mathématique et faire des démonstrations les objets d'études d'une théorie métamathématique (que Hilbert nomme « théorie de la démonstration »), pourrait-on faire de même avec les algorithmes ?

25. On trouve une présentation introductive de ces questions dans J. Fichot et A. Naibo, « Qu'est-ce qu'une démonstration ? », dans F. Poggiolesi et P. Wagner (dir.), *Précis de philosophie de la logique et des mathématiques*, vol. 1, *Philosophie de la logique*, Paris, Éditions de la Sorbonne, 2021.

Est-il possible de donner une formalisation logico-mathématique aux algorithmes et d'en faire ainsi les véritables objets d'études d'une théorie métamathématique appelée « théorie des algorithmes » ? Il s'agit d'une question techniquement complexe, qui continue de faire débat et pour laquelle il n'existe pas encore de réponse tranchée, bien qu'elle ait été abordée par un certain nombre d'auteurs [26] comme Andreï Kolmogorov, Vladimir Uspensky, Yuri Gurevich, Yiannis Moschovakis, Walter Dean ou Noson S. Yanofsky [27].

Bibliographie indicative

BLASS A., N. DERSHOWITZ et Y. GUREVICH, « When are Two Algorithms the Same ? », *The Bulletin of Symbolic Logic* 15, 2, 2009, p. 145-168.

— et Y. GUREVICH, « Algorithms : A Quest for Absolute Definitions », *Bulletin of the European Association for Theoretical Computer Science* 81, 2003, p. 195-225.

BONIFACE J. (dir.), *Calculs et formes. De l'activité mathématique*, Paris, Ellipses, 2003.

DEAN W., « Algorithms and the Mathematical Foundations of Computer Science », *in* L. Horsten et P. Welch (eds.), *Gödel's Disjunction : The Scope and Limits of Mathematical Knowledge*, Oxford, Oxford University Press, 2016, p. 19-66.

DOWEK G., *Les métamorphoses du calcul. Une étonnante histoire de mathématiques*, Paris, Le Pommier, 2007.

GUREVICH Y., « What is an Algorithm ? », *in* M. Bieliková, G. Friedrich, G. Gottlob, S. Katzenbeisser et G. Turán (eds.), *SOFSEM 2012 : Theory and Practice of Computer Science*, Berlin, Springer, 2012, p. 31-42.

HILL R. K., « What an Algorithm Is », *Philosophy and Technology* 29, 1, 2016, p. 35-59.

KOLMOGOROV A. N. et V. A. USPENSKY, « Sur la définition d'un algorithme » [1958], trad. fr. dans M. Bourdeau et J. Mosconi (dir.), *Anthologie de la calculabilité*, Paris, Cassini, 2022, p. 627-655.

MIDDELBURG C. A., « On the Formalization of the Notion of an Algorithm », *in* A. Cavalcanti et J. Baxter, (eds.), *The Practice of Formal Methods. Essays in Honor of Cliff Jones. Part II*, Berlin, Springer, 2024, p. 23-44.

MOSCHOVAKIS Y. N., « On Founding the Theory of Algorithms », *in* H. G. Dales et G. Oliveri (eds.), *Truth in Mathematics*, Oxford, Oxford University Press, 1998, p. 71-104.

26. Voir la bibliographie ci-dessous.

27. Je remercie Juliette Morice pour la relecture attentive des premières versions de ce chapitre. Mon travail a aussi bénéficié des échanges avec les membres du projet ANR *GoA – La géométrie des algorithmes* (ANR-20-CE27-0004), notamment Thomas Seiller et Filippos Papayannopoulos.

– « What is an Algorithm ? », *in* B. Engquist et W. Schmid (eds.), *Mathematics Unlimited – 2001 and Beyond*, Berlin, Springer, 2001, p. 919-936.

SALLANTIN J. et J.-J. SZCZECINIARZ, *Le concept de preuve à la lumière de l'intelligence artificielle*, Paris, Presses universitaires de France, 1999.

PAPAYANNOPOULOS P., « On Algorithms, Effective Procedures, and Their Definitions », *Philosophia Mathematica* 31, 3, 2023, p. 291-329.

USPENSKY V. et A. SEMENOV, *Algorithms : Main Ideas and Applications*, trad. angl. A. Shen, Dordrecht, Kluwer, 1993.

YANOFSKY N. S., « Towards a Definition of an Algorithm », *Journal of Logic and Computation* 21, 2, 2011, p. 253-286.

Économie épistémique en mathématiques [1]

par Marco Panza

Le célèbre principe du rasoir d'Ockham recommande de ne pas multiplier les êtres au-delà du nécessaire : *entia non sunt multiplicanda praeter necessitate* [2], exprimant ainsi une exigence de parcimonie ontologique : soyons économes, plutôt que dispendieux, dans les êtres que nous postulons pour expliquer un phénomène, un événement, une loi, ou tout autre genre de chose dont nous cherchons à rendre compte. Dans le présent chapitre, je discuterai une autre sorte de parcimonie, qui n'est plus *ontologique* mais *épistémique* : soyons économes plutôt que dispendieux dans les principes, les théories, les concepts auxquels nous avons recours et que nous présupposons dans nos élaborations intellectuelles. Je considérerai pour cela le cas particulier des mathématiques et, plus précisément, le cas des démonstrations et définitions mathématiques, en comparant plusieurs démonstrations d'un seul et même théorème ou plusieurs définitions du même objet, de la même relation ou de la même fonction. Certaines de ces démonstrations ou définitions sont épistémiquement plus économes que d'autres parce qu'elles ne présupposent pas les mêmes théories, les mêmes définitions, les mêmes principes.

Je discuterai la notion d'économie épistémique comme idéal à suivre dans le cadre de la formalisation des preuves, des définitions et des théories mathématiques. Cette formalisation sera présentée non comme un outil de fondation dans une quête de certitude, mais comme un moyen de compréhension du savoir mathématique. L'accent sera

1. 1. Le présent chapitre a été corédigé par Marco Panza et Pierre Wagner, à partir d'idées originales de M. Panza, exposées plus longuement dans un livre en anglais de M. Panza à paraître.

2. Cette formulation précise, qui est souvent attribuée à Guillaume d'Ockham, ne se trouve en réalité nulle part dans ses œuvres. Dans son *Commentaire des Sentences* (livre I, Pr. Sent. 1, Quest. 1, L32vb, 101), il énonce cependant le principe selon lequel « *pluralitas non est ponenda sine necessitate* [les multiples ne doivent pas être posés sans nécessité] ».

mis sur un aspect crucial de la dynamique mathématique : la refonte de ses contenus sous une forme nouvelle. De ce point de vue, l'économie épistémique peut être décrite comme un idéal qui vise à limiter les contenus requis pour l'expression d'un contenu donné. L'objectif est de mettre en évidence les ressources conceptuelles minimales dont ce contenu dépend.

Pour illustrer l'idée d'économie épistémique et lui donner un sens précis, j'examine le cas du théorème de Pythagore, selon lequel, pour un triangle ABC rectangle en A, le carré de côté BC est égal à la somme des carrés de côté BA et AC. On peut écrire cela ainsi « Carré(BC) = Carré(BA) + Carré(AC) » ou on peut dire géométriquement – en se référant à la figure ci-dessous – que le carré BLMC (construit sur l'hypoténuse BC) est égal à la somme des carrés ADEB et ACGF (construits respectivement sur les côtés BA et AC)[3].

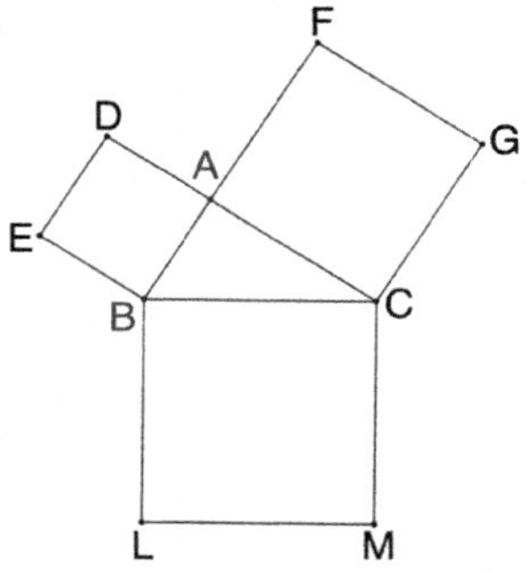

J'exposerai trois démonstrations différentes de ce théorème, que je comparerai du point de vue de l'économie épistémique, et donc du point de vue de leur contenu et de ce qu'elles présupposent. L'une de ces démonstrations est donnée par Euclide, au livre I de ses *Éléments*[4]. En la comparant aux deux autres démonstrations, également connue dès l'Antiquité, nous verrons que celle d'Euclide est particulièrement remarquable du point de vue de l'économie épistémique.

Ce premier exemple nous conduit d'une part à une analyse de la vertu d'économie épistémique, dont je proposerai successivement trois caractérisations qui s'avèrent être équivalentes, et, d'autre part, une

3. Nous dirions aujourd'hui que l'*aire* de BLMC est égale à la somme des *aires* de ADEB et de ACGF, ce qui revient à parler d'une somme de nombres et d'une égalité entre nombres. Euclide, quant à lui, parle d'une somme de carrés et d'une égalité entre un carré et une somme de carrés.

4. Euclide, *Les éléments*, trad. fr. B. Vitrac, Paris, Puf, 1990-2001, Livre I, proposition 47.

réflexion sur ce qu'il convient d'entendre par « contenu mathématique » d'un théorème ou d'une théorie. Je terminerai par l'examen d'une seconde illustration de cette vertu, en comparant deux définitions de la propriété arithmétique *être un nombre premier*. Ces deux définitions, apparemment équivalentes dans le cadre mathématique habituel, n'ont en réalité pas le même coût épistémique.

1. Comparaison de trois démonstrations du théorème de Pythagore

Les mathématiques évoluent souvent par refonte. Bien que ce ne soit certainement pas la seule forme sous laquelle elle se produit, l'évolution par refonte est typique des mathématiques. Un contenu mathématique antérieur est souvent retravaillé et réaffirmé dans un contexte nouveau ou plus précis, dans lequel ce contenu est relié à d'autres ou, au contraire, rendu indépendant de ceux-ci. C'est généralement ainsi que les théories mathématiques surgissent, qu'elles soient formelles ou informelles, au sens où le corpus de connaissances qu'elles présupposent et refondent est plus ou moins bien codifié et explicité.

Les *Éléments* d'Euclide offrent un exemple classique et paradigmatique d'évolution par refonte. Il est historiquement bien attesté qu'un grand nombre des résultats présentés dans ce traité, et même certains noyaux théoriques qui y sont développés, ont été obtenus plus tôt, dans des contextes divers et peut-être séparés. Les théorèmes de Pythagore et de Thalès, ainsi que les théories des proportions d'Eudoxe et de Théétète, sont des exemples bien connus des historiens des mathématiques. Dans ce qui suit, nous considérons uniquement le cas du théorème de Pythagore, mais nous avons besoin de comprendre ce qu'est une proportion. Considérons le triangle ABC rectangle en A et la hauteur AH.

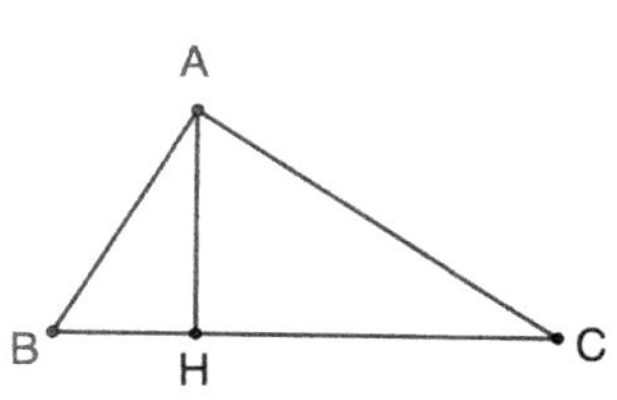

Les trois triangles ABH, AHC et ABC sont *semblables* (on dit qu'ils sont dans une relation de *similitude*), au sens où leurs angles sont deux à deux égaux. Une autre manière de définir cette relation de similitude est de comparer les côtés de ces triangles en notant qu'ils sont dans un rapport de proportionnalité : BC (l'hypoténuse de ABC) est à AB (le petit côté de ABC) comme AB (l'hypoténuse de ABH) est à BH (le petit côté de ABH). Ce rapport de similitude peut être noté ainsi :

BC : AB = AB : BH.

On a de même (en considérant cette fois l'hypoténuse et les grands côtés des triangles ABC et AHC) :

BC : AC = AC : HC.

La théorie d'Eudoxe est une étude de ces rapports de proportionnalité. La théorie de Théétète étudie également des rapports de proportionnalité mais entre nombres et non plus entre segments[5].

Dans la démonstration qu'il donne du théorème de Pythagore, Euclide utilise le théorème suivant (proposition I. 41 des *Éléments*) :

> Soient EB et DC deux segments parallèles. On voit que EB est une base commune au triangle EBC et au parallélogramme EBAD ; le triangle EBC est alors égal à la moitié de ce parallélogramme, et ceci pour n'importe quel point C colinéaire à DA dès lors que DA est parallèle à EB.

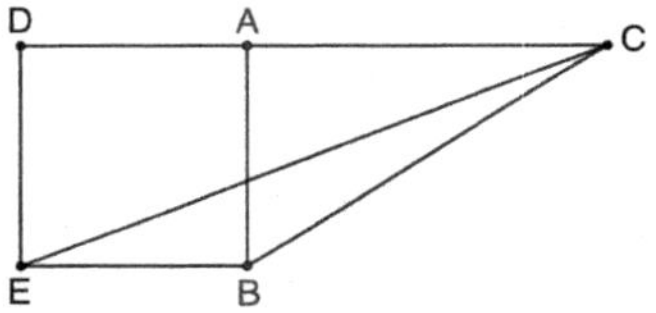

Bien qu'il ne fasse aucun doute que le théorème de Pythagore était connu avant Euclide, les historiens n'ont trouvé aucune source concluante permettant d'établir quand il a été découvert et comment et quand il a été prouvé pour la première fois. Il est très probable qu'il était connu avant même l'époque de Pythagore et que les Grecs l'aient hérité de civilisations plus anciennes, ou qu'ils l'aient redécouvert indépendamment. Ces précisions ont ici peu d'importance. Ce qui importe est que la démonstration que donne Euclide de ce théorème, incluse dans les *Éléments* en tant que proposition 47 du premier

5. La théorie d'Eudoxe est exposée au livre V des *Éléments*, celle de Thééthète au livre VII. Les travaux originaux de ces deux élèves de Platon sont aujourd'hui perdus.

livre, la rend d'une part *dépendante* d'une théorisation très élaborée, présentée au livre I, sur les segments de droites, les angles rectilignes, les triangles et les rectangles (que Carlos Alvarez a judicieusement nommé « géométrie de la congruence »[6]) et, d'autre part, *indépendante* de la théorie des proportions d'Eudoxe et, plus généralement, de toute considération sur la similitude des figures géométriques (c'est-à-dire, selon une dénomination également due à Alvarez, de la « géométrie de la similitude »). Voyons maintenant cette démonstration.

Démonstration 1 (Euclide, *Éléments*, I. 47)

Le triangle ABC, rectangle en A, étant donné, on construit le carré BLMC sur son hypoténuse et les carrés ADEB et ACGF sur ses deux autres côtés. On trace alors la perpendiculaire AK à cette hypoténuse, on joint A à L, B à G et C à E, puis on raisonne comme suit. Comme les angles $\widehat{BAC}$ et $\widehat{BAD}$ sont tous deux droits, les segments DA et AC sont colinéaires (autrement dit, D, A et C sont sur une même ligne droite), de sorte que DC est un segment de droite. Pour une raison analogue, il en est de même pour FB. Comme les angles $\widehat{EBA}$ et $\widehat{CBL}$ sont droits et que l'angle $\widehat{ABC}$ est une partie commune des angles $\widehat{EBC}$ et $\widehat{ABL}$, ces angles sont égaux, ce qui rend congruents les triangles EBC et ABL, car EB = BA et BC = BL.

On utilise maintenant deux fois le théorème précédemment énoncé :

1) le triangle EBC est égal à la moitié de l'aire du carré ADEB (car EB est une base commune à ces deux figures et que EB est parallèle à DC) ;
2) pour une raison analogue, le triangle ABL est égal à la moitié du rectangle BLKH (car BL est une base commune au triangle BAL et au rectangle BLKH, et BL est parallèle à AK).

Le carré ADEB et le rectangle BLKH sont donc égaux entre eux.

On raisonne alors de la même manière pour montrer que le carré ACGF et le rectangle HKMC sont égaux. Les carrés ADEB et ACGF, pris ensemble, sont donc égaux au carré BLMC, c'est-à-dire que Carré(AB) + Carré(AC) = Carré(BC), ce qu'il fallait démontrer.

Voyons maintenant une autre démonstration, très probablement connue avant Euclide.

6. C. Alvarez Jimenez, *La geometría de la congruencia*, Mexico D.F., Universidad Nacional Autónoma de México, 2021.

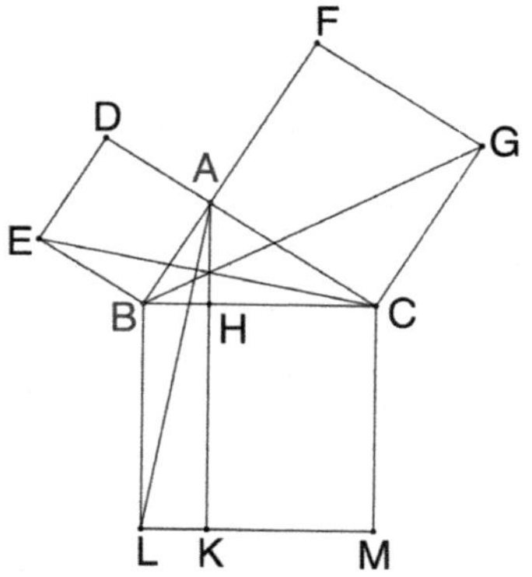

Démonstration 2 (la figure précédente sert aussi pour cette démonstration)

Soit ABC un triangle rectangle en A. On construit la hauteur AH, perpendiculaire à BC. Les triangles ABC (rectangle en A), ABH (rectangle en H) et AHC (rectangle en H) sont semblables. On a en conséquence les relations de proportionnalité BC : AB = AB : BH et BC : AC = AC : HC. La théorie eudoxienne de la similitude nous permet d'en conclure que le carré construit sur AB est égal à un rectangle dont les côtés seraient BC et BH, et donc au rectangle BLKH (car BL = BC et BH = LK). Pour une raison analogue, le carré construit sur AC est égal à un rectangle dont les côtés seraient BC et HC, et donc au rectangle HKMC. En conséquence Carré(AB) + Carré(AC) est égal à la somme des deux rectangles BLKH et HKMC, c'est-à-dire à Carré(BC), ce qu'il fallait démontrer.

On voit que ces démonstrations utilisent toutes les deux l'égalité de Carré(AB) et Carré(AC) avec, respectivement, les rectangles BLKH et HKMC, mais que celle d'Euclide est indépendante de la théorie des proportions d'Eudoxe, alors que la seconde démonstration a recours à cette théorie. De ce fait, la démonstration d'Euclide est épistémiquement plus économe que la seconde démonstration.

L'historien des mathématiques Thomas Heath[7] doutait qu'une preuve indépendante des proportions et de la similitude ait été disponible pour les mathématiciens grecs avant Euclide. Il estimait plus vraisemblable que la seule démonstration disponible avant les *Éléments* était la seconde. Euclide aurait donc innové en proposant

7. Euclide, *The Thirteen Books of the Elements*, trad. angl. et commentaires de Sir Thomas L. Heath, 3 vol., Cambridge University Press, Cambridge, 1926, 2e éd., vol. I, p. 353-355.

une preuve indépendante de la théorie des proportions d'Eudoxe, bien que dépendante, comme cette dernière, de l'égalité des carrés des côtés du triangle avec les rectangles dont la somme forme le carré de l'hypoténuse.

On peut cependant imaginer – comme Heath le fait remarquer – que d'autres démonstrations, également indépendantes de la théorie des proportions d'Eudoxe, étaient également disponibles à l'époque d'Euclide. Par exemple la démonstration 3

Démonstration 3

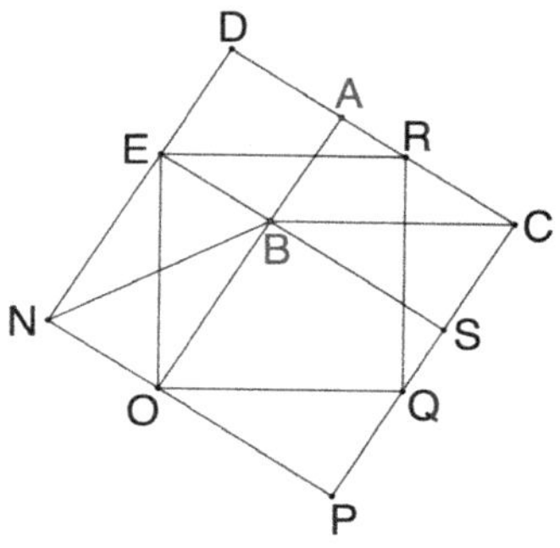

Soit ABC un triangle rectangle en A. On construit le carré ADEB sur le côté BA. On montre comme précédemment que DA et DC sont colinéaires. On construit le carré DNPC sur DC, puis le point O, intersection de NP et de la droite qui prolonge AB, et enfin le carré BOPS, qui soit tel que BS=AC.

On observe que le carré DNPC est égal,

– premièrement à la somme du carré ADEB, du carré BOPS et de quatre triangles rectangles tous égaux à ABC (à savoir ENB, BNO, ABC et BSC), mais aussi,

– deuxièmement, à la somme du carré EOQR (construit sur EO et tel que ER=BC) et de quatre triangles rectangles égaux à ABC (à savoir DER, ENO, OPQ et QCR).

De cette double égalité, il résulte que Carré(AB) + Carré(AC) + 4ABC = Carré(BC) + 4ABC, d'où il s'ensuit évidemment que Carré(AB) + Carré(AC) = Carré(BC), ce qu'il fallait démontrer.

On note que cette troisième démonstration est indépendante de la théorie des proportions d'Eudoxe, mais qu'elle fait appel à une construction auxiliaire (le carré DNPC) qui est étrangère au contenu du théorème, en sorte qu'elle est, comme la démonstration 2, épistémiquement moins économe que la démonstration 1. Si l'on suit l'analyse historique de Heath, Euclide aurait donc innové en prenant soin de proposer une démonstration non seulement indépendante de la théorie d'Eudoxe, mais également indépendante de toute construction auxiliaire et de toute comparaison additive étrangère au contenu même du théorème.

Tout ceci pourrait être résumé en disant que la démonstration d'Euclide est pure[8], alors que les deux autres ne le sont pas : la démonstration 1 ne dépend que de l'examen des triangles, rectangles, angles et droites parallèles directement concernés par le théorème lui-même (à l'exception, éventuellement, de la considération des trois triangles EBC, BCG et ABL, et des deux rectangles BLKH et HKMC, qui ne sont pas en tant que tels concernés par le théorème, bien qu'ils soient construits dans la configuration même dont s'occupe le théorème), et de considérations relatives à l'égalité de polygones ; les démonstrations 2 et 3, en revanche, dépendent soit de considérations sur la similarité des triangles et des propriétés des proportions, soit de l'inspection de constructions auxiliaires, à savoir celle de triangles, de rectangles et de carrés étrangers au théorème lui-même.

Cela ne constituerait cependant qu'un aspect de l'innovation d'Euclide. Deux autres aspects, peut-être plus pertinents que celui-ci, mais pas totalement indépendants, concerneraient les deux faits suivants : Euclide plonge sa preuve dans un contexte théorique dans lequel les constructions et les comparaisons dont la preuve se sert sont explicitement autorisées et précisées ; il fait du théorème de Pythagore une sorte de couronnement de son premier livre, la partie de son traité qui est consacrée à l'exposition de ce contexte théorique, lui assignant ainsi implicitement un rôle crucial.

Ce rôle pourrait être (et a été) expliqué de différentes manières. Soulignons en particulier la suivante : le théorème de Pythagore montre comment ajouter et soustraire deux carrés l'un à l'autre. Cela est si pertinent que, conformément à la proposition II. 14 – qui montre comment construire un carré égal à n'importe quel polygone et constitue le couronnement du livre II –, l'addition et la soustraction de carrés vont de pair dans la géométrie d'Euclide avec l'addition et la soustraction de polygones de n'importe quelle sorte. Il s'ensuit qu'à

8. Sur la notion de pureté d'une démonstration, *cf.* M. Detlefsen, « Purity as an ideal of proof », *in* P. Mancosu (ed.), *The Philosophy of Mathematical Practice*, Oxford, Oxford University Press, 2008, p. 179-197. Sur la notion plus générale de pureté mathématique, *cf.* A. Arana et M. Detlefsen, « Purity of methods », *Philosophers' Imprint* 11 (2), 2011.

travers le traitement d'Euclide, le théorème de Pythagore devient une pierre angulaire majeure d'une théorie générale traitant des segments, des angles et des polygones en tant que grandeurs, théorie qui montre comment définir, sur chacun de ces trois types d'objets, non seulement une relation d'égalité (qui ne se réduit pas à une simple identité), mais aussi un ordre strict et une opération additive associative et commutative telle que

1) si $\neg(b \leq a)$ alors $a < b$
2) si $a < b$ alors il existe un x tel que $a + x = b$.

En termes modernes, cette théorie montre que chacune de ces sortes d'objets forme un semi-groupe abélien totalement ordonné.

Bien que la frontière entre théories formelles et informelles ne puisse être établie de manière absolue et définitive, il serait difficile de soutenir que la refonte par Euclide des connaissances géométriques antérieures (illustrée par le cas du théorème de Pythagore) dépende de la restitution de ces connaissances au sein d'une théorie parfaitement formelle. Il ne fait cependant aucun doute qu'une telle refonte relève d'une sorte de codification permettant d'établir sur des bases plus précises qu'est-ce qui dépend de quoi, ou, plus généralement, quelle portion de la connaissance disponible doit être admise, accordée, ou préalablement établie pour pouvoir établir une autre portion de connaissance.

La notion d'économie épistémique s'applique justement à ce type de refonte mathématique, qui consiste à reformuler une partie du savoir mathématique précédemment disponible en la codifiant au sein d'une théorie formelle ou du moins suffisamment précise pour rendre claires les relations de dépendance conceptuelle qui s'établissent à l'intérieur de celle-ci.

2. Comment caractériser la vertu d'économie épistémique ?

L'économie est habituellement conçue comme un principe de parcimonie, ce qui est exactement ce que je veux dire ici en affirmant qu'une théorie mathématique (qu'elle soit considérée comme formelle ou non), ou un de ses composants – qu'il s'agisse d'une définition ou d'une démonstration – possède la vertu d'être épistémiquement économe. Une théorie ou l'un de ses composants possède cette propriété lorsqu'ils accomplissent leurs tâches en ne faisant appel qu'à une quantité minimale de contenu disponible, ce qui est une première manière de caractériser la notion d'économie épistémique.

La tâche principale d'une théorie mathématique et des définitions auxquelles elle a recours est de fixer des contenus en faisant appel à d'autres contenus déjà disponibles. Celle d'une démonstration est d'assurer ou de justifier un contenu en le reliant à des contenus disponibles déjà assurés ou justifiés. Nous pourrions dire qu'une théorie mathématique ou une définition est épistémiquement économe si elle fait dépendre le contenu qu'elle fixe d'une quantité minimale de contenu disponible, alors qu'une démonstration mathématique l'est si elle assure ou justifie le contenu pertinent en le reliant à une quantité minimale de contenu disponible déjà assuré ou justifié. Cette deuxième manière de caractériser la notion d'économie épistémique, au vu de ce qui vient d'être dit de la notion de contenu mathématique, paraît essentiellement équivalente à la première.

Dire qu'une théorie mathématique ou une définition fait dépendre le contenu qu'elle fixe de contenus déjà disponibles, ou qu'une démonstration relie un contenu qu'elle assure ou justifie à des contenus disponibles déjà assurés ou justifiés, signifie qu'elles établissent les relations de dépendance pertinentes, au lieu de se contenter de reconnaître ces relations comme si elles existaient déjà et qu'elles étaient, pour ainsi dire, en attente de reconnaissance.

Dire cela pourrait sembler étrange si l'on adoptait une notion de contenu mathématique d'après laquelle celui-ci serait purement objectif, c'est-à-dire si on admettait qu'un tel contenu existe en soi, et qu'en tant que tel, il dépende d'autres contenus, ou qu'il soit connecté à d'autres, et que nous puissions tout au plus accéder d'une manière ou d'une autre au réseau de relations de dépendance dans lequel il est plongé ; que nous puissions tout au plus le découvrir. Si tel était le cas, tout ce qu'une théorie, une définition ou une démonstration pourraient faire serait de relier certains contenus mathématiques à d'autres, en essayant ainsi de refléter les relations réelles de dépendance réciproque entre eux.

Telle semble être l'idée sous-jacente à la notion contemporaine de *grounding* au sens ontologique [9]. Selon ce point de vue, qu'on peut qualifier de réaliste, la vertu en question ne serait épistémique qu'en

9. Dans la littérature philosophique relative au « *grounding* », ce mot anglais n'est habituellement pas traduit. Sur cette notion, voir, entre autres, R. Bliss et K. Trogton, « Metaphysical Grounding », *in* E. N. Zalta et U. Nodelman (eds.), *The Stanford Encyclopedia of Philosophy*, 2021, <https://plato.stanford.edu/archives/sum2024/entries/grounding/>.

un sens secondaire : il s'agirait tout au plus de refléter fidèlement les relations de *grounding* pertinentes qui existeraient indépendamment de leur découverte.

Ce n'est cependant pas le point de vue adopté ici, et ce non seulement parce que la notion de contenu mathématique à laquelle je fais appel est tout à fait différente, mais aussi parce qu'il est difficile de comprendre comment un domaine de réflexion humain pourrait prétendre à une enquête sur un contenu abstrait qui, en soi, est ou n'est pas là, ou sur la façon dont il existe. Un tel domaine de réflexion est souvent appelé « métaphysique ». Si on veut adopter cette terminologie, alors on peut dire, dans une perspective d'inspiration aristotélicienne, qu'il est difficile de comprendre ce que la métaphysique pourrait être, à défaut d'être une enquête sur les outils fondamentaux et les plus généraux que nous utilisons pour rendre compte de quelque chose, quoi que cette chose soit.

L'abandon d'une conception objectiviste du contenu mathématique ne suffit pas encore, cependant, à clarifier la notion d'économie épistémique qui est ici défendue, car on pourrait aussi concevoir le contenu mathématique comme n'étant rien d'autre que ce qui est fixé par une certaine théorie ou définition mathématique. Dans ce cas, fixer un certain contenu en faisant appel à d'autres contenus ne serait pas une manière d'agir sur ce contenu, et ne reviendrait pas, littéralement parlant, à faire dépendre ce dernier du premier. Cela reviendrait simplement à suivre un certain ordre d'exposition ou de démonstration. En ce sens, la vertu en question pourrait tout au plus être logique, mais pas encore épistémique.

Pour que celle-ci puisse être considérée comme une véritable vertu épistémique, il faut que ce qu'on entend par « contenu mathématique » soit un véritable contenu intellectuel et non un objet en soi auquel la connaissance devrait accéder ou qu'elle devrait articuler d'une manière ou d'une autre. Un tel contenu est ici plutôt conçu comme ce que nous tenons pour constant lorsque nous considérons deux corpus de connaissances qui ne diffèrent que par la manière dont ils expriment la même chose, à savoir ce contenu lui-même. C'est typiquement le cas lorsque nous considérons que l'un de ces corpus est une refonte de l'autre, ou lorsque les deux sont une refonte d'un même ensemble de connaissances précédemment disponibles.

L'histoire des mathématiques offre des illustrations simples du sens que je donne au contenu d'une théorie mathématique. L'arithmétique de Peano du second ordre (PA2) et l'arithmétique de Frege (FA)[10] fixent ainsi de deux manières différentes le même contenu mathématique, non parce qu'elles nous permettraient d'accéder de deux manières différentes aux nombres naturels conçus comme des objets autonomes, ou parce qu'il existerait un moyen de traduire la plupart des théorèmes de l'une en théorèmes de l'autre, mais plutôt parce que nous les considérons l'une et l'autre comme des manières différentes de refondre le même corpus de connaissances précédemment disponibles, à savoir l'arithmétique informelle.

Le contenu est simplement ce que nous considérons comme l'invariant d'une refonte. Selon ce point de vue, fixer un certain contenu (qu'il s'agisse d'une théorie, d'une démonstration ou d'une définition mathématique) en faisant appel à d'autres contenus ne consiste en rien d'autre qu'à lui assigner une certaine forme en le faisant dépendre de ces autres contenus qui nous sont préalablement donnés.

On pourrait objecter que fixer un certain contenu en faisant appel à un autre contenu n'est rien d'autre que faire passer l'accès au premier par l'accès au second. Il semble cependant approprié de considérer le contenu mathématique comme étant de nature relationnelle en sorte qu'y accéder en passant par un autre contenu revient à le rendre dépendant de cet autre contenu, ce qui revient à lui donner une certaine forme. Ces considérations conduisent à une nouvelle caractérisation de l'économie épistémique : une théorie mathématique ou une définition sont épistémiquement économes si elles permettent d'accéder au contenu qu'elles fixent en ne nécessitant, pour ce faire, que l'accès à nombre minimal d'autres contenus ; quant aux démonstrations mathématiques, elles sont épistémiquement économes si elles assurent et justifient le contenu pertinent en n'accédant qu'à un nombre minimal d'autres contenus. À la lumière de ma manière de penser la notion de contenu mathématique, cette nouvelle caractérisation est en fait équivalente aux deux caractérisations précédemment énoncées.

10. Dans ces notations couramment utilisées en logique, « PA » est mis pour « Peano's Arithmetics » et « 2 » indique la logique du second ordre ; « FA » est mis pour « Frege's Arithmetics » (cette théorie formelle récente s'inspire de la définition des nombres naturels donnée par Frege (voir E. N. Zalta, « Frege's Theorem and Foundations for Arithmetic », *in* E. N. Zalta et U. Nodelman (eds.), *The Stanford Encyclopedia of Philosophy*, 2023. <https://plato.stanford.edu/archives/spr2024/entries/frege-theorem/>). La lecture de la suite du chapitre ne suppose aucune connaissance préalable de ces deux théories ; je dirai explicitement le peu qu'il sera nécessaire de savoir à leur sujet pour suivre l'argumentation.

Ces différentes caractérisations de l'économie épistémique d'une théorie ou d'une définition mathématique font toutes appel à l'idée qu'une théorie ou une définition fixent un certain contenu, ce qui signifie qu'elles rendent ce contenu disponible, au sens où elles en délivrent la connaissance sous une certaine forme, ce que montre assez clairement l'exemple précédent du contenu de l'arithmétique informelle, formulé soit dans PA2 soit dans FA, dès lors que ces théories sont considérées comme fournissant des définitions (implicites[11]) soit des nombres naturels (dans le cas de PA2) soit des cardinaux (dans le cas de FA)[12].

Quelques remarques supplémentaires sont encore nécessaires pour clarifier l'idée d'économie épistémique. Celle-ci s'applique, dans le cas des mathématiques, à la fois aux théories, aux démonstrations et aux définitions. Dans ce qui précède, les démonstrations et les définitions ont été conçues comme des composants des théories. Cela nous permet de concevoir l'économie épistémique des démonstrations et des définitions d'un double point de vue. D'un côté, cette vertu est une vertu globale de la théorie dont elles font partie ; d'un autre côté, cette vertu est propre au composant en question – définition ou démonstration – et dépend de la manière dont l'organisation interne de la théorie permet à ce composant soit de fixer un certain contenu (dans le cas d'une définition), soit d'assurer ou justifier un contenu disponible (dans le cas d'une démonstration). Une définition ou une démonstration peut être épistémiquement plus économe qu'une autre sans que cela affecte le caractère épistémiquement économe d'une théorie (relativement à une autre théorie). On pourra dire qu'une théorie, ou l'un de ses composants, a un coût épistémique plus ou moins important, par comparaison à une autre théorie ou à un autre composant, selon qu'elle ou il est épistémiquement plus ou moins économe.

Cette terminologie peut être illustrée par l'exemple des trois démonstrations du théorème de Pythagore précédemment exposées. La théorie qu'Euclide expose au livre I des *Éléments* est épistémiquement économe si l'on considère qu'elle vise à restituer la partie pertinente des connaissances géométriques antérieures, et il en est de même pour

11. Sur la notion de définition implicite, voir le chapitre « Pourquoi et comment définir ? » du présent ouvrage, p. 116-119.

12. On admet ici que « nombre cardinal » traduit le mot allemand « *Anzahl* » qu'utilise Frege. Cela donne à ce terme une signification différente de celle qu'il prend en théorie des ensembles et beaucoup plus proche du sens qu'il a dans le langage usuel où il désigne un nombre utilisé pour indiquer le résultat d'un comptage, c'est-à-dire pour répondre à la question « combien ? ».

la preuve que donne Euclide du théorème de Pythagore puisque cette preuve prouve ce théorème en faisant appel à une quantité faible de contenu géométrique. Cette preuve a en tout cas un coût épistémique plus faible, et est donc épistémiquement plus économe que d'autres preuves puisqu'elle fait appel à une plus petite quantité de contenu géométrique.

Il peut être éclairant de comparer la notion d'économie épistémique avec celle de pureté des méthodes ou des démonstrations en mathématiques[13]. On dit de la démonstration d'un théorème qu'elle est pure si elle ne fait appel qu'à des contenus jugés inhérents au contenu du théorème. Typiquement, si un théorème d'arithmétique est démontré en faisant appel à des théories extérieures à l'arithmétique, comme cela arrive très souvent en mathématiques, la démonstration est dite impure. Par contraste, une démonstration sera jugée épistémiquement économe, ou épistémiquement plus économe que d'autres démonstrations du même théorème si elle fait appel à une faible quantité de contenu (déjà assuré), ou à un moindre contenu (déjà assuré) que ces autres démonstrations. De même, une définition sera jugée épistémiquement économe, ou épistémiquement plus économe que d'autres définitions du même *definiendum* (dans d'autres théories concurrentes), si elle fait appel à une faible quantité de contenu, ou à une moindre quantité de contenu que ces autres définitions. Ce qui est pertinent pour un jugement de pureté est de savoir si certains contenus déterminés sont inhérents à un autre contenu déterminé ; ce qui est pertinent pour un jugement d'économie épistémique est plutôt de savoir si un certain contenu est rendu indépendant d'autres contenus, au sein d'une certaine théorie.

Afin de rendre plus claire l'idée d'économie épistémique, considérons maintenant un nouvel exemple, emprunté cette fois à l'arithmétique. On comparera deux définitions de la propriété *être un nombre premier* et on montrera pourquoi l'une est épistémiquement plus économe que l'autre.

13. Voir ci-dessus, note 8, p. 60.

3. Comparaison de deux définitions de « nombre premier »

Un nombre premier peut être informellement défini (entre autres) de deux manières différentes.

> **Définition 1 :** un nombre premier est un nombre entier positif[14] autre que 1[15] qui n'est égal à aucun produit de nombres entiers positifs différents de lui-même[16].

> **Définition 2 :** un nombre premier est un nombre entier positif qui a exactement deux diviseurs[17].

Bien que ces deux définitions soient équivalentes dans le cadre mathématique usuel (et l'on pourrait même voir l'une comme une reformulation de l'autre par des mots différents), il est important de voir les raisons qui font que leur formalisation fait appel à des contenus mathématiques différents. Dans l'analyse qui suit, je serai attentif aux ressources épistémiques dont dépend la formalisation de chacune de ces deux définitions, et je chercherai à comparer leurs coûts épistémiques respectifs.

Pour formaliser ces deux définitions, nous avons besoin pour commencer d'une définition formelle appropriée des nombres entiers positifs. Supposons qu'une telle définition ait été donnée par une certaine théorie arithmétique formelle, en particulier, pour préciser mon exemple, par PA2 ou FA. Ces théories permettent une refonte de ce à quoi nous faisons informellement référence en parlant de ces nombres : elles définissent (de deux manières différentes) les nombres

14. J'utilise le terme « nombre entier positif » dans le sens précis où « positif » indique un nombre entier plus grand que 0, ce qu'on précise souvent en disant « nombre strictement positif ». En parlant de nombres entiers positifs je me réfère donc à 1, 2, 3, etc.

15. Que 1 ne soit pas un nombre premier est une exigence cruciale pour une formulation satisfaisante de l'arithmétique, car il permet de rendre unique la factorisation d'un nombre entier positif autre que 1 en facteurs premiers (ce qui est le contenu du Théorème Fondamental de l'Arithmétique), et donc de faire de ces nombres les véritables briques avec lesquelles l'arithmétique est construite.

16. Par exemple, 6 n'est pas premier car il est égal au produit de 2 et de 3. En revanche 7 est premier car il n'existe pas deux nombres entiers positifs m et n différents de 7 tels que $7 = m \times n$. Le cas de 0 est particulier : il n'est pas premier parce qu'il n'est pas un nombre entier positif.

17. Par exemple, 1 n'est pas premier car il n'a qu'un diviseur, à savoir lui-même. 6 n'est pas premier car il a quatre diviseurs, à savoir 1, 2, 3 et 6. En revanche, 7 est premier car il a exactement deux diviseurs, à savoir 1 et 7. Cette fois le cas de 0 n'est pas particulier : on peut observer en effet qu'en plus de ne pas être un nombre entier positif, il a plus que deux diviseurs, car il en a une infinité.

dits « naturels », dont il suffit d'exclure le premier, à savoir zéro pour obtenir des corrélats formels des nombres entiers positifs. Elles nous donnent donc un point de départ pour formaliser les deux définitions précédentes de « nombre premier ».

Nous devons cependant aussi disposer d'autres moyens épistémiques, car nous devons pouvoir définir soit la propriété *être un produit de nombres* (dans le cas de la Définition 1), soit la relation *être un diviseur de* (dans le cas de la Définition 2). Dans certaines versions de PA2, la définition des nombres naturels repose sur une définition (implicite) des opérations d'addition et de multiplication sur ces nombres, ce qui n'est pas le cas pour FA. Pour simplifier les choses et rendre l'exemple plus clair, supposons que nous utilisions une version de PA2 où ce n'est pas le cas.

Pour formaliser la Définition 1, nous devons aussi nous doter, en plus de la définition des nombres naturels, d'une définition de la multiplication sur ces nombres. Mais ce n'est pas tout, car la Définition 1 mentionne un produit sans préciser s'il s'agit ou non du produit de deux nombres ; il pourrait très bien s'agir d'un produit de trois nombres ou plus. Il faut donc aussi montrer que la multiplication est associative, c'est-à-dire que l'ordre dans lequel on effectue le produit de trois nombres ou plus ne préjuge pas du résultat final[18]. Dès lors qu'on a défini la multiplication et montré qu'elle est associative, on peut définir formellement la propriété **P** *être un nombre premier*, en suivant la Définition 1, comme suit :

(1) $\forall x\ [\mathbf{P}x \Leftrightarrow [x \neq 0\ \&\ x \neq 1\ \&\ \neg\exists y, z\ (y \neq x\ \&\ z \neq x\ \&\ x = y \times z)]]$,

ce qui se lit informellement ainsi :

> pour tout nombre naturel x, x est premier si et seulement si x est différent de 0 et de 1 et s'il n'existe pas de nombres naturels y et z différents de x, tels que x résulte de la multiplication de y et z.

Cette définition dit explicitement que 0 et 1 ne sont pas premiers. Il y a deux raisons différentes à cela. Pour 0, cela sert à éviter de restreindre la définition au seul cas des nombres naturels autres que 0, en la référant directement à tous les nombres naturels. Pour 1, cela sert à traiter le cas particulier où le nombre en question, c'est-à-dire 1, tout en étant autre que 0, satisfait la condition de droite (car il est facile de voir que $\neg\exists y, z\ [y \neq 1\ \&\ z \neq 1\ \&\ 1 = y \times z]$) alors qu'il ne faut pas que de la définition il s'en suive qu'il est premier[19].

18. Autrement dit, pour trois nombres naturels k, m, n quelconques, $(k \times (m \times n)) = ((k \times m) \times n)$.

19. Voir note 15, ci-dessus, p. 67.

Pour formaliser la Définition 2, il faut se doter, en plus de la définition des nombres naturels, d'une définition de la relation *être diviseur de*. Après avoir donné cette définition, on peut définir la propriété P, en suivant cette fois la Définition 2, de la manière suivante[20] :

$$(2)\ \forall x\ [\mathbf{P}x \Leftrightarrow \exists\, y, z\ [y \neq z \,\&\, y|x \,\&\, z|x \,\&\, \forall w\ [w|x \Rightarrow (w = y \vee w = z)]]],$$

ce qui se lit informellement ainsi :

> pour tout nombre naturel *x*, *x* est premier si et seulement s'il existe deux nombres naturels *y* et *z* différents l'un de l'autre qui sont des diviseurs de *x* et tels que tout diviseur de *x* est soit *y* soit *z*.

La dernière condition ne correspond qu'à un artifice logique courant pour exprimer la notion d'unicité. Pour dire les choses plus brièvement, on pourrait lire la formule (2) ainsi :

> pour tout nombre naturel *x*, *x* est premier si et seulement s'il existe exactement deux nombres naturels *y* et *z* différents l'un de l'autre qui sont des diviseurs de *x*

et écrire cela comme suit :

$$(2^*)\ \forall x\ [\mathbf{P}x \Leftrightarrow \exists! y,z\ [y \neq z \,\&\, y|x \,\&\, z|x].$$

Pour mieux comprendre cette définition, qui utilise la relation *être diviseur de*, nous devons préciser comment nous comprenons cette relation. On pourrait penser qu'une bonne manière de le faire serait de dire qu'un nombre naturel n est diviseur d'un nombre naturel m si, et seulement si, m est un multiple de n, et d'expliquer ensuite que cela signifie que

$$m = n + n + \ldots + n$$

en supposant que le membre de droite de cette identité contient un nombre approprié de termes « n ». Il suffirait alors d'admettre que ce nombre puisse être un, c'est-à-dire qu'aucune addition ne figure dans ce membre de droite, pour en tirer immédiatement que chaque nombre naturel est diviseur de soi-même et que 1 est diviseur de tout nombre naturel différent de 0 (car $m = m$ pour n'importe quel m, et $m = 1 + 1 + \ldots < m \text{ fois} > \ldots + 1$ pour n'importe quel m autre que 0). Comme $1 \neq n + n + \ldots + n$ pour tout n autre que 1 (même si le membre de droite de cette identité ne contient qu'un terme), cette définition permettrait aussi de tirer de (2) que 1 n'est pas premier. Il s'ensuivrait de même que 2 et 3 sont premiers car $2 = 2 = 1 + 1$, et $2 \neq n + n + \ldots + n$ dans tout autre

20. Dans cette formule « $y|x$ » se lit : « y est un diviseur de x ».

cas, et $3 = 3 = 1 + 1 + 1$, et $3 \neq n + n + ... + n$ dans tout autre cas. *A contrario*, tout nombre pair autre que 0 et 2, aussi bien que 9 et 15, ne sont pas premiers car on a :

$2m = 2m = m + m = 1 + 1 + ... <2m \text{ fois}> ... + 1$
$9 = 9 = 3 + 3 + 3 = 1 + 1 = 1 + ... <9 \text{ fois}> ... + 1$
$15 = 15 = 5 + 5 + 5 = 3 + 3 + 3 + 3 + 3 = 1 + 1 = 1 + ... <15 \text{ fois}> ... + 1.$

Mais dire que tout nombre naturel est diviseur de soi-même implique que 0 l'est aussi (du fait que $0 = 0$), et comme $0 \neq n + n + ... + n$ pour tout n autre que 0, de cette définition il suivrait aussi, contre toute attente, qu'aucun autre nombre naturel n'est diviseur de 0 (alors que tout nombre naturel autre que 0 l'est). Cela suffit pour comprendre que cette définition de la relation *être diviseur de* n'est pas satisfaisante.

On pourrait penser qu'il suffit d'écarter le cas de 0 pour sortir de cette difficulté. Il y a cependant bien pire que cela, à savoir que la spécification « où l'addition est réitérée un nombre approprié de fois » n'est pas aisément formalisable sans se servir de la multiplication, ce qui rend à son tour difficilement formalisable cette définition de la relation *être diviseur de* sans se servir de la multiplication.

Comment sortir de cette difficulté définitionnelle ?

Un logicien pourrait suggérer de définir cette relation formellement en utilisant l'ancestral de la relation, qui s'établit entre deux nombres naturels h et k quand $k = h + n$. Il n'est pas utile de préciser cela rigoureusement ici. Il suffira de dire que cela reviendrait à établir que n est un diviseur de m si n n'est pas 0 et m possède toutes les propriétés qu'a 0 et qui se transmettent en passant d'un nombre naturel qui les a au nombre naturel qui en résulte en lui ajoutant n. Cela fait que :

n a ces propriétés car 0 les a et $n = 0 + n$;
$n + n$ les a aussi car n les a et $n + n = n + n$;
$n + n + n$ les a à son tour car $n + n$ les a et $n + n + n = (n + n) + n$, etc.

En suivant cette suggestion, on peut aisément prouver que tout nombre naturel n autre que 0 est un diviseur de 0 (du fait que 0 possède évidemment toutes les propriétés qu'a 0), ce qui fait à nouveau que de la Définition 2 il s'ensuit immédiatement que 0 n'est pas premier, ce qui permet d'emblée d'éviter de restreindre la définition au seul cas des nombres naturels autres que 0. Il ne sera pas trop difficile non plus de prouver aussi que le seul diviseur de 1 est 1 lui-même (ce qui fait que 1 n'est pas non plus premier), ceux de 2 ne sont que 1 et 2, ceux de 3 ne sont que 1 et 3, alors que ceux de $2m$ sont 1, m et $2m$, de même que ceux de m lui-même, si ceux-ci diffèrent de 1 et m, ceux de 9 sont 1, 3 et

9, et ceux de 15 sont 1, 3, 5 et 15, comme il s'ensuit aussi de la définition précédente.

Il semblerait donc que cette définition de notre propriété soit satisfaisante, si l'on veut éviter d'avoir recours à la multiplication. Si on l'adopte, on doit en conclure que la Définition 2 – formalisée par (2) ou (2*) – requiert autant une définition préalable de l'addition entre nombres naturels, qu'une preuve de son associativité, mais pas une définition de la multiplication, alors que la Définition 1 – formalisée par (1) – requiert une définition préalable de la multiplication entre nombres naturels et une preuve de son associativité. Mais l'on devrait aussi observer qu'alors que la disponibilité d'une définition de la multiplication et une preuve de son associativité permettent de donner immédiatement la Définition 1, la Définition 2 requiert plus que cela, car elle requiert aussi la définition de la relation *être diviseur de*. Si les deux définitions de l'addition et de la multiplication sur les nombres naturels pouvaient être considérées comme indépendantes l'une de l'autre au sein de la théorie choisie des nombres naturels, et que l'on pouvait admettre qu'elles ont le même coût épistémique, on devrait en conclure que la Définition 1 est épistémiquement plus économe que la Définition 2.

Il resterait cependant à faire au moins deux autres observations. La première est qu'alors que si les deux définitions de l'addition et de la multiplication sur les nombres naturels peuvent effectivement être aisément données indépendamment l'une de l'autre au sein de FA, cela n'est pas faisable au sein de PA2, où la définition de la multiplication dépend de celle de l'addition. La seconde est qu'au sein de FA, on peut difficilement admettre que les deux définitions indépendantes de l'addition et de la multiplication ont le même coût épistémique, celui de la seconde étant de toute évidence plus grand que celui de la première.

Pour conclure à propos de la plus grande économie épistémique de deux définitions au sein de la même théorie, il faudrait donc aller plus loin et comparer : le coût épistémique total de (1) et des définitions de l'addition et de la multiplication (ainsi que de leurs propriétés pertinentes), avec celui de (2) et de la définition de l'addition (et de ses propriétés) et de la propriété d'être diviseur de, dans le cas de PA2 ; et le coût épistémique total de (1) et de la définition de la multiplication (et de ses propriétés), avec celui de (2) et de la définition de l'addition (et de ses propriétés) et de la propriété *être diviseur de*, dans le cas de FA. Si l'on voulait par contre se demander si une de ces théories permet une définition des nombres premiers épistémiquement plus économe que l'autre, on devrait observer que FA permet de définir ces nombres en n'ayant recours qu'à la multiplication (et de la preuve de ses propriétés pertinentes), alors qu'au sein de PA2, cela ne peut se faire qu'en ayant recours soit à l'addition et à la multiplication soit à l'addition et à une définition appropriée (qui n'est pas vraiment simple) de la relation *être diviseur de*. Il semblerait donc que FA permette une définition épistémiquement plus économe, à savoir (1).

Je n'irai pas plus loin ici dans ces comparaisons. Il suffira de conclure en remarquant que notre exemple, très simple en apparence, peut non seulement être utilisé pour éclairer un peu plus la notion d'économie épistémique en mathématiques, mais aussi pour mettre en évidence les difficultés et les subtilités d'analyse qui se cachent derrière une comparaison du coût épistémique de deux définitions (formelles) du même contenu (informel), au sein de la même théorie ou de théories différentes.

4. Conclusion sur la signification philosophique de l'économie épistémique

Pourquoi, en quelques mots, considérer les mathématiques sous l'angle de l'économie épistémique ?

On admet souvent que les mathématiques traitent d'objets abstraits tels que les nombres, les ensembles ou les polygones, et l'on ajoute que ces objets existent en soi, donc indépendamment de nous qui les pensons, et que les théorèmes mathématiques sont vrais de ces objets. Tels sont les principes de ce qu'on nomme habituellement « platonisme mathématique ». Cette position est souvent acceptée ou rejetée globalement. Elle est acceptée parce qu'elle permet une explication aisée de plusieurs aspects de notre pratique mathématique, comme le sentiment de nécessité qu'on éprouve face aux résultats mathématiques qui semblent s'imposer à nous, comme s'il s'agissait de propositions en attente d'être découvertes plutôt que d'effets de notre créativité, propositions qui, de ce fait, se présentent à nous comme des vérités objectives. *A contrario*, le platonisme est souvent rejeté du fait de la métaphysique douteuse et mystérieuse qui se cache derrière l'idée que de tels objets existent en soi.

La position que je défends prend en considération l'une et l'autre de ces deux raisons et distingue donc deux aspects du platonisme. J'admets sans hésitation que les mathématiques traitent d'objets et que ces objets (ou au moins certains d'entre eux) nous sont donnés comme tels, indépendamment de nos actes mathématiques, bien que je ne comprenne pas la thèse de l'existence indépendante de ces objets (du moins si l'existence est conçue comme une condition irréductible et primitive) et celle de la vérité des théories mathématiques qui porteraient sur des objets existant en soi. Je pense au contraire que les objets mathématiques sont des objets abstraits car ils se constituent au cours de l'histoire (et au cours du développement cognitif des individus qui apprennent à s'en servir) en tant que contenus intellectuels individuels. Ces objets abstraits (ou du moins certains d'entre eux) se présentent à nous comme donnés du fait d'une histoire qui nous impose les contenus qu'elle a forgés, jusqu'à ce que notre intelligence ouvre sur eux de nouvelles perspectives.

Bien que les objets mathématiques nous soient donnés (au sens qui vient d'être expliqué), ils doivent souvent être précisés, redéfinis et plongés dans un contexte théorique. Ce faisant, ils se trouvent associés à d'autres contenus qui entrent dans leur définition. Le fait qu'ils soient donnés nous impose de leur associer certaines propriétés ; par exemple nous pensons les nombres entiers positifs comme ayant tous un successeur et comme pouvant être additionnés les uns aux autres par une opération d'addition associative. Ce qui ne nous est pas imposé est la manière dont nous les définissons et dont nous définissons l'addition, ou la manière dont nous prouvons qu'ils ont tous un successeur et que leur addition est associative. Les modalités de ces définitions et de ces preuves tiennent à la manière dont nous construisons nos théories, par exemple l'arithmétique (qui admet de nombreuses versions différentes, résultant du travail de communautés mathématiques historiquement déterminées).

On peut alors dire que les théorèmes mathématiques sont vrais des objets mathématiques, mais seulement en deux sens bien précis : d'un côté au sens où ces théorèmes expriment la manière dont ces objets sont associés à d'autres contenus que l'histoire des mathématiques impose de leur associer ; de l'autre au sens où ces théorèmes sont impliqués (en accord avec des preuves que nous acceptons) par la définition de ces objets, dans le contexte spécifique de cette définition. Ces deux sens doivent être distingués l'un de l'autre, mais surtout être distingués du sens qui est propre à la perspective platoniste décrite ci-dessus.

C'est dans le contexte de cette vision des mathématiques que la notion d'économie épistémique acquiert sa signification philosophique. Car dans ce contexte, ce qui est crucial n'est pas de savoir quels objets existent ou quels objets doivent être supposés exister pour démontrer les propriétés de ceux qui existent. La question cruciale devient celle des ressources intellectuelles qu'il faut mobiliser pour préciser les objets en question et démontrer les théorèmes qui les concernent. Pratiquer l'économie épistémique devient donc une manière de fixer les dépendances réciproques des contenus pertinents en fonction de buts qui sont poursuivis lors de la constitution de nos théories et du choix des définitions corrélatives. Telle est la manière la plus appropriée de continuer à être platoniste, c'est-à-dire d'admettre que les mathématiques traitent d'objets abstraits et que les énoncés mathématiques sont des affirmations qui portent sur ces objets, tout en se détachant de la métaphysique douteuse de l'existence et en se rapprochant plutôt de la pratique historique de l'activité mathématique en tant qu'exercice de l'intelligence humaine.

Bibliographie indicative

ARANA A. et M. DETLEFSEN, « Purity of methods », *Philosophers' Imprint* 11, 2, 2011.

— et M. PANZA (dir.), *Précis de philosophie de la logique et des mathématiques*, vol. 2, *Philosophie des mathématiques*, Paris, Éditions de la Sorbonne, 2022.

BLISS R. et K. TROGTON, « Metaphysical grounding », *in* E. N. Zalta et U. Nodelman (eds.), *The Stanford Encyclopedia of Philosophy*, 2021.

DETLEFSEN M., « Purity as an ideal of proof », *in* P. Mancosu (ed.), *The Philosophy of Mathematical Practice*, Oxford, Oxford University Press, 2008.

EUCLIDE, *Les éléments*, trad. fr. B. Vitrac, Paris, Puf, 1990-2001.

– *The Thirteen Books of the Elements*, trad. angl. et commentaires de Sir Thomas L. Heath, 3 vol., Cambridge University Press, Cambridge, 1926, 2e éd.

PANZA M., « Abstraction and epistemic economy », *in* S. Costreie (ed.), *Early Analytic Philosophy – New Perspectives on the Tradition*, Cham, Springer, 2016, p. 387-428.

— et A. SERENI, *Introduction à la philosophie des mathématiques*, Paris, Flammarion, 2013.

ZALTA E. N., « Frege's theorem and foundations for arithmetic », *in* E. N. Zalta et U. Nodelman (eds.), *The Stanford Encyclopedia of Philosophy*, 2023.

Naturalisme, sciences et mathématiques

par Marianna Antonutti Marfori

Les mathématiques jouent un rôle fondamental dans nos connaissances et nos pratiques. Nous en faisons usage pour quantifier nos besoins alimentaires, pour raisonner sur nos transactions financières, pour calculer la durée de nos trajets en fonction de notre vitesse, mais aussi pour construire des véhicules, des routes et des ponts, prédire les résultats d'une élection, lancer des satellites qui feront fonctionner nos téléphones portables, expliquer pourquoi les rayons des ruches, chez les abeilles, ont une forme hexagonale, ou pour élaborer des modèles complexes de la propagation d'une maladie et de son impact sur les ressources du système de santé. On peut penser que notre capacité à utiliser les mathématiques pour comprendre le monde est intimement liée au progrès de nos connaissances scientifiques, dont nos connaissances mathématiques font partie. Cependant, les objets des mathématiques tels que les nombres ou les fonctions ne font pas partie de notre monde de la même façon que les forêts, les bâtiments, les bactéries, ou les planètes, et les méthodes par lesquelles nous obtenons des connaissances mathématiques – telles que le calcul et la preuve – sont uniques parmi les sciences, qui reposent plutôt, par ailleurs, sur l'observation et l'expérience. Comment expliquer alors le rôle fondamental que jouent les mathématiques dans notre compréhension du monde ? Peut-on dire que les mathématiques nous apportent une véritable connaissance, et si tel est le cas, de quelle connaissance s'agit-il ?

Pour répondre à ces questions, nous devons mieux comprendre les raisons du succès remarquable des théories scientifiques – dont la pure et simple formulation requiert déjà l'usage des mathématiques – dans l'explication et le contrôle d'une part de plus en plus grande du monde naturel. Le naturalisme scientifique vise à clarifier la nature de nos connaissances du monde extérieur et à expliquer comment nous les avons obtenues (et en ce sens, il se caractérise comme une démarche opposée au scepticisme). Il peut être caractérisé comme la thèse selon laquelle la réalité consiste dans la nature : tout ce qui existe est naturel (il n'y a pas d'objets ou de propriétés surnaturelles) et la meilleure façon d'obtenir de véritables connaissances du monde extérieur est de faire usage de méthodes empiriques. La philosophie kantienne, comme enquête transcendantale sur les conditions d'une expérience possible, offre *a contrario* un bon exemple de démarche non-naturaliste qui parvient à des conclusions substantielles sur nous-mêmes et sur notre place dans le monde sur la base d'une forme d'enquête purement conceptuelle, qui ne dépend pas de l'expérience. Pour Kant, ce sont les concepts *a priori* que nous utilisons pour transformer le divers de la sensation qui imposent la structure du monde extérieur et qui rendent possible toute expérience authentique du monde. À l'inverse, selon le naturalisme, seules des méthodes empiriques peuvent nous conduire à une véritable connaissance de la réalité.

Les vérités et les méthodes mathématiques, que Kant comme d'autres philosophes pensaient être *a priori*, ne semblent pas pouvoir être intégrées à un cadre naturaliste. Pour expliquer le rôle des mathématiques dans notre compréhension du monde, nous devons donc nous interroger sur leur scientificité. Après avoir présenté les motivations générales sous-jacentes à l'approche naturaliste et fourni quelques repères permettant de nous orienter parmi les principaux types de naturalisme et les défis auxquels ils sont confrontés, ce chapitre discutera les problèmes et les stratégies spécifiques que soulève la naturalisation des mathématiques. Nous nous limiterons ici à quelques-unes des principales questions et prises de position dans le débat contemporain sur le naturalisme.

1. Le naturalisme scientifique

Le naturalisme se présente sous de nombreuses formes et il n'existe aucun accord sur sa définition. Au cœur de toute approche naturaliste figure la thèse selon laquelle il n'existe pas de point de vue extra-scientifique, supérieur à celui de la science, pour découvrir la nature de la réalité. La méthode scientifique est la meilleure dont nous disposions pour donner un sens à notre expérience du monde extérieur, et nos théories scientifiques sont le résultat de nos meilleurs efforts de compréhension et de systématisation de cette expérience. L'un des premiers problèmes que l'on rencontre dans la définition du naturalisme scientifique est donc la question de savoir comment définir ce qu'est une science. Comment distinguer les véritables démarches scientifiques des pseudo-sciences ? Comment reconnaître ce que sont les démarches scientifiques lorsque de nouvelles méthodes sont proposées ou en cas de désaccord entre des praticiens reconnus comme des experts ?

Le point de départ de l'approche naturaliste n'est pas une définition préconçue de ce qu'est une science. Les méthodes scientifiques s'améliorent au fil du temps et notre conception de ce qui compte comme une science évolue simultanément. En conséquence, s'en tenir, à une certaine période historique, à une définition de la science qui serait préconçue et figée conduirait à l'exclusion de certaines théories et méthodologies développées à une période ultérieure. De plus, l'exclusion *a priori* d'une hypothèse quelconque comme non scientifique est contraire à l'esprit du naturalisme, qui soutient que chaque hypothèse doit bénéficier d'un statut égal et être évaluée selon les mêmes standards d'enquête scientifiques. En effet, les seules méthodes qui puissent produire des connaissances étant les méthodes scientifiques, toute critique d'une pratique doit procéder à partir d'applications des méthodes scientifiques elles-mêmes. Par exemple, le naturaliste ne critique pas l'homéopathie pour des raisons de principe. Lors de l'évaluation des affirmations des homéopathes, il procède en testant ces affirmations comme tout autre énoncé qui prétend décrire le monde et c'est seulement après avoir vérifié qu'elles ne répondent pas aux standards acceptés par la communauté scientifique (confirmation empirique, fiabilité des prédictions, répétabilité des expériences, etc.), que le naturaliste peut être amené à conclure que l'homéopathie doit être considérée comme une pseudo-science.

On peut donc dire que l'approche naturaliste implique une sorte d'attitude déférente à l'égard des experts : s'il n'existe pas de méthodes ni de normes d'évaluation des croyances en dehors et au-delà de celles de la science, lorsqu'une controverse surgit qui relève de la science, les scientifiques sont mieux placés que quiconque pour trancher la controverse[1].

Les considérations relatives au succès de la science dans l'explication du monde et la confiance dans l'autorité épistémique des scientifiques amènent les naturalistes à adopter une attitude *anti-révisionniste* selon laquelle on doit s'abstenir de critiquer une pratique scientifique établie

1. Sur l'expertise scientifique, voir le chapitre de Marion Vorms « Expertise scientifique et prise de décision », p. 339, et le chapitre de Stéphanie Ruphy « Science, valeurs, démocratie », p. 399.

sur la base de raisons externes et prétendûment supérieures à la science. La motivation sous-jacente à cette attitude procède d'une analyse de l'histoire des pratiques scientifiques. La science procède par essais et erreurs et par conséquent, un examen et une critique constants de la pratique scientifique sont essentiels à son amélioration et à son succès. Cependant, l'histoire des sciences nous montre que les critiques et les révisions des théories qui sont essentielles au progrès scientifique sont celles qui sont motivées à partir de raisons et de besoins internes à la pratique scientifique. On peut penser par exemple aux raisons qui ont amené les scientifiques du XVIIIe siècle tels que Lavoisier à abandonner l'alchimie en faveur de la chimie.

Il arrive cependant qu'une pratique scientifique subisse des interférences externes lorsque lui sont imposés des objectifs et des méthodologies incompatibles avec celles qu'emploient les praticiens. Une telle interférence peut être constituée, par exemple, par des prescriptions imposées par des autorités politiques ou religieuses qui limitent la liberté des scientifiques de poursuivre certaines directions de recherche, ou qui interdisent d'utiliser des méthodes dont l'efficacité a été reconnue par la communauté scientifique. Un exemple récent concerne le débat sur le remboursement des préparations homéopathiques par la Sécurité sociale, même si, dans ce cas, l'interférence n'implique que l'autorisation d'utiliser des méthodes considérées comme non scientifiques par la communauté, plutôt qu'une limitation directe de la liberté de recherche des scientifiques. Un argument avancé en faveur du maintien de leur remboursement partiel (conformément à ce qui a été pratiqué entre 1984 et 2020) était qu'un nombre non négligeable de patients y recouraient et qu'en l'absence de remboursement, ces patients se tourneraient vers des préparations remboursées à un coût plus élevé pour la Sécurité sociale. Les préparations homéopathiques n'ont finalement plus été remboursées à partir de 2021, après que de nouvelles études menées par la Haute Autorité de Santé ont confirmé que ces préparations n'avaient pas d'efficacité supérieure aux effets placebo.

Lorsqu'on soutient que toute théorie présumée scientifique doit être évaluée selon des critères scientifiques en arguant qu'il n'y a pas d'autorité supérieure aux critères scientifiques, n'y a-t-il pas un défaut de circularité dans l'argument ? Face à cette objection bien connue, le naturalisme a plusieurs stratégies de réponse. L'une d'elles consiste à dire que la confiance que nous accordons aux méthodes scientifiques est motivée inductivement, à partir des succès des théories scientifiques, des progrès de nos connaissances et de l'explication des phénomènes empiriques ; une autre réponse consiste à dire que la circularité n'est pas vicieuse et même si cela ne constitue pas un argument entièrement convaincant en faveur du naturalisme, celui-ci devrait être conçu comme une attitude méta-philosophique qui prône la modestie philosophique ou une disposition à faire confiance aux méthodes de la science plutôt qu'à une doctrine philosophique. Le naturalisme, dans chacune de ses versions, peut être adopté comme une attitude philosophique globale ; une autre position consiste à adopter une attitude naturaliste à l'égard de la science et non-naturaliste à l'égard d'autres domaines, par exemple l'éthique. Le naturalisme peut aussi s'appliquer, distinctivement, aux questions d'ontologie ou aux questions de méthodologie, ce qui représente des positions philosophiques distinctes.

2. Naturalisme ontologique et naturalisme méthodologique

2.1. Le naturalisme ontologique

Une des tâches cruciales des théories scientifiques est de nous dire ce qui existe : par exemple, les théories physiques actuellement reconnues comme les meilleures nous disent qu'il existe des quarks, mais qu'il n'est pas clair s'il existe des cordes. Selon le naturalisme *ontologique*, l'ontologie des sciences naturelles se réduit à des objets physiques (où le terme « physique » est entendu au sens large des objets concrets, ou des objets décrits et étudiés par les sciences de la nature) et selon certaines naturalistes, ces objets ne possèdent que des propriétés physiques et n'entretiennent que des relations physiques entre eux (cette deuxième thèse ne découle pas de la première). Autrement dit, la science nous apprend qu'il n'existe pas d'objets, pas de propriétés et pas de forces surnaturelles. Savoir ce que l'on entend par « naturel » n'est cependant pas simple. Selon une conception cartésienne, les objets physiques sont des entités étendues dans l'espace et le temps, au sens où ils occupent une région de l'espace pendant un intervalle de temps ; en adoptant une terminologie contemporaine, on dira que les objets physiques occupent une région de l'espace-temps. Cependant, des interprétations de la mécanique quantique nous apprennent que les particules fondamentales n'ont pas de position définie : cette définition n'est donc pas sans poser problème. Si l'on ignore la question de la définition des objets et des propriétés physiques, on peut caractériser le naturalisme ontologique de façon générale comme la thèse selon laquelle tout ce qui existe est physique ou naturel, le « naturel » étant ce qui est étudié par la physique, ou par les sciences de la nature. On nomme « physicalisme » un tel naturalisme ontologique.

Le naturalisme ontologique naît de la nécessité d'expliquer quel type d'entités peut avoir un effet causal dans le monde ; il repose sur l'observation que, selon la science, seules des causes physiques peuvent avoir des effets physiques. L'hypothèse qu'il existe une divinité créatrice de l'univers et des êtres vivants n'est pas rejetée *a priori* par le naturalisme, mais *a posteriori* : nos théories scientifiques suffisent à expliquer l'existence de l'univers et des êtres vivants et parce qu'il n'est pas nécessaire de postuler l'existence d'un être surnaturel pour expliquer notre propre existence, par un principe d'économie ontologique, nous ne devons pas faire un tel postulat.

Comment expliquer alors des entités telles que les états mentaux, qui ne sont pas physiques mais sont néanmoins causalement efficaces ? Considérons un exemple simple où mon désir de boire et ma croyance que l'eau calmera ma soif me conduisent à saisir un verre d'eau devant moi. Le naturalisme ontologique ne nie pas qu'il existe des états mentaux comme ceux-ci et dans les versions les plus libérales, ne soutient pas que les états mentaux devraient être descriptibles dans le langage de la physique ; il veut néanmoins éclairer la nature des phénomènes mentaux et dans ce but, il restreint les types d'entités que l'on est prêt à postuler pour les expliquer. Une version du physicalisme qui suscite actuellement un consensus assez large soutient que les états mentaux sont fixés par les faits physiques fondamentaux (ou, plus précisément, que les états mentaux « surviennent » sur les états physiques)[2]. Autrement dit, les phénomènes mentaux ne sont pas des faits distincts des événements électrochimiques qui se déroulent dans le cerveau et le corps, mais sont plutôt des manifestations à grande échelle des processus électrochimiques sous-jacents.

Ce que le naturalisme ontologique dit de l'esprit est en accord avec l'esprit du naturalisme, et repose également sur un argument inductif : l'immense progrès des recherches physiologiques sur les cellules nerveuses, surtout au cours de la première moitié du XXe siècle, n'a donné

2. Une métaphore souvent utilisée pour expliquer la relation entre la conscience et le cerveau est celle qui existe entre un logiciel et un ordinateur. Les logiciels sont des listes d'instructions qui peuvent s'exécuter sur des ordinateurs construits de manières différentes et leur structure peut être décrite de façon conceptuellement indépendante de la description physique du matériel informatique. Cependant, les processus physiques qui se déroulent à l'intérieur de l'ordinateur déterminent quel logiciel il exécute et le logiciel n'est rien de plus que l'ensemble des processus physiques de l'ordinateur. Pour un aperçu au problème de la réduction de l'esprit au cerveau dans le cadre du physicalisme, voir M. Kistler, *L'Esprit matériel. Réduction et émergence*, Paris, Éliott, 2023.

aucun indice d'effets physiques dans les corps vivants qui ne puissent être expliqués en termes de forces physiques fondamentales qui se produisent également dans les organismes inanimés. Même si nous ne voulons pas réduire le niveau d'explication des états psychologiques à celui des états cérébraux, nous n'avons aucune raison de supposer que des forces vitales et mentales spéciales (qu'on ne trouve pas ailleurs dans la nature) soient les causes de nos états mentaux.

Un exemple de position typiquement anti-naturaliste en ce sens est le dualisme cartésien, qui postule que l'esprit, chose pensante et non étendue, et le corps, chose étendue et non pensante, sont deux substances distinctes qui peuvent exister de façon indépendante l'une de l'autre. De la même manière, les positions contemporaines qui soutiennent que la conscience ne peut pas être traitée simplement comme une partie du monde naturel sont des positions ontologiques anti-naturalistes. Par exemple, David Chalmers [3], qui soutient que la conscience humaine ne peut être réduite à des processus ou des propriétés physiques et que les états mentaux sont ontologiquement distincts des systèmes physiques et donc de la nature, est parfois interprété comme ayant une position anti-naturaliste à l'égard de l'ontologie de l'esprit (bien que Chalmers défende une version de la thèse de la survenance des états mentaux sur les états physiques). Un autre exemple de position ontologique anti-naturaliste est le théisme, au sens de la thèse qui affirme l'existence d'une entité surnaturelle qui interagit de manière causale avec sa création est qui est directement responsable de certains événements historiques.

2.2. Le naturalisme méthodologique

Selon le naturalisme *méthodologique*, la méthode scientifique est la seule qui puisse juger de la vérité ou de la fausseté des énoncés qui prétendent constituer des connaissances du monde extérieur et qui puissent les justifier [4]. Or, donner une définition de ce qu'est la méthode scientifique de manière générale n'est pas plus simple que donner une définition de ce qu'est un objet ou une propriété physique, entre autres parce que l'ensemble des prescriptions qui constituent la méthode

3. D. Chalmers, *L'esprit conscient* [1996], trad. fr. S. Dunand, Paris, Ithaque, 2010.

4. On peut distinguer le *naturalisme épistémologique* du *naturalisme méthodologique*. La première position concerne les connaissances et les méthodes qui permettent d'avoir accès à ces connaissances (à savoir, des méthodes naturelles, dans un sens à préciser) ; selon la seconde, les seules normes faisant autorité épistémique sont celles de la science. Dans ce chapitre, nous ne distinguerons cependant pas ces deux positions et nous convenons de parler de *naturalisme méthodologique* pour désigner les deux.

scientifique évolue au fil du temps. Cependant, même si les scientifiques ne disposent pas de règle ou d'algorithmes pour déterminer, dans chaque cas, comment interpréter les observations, construire les expériences, étendre les méthodes disponibles à de nouveaux problèmes, ou inventer de nouvelles méthodes, la communauté scientifique est généralement d'accord sur les applications correctes ou incorrectes de ces méthodes, ainsi que sur les méthodes qui méritent ou non d'être comptées au nombre des méthodes scientifiques. D'un point de vue naturaliste, la méthode scientifique peut donc être caractérisée comme l'ensemble des prescriptions suivies dans les sciences, dont les sciences de la nature comme la physique, la chimie ou la biologie sont des exemples paradigmatiques. Cette méthode comprend l'observation, l'expérimentation, la formation des théories, leur vérification et leur révision sur la base de l'expérience – en bref, les méthodes dont la validité est sanctionnée par les meilleures théories scientifiques actuelles (ou à un moment historique donné). Les sciences de la nature comme la physique, la chimie ou la biologie sont souvent considérées comme des exemples paradigmatiques pour leur méthode, mais la majorité des naturalistes adoptent une interprétation large de ce qu'est la science, incluant les sciences humaines et sociales, comme la psychologie, l'économie, la linguistique et la sociologie.

Une position anti-naturaliste en ce sens est caractérisée par la reconnaissance des méthodes d'enquête dont la légitimité ne repose pas sur l'observation et l'expérience au sens où on l'entend dans la pratique scientifique, comme la reconnaissance de l'autorité d'un texte sacré, ou d'une méthode qui repose sur des formes mystiques de révélation, distinctes de la perception sensorielle ordinaire, pour justifier des croyances qui portent sur des objets ou des phénomènes empiriques. Défendre l'homéopathie (déjà citée en exemple ci-dessus) en ayant recours à des principes méthodologiques comme « le même soigne le même », qui ne sont pas établis sur la base de l'observation et de l'expérience, constitue une position anti-naturaliste.

Pour le naturalisme méthodologique, les méthodes légitimes pour l'acquisition de connaissances sont étroitement liées aux méthodes scientifiques. Ce lien peut cependant être pensé de différentes manières. Certains naturalistes préconisent l'utilisation exclusive des méthodes empiriques pour la conduite de l'enquête dans n'importe quel domaine (tel est le cas par exemple du physicalisme de Carnap [5] et

5. Voir P. Wagner (ed.), *Carnap's Ideal of Explication and Naturalism*, Basingstoke, Palgrave Macmillan, 2012.

de l'épistémologie naturalisée de Quine[6]). D'autres exigent seulement que les théories d'un domaine donné soient compatibles avec les résultats empiriques de ce domaine ou d'autres domaines pertinents.

Le naturalisme méthodologique ne s'engage donc pas directement sur une ontologie, mais plutôt sur un ensemble de méthodes d'enquête comme moyen fiable pour découvrir la nature de la réalité. Pour cette raison, le naturalisme méthodologique peut être adopté sans que le naturalisme ontologique le soit (l'inverse est également vrai, bien qu'adopter le naturalisme ontologique sans adopter le naturalisme méthodologique soit une position moins intéressante et moins plausible). On peut alors se demander dans quelle mesure l'adoption du naturalisme méthodologique limite le choix de l'ontologie. Différentes réponses peuvent être données à cette question.

Selon certaines versions du naturalisme méthodologique, une ontologie naturaliste ne doit pas inclure d'entités dont l'existence ne peut être établie que par des méthodes incompatibles avec les méthodes scientifiques. Ce naturalisme méthodologique s'accompagne souvent d'une attitude réaliste à l'égard de l'ontologie de la science : le fait que les applications correctes des méthodes scientifiques aient conduit à une augmentation des connaissances, à une meilleure compréhension du monde qui nous entoure et à des progrès technologiques étonnants indique clairement, selon les naturalistes qui sont des réalistes scientifiques, que la méthode scientifique nous donne de véritables connaissances du monde (ou du moins que nos théories scientifiques sont approximativement vraies) et que nous devrions continuer à l'employer pour continuer à progresser dans nos connaissances. En revanche, certains empiristes soutiennent que les théories scientifiques ne révèlent pas la nature de la réalité en un sens profond, mais qu'elles visent seulement l'adéquation au modèle de données dont nous disposons à partir de l'expérience, à prédire et contrôler le monde avec lequel nous pouvons interagir de manière causale et à fournir des réponses aux questions qui n'impliquent aucun engagement ontologique[7]. D'autres interprétations du naturalisme méthodologique soutiennent qu'il ne dit rien de l'existence d'entités qui vont au-delà de

6. Voir S. Laugier, *L'anthropologie logique de Quine. L'apprentissage de l'obvie*, Paris, Vrin, 1992, et « Quine et le naturalisme », dans B. Joly, *L'épistémologie et l'histoire des sciences*, Lille, CRDP Nord-Pas de Calais, 2006.

7. Une approche de ce type est proposée par B. Van Fraassen, « Sauver les phénomènes » [1976], trad. fr. G. Garreta, dans S. Laugier et P. Wagner (dir.), *Philosophie des sciences. Naturalismes et réalismes*, « Textes clés », Paris, Vrin, 2004, et *The Empirical Stance*, New Haven (CT), Yale University Press, 2002.

ce que l'on peut apprendre par des méthodes scientifiques et donc que le naturalisme méthodologique est compatible avec l'agnosticisme ou même le théisme : alors que tout naturaliste méthodologique considère que les méthodes scientifiques sont les seules méthodes pour obtenir des connaissances sur des phénomènes spatio-temporels (et donc que lorsque nous faisons de la science, nous ne devrions pas faire appel à des méthodes ou des entités surnaturelles), ces méthodes sont compatibles avec l'affirmation de l'existence d'entités surnaturelles, situées hors de l'espace-temps, et donc au-delà du champ d'investigation des méthodes empiriques.

Après avoir exposé les principaux défis qui se présentent pour la caractérisation du naturalisme, le reste de ce chapitre se concentrera sur la question de savoir quelle place peut être occupée par les mathématiques dans le cadre d'une approche naturaliste de la science [8].

3. Le naturalisme scientifique et les mathématiques

Les mathématiques sont essentielles à la science et à notre compréhension du monde. Elles sont omniprésentes dans la pratique des sciences de la nature et, de plus en plus, aussi dans la pratique des sciences humaines et sociales comme la sociologie, l'économie, la linguistique ou la médecine. Les mathématiques font partie de la pratique scientifique de différentes manières : presque aucune théorie scientifique ne peut être formulée sans faire appel à des concepts mathématiques et les mathématiques sont aussi indispensables, entre autres, à la modélisation de phénomènes empiriques, à l'énoncé de prédictions empiriques et au calcul.

Cependant, les mathématiques semblent poser des problèmes importants pour le naturalisme scientifique. Les sciences de la nature sont considérées comme des paradigmes de bonne science, qui ont pour but (selon une interprétation réaliste) de produire un système de vérités sur le monde naturel. Les mathématiques sont aussi considérées comme de bonnes sciences, mais que décrivent-elles ? Les entités mathématiques tels que les nombres, les figures géométriques, les ensembles, les groupes, etc. (c'est-à-dire, les entités dont les théories mathématiques postulent l'existence) ne semblent pas plus simples à expliquer en tant qu'entités physiques ou naturelles

8. On trouvera dans K. J. Clark, *The Blackwell Companion to Naturalism*, Chichester, Wiley Blackwell, 2016, un aperçu des problèmes philosophiques concernant différents aspects du naturalisme contemporain.

que les états mentaux : elles n'existent même pas dans l'espace-temps. Plus précisément, les entités mathématiques sont abstraites : elles n'ont pas d'extension spatiale ni de durée ou extension temporelle, et ne sont pas sujettes au changement. En tant que telles, elles ne peuvent pas interagir de manière causale avec d'autres objets physiques (par exemple, être la cause d'un événement), ni être observées, touchées ou senties, ou plus généralement faire l'objet d'une expérience. Leur nature abstraite, imperceptible par nos sens, soulève des problèmes épistémologiques fondamentaux : comment une connaissance mathématique est-elle possible (étant donné que nous semblons avoir des connaissances mathématiques) et comment les mathématiques sont-elles applicables au monde naturel avec tant de succès ? Parce que les objets mathématiques ne sont pas situés dans l'espace-temps, le naturalisme ontologique ne pose aucune contrainte directe sur leur nature.

Certains naturalistes ontologiques préfèrent donc combiner une attitude réaliste à l'égard des entités physiques avec une attitude anti-réaliste à l'égard des entités mathématiques (on appelle « nominalisme mathématique » une telle position) qui consiste à nier l'existence d'objets mathématiques. Cette position permet de répondre plus facilement à certaines questions épistémologiques (les mathématiques ne nous donnent pas de connaissances, car il n'existe pas d'objets mathématiques à connaître) mais laisse d'autres questions importantes ouvertes (par exemple, l'applicabilité des mathématiques au monde naturel). Les naturalistes ontologiques qui adoptent une attitude réaliste à l'égard des entités mathématiques (on parle de « platonisme mathématique ») peuvent en revanche mieux expliquer l'objectivité des mathématiques (c'est-à-dire le fait que chaque énoncé mathématique semble être vrai ou faux indépendamment de toute connaissance), mais il leur reste à expliquer comment peuvent être acquises des connaissances d'entités qui existent en dehors de l'espace-temps. Que peut dire le naturalisme à propos de la méthodologie des mathématiques ?

La méthodologie des mathématiques, contrairement à la méthodologie des sciences de la nature, ne procède pas par hypothèses et expériences. Alors que les scientifiques tirent continûment des inférences relatives à des objets qui ne sont pas directement observables (électrons, ondes gravitationnelles, trous noirs, etc.) à partir d'énoncés empiriques et contingents qui sont posés comme hypothèses, en utilisant différentes méthodes inférentielles comme la déduction, l'induction énumérative, l'abduction et l'analogie, les inférences qui confèrent justification aux énoncés mathématiques sont plutôt de type déductif. Évidemment, il est fréquent que les conjectures mathématiques (c'est-à-dire des énoncés mathématiques qui n'ont pas encore été prouvés ou réfutés, mais qui ont un certain degré de plausibilité) soient formulées *a posteriori* et qu'elles reposent sur des inférences non-déductives ; le processus heuristique dans les mathématiques comme dans les sciences consiste souvent à poser des hypothèses ultérieurement révisées au fur et à mesure que de nouveaux résultats sont obtenus. Parfois les conjectures sont inspirées par des analogies, ou obtenues par témoignage – elles sont formulées dans des articles de mathématiciens dont l'autorité scientifique est reconnue par la communauté mathématique, ce qui constitue une raison suffisante pour enquêter sur ces hypothèses. Cependant, ce qui confère la justification de la vérité d'un théorème (un énoncé mathématique dont la vérité est établie par une démonstration) est une preuve déductive, indépendante de la manière dont le théorème a été formulé. Pour ce qui concerne la justification de la vérité d'un axiome la question est plus complexe (les axiomes peuvent être conçus comme des vérités fondamentales d'un domaine, ou des énoncés dont la vérité est évidente par elle-même, ou des énoncés qui ne peuvent pas être démontrés l'un à partir de l'autre mais à partir desquels les autres énoncés d'un domaine peuvent être prouvés, ou des définitions implicites, etc., et leur justification varie selon la manière dont ils sont conçus). Cependant, la justification d'un axiome est considérée comme indépendante de toute observation du monde et de toute expérience [9].

Les inférences déductivement correctes établissent leur conclusion avec nécessité et certitude à condition que les prémisses de l'inférence soient toutes vraies, alors que les conclusions des inférences non-déductives sont toujours révisables à la lumière des faits. Les prémisses des déductions mathématiques ne sont pas des énoncés contingents à vérifier au moyen des observations empiriques et des expériences, mais sont soit des axiomes (énoncés mathématiques acceptés sur la base de justifications qui ne sont pas des preuves à partir d'énoncés plus fondamentaux), soit des théorèmes établis à leur tour par des déductions

9. L'utilisation d'un terme tel que « connaissance » implique un succès épistémique. Autrement dit, l'usage du mot « connaissance » implique la vérité de ce qui est connu : nous n'attribuerions pas la connaissance à quelqu'un qui pense connaître un énoncé qui est faux ; nous parlerions en pareil cas de simple croyance. De la même manière, nous n'appellerions pas « preuve » un argument mathématique qui est erroné, ou « théorème » une conjecture mathématique, ou un énoncé qui a été réfuté (c'est-à-dire un énoncé dont la négation a été démontrée). Dans le cadre de ce chapitre, j'utilise les termes « preuve » et « démonstration » comme synonymes, bien que le mot « preuve » s'applique aussi en dehors du contexte mathématique.

logiquement correctes à partir d'axiomes. La vérité des énoncés mathématiques (que ce soient des axiomes ou des théorèmes) est censée être atemporelle et objective, au sens où elle est indépendante des événements historiques qui ont amené la communauté mathématique à accepter l'énoncé en question. Les énoncés mathématiques sont justifiés *a priori*, au sens général où leur justification ne repose pas sur l'expérience : la justification ou la démonstration d'un énoncé mathématique ne dépend d'aucune manière de la façon dont les choses sont dans le monde. Pour cette raison, les énoncés mathématiques ne sont pas considérés comme révisables sur la base de l'expérience : par exemple, le fait que lorsque nous décidons de compter les nuages que nous voyons se déplacer dans le ciel, nous observons qu'un nuage plus un nuage égale un nuage, ne falsifie en aucune façon l'énoncé mathématique « $1 + 1 = 2$ », qui peut être prouvé à partir des axiomes de l'arithmétique. Autrement dit, la vérité d'aucun énoncé mathématique, que ce soit un axiome ou un théorème, n'est prise en tant que dépendant de son application au monde naturel. Enfin, les vérités mathématiques sont considérées comme nécessaires plutôt que contingentes ; pour ces raisons, une démonstration qui, partant d'axiomes, procède en appliquant des règles d'inférence déductivement correctes donne la garantie d'une conclusion nécessairement vraie.

Par comparaison avec l'application d'une méthode expérimentale, la reconnaissance de la vérité d'un axiome mathématique, ou l'intuition de certaines propriétés possédées par des objets abstraits, peut paraître proche d'une forme mystique de révélation par une faculté d'intuition d'objets abstraits, qui s'apparente à la perception sensorielle des objets physiques, mais qui n'est pas reconnue et étudiée par la psychologie et les sciences cognitives. Une stratégie possible à adopter pour le naturaliste méthodologique consiste donc dans l'explication de la nature des mathématiques sur la base de l'activité neuronale du cerveau ou sur la base de l'architecture cognitive qui, selon les sciences cognitives, produit la pensée mathématique. Cependant, on est encore loin d'une explication détaillée des mécanismes cérébraux qui produisent la pensée mathématique dans toute sa complexité. Par ailleurs, plusieurs philosophes (dont Kant, Frege, Husserl, Wittgenstein et les positivistes logiques) ont rejeté le *psychologisme* en mathématiques, à savoir la thèse selon laquelle la nature des mathématiques et des connaissances mathématiques peut être comprise et expliquée en termes de représentations psychologiques du contenu des énoncés mathématiques. Même si les naturalistes s'engagent à proposer des approches philosophiques des mathématiques qui prennent en compte les résultats de la psychologie et des neurosciences cognitives, beaucoup d'entre eux n'adoptent pas une attitude réductionniste à l'égard des mathématiques et des connaissances mathématiques.

La méthodologie mathématique confère donc aux énoncés mathématiques une justification absolument certaine, objective, indépendante de l'expérience et infalsifiable, ce qui pose de sérieuses difficultés pour expliquer en quel sens les méthodes mathématiques sont des méthodes scientifiques. Une position anti-naturaliste en ce sens considère la méthodologie mathématique comme comprenant aussi des méthodes qui vont au-delà des méthodes sanctionnées par la communauté scientifique. Par exemple, l'intuitionnisme de L. E. J. Brouwer est une approche des mathématiques motivée par une conception philosophique spécifique des notions d'intuition et de construction mathématiques proposée au début du XXe siècle. L'intuitionnisme est à l'origine de nombreux axes de recherche dans les mathématiques constructives et a été développé par la suite, surtout dans sa composante philosophique, notamment par Michael Dummett dans la seconde moitié du XXe siècle. Selon Brouwer, les mathématiques résultent de la libre activité de l'esprit mathématique, qui trouve son origine dans l'intuition pure du temps. Les énoncés mathématiques ne sont donc pas objectivement vrais ou faux, mais ils deviennent vrais seulement lorsqu'une construction mathématique correspondante qui présente les propriétés appropriées est donnée (ou faux, si une construction pour la vérité de l'énoncé en question est démontrée impossible). L'intuitionnisme conçoit donc la vérité mathématique non pas comme transcendante, mais comme épistémique : les énoncés vrais sont seulement ceux qui peuvent être connus par intuition ou par démonstration. Cet anti-naturalisme méthodologique s'accompagne d'un anti-naturalisme ontologique, selon lequel les seules entités mathématiques qui existent sont celles pour lesquelles il existe une construction.

Pour ces raisons l'intuitionnisme refuse des méthodes et des principes largement acceptés dans la pratique mathématique comme le principe de bivalence forte (selon lequel chaque énoncé mathématique a une valeur de vérité, soit vrai soit faux), la loi logique du tiers exclu (selon laquelle pour n'importe quel énoncé, soit cet énoncé soit sa négation est vrai, sans qu'il y ait de troisième possibilité), ou les preuves indirectes comme la réduction à l'absurde (une méthode de preuve qui prend comme prémisse la négation de l'énoncé qu'on veut démontrer, arrive à une contradiction par application de règles d'inférence logiquement correctes et conclut que l'énoncé qu'on veut démontrer est vrai). Une telle conception des mathématiques prescrit donc des révisions radicales de la pratique, dans laquelle la grande majorité des mathématiciens utilisent ces méthodes et principes sans aucune restriction (on appelle ce type de mathématiques « mathématiques classiques », car elles adoptent la loi du tiers exclu).

Si les mathématiques ne peuvent pas être naturalisées parce que leurs objets et leur méthodologie est différente de ceux et celle des disciplines scientifiques, et parce que les énoncés mathématiques ne sont pas réductibles aux représentations psychologiques de leur contenu, quelles stratégies sont alors disponibles pour leur naturalisation [10] ?

4. Le naturalisme de Quine

Le naturalisme ontologique et méthodologique de W. V. O. Quine a eu une grande influence sur le débat philosophique de la seconde moitié du XXe siècle. Quine adopte un empirisme radical qui l'amène à rejeter la distinction entre vérités analytiques et synthétiques : les axiomes mathématiques ne sont pas des vérités nécessaires et *a priori* mais des hypothèses, comme celles des sciences de la nature, susceptibles d'être confirmées ou infirmées de la même manière. Toutes les entités théoriques (les entités non-observables, sur lesquelles nous ne pouvons pas faire d'expériences directes) mentionnées dans nos meilleures théories scientifiques sont sur un pied d'égalité : neutrinos, exoplanètes, nombres réels, fonctions, gènes, etc., leur existence est confirmée ou infirmée par des applications des méthodes scientifiques.

Le naturalisme scientifique de Quine peut être caractérisé comme la thèse selon laquelle la science n'est pas soumise à un tribunal extra-scientifique, mais elle est l'arbitre ultime de la vérité. Selon les mots de Quine, la réalité doit être identifiée et décrite au sein de la science, non dans une philosophie antérieure [11]. Les mathématiques font partie de notre « théorie globale du monde » et, en tant que telles, sont en continuité avec la science, tant au niveau ontologique que méthodologique.

10. Pour un aperçu plus détaillé du naturalisme mathématique, voir A. J. Weir, « Naturalism Reconsidered », *in* S. Shapiro (ed.), *The Oxford Handbook of Philosophy of Mathematics and Logic*, Oxford, Oxford University Press, 2005.

11. W. V. O. Quine, *Theories and Things*, Cambridge (Mass.), Harvard University Press, 1981, p. 21.

Selon le holisme de la confirmation de Quine, inspiré par les observations de Pierre Duhem sur la loi de l'inertie[12], les énoncés des théories scientifiques ne sont pas testés par l'expérience individuellement, mais confirmés ou infirmés par chaque expérience en même temps que les autres énoncés qui composent la théorie[13]. Par conséquent, quand un énoncé est confirmé, toute la théorie dont il fait partie est confirmée dans son ensemble et l'existence de toute entité théorique mentionnée dans la chaîne d'inférences justificatives (ou au moins, toute entité à laquelle il est nécessaire pour la théorie de faire référence) est aussi confirmée, y compris les entités mathématiques qu'on a besoin d'invoquer pour formuler et justifier les énoncés empiriques de la théorie en question. Autrement dit, ce sont les mêmes observations empiriques qui confirment les composants mathématiques et empiriques d'une théorie scientifique (qui, à strictement parler, pour Quine ne peuvent pas être séparées nettement l'une de l'autre). Dans ce cadre, il n'y a pas de frontière nette entre les sciences naturelles comme la chimie ou la physique, les sciences humaines et sociales, et les sciences formelles comme les mathématiques.

En ce sens, la représentation appropriée de la structure justificative de la connaissance n'est pas une pyramide au sommet de laquelle se trouveraient les éléments de connaissance les plus fondamentaux (un peu comme l'idéal épistémologique cartésien), mais plutôt un réseau interconnecté. Au centre de ce réseau se trouvent les énoncés qui sont plus centraux pour la justification des autres, tels que les énoncés logiques et mathématiques : ce sont les énoncés que nous sommes le plus réticents à réexaminer à la lumière de nouvelles expériences ou informations, car leur révision aurait un impact radical sur la totalité de notre système de croyance. À la périphérie du réseau se trouvent les énoncés empiriques particuliers qui sont testés par expérience, dont la révision a des conséquences beaucoup moins radicales pour la théorie dont ils font partie.

Un inconvénient important des stratégies de naturalisation des mathématiques qui sont réalistes à l'égard de la science est qu'elles impliquent un certain degré de révisionnisme par rapport aux mathématiques et à la pratique des mathématiciens. Si le seul type de justification légitime est la confirmation empirique, alors ce sont seulement ces parties des théories mathématiques qui sont appliquées

12. P. Duhem, *La théorie physique : son objet, sa structure* [1906], Paris, Vrin, 2007.

13. Voir W. V. O. Quine, « Deux dogmes de l'empirisme », trad. fr. P. Jacob, dans W. V. O. Quine, *Du point de vue logique*, Paris, Vrin, 2003, et *Theories and Things*, *op. cit.*

(ou applicables) dans les sciences qui reçoivent une confirmation. Quand une théorie mathématique est appliquée à un système physique, c'est toujours seulement une partie de la théorie qui est effectivement appliquée ; seule la partie finitaire d'une théorie mathématique est susceptible d'être appliquée dans la modélisation d'un système physique (parce que les sciences de la nature traitent des systèmes de taille finie), alors qu'en mathématiques il n'est pas moins important d'étudier les généralisations infinitaires d'une certaine théorie que les parties finitaires. Quine est conscient que cela constitue un problème pour son approche, dans la mesure où la partie confirmée d'une théorie mathématique a une interprétation empirique, alors que la partie non appliquée de la théorie, formulée dans le même langage, n'a pas d'interprétation empirique [14].

La réponse de Quine à cette objection est que nous devrions inclure parmi les théories confirmées toutes les (parties de) théories mathématiques dont nous avons besoin pour « compléter » les théories appliquées. Pour donner un exemple général, la théorie des ensembles a des applications directes et est aussi fondamentale pour la formulation et compréhension d'autres théories mathématiques (par exemple la notion algébrique de groupe, appliquée en mécanique quantique, est formulée au moyen de notions ensemblistes). Cependant, les niveaux les plus bas de la hiérarchie des ensembles sont suffisants pour tout besoin d'application de la science, ce qui implique que selon Quine les parties de la théorie des ensembles qui font actuellement l'objet de recherches, qui se situent à un niveau d'infini très éloigné de toute application et de ce dont on a besoin pour « compléter » la partie appliquée de la théorie, n'ont pas de signification empirique et ne méritent pas d'être inclus dans nos théories scientifiques confirmées.

En résumé, l'approche de Quine, ainsi que toute approche naturaliste et réaliste scientifique qui considère les mathématiques comme justifiées par leur application empirique, est susceptible de révisionnisme à l'égard des parties des mathématiques pures qui sont trop éloignées de toute application empirique pour être indirectement confirmées par celles-ci, ce qui est en tension avec l'esprit anti-révisionniste du naturalisme.

14. C'est l'applicabilité des mathématiques dans la science qui nous permet de donner un contenu empirique aux énoncés mathématiques. Par exemple, une structure mathématique est souvent utilisée pour modéliser les relations entre les éléments d'un système physique. Le modèle mathématique est utilisé pour dériver des conséquences mathématiques, qui sont par la suite réinterprétées en tant que prédictions concernant le système physique initial.

5. Le naturalisme de Maddy

Penelope Maddy a récemment proposé une approche naturaliste qui préserve l'esprit du naturalisme scientifique de Quine à l'égard de la science, mais qui rompt avec sa stratégie de naturalisation des mathématiques[15].

Selon Maddy, il y a de bonnes raisons de rejeter le holisme de la confirmation, notamment parce qu'il ne correspond pas à la pratique scientifique (y compris mathématique). Une analyse de la pratique scientifique nous apprend que la confirmation empirique n'est pas considérée comme un critère pour l'existence des entités mathématiques ni dans les sciences (les scientifiques utilisent tout simplement n'importe quelle partie des mathématiques qui est utile à une application, indépendamment du fait qu'elle soit ou non déjà considérée comme empiriquement confirmée), ni dans les mathématiques (l'application d'un résultat mathématique n'est pas considérée comme une confirmation de l'existence des entités figurant dans l'énoncé du résultat, qui dépend plutôt de raisons purement mathématiques). Par ailleurs, l'histoire des sciences nous apprend que les théories mathématiques ne sont que rarement développées en vue d'applications et que le développement des mathématiques est mieux servi lorsque les praticiens ont une autonomie complète pour poursuivre toute direction de recherche qu'ils jugent intéressante, plutôt que d'être contraints par des considérations imposées sur des bases extra-mathématiques (y compris des applications scientifiques) : par exemple, la théorie des groupes n'a eu des applications que très longtemps après son développement initial[16].

Afin de rendre justice au rôle que les mathématiques jouent dans nos connaissances, d'après Maddy, nous devons rendre justice à la pratique mathématique, dans laquelle toute théorie acceptée par la communauté mathématique, qu'elle soit pure ou appliquée, a le même statut épistémique de légitimité. Une analyse de l'histoire des mathématiques nous apprend que jusqu'au XVIIIe siècle les mathématiques étaient étroitement liées à la science en général et à la

15. P. Maddy appelle ce nouveau type de naturalisme « philosophie seconde » par opposition à la philosophie première, déjà critiquée par Quine en tant que démarche philosophique anti-naturaliste concevant un point de vue extérieur et supérieur à la science et capable de la justifier. Le terme « philosophie première » chez Quine est inspiré par les *Méditations sur la philosophie première* de Descartes. Voir P. Maddy, *Second Philosophy*, Oxford, Oxford University Press, 2007.

16. *Ibid.*, p. 347.

philosophie. À partir du XIXe siècle, les mathématiques ont commencé à différencier leurs normes et leurs objectifs de ceux des autres pratiques scientifiques en revendiquant leur autonomie dans la poursuite de problèmes purement mathématiques au moyen de méthodes purement mathématiques. Une autre observation qu'on peut faire à partir de l'histoire des mathématiques, surtout à partir du XIXe siècle, concerne le fait que les questions méthodologiques sont prioritaires par rapport aux questions ontologiques : on ne trouve pas de mathématiciens se demandant si les nombres premiers ou les espaces à *n* dimensions existent vraiment, mais on trouve de nombreux débats concernant, par exemple, les méthodologies appropriées de preuve dans un certain domaine des mathématiques.

Pour ces raisons, qui sont centrales pour l'esprit du naturalisme, nous devons reconnaître l'autonomie méthodologique des mathématiques par rapport aux sciences et accorder aux mathématiques le même respect que le naturalisme scientifique de Quine accorde à la science. Selon ce type de naturalisme mathématique, la pratique mathématique est et doit être comprise et évaluée sur la base des standards internes à la pratique et toute révision légitimée par la pratique, comme l'abandon d'une méthodologie de preuve ou d'un principe, doit être recommandée sur la base de raisons mathématiques. Cette approche a été très influente, surtout après la publication du livre *Second Philosophy* de Maddy en 2007, et elle est adoptée implicitement ou explicitement par de nombreux philosophes des mathématiques contemporains.

6. L'indispensabilité des mathématiques

Une autre stratégie de naturalisation des mathématiques qui a suscité un vif débat à partir du début des années 2000 repose sur ce qu'on appelle « argument d'indispensabilité enrichi ». L'argument d'indispensabilité des mathématiques aux sciences remonte aux travaux de Quine au milieu des années 1960 et il a été formulé explicitement pour la première fois par Putnam en 1971[17], et pour cette raison il est souvent appelé « l'argument d'indispensabilité de Quine-Putnam ». Selon cet argument, nous devrions nous engager ontologiquement en reconnaissant l'existence des entités qui sont indispensables à nos meilleures théories scientifiques (ou reconnues comme telles), et parce que les entités mathématiques sont indispensables à nos meilleures théories scientifiques, il s'ensuit que nous devrions nous engager en

17. H. Putnam, *Philosophy of Logic*, New York, Harper Torchbooks, 1971.

reconnaissant l'existence des entités mathématiques[18]. Cet argument a été initialement utilisé pour parvenir à des conclusions substantielles sur l'ontologie des mathématiques mais il s'applique également à l'épistémologie et à la méthodologie des mathématiques et il est souvent considéré comme l'argument le plus convaincant en faveur du platonisme mathématique même s'il a été critiqué pour ses liens avec certains aspects de la philosophie de Quine, comme le holisme de la confirmation, qui sont considérés comme problématiques par de nombreux philosophes. Récemment (surtout depuis la publication d'un article d'Alan Baker[19]) un débat florissant s'est développé autour d'une nouvelle version explicative de l'argument d'indispensabilité (la version « enrichie ») qui vise à tirer des conséquences ontologiques à partir du rôle indispensable des mathématiques pour les explications scientifiques. Soutenir le platonisme mathématique, selon lequel les mathématiques sont *a priori*, en faisant appel à des considérations relatives à leur rôle dans des explications des phénomènes empiriques, peut sembler en tension avec les principes fondamentaux du platonisme. Cependant, cette formulation de l'argument vise à éviter la circularité vicieuse qui s'ensuivrait si l'on considérait le caractère indispensable des mathématiques pour les explications mathématiques. Le fait qu'il est indispensable de reconnaître l'existence des entités mathématiques pour expliquer la vérité des énoncés mathématiques ne suffirait sûrement pas à établir le platonisme, alors que le rôle indispensable des mathématiques dans l'explication des phénomènes empiriques élimine la circularité. Comme nous l'avons déjà noté, les mathématiques jouent plusieurs rôles dans les théories scientifiques : elles sont utilisées dans la formulation des théories scientifiques, dans la modélisation, dans la mesure, dans le calcul, dans la dérivation de prédictions, etc. et il est convenu que pour que l'argument soit couronné de succès, l'indispensabilité doit être de bonne nature, c'est-à-dire que le rôle indispensable joué par les énoncés mathématiques dans l'explication scientifique doit être véritablement explicatif. Pour cette raison, le débat récent s'est concentré sur l'obtention d'un bon nombre d'études de cas d'explication scientifique visant à démontrer le rôle indispensable des mathématiques dans l'explication des phénomènes empiriques.

18. L'argument d'indispensabilité a plusieurs formulations qui affectent de manière importante la force de l'argument et les critiques qui peuvent lui être adressées. On trouve une reconstruction détaillée de l'argument dans M. Panza et A. Sereni, *Introduction à la philosophie des mathématiques. Le problème de Platon*, Paris, Flammarion, 2013.

19. A. Baker, « Are There Genuine Mathematical Explanations of Physical Phenomena ? », *Mind* 114, 454, 2005, p. 223-238.

Conclusion

Cette introduction au naturalisme scientifique et mathématique a présenté certains des problèmes qui se posent au sujet de l'explication de notre connaissance du monde extérieur et de notre confiance dans les méthodes empiriques d'enquête. Les mathématiques présentent un défi pour le naturalisme en raison du rôle qu'elles jouent dans la constitution de nos connaissances, de la nature de leurs objets (abstraits et situés en dehors de l'espace-temps) et des méthodes de preuve qu'elles mettent en œuvre. Deux stratégies de naturalisation des mathématiques ont émergé récemment qui prennent des directions divergentes : l'une reconnaît l'autonomie méthodologique des mathématiques, l'autre soutient que les mathématiques jouent un rôle explicatif indispensable dans les explications scientifiques ; la première se concentre sur la méthodologie des mathématiques, la seconde sur leur ontologie. Sur l'ensemble de ces questions, le débat reste largement ouvert dans la philosophie contemporaine des mathématiques.

Bibliographie indicative

BAKER A. « Are There Genuine Mathematical Explanations of Physical Phenomena ? », *Mind* 114, 454, 2005, p. 223-238.

CHALMERS D., *L'esprit conscient. À la recherche d'une théorie fondamentale* [1996], trad. fr. S. Dunand, Paris, Ithaque, 2010.

CLARK K. J., *The Blackwell Companion to Naturalism*, Chichester, Wiley Blackwell, 2016.

DUHEM P., *La théorie physique : son objet, sa structure* [1906], Paris, Vrin, 2007.

KISTLER K., *L'Esprit matériel. Réduction et émergence*, Paris, Vrin, 2023.

LAUGIER S., *L'anthropologie logique de Quine. L'apprentissage de l'obvie*, Paris, Vrin, 1992.

– « Quine et le naturalisme », dans B. Joly, *L'épistémologie et l'histoire des sciences*, Lille, CRDP Nord-Pas de Calais, 2006.

MADDY P., *Second Philosophy*, Oxford, Oxford University Press, 2007.

PANZA M. et A. SERENI, *Introduction à la philosophie des mathématiques. Le problème de Platon*, Paris, Flammarion, 2013.

PUTNAM H., *Philosophy of Logic*, London, Routledge, 1971.

QUINE W. V. O., « Deux dogmes de l'empirisme », trad. fr. P. Jacob, dans W. V. O. Quine, *Du point de vue logique*, Paris, Vrin, 2003.

– *Theories and Things*, Cambridge (Mass.), Harvard University Press, 1981.

– « Reply to Charles Parsons », *in* L. Hahn et P. Schilpp (eds.), *The Philosophy of W. V. Quine*, La Salle (IL), Open Court, 1986.

VAN FRAASSEN B., « Sauver les phénomènes » [1976], trad. fr. G. Garreta, dans S. Laugier et P. Wagner (dir.), *Philosophie des sciences. Naturalismes et réalismes*, « Textes clés », Paris, Vrin, 2004.

– *The Empirical Stance*, New Haven (CT), Yale University Press, 2002.

WAGNER P. (ed.), *Carnap's Ideal of Explication and Naturalism*, Basingstoke, Palgrave Macmillan, 2012.

WEIR A. J., « Naturalism Reconsidered », *in* S. Shapiro (ed.), *The Oxford Handbook of philosophy of Mathematics and Logic*, Oxford, Oxford University Press, 2005.

Pourquoi et comment définir ? Sur l'explication et la formation des concepts

par Pierre Wagner

Selon une conception courante de la définition, celle-ci sert à expliquer le sens des mots. L'acte de définir recouvre cependant des activités qui varient fortement avec l'objectif visé par une telle explication. Le mathématicien définit des termes tels que « groupe », « dodécaèdre » ou « cosinus », afin de caractériser des concepts dont il démontre certaines propriétés. Le lexicographe consigne dans des définitions le sens des mots tel que déterminé par l'usage d'une communauté linguistique. Le juriste affine, ajuste et fixe par des définitions le sens de termes courants dont l'imprécision ou les fluctuations nuiraient aux décisions de droit. Les mots d'espèces naturelles tels que « or », « eau » ou « cheval » sont définis par le chimiste, le physicien ou le naturaliste sur la base de l'observation empirique et de théories scientifiques bien corroborées. L'auteur d'un traité didactique introduit à l'occasion une définition abréviative qui sert la clarté, la concision et la commodité de l'exposition. Introduire une définition permet aussi d'attirer l'attention sur un nouveau concept jugé digne d'intérêt (« anthropocène ») ou de désigner une nouvelle réalité (« ordinateur »). Selon certaines interprétations des dialogues de Platon, Socrate s'enquiert de la définition d'un universel lorsqu'il demande à ses interlocuteurs ce qu'est le beau, le juste ou le courage. Ainsi, eu égard à la polysémie du mot et à la variété des pratiques, il n'est pas d'emblée évident de saisir quel est exactement l'acte accompli par quiconque annonce qu'il donne une définition ou ce qui est susceptible de satisfaire une demande de définition. S'interroger sur la définition requiert d'en distinguer plusieurs catégories ; analyser une définition particulière suppose de déterminer à quel genre elle ressortit.

Afin de prévenir les confusions, les philosophes ont souvent distingué entre la définition nominale (stipulation par laquelle est déclaré ce que Pascal nomme une « imposition de nom » [1]), la définition réelle (au sens étymologique d'une définition de chose, non de mot) et « l'explication de ce qu'un mot signifie selon l'usage ordinaire d'une langue » [2] (que nous nommerions aujourd'hui « définition lexicale »). Le sens de ces distinctions varie cependant selon les auteurs, qui ajoutent parfois d'autres catégories [3].

À quelque catégorie qu'elles appartiennent, les définitions soulèvent de multiples questions : pourquoi définir ? De quoi y a-t-il définition ? Peut-on tout définir ? Quelles sont les méthodes de la définition ? Quelles règles lui assigner ? Est-elle susceptible d'être correcte ou incorrecte ? Vraie ou fausse ? Que nous apprend-elle ? Dépend-elle d'un langage, d'un contexte ou d'une logique d'arrière-plan ? Et comment, pour commencer, catégoriser les définitions ? Ces questions, dans leur ensemble, soulèvent le problème de la nature des définitions et de ce qu'il est possible d'en attendre. D'un point de vue épistémologique, ce qu'on interroge, en analysant la définition, n'est rien d'autre que l'*explication des concepts* qui composent le lexique d'une langue ou dont dépendent la connaissance commune et la science, ainsi que les conditions et les possibilités de leur *formation*, la « *Begriffsbildung* » selon le terme en usage dans la philosophie allemande.

La variété des définitions ne tient pas seulement à la multiplicité des objectifs ou des demandes auxquels elles répondent mais également à la variété de leurs formes. On distingue à cet égard les définitions explicites, implicites, contextuelles, axiomatiques, par abstraction, ostensives, la plupart d'entre elles pouvant être formulées dans une langue naturelle ou dans une langue formelle du genre de celles que construisent les logiciens. Seules quelques-unes de ces formes pourront être discutées dans la suite du texte.

Notons qu'une définition ne se reconnaît pas nécessairement à la suite de mots qu'elle forme. La phrase « 2 est égal à 1+1 » peut valoir comme l'annonce que le signe « 2 » aura le sens de « 1+1 », et donc comme une définition de ce signe, mais aussi bien comme une vérité

1. B. Pascal, *De l'esprit géométrique et de l'art de persuader*, dans Pascal, *Œuvres complètes*, « Bibliothèque de la Pléiade », Paris, Gallimard, 1954, p. 577.

2. A. Arnauld et P. Nicole, *La logique ou l'art de penser* [1662], Partie I, chap. XII, Paris, Gallimard, 1992, p. 79.

3. Pour Leibniz, par exemple, une définition réelle est *causale* lorsqu'est donnée *a priori* la preuve de la possibilité de la chose définie (G. W. Leibniz, *Discours de métaphysique* [1686], § XXIV).

arithmétique formulée au moyen de termes dont le sens est connu, ou comme un exemple tiré d'une grammaire où elle n'a valeur ni de déclaration ni d'affirmation. Qu'une phrase doive être comprise comme une définition dépend de sa place dans un contexte discursif ou de l'intention du locuteur. En écrivant « $2 =_{\text{déf}} 1+1$ », on signale par une marque métalinguistique que le signe d'égalité n'a pas sa valeur usuelle et que la formule tout entière sert à définir le signe « 2 », non à affirmer une vérité élémentaire. Ainsi comprise, une définition est un acte de langage. Lorsqu'il ou elle intitule « Définitions » une section d'un traité, ou lorsqu'il ou elle recourt à la tournure « par ... j'entends ... », un auteur ou une autrice indique au lecteur ses intentions. Une définition ne se réduit donc pas à une suite de mots mais constitue l'expression verbale d'un acte intentionnel dont le sens varie avec la catégorie dont relève la définition particulière dont il s'agit.

Quelques rappels terminologiques seront utiles aux discussions qui vont suivre. Ils valent pour toute catégorie de définition et permettent d'en penser la forme, ou la structure, en toute généralité. Dans une formule telle que « $2 =_{\text{déf}} 1+1$ », « 2 » est le « *definiendum* » (littéralement : ce qui doit être défini) et « 1+1 » le « *definiens* » (littéralement : le définissant)[4]. Le signe ou le mot à définir ne se confond cependant pas toujours avec le *definiendum*. Si je donne comme définition des nombres premiers : « *x* est premier si, et seulement si, *x* est un nombre entier naturel et *x* est divisible par exactement deux nombres », alors le mot à définir est « premier » mais le *definiendum* est l'expression « *x* est premier » tout entière, posée comme équivalente au *definiens*. Pour un prédicat « *P* », la forme générale de la définition est :

pour tout x, x est P s.si $\varphi(x)$

où « *P* » est mis pour le mot à définir (par exemple « premier »), « *x* est *P* » est le *definiendum* et « $\varphi(x)$ » est une expression plus ou moins longue qui dépend de *x* et qui sert de *definiens*. Quant à « s.si », abréviation de « si et seulement si », elle exprime ici l'équivalence entre *definiendum* et *definiens*.

Si une définition est conçue comme expliquant le sens d'un mot, alors l'équivalence indiquée par « s.si » devrait exprimer une identité de sens : pour tout *x*, le sens de « *x* est *P* » est identique au sens de « $\varphi(x)$ ». Pourtant, un exemple très simple comme la définition d'*humain* par *animal rationnel*, récurrent dans la littérature philosophique,

4. Cette terminologie passée dans l'usage est utilisée par A. N. Whitehead et B. Russell dans *Principia Mathematica*, vol. 1, Cambridge, Cambridge University Press, 1910, p. 11.

suffit à montrer qu'une définition n'établit pas toujours une identité de sens. Car même en acceptant que ces deux prédicats aient même extension, au sens où tous les humains sont des animaux rationnels et inversement (ce qui est assurément douteux), il est clair qu'ils n'ont pas le même sens et ne sont pas même *nécessairement* équivalents. Un monde possible est en effet concevable, dans lequel l'extension du prédicat *humain* ne soit pas identique à celle d'*animal rationnel*. On voit que l'idée apparemment claire selon laquelle la définition explique le sens des mots mérite en fait analyse et discussion.

Nous commençons par l'examen des définitions lexicales et de l'accès qu'elles sont censées donner au sens des mots, avant d'exposer la théorie classique selon laquelle une authentique définition satisfait les conditions d'éliminabilité et de conservativité. Cette conception soulève le problème de la fécondité des définitions, que nous discutons dans une troisième section, avant d'aborder enfin la définition des concepts primitifs, réputés indéfinissables.

1. Comment les définitions lexicales donnent-elles accès au sens des mots ?

On présente souvent la définition d'un concept, d'une idée ou du mot qui exprime l'idée, comme la liste exacte des caractères qu'une chose doit posséder pour qu'elle tombe sous le concept, ou pour que le mot s'applique à elle. Cette conception de la définition se trouve par exemple chez Kant, lorsqu'il soutient que le philosophe ne peut imiter le mathématicien dans l'usage que ce dernier fait de la définition [5], ou chez Locke, qui affirme que « définir n'est autre chose que faire connaître le sens d'un mot par le moyen de plusieurs autres mots qui ne soient pas synonymes » [6], le sens d'un mot étant, dans le même paragraphe, identifié à l'idée que le mot sert à exprimer. Si les caractères qui servent à définir P sont P_1, ... P_n, la définition de P aurait alors la forme suivante :

pour tout x, $P(x)$ s.si $P_1(x)$ et ... et $P_n(x)$

5. E. Kant, *Critique de la raison pure*, trad. fr. A. J. L. Delamarre et F. Marty, Paris, Gallimard, 1980, p. 614 (A 727, B 755). Dans ce passage, Kant traite de la définition d'un concept, non d'un mot.

6. J. Locke, *Essai philosophique concernant l'entendement humain* [1690], trad. fr. M. Coste, Paris, Vrin, 1983, p. 338.

où l'expression « $P(x)$ » est une écriture commode pour « x est P ». Le concept P est analysé en plusieurs concepts P_1, ... P_n et nous pouvons donc nommer « analytique » une telle définition. Les caractères, comme le note Kant, doivent être nécessaires et suffisants. Suffisants, sans quoi P ne serait pas complètement défini, et nécessaires parce que l'ajout d'un caractère non nécessaire ne contribuerait pas à la définition de P. Selon un exemple rendu célèbre par Quine, une définition analytique de « célibataire » est donnée par :

pour tout x, x est célibataire s.si x est humain et x est non-marié.

Si P_1, ... P_n sont les caractères ou les propriétés qui définissent P, alors une proposition telle que « tous les P sont P_1 » est analytiquement vraie, c'est-à-dire vraie en vertu du sens, et non des faits. En l'occurrence : vraie *par définition*.

Une telle conception est-elle applicable à toute définition ? Vaut-elle en particulier pour les définitions lexicales, dont l'objet est d'expliquer le sens des mots tel que déterminé par l'usage ? Dans un texte consacré à la théorie sémantique des langues naturelles, Putnam montre qu'il n'en est rien[7]. Si cette forme de définition peut valoir pour certains mots, elle est loin d'être applicable à l'ensemble du lexique. Putnam examine le cas des termes d'espèces naturelles, et en particulier l'exemple de « citron ». Le sens de « citron » pourrait-il être donné par une liste de caractères ou de propriétés comme *être jaune, avoir un goût acide, avoir une peau de tel ou tel aspect*, etc. ? La réponse négative de Putnam repose sur plusieurs arguments.

Comment s'assurer, premièrement, que la liste P_1, ... P_n des caractères retenus est suffisante, et qu'aucun autre caractère n'est nécessaire pour définir « citron » ? Un argument similaire est avancé par Kant pour montrer qu'« un concept *empirique* ne peut pas être défini ». En effet, les caractères étant donnés dans l'expérience, « de nouvelles observations en font disparaître quelques-uns et en ajoutent d'autres, de telle sorte que le concept n'est jamais renfermé entre des limites certaines »[8].

Comment savoir, deuxièmement, quelle sélection opérer, dans la liste des caractères qui appartiennent au citron ? Pourquoi choisir tel caractère plutôt qu'un autre ? Comment savoir que telle propriété est

7. H. Putnam, « Is Semantics Possible ? », *Metaphilosophy* 1, 3, 1970, trad. fr. J.-M. Marandin, dans J. Chaurand et F. Mazière (dir.), *La définition*, Paris, Larousse, 1991, p. 292-304.

8. E. Kant, *Critique de la raison pure*, *op. cit.*, p. 614-615 (A 728, B 756).

bien caractéristique du citron ? En changeant un caractère, on modifie le sens du mot.

Que dirons-nous, troisièmement, d'un fruit que la botanique reconnaîtrait comme un citron et qui ne possèderait pas les caractères retenus dans la définition ? *Quid* d'un citron qui ne serait pas jaune, ou qui serait sucré ? Devrions-nous, confrontés à un tel fruit, renoncer à notre définition ? « La principale difficulté, écrit Putnam, est qu'une espèce naturelle peut avoir des membres anormaux » [9]. Nous pourrions aussi nous apercevoir, avec surprise, que les citrons qui nous sont familiers sont justement des exemplaires anormaux. Par ailleurs, les caractères typiques du citron pourraient changer. Si les citrons devenaient bleus, cesseraient-ils d'être des citrons ?

Nous pourrions difficilement, quatrièmement, saisir le sens du mot « citron » sans reconnaître qu'il s'agit d'un terme d'espèce naturelle, et donc sans savoir que si les caractères d'un citron sont présents dans le fruit, cela « doit vraisemblablement pouvoir s'expliquer par une “nature essentielle”, que la chose partage avec d'autres membres de l'espèce naturelle » [10]. Or la connaissance de cette nature « ne relève pas de l'analyse linguistique mais de la construction d'une théorie scientifique » [11]. Ce point est capital car s'il en est ainsi, si le sens de « citron » dépend d'une théorie scientifique sur le fruit en question, alors les affirmations qui reposent sur la définition lexicale de « *P* » ne sauraient être toutes analytiques. Dès lors que « citron » est reconnu comme un terme d'espèce naturelle, il fait partie de son usage que la définition d'un citron n'est pas indépendante d'une théorie botanique, reconnue et acceptée par la science contemporaine. Or je peux avoir une bonne maîtrise de l'usage du mot « citron » sans posséder pour autant cette connaissance scientifique, tout en acceptant que la théorie existe et que certains spécialistes sont capables de dire ce qu'est réellement un citron au regard de la théorie. Ces spécialistes, remarque Putnam, possèdent des critères et des tests de reconnaissance des citrons authentiques, tests qui peuvent être complexes parce qu'ils renvoient à tout un corpus scientifique, et non à une liste de caractères donnés par une définition.

L'examen des définitions lexicales tirées des dictionnaires conduit à des conclusions semblables. Le *Trésor de la langue française* (*TLF*) donne la définition suivante de « rouge » : « D'une couleur qui parmi

9. H. Putnam, « Is Semantics Possible ? », art. cit., p. 188. Je traduis. La pagination est celle du texte original.

10. *Ibid.*

11. *Ibid.*

les couleurs fondamentales se situe à l'extrémité du spectre, et rappelle notamment la couleur du coquelicot, du rubis, du sang ». Loin d'avoir la forme d'une définition analytique, cette formulation renvoie à la fois à une théorie scientifique (c'est un livre de physique et non le dictionnaire qui m'informera sur le spectre des couleurs) et à l'expérience visuelle d'objets (le coquelicot, le rubis, le sang) qui apparaissent rouges dans les conditions habituelles d'observation. Cet exemple, comme les arguments de Putnam, ne remettent pas seulement en question l'idée que la forme canonique d'une définition lexicale est celle d'une liste de caractères ; ils montrent également que la distinction classique entre définition lexicale et définition de chose n'est pas aussi claire qu'il y paraît, et que les définitions d'un dictionnaire ne forment pas un système de renvois internes (comme lorsque « citron » est défini par « fruit du citronnier ») mais qu'elles reposent aussi sur des connaissances externes au dictionnaire, par exemple des théories scientifiques, des observations empiriques ou une culture supposée partagée, comme lorsque « citronnier » est défini par « Arbrisseau de la famille des Rutacées, haut de trois à cinq mètres et poussant dans les pays chauds »[12].

La définition lexicale fait donc tout autre chose qu'enfermer le sens d'un mot dans une liste de caractères ; elle donne au lecteur qui possède la culture d'arrière-plan requise, en quelques lignes, la capacité de faire du mot un usage approprié dans une certaine communauté. Comme le note Putnam, il appartient au sens du mot « mammouth », tel que déterminé par l'usage, que cette espèce soit éteinte. Pourtant, l'extinction de l'espèce n'est assurément pas comprise dans le concept de mammouth[13]. De même, il appartient au sens de « phlogistique » tel qu'exposé dans un dictionnaire de langue comme le *Petit Robert* que le mot remonte à une théorie chimique révolue et qu'il ne relève donc pas de la science mais de son histoire. En tant que théorie des définitions lexicales, la sémantique des langues naturelles, comme toute autre science humaine, doit appréhender les connaissances humaines dans toute leur complexité[14]. Bien d'autres catégories sémantiques que celle des termes d'espèces naturelles (qui chez Putnam sont considérés à titre d'exemples) permettraient de montrer que les définitions lexicales ne sauraient, en général, se couler dans le lit procustéen de la définition par liste de caractères.

12. Entrée « citronnier » du *TLF*.
13. H. Putnam, « Is Semantics possible ? », art. cit., p. 194.
14. Voir sur ce point la conclusion de l'article de Putnam, *ibid.*, p. 201.

2. La théorie classique de la définition

Les conclusions auxquelles conduit l'analyse qui précède contredisent sur deux points une conception fondamentale et largement partagée de la définition. Selon cette conception, une authentique définition doit satisfaire deux conditions : l'une d'éliminabilité, l'autre de conservativité, qui caractérisent ce qu'on nomme parfois la « théorie classique des définitions » [15].

2.1. Définir une expression, est-ce montrer comment s'en passer ?

Selon la condition d'éliminabilité, les occurrences du *definiendum* doivent pouvoir être éliminées au profit du *definiens* [16]. Cette condition a souvent été exprimée sous la forme d'une recommandation, par exemple lorsque Pascal demande que l'on puisse « substituer mentalement la définition [17] à la place du défini, [...] et que ces deux choses soient tellement jointes et inséparables dans la pensée, qu'aussitôt que le discours en exprime l'une, l'esprit y attache immédiatement l'autre » [18] ou lorsque Couturat écrit : « pour démontrer une proposition quelconque portant sur un terme défini, il est recommandé de lui substituer son définissant » [19]. Cette substitution permet de clarifier et d'expliciter au besoin le sens d'un énoncé. Il pourra en effet être utile, pour démontrer qu'il existe une infinité de *nombres premiers*, d'effectuer la substitution afin de bien comprendre qu'il s'agit en fait de démontrer qu'il existe une infinité de *nombres entiers naturels divisibles par exactement deux nombres.*

Les conditions auxquelles un *definiendum* (ici : « nombre premier ») peut être éliminé au profit du *definiens* (« nombre entier naturel divisible par exactement deux nombres ») n'ont pas toujours été explicitées ni les difficultés qu'elle soulève bien mesurées. L'opération

15. Belnap, expose ces deux conditions dans N. Belnap, « On Rigorous Definitions », *Philosophical Studies* 72, 1993. L'article esquisse un historique de cette conception (p. 117-118) et indique des références qui renvoient, entre autres, à Carnap, Couturat, Frege, Leśniewski et Tarski.

16. Voir l'explication de ces deux termes dans l'introduction du chapitre, ci-dessus p. 99.

17. Ce mot désigne ici ce que nous appelons *definiens* et que Couturat nomme, dans la citation qui suit, le « définissant ».

18. B. Pascal, *De l'esprit géométrique et de l'art de persuader, op. cit.*, p. 578.

19. L. Couturat « Les définitions mathématiques » [1905], dans L. Couturat, *Logique, mathématiques, langue universelle*, éd. M. Fichant, Lyon, ENS Éditions, 2018, p. 446.

d'élimination appliquée à un énoncé φ (ici : « il existe une infinité de nombres premiers ») produit un nouvel énoncé ψ. Quel rapport existe entre φ et ψ ? Ont-ils même sens ? même valeur de vérité ? Quelle condition l'élimination du *definiendum* doit-elle respecter eu égard au rapport entre φ et ψ ? Si l'énoncé de départ, φ, est

> Sophie dit : « il y a une infinité de nombres premiers ».

alors φ peut être vrai et ψ faux. Il en va de même pour

> Antoine cherche à démontrer qu'il existe une infinité de nombres premiers.

car Antoine pourrait se lancer dans une recherche sans avoir bien compris ce qu'est un nombre premier.

Lorsque Quine écrit que « définir, c'est éliminer » ou que « définir une expression, c'est montrer comment s'en passer » [20], il faut comprendre qu'en annexe de toute définition devraient figurer les conditions auxquelles l'élimination du *definiendum* au profit du *definiens* est justifiée. Cette élimination n'est pas légitime dans le cas des deux énoncés précédents sur Sophie et Antoine. Dans quels énoncés φ (ou plus généralement, dans quels contextes) un *definiendum* peut-il être à bon droit éliminé au profit du *definiens* et quel rapport l'énoncé ψ obtenu a-t-il avec φ ? Exigerons-nous que φ et ψ aient même valeur de vérité ? même signification ? ou qu'ils soient équivalents en un autre sens ?

On voit bien quelle conception de la définition conduit à requérir l'éliminabilité des *definienda*. D'une part, cette élimination répond à une demande de clarification, ce qu'on voit chez Pascal et Couturat dans les citations qui précèdent. D'autre part, l'élimination n'est justifiée que si le contenu de signification du *definiens* est *suffisant* au regard de la signification visée dans le *definiendum*. Par exemple, dans le cas d'une définition analytique [21], l'élimination de Px au profit de $P_1(x)$ et ... et $P_n(x)$ n'est pas légitime s'il manque l'un des P_i dans la définition, car ce n'est pas alors tout le sens de « $P(x)$ » qui est exprimé par le *definiens*. Si les raisons d'exiger l'éliminabilité des *definienda* sont assez claires, on voit beaucoup moins bien en revanche comment cette éliminabilité pourrait être garantie. Comment savoir quelles définitions et quels contextes satisfont cette demande ?

20. W. V. Quine, « Définition », dans W. V. Quine, *Quiddités* [1987], trad. fr. D. Goy-Blanquet et Th. Marchaisse, Paris, Seuil, 1992, p. 55.

21. Au sens d'une définition de la forme : pour tout x, $P(x)$ s.si $P_1(x)$ et ... et $P_n(x)$.

Une autre difficulté se présente dans le cas des définitions circulaires, dans lesquelles le *definiendum* figure dans le *definiens*, par exemple si « être humain » est défini par « individu qui a tous les caractères des êtres humains ». Le cercle peut aussi être indirect, si « citron » est défini par « fruit du citronnier » et « citronnier » par « arbre qui produit des citrons ». Un ensemble de définitions formant un cercle rend impossible le projet d'élimination de tous les *definienda*. Pour que l'exigence d'éliminabilité soit satisfaite, une règle doit donc être édictée qui proscrit définitions circulaires et ensembles circulaires de définitions. Plus généralement, quelles autres règles doivent régir la formulation des définitions afin que cette éliminabilité soit garantie ?

La condition d'éliminabilité requiert un strict contrôle exercé sur la formulation des définitions, ce qui suppose un degré suffisant de précision dans leur écriture. Nous verrons ci-après comment les langues formalisées du genre de celles qui se construisent en logique permettent d'exercer ce contrôle, au prix d'une idéalisation linguistique et d'une réduction du nombre des catégories sémantiques et des formes syntaxiques disponibles. Dans la plupart des définitions lexicales, le contenu de signification du *definiens* est trop imprécisément circonscrit pour que la condition d'éliminabilité puisse être garantie. Appliquant une règle de bonne pratique, le lexicographe évitera certes de définir « matois » par « madré » et « madré » par « matois », afin de ne pas décontenancer le locuteur qui chercherait à s'instruire du sens de l'un et l'autre des deux adjectifs. Rien ne garantit cependant que le dictionnaire n'enferme pas de plus larges cercles définitionnels, qui ne s'aperçoivent pas toujours aisément. Plus généralement, la grammaire et le lexique des langues naturelles sont trop complexes et fluctuants pour qu'on puisse imaginer satisfaire l'éliminabilité des *definienda*, qui est pourtant requise par la conception classique des définitions.

2.2. Les définitions portent-elles un contenu de connaissance ?

Supposons que l'énoncé suivant soit proposé comme une définition du cercle : un cercle est la ligne courbe formée, dans un plan, par un ensemble de points équidistants d'un même point (le centre du cercle)[22]. Cette prétendue définition est insatisfaisante à deux titres. Premièrement, parce que le *definiens* contient un caractère (« ligne

22. Cette définition est librement inspirée d'un exemple donné par E. Kant, *Critique de la raison pure*, *op. cit.*, p. 617 (A 731-732, B 759-760).

courbe ») qui est inutile dans la définition du cercle. Il suffit de dire qu'un cercle est un ensemble de points du plan équidistants d'un même point[23]. Deuxièmement, parce que le *definiens* contient implicitement l'affirmation d'un théorème, selon lequel tout ensemble de points du plan équidistants d'un même point forme une ligne courbe. Cette prétendue définition, en conséquence, fait beaucoup plus qu'introduire un concept ; elle affirme une vérité mathématique et se trouve donc porteuse d'une connaissance.

Selon la conception classique des définitions, le contenu d'une authentique définition est purement conceptuel, donc non épistémique. En d'autres termes : en ajoutant, au moyen d'une définition, un nouveau mot à une langue donnée, on ne doit pas pouvoir démontrer, grâce à la définition, des énoncés du langage d'origine qu'on ne pouvait pas démontrer sans elle. Si cette condition de « conservativité » n'est pas respectée, la prétendue définition n'est pas une définition authentique. Elle donne plus qu'une définition puisqu'elle introduit, sous des atours définitionnels, un contenu de connaissance. On dit aussi qu'une authentique définition est « non créative », au sens d'une création épistémique ou d'un apport de connaissance. La définition authentique enrichit le langage en y introduisant le nom d'un concept mais ne nous apprend rien de nouveau sur le monde. La condition de conservativité permet de garantir que rien de plus que ce qui est visé par la signification du *definiendum* ne figure dans le *definiens*.

Un cas extrême de non conservativité est celui d'une définition qui, dans un certain contexte théorique, conduit à une contradiction. Supposons par exemple que j'introduise dans le langage le mot « *PGNP* » défini comme le nom du plus grand nombre premier. Je déduis de cette définition qu'il existe un plus grand nombre premier (à savoir *PGNP*). Or si le contexte théorique de cette définition est une théorie de l'arithmétique, je peux démontrer, dans cette théorie, qu'il existe une infinité de nombres premiers, et donc qu'il n'en existe pas de plus grand, ce qui contredit l'une des conséquences de la définition de *PGNP*. Cette définition est non conservative parce qu'elle permet de démontrer, dans le contexte d'une théorie arithmétique, non seulement un énoncé qui n'était pas démontrable sans la définition, mais même une contradiction.

Belnap donne l'exemple suivant[24] : supposons que l'on définisse l'ensemble vide par « l'ensemble auquel rien n'appartient ». Si le

23. Comme l'écrit Kant, une définition ne donne « pas plus de caractères qu'il n'en faut pour le concept explicite », *Critique de la raison pure*, *op. cit.*, p. 614 (A 727, B 755).

24. N. Belnap, « On Rigorous Definitions », art. cit., p. 124.

contexte théorique dans lequel cette définition est donnée ne permet pas de prouver qu'il existe un tel ensemble, la définition est créative, ou non conservative, car on peut déduire de la définition qu'il existe un ensemble auquel rien n'appartient. Si la définition est donnée au contraire dans le cadre habituel de la théorie des ensembles, dont les axiomes permettent de prouver qu'il existe un unique ensemble auquel rien n'appartient, elle n'est en revanche nullement créative. Que la condition de conservativité soit ou non satisfaite par une définition dépend donc du contexte théorique dans lequel elle est énoncée.

Comme dans le cas de l'éliminabilité, il n'est guère possible de s'assurer qu'une définition est conservative sans un strict contrôle exercé sur la formulation des définitions et, dans le cas présent, également sur le contexte théorique dans lequel la définition est énoncée. On ne s'étonnera donc pas que les définitions lexicales, dont on a vu qu'elles pouvaient renvoyer à des observations empiriques (sur coquelicot, le rubis, le sang), à des théories scientifiques (sur le spectre des couleurs ou les classifications botaniques) ou à une culture d'arrière-plan (relative aux « pays chauds »), ne respectent généralement pas la condition de conservativité dont la conception classique requiert pourtant qu'une authentique définition la satisfasse.

2.3. Les conditions d'éliminabilité et de conservativité peuvent-elles être satisfaites ?

Les philosophes qui formulent au sujet des définitions les exigences d'éliminabilité et de conservativité n'ont pas la naïveté de penser que les définitions que nous nommons « lexicales » pourraient répondre à ces demandes. Quel genre de définitions, alors, si celles du dictionnaire ne s'y plient pas, est susceptible d'y satisfaire ? À défaut de pouvoir apporter à cette question une réponse générale, nous considérons le cadre formel de la logique du premier ordre pour donner une caractérisation précise des deux exigences ainsi que des règles de la définition qui garantissent, pourvu qu'elles soient rigoureusement suivies, le respect de l'éliminabilité et de la conservativité[25].

Soient donc un langage L relevant de la logique du premier ordre, un symbole s non logique qui n'est pas dans L et L' le langage obtenu

25. La suite de la section 2.3 suppose la connaissance de quelques rudiments de la logique du premier ordre (parfois nommée « calcul des prédicats »), qui sont exposés dans le chapitre intitulé « *Les méthodes d'analyse logique contribuent-elles à clarifier les problèmes philosophiques* ? » du présent ouvrage. Sur « premier ordre » et sur « quantification », voir en particulier la section 1.2 p. 128-130. On trouvera une introduction plus détaillée dans P. Wagner, *Logique et philosophie*, Paris, Ellipses, 2014.

par ajout de *s* à *L*. Comme *s* est un signe non logique, il s'agit soit d'une constante d'individu (*a*, *b*, etc.), soit d'un symbole de relation (*P*, *R*, etc.), soit d'un symbole de fonction (*f*, *g*, etc.). Une définition de *s* est un énoncé de *L'* que nous noterons « δ » (nous verrons ci-dessous quelle est la forme d'un tel énoncé). Les signes non logiques de *L* sont soit primitifs, soit définis. Nommons « Δ » l'ensemble des définitions par lesquelles sont définis les signes non primitifs de *L*.

On ajoute aux langages du premier ordre une méthode de dérivation formelle (par exemple la déduction naturelle, définie par un ensemble de règles d'inférence). Un énoncé φ est formellement dérivable à partir d'un ensemble d'énoncés Γ s.si il existe une dérivation de formelle de φ à partir de Γ (au moyen des règles d'inférence).

Une théorie *T* dans le langage *L* est généralement définie par un ensemble d'énoncés de *L* nommés « axiomes » (par exemple, pour une théorie arithmétique, les « axiomes de Peano »). *T* est la clôture déductive de cet ensemble, c'est-à-dire l'ensemble des énoncés de *L* formellement dérivables à partir des axiomes. On dit qu'un énoncé φ est démontrable dans la théorie *T* (sur la base des définitions Δ) s.si φ est formellement dérivable de *T* (et de Δ).

Dans ce cadre formel, nous pouvons donner une formulation précise des conditions d'éliminabilité et de conservativité pour les définitions.

Condition d'éliminabilité : la définition δ satisfait la condition d'éliminabilité si pour tout énoncé φ de *L'* dans lequel figure *s*, il existe un énoncé ψ de *L* tel que l'énoncé (φ ↔ ψ) est formellement dérivable de *T* et de Δ[26].

Autrement dit : pour tout énoncé φ (dans lequel figure le signe défini *s*), il existe un énoncé ψ (dans lequel *s* ne figure pas) qui est démontrablement équivalent à φ (le biconditionnel « ↔ » exprime cette équivalence) dans le contexte théorique *T*, en utilisant au besoin les définitions, dans Δ, des signes de *L* précédemment définis.

Condition de conservativité : soit φ un énoncé de *L* (dans lequel, donc, *s* ne figure pas). Si φ est formellement dérivable de *T*, Δ et δ, alors φ est formellement dérivable de *T* et Δ.

Autrement dit : la définition δ ne permet pas de démontrer des énoncés de *L* qui n'étaient pas déjà démontrables sans elle.

26. Nous pourrions remplacer la condition syntaxique de dérivabilité formelle par une condition sémantique énoncée en termes de conséquence logique. Cette remarque vaut aussi pour la condition de conservativité.

La précision avec laquelle ces deux conditions sont ici formulées est rendue possible par le cadre contrôlé et idéalisé des langages du premier ordre. Sont notamment exclus de ce cadre les contextes de citation (tels que « Sophie dit que "..." ») ou d'attitude propositionnelle (tels que « Clothilde pense que ... » ou « Antoine cherche à démontrer que ... »), ce qui explique que les deux exemples précédents relatifs à Sophie et Antoine, qui semblaient mettre en défaut la condition d'éliminabilité, se trouvent tout simplement exclus du langage. Bien d'autres catégories de termes et d'autres contextes disponibles dans le lexique ou la syntaxe des langues naturelles sont absents des langages considérés : adverbes, opérateurs modaux (il est nécessaire que, il est possible que), quantifications variées (il y a une infinité de ..., il y a un nombre fini de ..., il y a une majorité de ...), prépositions et conjonctions exprimant la cause, le but, le temps, la concession (parce que, afin de, lorsque, pendant que, malgré), etc.

Un second trait de la logique du premier ordre permet, dans ce cadre précis, de satisfaire la conception classique des définitions : seuls des signes non logiques relevant des trois catégories lexicales indiquées (constantes d'individus, symboles de relations et de fonctions) sont susceptibles d'être définis, par des définitions dont la forme est régie par des règles[27]. Considérons un cas particulièrement simple, celui de la définition d'un symbole de relation R à deux places (c'est-à-dire qui attend deux arguments). Par exemple, dans un langage pour l'arithmétique, le symbole R pourrait être un signe pour la relation *être inférieur ou égal à* (notée « $\leq$ »). La définition δ du signe « R » a la forme suivante :

$$\forall x \forall y\ (Rxy \leftrightarrow \varphi[x, y])$$

où « R » est le signe défini, « Rxy » le *definiendum* et la formule « $\varphi[x, y]$ », qui dépend des variables libres x et y, le *definiens*. La double quantification (« $\forall x \forall y$ » se lit « pour tout x et pour tout y ») indique que l'équivalence entre *definiendum* et *definiens* vaut « pour tous les individus x et y ». Cette forme définitionnelle est assortie des règles suivantes :

– le signe « R » ne figure pas dans « $\varphi[x, y]$ » (sans quoi la définition serait circulaire) ;

27. La définition des signes logiques soulève des problèmes tout à fait spécifiques qui demanderaient un chapitre séparé et ne peuvent être discutés ici. Voir par exemple D. Bonnay, « Définir la logique, une question de simplicité », *Travaux de logique* 19, 2008.

– les variables qui suivent « R » sont distinctes (sans quoi le signe de relation « R » ne serait par « à deux places ») ;
– dans le *definiens* ne figure aucune autre variable libre que x et y.

Une telle définition est dite « explicite » : elle dit explicitement à quel *definiens* le *definiendum* est équivalent.

Considérons un exemple particulièrement simple. Si le langage L comporte un signe pour l'addition (« + »), le signe de relation « ≤ » est explicitement définissable par la définition δ suivante :

$$\forall x \forall y\, (x \leq y \leftrightarrow \exists z\, (z+x=y))$$

qui se lit : pour tous les individus x et y (c'est-à-dire ici, pour tous les nombres x et y), x est inférieur ou égal à y si, et seulement si, il existe un individu z tel que la somme de z et de x est égale à y.

La définition d'une constante d'individu prend parfois la forme d'une simple égalité, par exemple lorsque « 2 » est défini par « 1+1 ». Dans d'autres cas, une autre forme est requise, par exemple pour définir l'ensemble vide (« ∅ ») à partir de la relation d'appartenance. On ne peut pas écrire simplement « l'ensemble vide est l'ensemble auquel rien n'appartient » car rien ne correspond, dans les langages du premier ordre, à la structure grammaticale « le ... tel que ... ». On adopte alors la forme suivante :

$$\forall x\, (x=\varnothing \leftrightarrow \forall y\, \neg(y \in x))$$

ce qui se lit : pour tout x, x est l'ensemble vide s.si pour tout y, y n'appartient pas à x[28]. « ∅ » est le signe défini, « $x=\varnothing$ » le *definiendum* et « $\forall y\, \neg(y \in x)$ » le *definiens*.

La forme générale de la définition d'une constante d'individu « c » est :

$$\forall x\, (x=c \leftrightarrow \varphi[x]).$$

assortie de trois règles :

1) le signe défini « c » ne figure pas dans le *definiens ;*
2) x est la seule variable libre du *definiens* « $\varphi[x]$ » ;
3) il doit être formellement démontrable (dans le contexte théorique T) qu'il existe un x et un seul tel que $\varphi[x]$. On doit en effet pouvoir s'assurer qu'il existe un objet que c désigne, et un seul tel objet. Imaginons que cette règle ne soit pas respectée. Tel est le cas, dans

28. Le signe « ¬ » exprime la négation et « ∈ » la relation d'appartenance. « $\neg(y \in x)$ » se lit donc : « y n'appartient pas à x ».

le contexte théorique de l'arithmétique, de la pseudo-définition suivante :

$\forall x\,(x = c \leftrightarrow \exists y\,(x \leq y))$

où « $\exists y$ » se lit : « il existe un individu (ou un objet) y tel que ». Tous les entiers naturels satisfont le *definiens* (pour tout entier x il existe un y supérieur à x). On a ainsi $\exists y\,(0 \leq y)$, $\exists y\,(1 \leq y)$, etc. Par équivalence du *definiendum* et du *definiens*, on peut donc démontrer $0 = c$ et $1 = c$ et $2 = c$, etc. et donc $0 = 1$, ce qui contredit une vérité élémentaire de l'arithmétique : $0 \neq 1$. Cette pseudo-définition, si elle était acceptée, conduirait donc à une contradiction dans le contexte théorique de l'arithmétique[29].

Dans le cadre de la logique du premier ordre, la définition explicite d'un signe non logique, assortie de règles, permet de garantir que les conditions d'éliminabilité et de conservativité sont effectivement satisfaites, pourvu que les règles soient strictement respectées. Pour bien saisir la portée des formes définitionnelles indiquées, notons que l'équivalence entre *definiendum* et *definiens* marquée par le signe « $\leftrightarrow$ » dans une expression telle que « $Rxy \leftrightarrow \varphi[x, y]$ » ne signifie pas que le *definiendum* et le *definiens* ont le même *sens*. Elle signifie seulement que pour toute interprétation du langage L dans lequel est écrite cette formule, et pour tous les individus x et y, soit les deux formules Rxy et $\varphi[x, y]$ sont satisfaites, soit aucune des deux ne l'est. On dit que cette équivalence est « extensionnelle ».

Telles qu'elles ont été caractérisées, les conditions d'éliminabilité et de conservativité donnent un sens précis au mot « définition » et à ce qu'il est possible d'entendre par une authentique définition. Leur fonction n'est pas de jeter l'anathème sur toute pratique définitionnelle qui ne respecterait pas ces deux exigences mais de dessiner un idéal ou un modèle auquel il est possible de confronter tout énoncé qui se présente comme une définition.

3. Les définitions sont-elles fécondes ?

Selon la conception classique qui vient d'être exposée, une véritable définition ne véhicule aucun contenu de connaissance et l'élimination du *definiendum* produit un énoncé équivalent à l'énoncé

29. Nous ne présentons pas, faute de place, la forme générale des définitions explicites d'un symbole de fonction. Voir P. Suppes, *Introduction to Logic*, Princeton (NJ)-Toronto-London, D. Van Nostrand, 1957, chap. VIII : « Theory of Definition ».

d'origine, ce qui montre qu'il est en principe possible de se passer de la définition. Comme l'écrit Frege, dont la pensée a largement inspiré cette conception, « d'un point de vue logique, [la définition] apparaît comme quelque chose de tout à fait inessentiel et superflu » [30]. S'il en est ainsi, une question vient naturellement à l'esprit : à quoi bon définir ? Frege est loin de penser que la définition soit dépourvue d'intérêt, lui qui a consacré un livre entier à la recherche d'une définition du nombre [31] et qui écrit que « les définitions trouvent confirmation dans leur fécondité » [32]. Où donc réside la valeur des définitions et en quoi consiste cette fécondité ?

La définition est souvent présentée comme une abréviation fixée par stipulation : « Quand un signe simple est ainsi introduit pour remplacer un groupe de signes, pareille stipulation est une définition » [33]. Gergonne, quant à lui, écrit que « faire une définition », c'est exprimer « par un mot unique, choisi arbitrairement, une collection d'idées » [34]. De telles formulations passent entièrement sous silence la manière dont le « groupe de signes » est structuré ou dont la « collection d'idées » lie ces dernières les unes aux autres. En introduisant son écriture conceptuelle (*Begriffsschrift*) [35], Frege a contribué à mettre en évidence la structuration potentiellement complexe du *definiens*, susceptible d'exploiter les moyens d'expression lexicaux et grammaticaux de la langue dans laquelle la définition est formulée. Dans un langage du premier ordre, ces moyens sont les symboles de fonctions et de relations à plusieurs places, les connecteurs propositionnels, l'alternance des quantificateurs ($\forall x \exists y \forall z$...) et le signe d'égalité. Nous sommes ici bien loin d'une simple conjonction de caractères « $P_1(x)$ et ... et $P_n(x)$ ». Les capacités expressives sont considérablement augmentées si, au-delà de ces ressources, le langage d'arrière-plan autorise la quantification du second ordre, qui permet de quantifier non seulement sur les individus (« pour tout individu x », « il existe un individu y ») mais également sur les *propriétés* d'individus ou sur les *relations* entre individus. La

30. G. Frege, « La logique dans les mathématiques » [1914], dans G. Frege *Écrits posthumes* [1969], trad. sous la dir. de Ph. de Rouilhan et C. Tiercelin, Nîmes, Jacqueline Chambon, 1994, p. 248.

31. G. Frege, *Les fondements de l'arithmétique*, [1884], trad. fr. C. Imbert, Paris, Seuil, 1969.

32. *Ibid.*, § 70. Je traduis.

33. G. Frege, « La logique dans les mathématiques », dans G. Frege *Écrits posthumes*, *op. cit.*, p. 247.

34. J. D. Gergonne, « Essai sur la théorie des définitions », *Annales de mathématiques pures et appliquées* 9, 1818-1819, p. 13.

35. G. Frege, *Idéographie* [1879], trad. fr. C. Besson, Paris, Vrin, 1999.

définition de l'identité selon laquelle *x* et *y* sont identiques s.si *x* et *y* ont les mêmes propriétés, par exemple, a recours à une quantification du second ordre :

> pour tous les individus *x* et *y*, ([*x* est identique à *y*] s.si [pour toute propriété *P*, *P*(*x*) s.si *P*(*y*)]).

Les philosophes ont souvent souligné que les définitions abréviatives sont indispensables aux progrès de la connaissance parce que seules des abréviations successives permettent d'exprimer avec la concision requise des concepts et des connaissances qu'il serait humainement impossible d'appréhender sans elles par la pensée, en raison de nos limites cognitives. Il y a bien des pensées auxquelles nous n'aurions pas accès sans les vertus abréviative et constructive des définitions, et donc sans un langage. La fécondité des définitions ne tient cependant pas uniquement à leur utilité psychologique. Elle touche également aux capacités expressives d'un langage en lui-même. La caractérisation formelle d'un langage permet de mesurer avec exactitude les ressources logiques et épistémiques nécessaires à l'expression linguistique d'un concept ou d'une connaissance : on peut ainsi demander si la quantification universelle du second ordre est requise pour définir l'identité. La même question se pose, par exemple, pour la caractérisation de quantifications telles que « une infinité de » ou « un nombre fini de ». Ou encore : à supposer que l'on dispose des ressources de la logique du premier ordre, quels sont les concepts mathématiques primitifs requis pour exprimer un énoncé tel que « il existe une infinité de nombres premiers » ? Plus généralement : quelles ressources logiques et conceptuelles sont requises pour la définition de tel ou tel concept ? Ou, à l'inverse, quels concepts sont définissables ou au contraire indéfinissables au moyen de ressources logiques et conceptuelles disponibles dans un langage ?

Comme le note Tarski, « la question de savoir comment un concept doit être défini n'est correctement formulée que si l'on donne une liste des termes au moyen desquels la définition recherchée doit être construite »[36]. Une définition exprimée dans une langue naturelle permet rarement de mesurer avec la même acuité les ressources conceptuelles et logiques requises pour la définition d'un concept, ou de circonscrire les concepts définissables au moyen de ressources données. Une définition est susceptible d'être féconde si, sur la base

36. A. Tarski, « The Concept of Truth in Formalized Languages » [1933], éd. et trad. angl. J. H. Woodger, *in* A. Tarski, *Logic, Semantics, Metamathematics*, Oxford, Clarendon Press, 1956, p. 152.

de ressources logiques et conceptuelles données ou présupposées, elle donne accès à un concept et par suite à un domaine de connaissances qui seraient demeurés inaccessibles sans ces ressources et sans cette définition.

Ces remarques conduisent à comprendre la fécondité d'une définition en deux sens [37].

D'un côté, elle permet d'introduire dans le langage, par stipulation, une dénomination pour un concept que l'on introduit en raison de l'éclairage qu'il apporte dans un domaine de la connaissance : « espace topologique » en mathématiques, « énergie » en physique, « inconscient » en psychologie, « anthropocène » dans les sciences de l'environnement. Par définition, un sens nouveau est attribué à un mot, ancien ou nouveau, qui change notre compréhension du monde, non par la connaissance qu'il véhicule mais par le découpage conceptuel qu'il introduit.

D'un autre côté, la définition peut servir à expliquer le sens d'un mot en usage et qui est familier aux locuteurs, en montrant que son sens peut être exprimé par une combinaison de mots dont les sens sont connus. La définition est féconde, dans ce cas, en ce qu'elle procède à une analyse qui révèle la structure d'un sens dont la décomposition possible était restée inaperçue. Frege chercha ainsi à définir le concept de nombre entier naturel, et les nombres eux-mêmes, en les ramenant à des concepts purement logiques. La définition, dans un tel cas, n'a pas valeur stipulative, car le *definiendum* possède un sens préalable et le *definiens* un autre sens. La question de savoir en quoi consiste alors l'acte par lequel *definiens* et *definiendum* sont posés comme équivalents est difficile et disputée. Dirons-nous qu'une telle définition a valeur d'analyse du *definiendum* ? Faut-il comprendre que le *definiendum* acquiert, par définition, un sens nouveau, quoique voisin, de son sens initial ? Voici ce que Frege écrit à ce sujet :

> [...] on pourrait ici parler de « définition analytique ». Mais il vaut mieux tout simplement éviter le terme de « définition » parce que ce que nous aimerions appeler ici définition doit en réalité être considéré comme un axiome [38].

Il s'agirait d'un axiome, selon Frege, non d'une authentique définition, parce qu'une équivalence est établie entre un mot qui possède un sens préalable et un groupe de mots qui se présente comme une analyse

37. Sur cette question, voir J. Horty, *Frege on Definitions*, Oxford, Oxford University Press, 2007.

38. G. Frege, « La logique dans les mathématiques », dans G. Frege *Écrits posthumes*, *op. cit.*, p. 250.

nouvelle du premier. Cette prise de position ne laisse pas d'interroger car si elle invite à parler d'axiomes, plutôt que de définitions, il devient difficile de comprendre le projet frégéen d'une *définition* des concepts arithmétiques sur une base purement logique.

La situation ici envisagée, rappelle ce que les philosophes du passé nommaient « définition de chose », dont un exemple classique est la définition d'« humain » par « animal rationnel » [39]. Si l'usage donne aux deux expressions des sens différents, cette définition, comme définition de chose, prétend pourtant révéler ce qu'est réellement un « humain » et non stipuler un changement de sens. Faut-il comprendre qu'une telle définition n'exprime pas une identité de sens mais une identité d'extensions, au sens où les humains et les animaux rationnels forment la même collection d'individus ? Une telle solution impliquerait de renoncer à l'idée qu'une définition explique le sens d'un mot. Faudrait-il en conclure, par exemple, que le signe « 2 » pourrait être défini indifféremment par « 1+1 » ou par « le nombre des auteurs des *Principia Mathematica* » parce que ces expressions désignent l'une et l'autre le nombre 2 ? On pourrait objecter que le nombre d'auteurs des *Principia Mathematica* est contingent alors que « 1+1 » est nécessaire ; cependant, « 2 » ne pourrait-il pas être défini par « 1+1-1+1 » aussi bien que par « 1+1 » ?

4. Définition des termes primitifs et autres indéfinissables

Il y a, selon Pascal, des termes dont le sens est si clair et simple qu'on obscurcirait ce sens, au lieu de l'éclaircir, si l'on cherchait à les définir, d'où il conclut qu'on ne *doit* pas tout définir [40]. Les philosophes ont également souvent soutenu qu'on ne *peut* pas tout définir sous peine de « tomber dans un cercle vicieux inévitable » [41]. S'il en est ainsi, « comment donc parviendra-t-on à connaître la signification des mots non susceptibles d'être définis ? » [42]. Dans l'une des réponses qu'il envisage, Gergonne introduit l'expression « définition implicite » à partir de l'exemple suivant :

39. Voir A. Arnauld et P. Nicole, *La logique ou l'art de penser*, *op. cit.*, p. 79 et p. 155 *sq.*

40. B. Pascal, *De l'esprit géométrique et de l'art de persuader*, *op. cit.*, p. 579 *sq.* Voir aussi J. D. Gergonne, « Essai sur la théorie des définitions », art. cit., p. 18-19.

41. J. D. Gergonne, « Essai sur la théorie des définitions », art. cit., p. 20.

42. *Ibid.*, p. 20.

> Si [...] on dit à quelqu'un qui connaît bien les mots *triangle* et *quadrilatère*, mais qui n'a jamais entendu prononcer le mot *diagonale*, que *chacune des deux diagonales d'un quadrilatère le divise en deux triangles*, il concevra sur-le-champ ce que c'est qu'une diagonale [43].

Une définition implicite, selon Gergonne, est donc un énoncé posé comme vrai dont l'un des mots a un sens qu'un locuteur ignore mais qu'il peut néanmoins déduire de la vérité de l'énoncé, à la lumière du sens des autres mots qui le composent. Au XXe siècle, les logiciens ont repris à Gergonne l'expression « définition implicite » mais en lui donnant deux sens tout à fait différents. Précisons ce point, source de multiples confusions mais aussi de nouvelles interrogations sur la définition.

La question de la *définissabilité* d'un terme déjà présent dans un langage L à partir d'autres termes de L, sans qu'aucune définition en bonne et due forme soit formulée, se présente aussi dans le cas d'un langage formel non interprété. Considérons l'exemple particulièrement simple d'un langage L_A du premier ordre pour l'arithmétique, dont les symboles primitifs sont : une constante d'individu a, trois symboles de fonctions f, g, h, respectivement à une, deux et deux places et un symbole de relation R à deux places. L'interprétation attendue de ces signes est, sur le domaine des entiers naturels, respectivement : 0, la fonction successeur, $+$, $\times$ et $\leq$. Dans ce qui suit, nous raisonnons sur des interprétations quelconques de L_A, sans nous restreindre donc à cette structure d'interprétation particulière ; L_A sera donc considéré comme non interprété. Une théorie arithmétique T_A, par exemple l'arithmétique de Peano, est définie par des axiomes formulés dans L_A. On demande alors si l'un des symboles primitifs, par exemple R, est définissable sur la base des autres symboles primitifs de L_A, dans le contexte théorique T_A.

La question se comprend en deux sens distincts.

On dit premièrement que R est *explicitement définissable* s.si il existe une définition explicite de « R », donc une formule $\varphi[x, y]$ de L_A à deux variables libres dans laquelle « R » ne figure pas, telle que

$$\forall x \forall y\, (Rxy \leftrightarrow \varphi[x, y])$$

soit démontrable dans T_A [44].

On dit deuxièmement que R est *implicitement définissable* s.si étant donné deux structures d'interprétation I_1 et I_2 quelconques de L_A qui

43. *Ibid.*, p. 23.

44. On pourrait ici remplacer cette condition de démontrabilité par une condition sémantique : « soit conséquence logique de T_A ».

ont même domaine d'individus et qui rendent vrais les axiomes de T_A, si elles donnent l'une et l'autre la même interprétation à chaque symbole primitif autre que *R*, alors elles donnent la même interprétation à *R*. Autrement dit : I_1 et I_2 ne diffèrent pas uniquement par l'interprétation de *R*. Ou encore : l'interprétation de *R* est déterminée, ou *implicitement définie*, par celle des autres signes primitifs du langage.

Selon le *théorème de définissabilité* de Beth, en logique du premier ordre, si un symbole primitif de L_A est *implicitement* définissable en ce sens, alors il est *explicitement* définissable (l'inverse est également vrai, mais évident). Cette propriété remarquable, qui n'est pas satisfaite en général pour les langages de la logique du second ordre, montre en quel sens certains termes primitifs d'un langage peuvent être définis à partir d'autres termes primitifs. On voit ainsi en quel sens l'ensemble des signes primitifs peut n'être pas minimal et, si tel est le cas, peut être réduit. Se posent alors deux questions épistémologiques fondamentales :

- un langage *L* et une théorie *T* étant donnés, quels sont les ensembles de signes primitifs de *L* qui sont irréductibles, c'est-à-dire tels qu'aucun d'entre eux ne soit définissable à partir des autres ?

Supposons cette première question résolue et les signes primitifs de *L* ramenés à une telle base irréductible ; se pose alors une seconde question :

- comment ces signes indéfinissables de *L* – dans le contexte théorique *T* – peuvent-ils être définis ?

En quoi consisterait, dans ce cas, une définition des signes (ou des mots) primitifs de *L* ? S'agit-il d'une simple description heuristique destinée à donner un contenu intuitif à ces signes, sans que ces définitions aient aucune fonction dans les démonstrations dans *T*, comme on le voit dans les *Éléments* d'Euclide, où les définitions liminaires des concepts premiers ne sont pas utilisées dans la suite de l'ouvrage ? À cette conception, Hilbert oppose l'idée selon laquelle ce sont les axiomes de *T*, dans lesquels figurent les termes primitifs de *L*, qui déterminent leur interprétation :

> Lorsqu'il s'agit de poser les principes fondamentaux d'une science, l'on doit établir un système d'axiomes renfermant une description complète et exacte des relations entre les concepts élémentaires de

> cette science. Ces axiomes sont en même temps les définitions de ces concepts élémentaires [45].
>
> Mon opinion est qu'un concept ne peut être logiquement fixé que par ses relations à d'autres concepts. J'appelle axiomes ces relations, formulées dans certains énoncés, et j'arrive ainsi à [la conception selon laquelle] les axiomes (avec éventuellement l'attribution de noms aux concepts) sont les définitions des concepts [46].

L'idée que des concepts puissent être définis par des axiomes a suscité les vigoureuses protestations de Frege, qui, dans sa célèbre correspondance avec Hilbert, reproche à ce dernier de confondre axiomes et définitions [47]. Russell, quant à lui, critique la méthode de définition axiomatique au motif qu'elle prétend engendrer des objets par une sorte de *fiat* sans prendre la peine de les construire pas à pas [48]. Cette procédure de définition par axiomes censée définir simultanément un ensemble de concepts primitifs par des définitions qui ne sont pas explicites soulève la question de l'existence de ce qui est ainsi défini et a suscité une abondante littérature. La définition axiomatique est, elle aussi, souvent nommée « définition implicite » [49], bien qu'elle soit tout à fait différente de ce que Gergonne entendait par ce terme, et différente de la définition implicite dont il est question dans le théorème de Beth. Pour Frege, une telle procédure ne saurait être nommée « définition », en quelque sens que ce soit, car elle ne détermine nullement la référence des concepts qu'elle est censée définir [50]. Comment interpréter, alors, les définitions par axiomes [51] ? Si les concepts primitifs ne sont pas à strictement parler définissables par cette méthode, une structure mathématique (par exemple la structure des entiers naturels) pourrait-elle l'être ? Cette question donne une

45. D. Hilbert, *Sur les problèmes futurs des mathématiques* [1900], Sceaux, Jacques Gabay, 1990, p. 14-15.

46. D. Hilbert, Lettre à Frege, du 22 sept. 1900, *in* G. Frege, *Nachgelassene Schriften und wissenschaftlicher Briefwechsel*, vol. 2, Hamburg, F. Meiner, 1976, p. 79. Je traduis.

47. Voir « [extraits de la] correspondance Frege-Hilbert », trad. fr. J. Dubucs, dans F. Rivenc et Ph. de Rouilhan (éd.), *Logique et fondements des mathématiques. Anthologie (1850-1914)*, Paris, Payot, 1992.

48. B. Russell, *Introduction à la philosophie mathématique* [1919], trad. fr. F. Rivenc, Paris, Payot, 1991, p. 149.

49. Voir par exemple M. Schlick, *Théorie générale de la connaissance* [1918, 2e éd. 1925], trad. fr. Ch. Bonnet, Paris, Gallimard, 2009, chap. VII : « La définition implicite ».

50. Voir, outre la correspondance avec Hilbert, G. Frege, « La logique dans les mathématiques », dans G. Frege *Écrits posthumes, op. cit.*, p. 252-255 et p. 292-296.

51. Sur cette question, voir E. N. Giovannini et G. Schiemer, « What are Implicit Definitions ? », *Erkenntnis* 86, 2021.

nouvelle raison d'examiner plus avant les capacités des langages, naturels ou formels, eu égard au problème de la définissabilité.

Conclusion

Les actes par lesquels on prétend donner une définition ne recouvrent pas seulement des pratiques diverses qui ont des sens variés ; ils soulèvent également de multiples difficultés dont les précédentes analyses donnent un premier aperçu. Contrairement à ce qui est souvent dit et pensé, une définition lexicale ne saurait prétendre, en général, enfermer en quelques lignes le sens complet d'un élément du lexique ; elle ambitionne plutôt d'aider le lecteur à faire un usage approprié d'un mot en renvoyant à d'autres définitions, à des observations empiriques, à des théories scientifiques et, en définitive, à une vaste culture d'arrière-plan qui est présupposée.

Ce faisant, les définitions lexicales ne satisfont pas les deux réquisits qu'une conception classique exige d'une authentique définition : l'éliminabilité du *definiendum* et la conservativité. Seul un cadre plus formel tel que celui de la logique du premier ordre ou la pratique mathématique de la définition permet de garantir leur satisfaction.

Les définitions qui répondent à ces deux exigences pourraient paraître inutiles d'un point de vue logique si l'on ne soulevait pas la question de leur fécondité. Celle-ci tient à la créativité sans limite des définitions, qui permettent de faire apparaître de nouveaux découpages conceptuels du monde et le font voir et connaître différemment. Cette fécondité tient également à leur capacité d'analyse. Les définitions permettent en effet aussi de révéler la structure sémantique de concepts familiers dont la complexité demeure inaperçue dans l'appréhension commune.

Comprendre cette fécondité de la définition suppose cependant de renoncer à l'idée selon laquelle il suffirait, pour analyser un concept, d'en donner une liste de caractères. Une telle conception néglige les ressources expressives, grammaticales ou logiques, conceptuelles et épistémiques, potentiellement complexes, de la langue, naturelle ou formelle, dans laquelle une définition est énoncée et dont elle dépend.

Se pose alors la redoutable question de la définition des concepts que l'on choisit de reconnaître comme primitifs ou fondamentaux, et qui sont à ce titre considérés comme indéfinissables. Ce délicat problème engage une réflexion sur les relations entre définitions et axiomes qui requerrait une étude plus complète que celle qui est ici proposée.

Un examen plus approfondi traiterait également de multiples autres questions, par exemple des définitions contextuelles, inductives, imprédicatives ou ostensives, de l'économie épistémique des définitions [52], de l'explication conceptuelle au sens de Carnap [53], des définitions par abstraction, de la définition des constantes logiques, et de la pensée de nombreux auteurs qui ont contribué à l'analyse de la définition comme Aristote, Guillaume d'Ockham, Buridan, Hobbes, Leibniz, Tarski, Leśniewski ou encore les membres de l'école de Peano. La bibliographie qui clôt ce chapitre donne quelques indications de lectures pour aller plus loin dans l'examen de ces problèmes et de la pensée de ces philosophes.

Bibliographie indicative [54]

ARISTOTE, *Topiques, Seconds analytiques, Métaphysique*, dans Aristote, *Œuvres complètes*, trad. fr. P. Pellgrin (dir.), Paris, Flammarion, 2014.

BURALI-FORTI C., « Sur les différentes méthodes logiques pour la définition du nombre réel », dans *Bibliothèque du congrès international de philosophie*, vol. 3, Paris, A. Colin, 1901.

BURIDAN J., *Summulae de dialectica*, Livre 8, chap. II : « De definitionibus », trad. angl. G. Klima, New Haven (CT), Yale University Press, 2001.

CARNAP R., « On Explication », chap. I de *Logical Foundations of Probability*, Chicago (IL.), University of Chicago Press, 1950.

CELLUCCI C., « Definition in Mathematics », *European Journal for Philosophy of Science* 8, 3, 2018.

CHARLES D (éd.), *Definition in Greek Philosophy*, Oxford, Oxford University Press, 2010.

DESLAURIERS M., *Aristotle on Definition*, Leiden-Boston (Mass.), Brill, 2007.

DOTOLI G. et C. BOCCUZZI, *Définition et dictionnaire*, Paris, Hermann, 2012.

DUBISLAV W., *Die Definition* [3e éd. 1931], Hambourg, Felix Meiner, 1981.

GORSKY D. P., *Definition (Logico-Methodological Problems)* [1974], trad. angl. S. Syrovatkin, Moscou, Progress Publishers, 1981.

GUILLAUME D'OCKHAM, *Somme de logique* [1323], livre I, trad. fr. J. Biard, Mauvezin, T.E.R., 1993, 2e éd.

JORAY P. et D. MIEVILLE (éd.), « Définition. Rôle et fonctions en logique et en mathématiques », *Travaux de logique* 19, 2008.

MANCOSU P., *Abstraction and infinity*, Oxford, Oxford University Press, 2016.

52. Voir sur ce point la contribution de Marco Panza au présent ouvrage, p. 53.

53. Voir sur ce point le chapitre de Pierre Wagner « Les méthodes d'analyse logique contribuent-elles à clarifier les problèmes philosophiques », section 3.2, p. 140.

54. Cette bibliographie donne des références complémentaires sans reprendre aucune de celles qui sont données dans les notes.

RICHARD J., « Les principes des mathématiques et le problème des ensembles », *Revue générale des sciences pures et appliquées* 12, 1905.

ROBINSON R., *Definition*, Oxford, Clarendon Press, 1950.

SCHOLZ H. et H. SCHWEITZER, *Die sogennanten Definitionen durch Abstraktion*, Leipzig, Felix Meiner, 1935.

SERENI A., *Definitions and Mathematical Knowledge*, Cambridge, Cambridge University Press, 2024.

TAPPENDEN J., « Définitions mathématiques pour philosophes », *Les études philosophiques* 97, 2011.

WAGNER P., « Définition », *Encyclopédie philosophique en ligne*, https://encyclo-philo.fr/item/101.

Les méthodes d'analyse logique contribuent-elles à clarifier les problèmes philosophiques ?

par Pierre Wagner

D'un point de vue historique, on distingue parfois la logique avant et après Frege, la première dominée par l'héritage d'Aristote, la seconde inaugurée par l'œuvre du philosophe d'Iéna. Il s'agit, de toute évidence, d'une simplification abusive qui néglige entre autres, avant Frege, la logique des stoïciens, la logique médiévale [1] ainsi que les travaux de Leibniz, Bolzano et Boole, et, après Frege, l'immense et complexe développement de la logique « moderne » [2].

Ce qu'on peut dire, de manière moins tranchée, est qu'à partir de la fin du XIXe siècle, la logique amorce une profonde transformation dont le commencement est symboliquement marqué par la publication de l'*Idéographie* de Frege [3]. Deux traits principaux caractérisent cette mutation : d'une part, la plupart des questions que la logique est appelée à résoudre concernent le raisonnement mathématique et le fondement de cette science ; d'autre part, les méthodes mises en œuvre en logique sont elles-mêmes mathématisées et font appel à un symbolisme qui s'inspire de l'écriture mathématique. Le sous-titre de l'*Idéographie* frégéenne est « un langage formulaire de la pensée pure construit d'après celui de l'arithmétique » et bien des œuvres marquantes pour l'histoire de la logique, dans cette période, touchent

1. Voir, dans le présent volume, le chapitre de Julie Brumberg-Chaumont sur « Logique et théorie de la science à l'âge des universités », p. 145.

2. Voir L. Haaparanta (ed.), *The Development of Modern Logic*, Oxford, Oxford University Press, 2009, et D. Gabbay *et al.* (eds.), *Handbook of the History of Logic*, 11 vol., Amsterdam, Elsevier-North-Holland, 2004-2012.

3. G. Frege, *Idéographie* [1879], trad. fr. C. Besson, Paris, Vrin, 1999. Le titre allemand de l'ouvrage est « *Begriffsschrift* » (littéralement : écriture conceptuelle), mot qui désigne aussi la langue formulaire dont Frege expose dans ce livre la première version.

aux mathématiques : les *Fondements de la géométrie* (Hilbert, 1899), les *Principes des mathématiques* (Russell, 1903), les *Principia mathematica* (Russell et Whitehead, 1910-1913) ainsi qu'une série de travaux d'autres mathématiciens tels que Cantor, Peano, Zermelo, Tarski, Church ou Gödel.

Si l'objet et la forme de la logique se spécialisent ainsi, au point que la logique soit qualifiée de « mathématique », comment peut-elle conserver la valeur universelle que la philosophie lui reconnaît depuis l'Antiquité ? La logique touche à la formation des concepts, à l'analyse du jugement, à l'expression des propositions dans le langage, à l'inférence formellement valide et, en définitive, aux conditions les plus générales de la connaissance et de la science, sans qu'aucune science particulière ou aucun domaine de la connaissance ne soit ni privilégié ni examiné dans sa singularité. Comment l'universalité de la logique est-elle compatible avec sa mathématisation et avec le tropisme qui l'a fortement orientée pendant plusieurs décennies vers la question du fondement des mathématiques ?

De fait, cette orientation singulière n'a en rien diminué la valeur philosophique générale de la logique contemporaine. Le professeur de mathématiques qu'était Frege de son vivant est aujourd'hui considéré comme l'un des philosophes majeurs pour le XXe siècle et son œuvre comme l'une des origines de la philosophie analytique. Un autre exemple particulièrement éloquent est le *Wahrheitsbegriff* de Tarski[4], texte techniquement et mathématiquement très élaboré qui se trouve au commencement du profond renouvellement qu'a connu depuis les années 1930 la réflexion philosophique sur la définition de la vérité[5].

La logique mathématique a trouvé ultérieurement de multiples applications, non seulement en mathématiques mais également en linguistique, en philosophie, en informatique, dans les sciences cognitives et en intelligence artificielle et ses méthodes, tout comme ses résultats remarquables, sont devenus eux-mêmes objets d'étude pour la philosophie. Ce constat ne suffit cependant pas à répondre à la question que nous soulevons dans le présent chapitre : pourquoi

4. On nomme ainsi le long et célèbre article fondateur que Tarski consacre à la définition d'un prédicat de vérité dans les langues formalisées, paru d'abord en polonais en 1933, puis, dans une version augmentée, en allemand dans les *Studia Philosophica* en 1936, avant d'être traduit en anglais dans A. Tarski, *Logic, Semantics, Metamathematics*, éd. et trad. J. H. Woodger, Oxford, Clarendon Press, 1956.

5. Voir H. Galinon, « La vérité », dans F. Poggiolesi et P. Wagner (dir.), *Précis de philosophie de la logique et des mathématiques*, vol. 1, *Philosophie de la logique*, Paris, Éditions de la Sorbonne, 2021.

l'analyse logique issue d'une réflexion sur les fondements des mathématiques a-t-elle été perçue dès les premières décennies du XXe siècle, et est encore perçue aujourd'hui, comme ayant en elle-même une valeur philosophique générale, bien au-delà de ses applications philosophiques particulières [6], et bien au-delà du domaine spécialisé de la philosophie de la logique et des mathématiques [7] ?

L'une des raisons – ni la seule ni la moindre – est que l'analyse logique devint, pour une large part, analyse logique du *langage* des mathématiques et que l'examen du fondement des mathématiques nécessita la construction de langues [8] formalisées. Ce tournant linguistique a conduit à soulever, d'un côté, le problème des formes syntaxiques de ces langues et, de l'autre, celui de leur interprétation, et donc de la sémantique. Sur ce point encore, l'idéographie frégéenne, premier système formel de la logique contemporaine, est emblématique. En quelques dizaines de pages, Frege innove en introduisant plusieurs des éléments les plus fondamentaux de l'analyse logique actuelle comme les connecteurs propositionnels (ne … pas, et, ou, si … alors, si et seulement si), la quantification (universelle et existentielle), l'analyse de la proposition comme résultat de l'application d'une fonction à un ou plusieurs arguments (et non plus comme l'expression d'un lien entre sujet et prédicat), ainsi que l'idée de règles d'inférence qui reposent uniquement sur la forme des expressions (et non sur leur signification). Quelques années plus tard, il distingue entre le sens (*Sinn*) et la référence (*Bedeutung*) des expressions d'un langage [9]. Bien que cette distinction soit initialement motivée par le projet d'une fondation logique de l'arithmétique, elle contribue à révéler l'importance de l'analyse sémantique pour la clarification de contenus conceptuels quelconques exprimés dans le langage en général. Acceptée par les uns, contestée par les autres, cette distinction fondamentale a des conséquences qui traversent toute la philosophie du langage

6. Sur ces applications, voir le panorama de la « logique philosophique » exposé dans D. Gabbay et F. Guenthner (eds.), *Handbook of Philosophical Logic*, Dordrecht, D. Reidel, 4 vol., 1983-1989, 2e éd., 18 vol., 2001-2018.

7. Voir *Précis de philosophie de logique et des mathématiques*, vol. 1, *Philosophie de la logique* (dir. F. Poggiolesi et P. Wagner, 2021), vol. 2, *Philosophie des mathématiques* (dir. A. Arana et M. Panza, 2022), Paris, Éditions de la Sorbonne.

8. On dit en fait « langages » plus souvent que « langues », par attraction de l'anglais et de l'allemand où un mot unique (« *language* » en anglais, « *Sprache* » en allemand) exprime les sens respectifs des deux mots français.

9. G. Frege, « Sur le sens et la référence » [1892], trad. fr. J. Benoist, dans B. Ambroise et S. Laugier (éd.), *Philosophie du langage*, vol. 1, « Textes clés », Paris, Vrin, 2009.

ultérieure jusqu'à aujourd'hui[10]. Par ses travaux sur la reconstruction des fondements de l'arithmétique dans une idéographie, Frege ouvre la voie à une analyse logique du langage qui deviendra l'une des méthodes philosophiques les plus fécondes, à laquelle contribueront ultérieurement Russell, Wittgenstein, Carnap, Quine, Putnam, Kripke ainsi que nombre d'autres grands noms de la philosophie au XXe siècle.

Une deuxième raison est que les recherches logiques sur les fondements des mathématiques inspirèrent de nouvelles approches des problèmes philosophiques en général. Dans son autobiographie intellectuelle, Carnap relate le moment où il prit conscience, en 1921, des innovations méthodologiques qu'il est possible de tirer des travaux logiques de Frege et de Russell, à la lecture de *La méthode scientifique en philosophie*[11]. À la construction de systèmes philosophiques fondés sur une vision du monde toute personnelle, Carnap, s'inspirant sur ce point de Russell, oppose une approche collaborative par laquelle des penseurs formés aux sciences s'appliquent à clarifier les concepts et les problèmes scientifiques et philosophiques avant d'envisager, respectivement, leur explication et leur résolution[12]. C'est dans cet esprit que se réunirent les membres du Cercle de Vienne, de 1924 à 1936[13], et que Carnap écrivit *La construction logique du monde*[14] comme en témoigne la préface, dans laquelle il promeut une philosophie qui ne cherche pas ses modèles dans des œuvres de littérature ou de poésie mais dans les mathématiques et les sciences de la nature. Cette philosophie, fondée sur l'échange intellectuel et qui vise la construction pas à pas d'une œuvre collective, est aux antipodes des systèmes spéculatifs bâtis de toutes pièces par un penseur unique.

Les auteurs qui ont contribué à la clarification des problèmes philosophiques par analyse logique du langage sont cependant loin de s'accorder sur l'idéal russellien et carnapien d'une philosophie

10. Sur les enjeux de la distinction établie entre « *Sinn* » et « *Bedeutung* », voir F. Schmitz, « Logique, sens et référence », dans F. Poggiolesi et P. Wagner (dir.), *Précis de philosophie de la logique et des mathématiques*, *op. cit.*, p. 161-206.

11. B. Russell, *La méthode scientifique en philosophie : notre connaissance du monde extérieur* [1914], trad. fr. Ph. Devaux, Paris, Payot et Rivages, 2018.

12. R. Carnap, « Intellectual Autobiography », *in* P. A. Schilpp (ed.), *The Philosophy of Rudolf Carnap*, La Salle (IL), Open Court, 1963, p. 13.

13. Voir Ch. Bonnet et P. Wagner (dir.), *L'âge d'or de l'empirisme logique. Vienne-Berlin-Prague, 1929-1936*, Paris, Gallimard, 2006. Cette conception de la méthode philosophique a aussi une dimension sociale et politique. Voir A. Soulez (éd.), *Manifeste du Cercle de Vienne et autres écrits* [1985], Paris, Vrin, 2010.

14. R. Carnap, *La construction logique du monde* [1928], trad. fr. Th. Rivain, Paris, Vrin, 2002.

scientifique, comme en témoigne l'exemple de Wittgenstein, dont le *Tractatus logico-philosophicus*[15] doit beaucoup à l'analyse logique du langage sans se modeler en aucune manière sur les méthodes en usage dans les sciences. Les écrits ultérieurs de Wittgenstein, comme ceux de penseurs tels qu'Austin ou Strawson, montrent par ailleurs qu'une philosophie fondée sur l'analyse du langage ne s'inspire pas nécessairement des méthodes de la logique mathématique et peut trouver dans l'examen du langage ordinaire un autre moyen fécond de clarifier ou de résoudre les questions philosophiques[16].

Le présent chapitre se concentre sur l'analyse logique post-frégéenne issue des travaux sur les fondements des mathématiques et appliquée à des problèmes philosophiques plus généraux. Nous discutons successivement l'analyse générale du jugement, des énoncés et des concepts afin de mettre en évidence quelques-unes des voies par lesquelles la logique mathématique a pu contribuer à la clarification de tels problèmes.

1. L'analyse logique du jugement

1.1. Concepts, relations et fonctions

La célèbre distinction kantienne entre jugements analytiques et synthétiques repose sur une analyse du jugement comme affirmant, ou niant, l'existence d'un lien entre sujet et prédicat[17]. En affirmant que Socrate est musicien, je lie le prédicat *musicien* au sujet *Socrate*. Un jugement est analytique si le prédicat est contenu dans le sujet, synthétique dans le cas contraire. Pour reprendre deux exemples de Kant, « les corps sont étendus » est analytique car l'extension appartient au concept de corps ; « les corps sont pesants » est synthétique car un corps n'est pas nécessairement pesant comme le montre son possible état d'apesanteur.

15. L. Wittgenstein, *Tractatus logico-philosophicus* [1921], trad. fr. Ch. Chauviré et S. Plaud, Paris, Garnier-Flammarion, 2021.

16. Sur la comparaison des deux orientations de l'analyse logique, voir R. Carnap, « Strawson on Linguistic Naturalism », *in* P. A. Schlipp (ed.), *The Philosophy of Rudolf Carnap*, *op. cit.*, p. 933-940. Sur la philosophie du langage ordinaire, dont il ne sera pas davantage question dans le présent chapitre, voir S. Laugier, *Du réel à l'ordinaire. Quelle philosophie du langage aujourd'hui ?*, Paris, Vrin, 1999.

17. E. Kant, *Critique de la raison pure*, trad. fr. A. J. L. Delamarre et F. Marty, Paris, Gallimard, 1980, p. 71-74.

Cette analyse s'applique-t-elle aux jugements mathématiques ? Des exemples aussi simples que « $5 \leq 7$ » ou « la droite *a* est parallèle à la droite *b* » la mettent en difficulté car on voit mal pourquoi « 5 » devrait être vu comme sujet et « inférieur à 7 » comme prédicat. Il semble beaucoup plus satisfaisant de voir 5 et 7 comme deux objets – deux nombres – et « inférieur ou égal à » comme l'expression d'une relation entre eux. Frege abandonne le modèle « S est P » (l'attribution d'un prédicat P à un sujet S) qui prévalait depuis des siècles et propose de lire « Socrate est musicien » comme l'application d'une fonction (… est musicien) à un objet (Socrate). La notion mathématique de fonction (comme l'addition, qui associe un nombre à deux nombres donnés) est généralisée et les concepts (musicien, philosophe, etc.) sont vus comme des fonctions qui, appliquées à un objet (Socrate), produisent une proposition (Socrate est musicien, Socrate est philosophe)[18]. « … ≤ … » est l'expression d'une fonction qui attend deux arguments et la proposition « $5 \leq 7$ » exprime donc le résultat de l'application d'une fonction à deux arguments.

Cette analyse frégéenne, qui s'applique bien au-delà de l'analyse du discours mathématique, a des échos dans la logique contemporaine, qui abandonne elle aussi le modèle « S est P ». On nomme aujourd'hui « symbole de fonction » un signe (par exemple « + ») qui, lorsqu'il est appliqué à deux arguments (par exemple « 2 » et « 3 ») produit une expression qui désigne un objet (à savoir 5), et « symbole de relation » un signe (par exemple « ≤ ») qui, lorsqu'il est appliqué à un nombre adéquat d'arguments forme, non le nom d'un objet, mais un énoncé (par exemple « $5 \leq 7$ »).

L'abandon du modèle « S est P » remet en question la conception kantienne du jugement analytique et ouvre la question d'une nouvelle définition de l'analyticité, qui n'a cessé de faire débat par la suite[19].

1.2. La quantification

Selon la logique traditionnelle, le sujet *homme* est pris universellement dans « tous les hommes sont mortels », particulièrement dans « quelques hommes sont mortels ». Mais pourquoi voir dans *homme* le sujet et dans *mortel* le prédicat ? Les deux termes ne désignent-ils pas l'un et l'autre un concept ? Comme le note Frege, en affirmant

18. G. Frege, « Fonction et concept » [1891], trad. fr. C. Imbert, dans G. Frege, *Écrits logiques et philosophiques*, Paris, Seuil, 1971.

19. Voir J. Proust, *Questions de forme. Logique et proposition analytique de Kant à Carnap*, Paris, Fayard, 1986 et les débats entre Carnap et Quine sur la possibilité d'une caractérisation de l'analyticité.

que tous les hommes sont mortels, je ne dis rien de cet homme-ci ou de cet homme-là ; je subordonne le concept *homme* au concept *mortel*[20]. La logique contemporaine, après Frege, subvertit l'analyse traditionnelle et lit « tous les hommes sont mortels » comme exprimant « pour tout individu x, si x est homme, alors x est mortel » ou, en symboles : « $\forall x\,(Hx \rightarrow Mx)$ », formule dans laquelle sont à l'œuvre une quantification universelle ($\forall x$) et un connecteur propositionnel (« $\rightarrow$ » se lit « si ... alors ») qui relie deux expressions prédicatives (« Hx » et « Mx »).

Comment lire, dans la logique traditionnelle, un jugement tel que « il n'existe pas de nombre supérieur ou égal à tout nombre » ? Un prédicat est-il ici nié d'un sujet ? La logique contemporaine, après Frege, autorise l'alternance des quantificateurs et rend possible, par la formule suivante, l'analyse logique de cette affirmation dont la logique traditionnelle peine à rendre compte : « $\neg\exists x \forall y\,(y \leq x)$ », où la négation (symbolisée par « $\neg$ »), opère, avant la première quantification ($\exists x$: il existe au moins un individu x), sur tout ce qui suit dans la formule[21]. Les variables d'individus (x, y, etc.) permettent d'indiquer l'ordre dans l'alternance des quantificateurs. Il est en effet essentiel de pouvoir distinguer

$\exists x \forall y\,(\mathrm{x} \leq y)$: il existe un x inférieur ou égal à tout y
$\exists y \forall x\,(\mathrm{x} \leq y)$: il existe un y supérieur ou égal à tout x
$\forall x \exists y\,(x \leq y)$: pour tout x, il existe un y supérieur ou égal à x
$\forall y \exists x\,(x \leq y)$: pour tout y, il existe un x inférieur ou égal à y

dont les significations sont tout à fait différentes. On voit mal comment la logique pré-frégéenne pourrait rendre compte de ces différences conceptuelles dont l'importance va, encore une fois, bien au-delà des mathématiques, car le phénomène d'alternance des quantificateurs, que l'analyse logique met en évidence, est présent dans les usages les plus divers du langage.

La logique de Frege distingue objets et fonctions – et donc objets et concepts – comme deux catégories fondamentalement différentes[22]. Dire que Socrate est musicien, c'est dire que l'objet Socrate tombe sous

20. G. Frege, « La logique dans les mathématiques » [1914], trad. fr. C. Tiercelin et F. Nef, dans G. Frege, *Écrits posthumes*, Nîmes, Jaqueline Chambon, 1994, p. 253.

21. Dans la formule indiquée, « x » est un objet quelconque. L'interprétation du langage permet de préciser que cette variable parcourt un domaine de *nombres*. Une autre manière de donner cette précision consisterait à ajouter un symbole « Nat » et d'interpréter « Nat(x) » par « x est un nombre entier naturel ».

22. Voir G. Frege, « Concept et objet », trad. fr. C. Imbert, dans G. Frege, *Écrits logiques et philosophiques*, Paris, Seuil, 1971.

le concept *musicien*. Dire que tout individu est musicien, c'est dire que pour tout individu *x*, *x* est musicien. La quantification, chez Frege, opère sur les fonctions comme sur les objets. Pour dire que les objets *a* et *b* ont les mêmes propriétés, on quantifie sur les propriétés : *pour toute propriété P, Pa* si et seulement si *Pb*. On parle aujourd'hui de logique *du premier ordre* lorsque la quantification opère uniquement sur des variables d'objets, ou d'individus, et de quantification *d'ordre supérieur*, lorsqu'elle opère aussi sur des variables de fonctions ou de relations entre individus. Les langages du premier ordre et d'ordre supérieur n'ont ni la même richesse expressive ni les mêmes propriétés [23].

Les deux quantifications, universelle et existentielle, la possibilité d'alterner les quantificateurs et la distinction entre quantifications du premier ordre et d'ordre supérieur sont indispensables à l'analyse du discours mathématiques, où elles trouvent leur origine. Elles ne s'appliquent pas moins à l'analyse du langage en général, qu'il soit scientifique, philosophique ou ordinaire, dont elles révèlent ou éclairent la structure logique. Comprendre cette structure, que la grammaire permet rarement d'apercevoir et qu'elle n'a pas pour fonction de mettre en lumière, c'est prendre conscience de quelques-unes des propriétés sémantiques les plus fondamentales du discours et, de ce fait, percevoir clairement les implications conceptuelles, épistémiques et ontologiques de ce qui est affirmé dans le langage, quel que soit le domaine d'objets du discours analysé. La logique étudie les propriétés des langages formels, très variables selon les formes syntaxiques que ceux-ci autorisent.

1.3. Jugement et négation

Quelques-unes des distinctions logiques les plus fondamentales sont issues du traité *De l'interprétation*. Selon Aristote, seules sont *déclaratives* les propositions susceptibles d'être vraies ou fausses, ce qui n'est pas le cas, par exemple, de la prière, de l'exclamation ou du commandement. Ce point étant acquis, Aristote introduit une subdivision : « La première proposition déclarative (λόγος ἀποφαντικὸς) qui forme une unité est l'affirmation (κατάφασις), vient ensuite la négation (ἀπόφασις) » [24]. Il précise ensuite : « L'affirmation est la déclaration (ἀπόφανσις) d'une

23. Sur les implications philosophiques de ces distinctions, voir M. Cadet et G. Sandu, « Les logiques d'ordre supérieur », dans F. Poggiolesi et P. Wagner (dir.), *Précis de philosophie de la logique et des mathématiques*, *op. cit.*

24. Aristote, *Sur l'interprétation*, 17a, trad. fr. C. Dalimier, Paris, Garnier-Flammarion, 2007, p. 271.

chose qu'on attribue à une autre. La négation est la déclaration d'une chose qu'on sépare d'une autre »[25].

Dans un esprit différent, mais en lointain écho à ce texte, Arnauld et Nicole reprennent l'idée qu'une déclaration affirmative est une attribution, et une déclaration négative une séparation :

> Après avoir conçu les choses par nos idées, nous comparons ces idées ensemble ; et trouvant que les unes conviennent entre elles, et que les autres ne conviennent pas, nous les lions ou délions, ce qui s'appelle *affirmer* ou *nier*, et généralement *juger*.
> Ce jugement s'appelle aussi *proposition*[26].

À la même page, les auteurs distinguent ensuite le sujet, terme duquel on affirme ou l'on nie un prédicat, et le prédicat – ou l'attribut – qui est affirmé ou nié du sujet. On reconnaît ici l'opposition entre les deux formes du jugement : « S est P » et « S n'est pas P ».

La logique contemporaine, en rupture profonde avec cette analyse, ne confond plus, comme la *Logique de Port-Royal* dans la citation qui précède, proposition et jugement. Ce rejet de l'analyse traditionnelle du jugement est déjà présent chez Bolzano. Pour lui, l'objet du jugement est une « proposition en soi » (*Satz an sich*), susceptible d'être vraie ou fausse, exprimée ou non exprimée, pensée ou non pensée, et qui est donc indépendante de l'acte de l'esprit qui s'en saisit. Sur la proposition, l'esprit porte un jugement qui n'est pas vrai ou faux, mais correct (*richtig*) ou incorrect (*unrichtig*)[27]. Selon Bolzano, un jugement est correct si la proposition qu'il affirme est vraie. Mais que penser d'un jugement qui affirme une proposition vraie sans que cette affirmation soit justifiée ou correctement justifiée ? Dirons-nous qu'un tel jugement aveugle, qui pourrait être porté au hasard, est correct ?

Chez Frege, l'entité objective sur laquelle porte le jugement, et qui est vraie ou fausse, est une pensée (*Gedanke*). Le contenu du théorème de Pythagore, par exemple, est une pensée en ce sens. Ce contenu peut être appréhendé par l'esprit sans être jugé : je peux saisir le sens de l'énoncé du théorème sans être capable d'affirmer sa vérité ou sa fausseté et donc sans reconnaître qu'il s'agit d'un théorème. Le contenu de pensée est alors saisi par l'esprit sans que celui-ci n'ajoute aucune force assertive. Ainsi comprise, une pensée ne dépend pas de l'esprit qui l'appréhende et n'a donc rien de subjectif, contrairement à la

25. *Ibid.*, 17a25, p. 275.

26. A. Arnauld et P. Nicole, *La logique ou l'art de penser* [1662], Partie II, chap. III, Paris, Gallimard, 1992, p. 105.

27. B. Bolzano, *Théorie de la science* [1837], trad. fr. partielle J. English, Paris, Gallimard, 2011, § 19 (sur la proposition en soi) et § 34 (sur le jugement).

représentation (*Vorstellung*) que chacun peut s'en faire[28]. On mesure la rupture d'une telle analyse avec la logique traditionnelle lorsque Frege soutient, en outre, que le jugement – comme affirmation de la vérité d'une pensée – ne saurait être négatif. La négation appartient à la pensée jugée et n'est donc pas une modalité du jugement. Juger que $1+1\neq3$, ce n'est pas nier que $1+1=3$ (et encore moins séparer un prédicat d'un sujet) mais affirmer une pensée qui contient une négation[29].

D'autres analyses logiques du jugement ont été avancées par exemple par Brentano, Husserl ou Russell. La logique contemporaine, quant à elle, a pris ses distances à l'égard de ces analyses non en revenant à l'opposition aristotélicienne entre attribution et séparation, ou entre acte d'affirmer et acte de nier, mais, plus radicalement, en pensant pouvoir faire l'économie d'une analyse du jugement. Tous les philosophes et logiciens ne s'accordent certes pas sur un tel renoncement ; les intuitionnistes, par exemple, ont de bonnes raisons de chercher à réhabiliter l'analyse du jugement[30], mais ils font à cet égard exception et la plupart des ouvrages de logique, aujourd'hui, ne disent simplement rien de l'acte de juger[31].

Dans les langages formels de la logique actuelle, la négation n'est ni l'acte par lequel un prédicat serait séparé d'un sujet, ni une composante de certaines pensées au sens de Frege. Elle est un connecteur logique qui opère sur une formule. D'un point de vue syntaxique, la négation (notée « $\neg$ ») est donc un signe parmi d'autres signes de connexion propositionnelle (la conjonction notée « $\wedge$ », la disjonction notée « $\vee$ », l'implication notée « $\rightarrow$ », l'équivalence notée « $\leftrightarrow$ »). D'un point de vue sémantique, la logique classique[32] pose qu'une formule négative, « $\neg\varphi$ », est vraie si et seulement si la formule « φ » est fausse. Cela vaut

28. Voir G. Frege, « La pensée » [1918-1919], trad. fr. C. Imbert, dans G. Frege, *Écrits logiques et philosophiques*, Paris, Seuil, 1971, et « Mes intuitions logiques fondamentales » [1915], trad. fr. E. Karger, dans G. Frege, *Écrits posthumes*, *op. cit.*, p. 297-298.

29. Voir G. Frege, « La négation » [1918-1919], dans G. Frege, *Écrits logiques et philosophiques*, *op. cit.*

30. Voir par exemple P. Martin-Löf, « On the Meaning of Logical Constants and the Justifications of the Logical Laws », *Nordic Journal of Philosophical Logic* 1, 1, 1996, p. 11-60.

31. Sur l'analyse logique du jugement et son histoire, voir G. Sundholm, « A Century of Judgment and Inference, 1837-1936 », *in* L. Haaparanta (ed.), *The Development of Modern Logic*, *op. cit.*

32. Par logique « classique » on entend aujourd'hui une conception de la logique qui accepte certains grands principes tels que la bivalence, le tiers exclu, la non-contradiction. Certains de ces principes sont remis en question par la logique intuitionniste, la logique de la pertinence, la logique paraconsistante ou d'autres conceptions « non classiques » de la logique.

si l'on accepte le principe de bivalence, selon lequel tout énoncé est soit vrai soit faux. Bien des logiciens ne se contentent cependant pas d'une analyse aussi sommaire et proposent d'autres analyses sémantiques, plus complexes, de la négation [33].

2. L'analyse logique des énoncés

Connecteurs propositionnels, quantifications alternées – du premier ordre ou d'ordre supérieur –, variables, signe d'égalité, symboles de fonctions et de relations, sont autant d'outils analytiques qui permettent de montrer que la forme grammaticale d'un énoncé ne reflète pas nécessairement sa structure logique. Comment analyser, par exemple, le théorème qui affirme l'existence d'une infinité de nombres premiers ? Dirons-nous que le jugement porte sur les nombres premiers, pris comme sujet, et qu'un attribut d'infinité est affirmé du sujet ? La recherche d'une transposition dans un langage du premier ordre donne une tout autre analyse :

> Pour tout objet m, si m est un nombre entier naturel et si m est premier, alors il existe un objet n tel que n est un nombre entier naturel, n est premier et n est strictement supérieur à m.

En symboles :

$$\forall m \, [(\mathrm{Nat}(m) \wedge \mathrm{Prem}(m)) \rightarrow \exists n \, (\mathrm{Nat}(n) \wedge \mathrm{Prem}(n) \wedge m \leq n)].$$

On voit que la structure logique de cette formule est très éloignée de la forme grammaticale de l'énoncé initial, de même que l'analyse logique de « tous les hommes sont mortels » fait apparaître une structure logique bien différente de la forme grammaticale de cette phrase. L'analyse logique pourrait être poussée plus avant si elle portait sur les composants non analysés : « m est un entier naturel », « m est premier » ou « m est inférieur ou égal à n ». L'analyse ne porterait plus, alors, sur la forme d'un énoncé mais sur un concept (*entier naturel*, ou *premier*) ou sur une relation (*inférieur ou égal à*). Nous aborderons ce genre d'analyse ci-dessous dans la section 3.

Ce qui vient d'être dit de l'analyse d'un énoncé mathématique vaut plus généralement pour tout énoncé scientifique, philosophique, ou de la langue ordinaire : sa structure logique, et donc sa signification – ou son absence de signification –, peut être dissimulée par une forme grammaticale qui est parfois trompeuse d'un point de vue logique.

33. Voir L. Tranchini, « La négation », dans F. Poggiolesi et P. Wagner (dir.), *Précis de philosophie de la logique et des mathématiques*, *op. cit.*

Cette idée, simple à énoncer, mais dont les implications philosophiques sont abyssales, repose sur le travail de reconstruction de la logique entrepris par Frege et ses successeurs, initialement motivée par une investigation du fondement des mathématiques.

Frege perçoit dès 1879 les conséquences philosophiques générales de son écriture conceptuelle, conçue comme une langue de la pensée pure :

> Si une tâche de la philosophie est de rompre la domination du mot sur l'esprit humain en dévoilant les illusions qui souvent naissent, presque inévitablement, de l'utilisation de la langue en ce qui concerne des relations entre concepts, en libérant la pensée de ce qui l'affecte uniquement du fait de ce qu'est le moyen d'expression de la langue, alors mon idéographie développée plus avant pour ces buts pourra devenir un outil utile aux philosophes [34].

Rompre la domination du mot sur l'esprit humain et dissiper les illusions qui naissent des formes parfois trompeuses de la grammaire n'est pas l'apanage des héritiers de la logique moderne, comme le montre la critique kantienne de l'argument ontologique [35]. Selon l'analyse logique avancée par Kant, en affirmant que « Dieu est », je ne lie pas un prédicat (être) à un sujet (Dieu) contrairement à ce que je fais en affirmant que Dieu est tout puissant. Un objet qui est, explique Kant, ne contient rien de plus que le concept de cet objet : « cent thalers effectifs ne contiennent rien de plus que cent thalers possibles » [36]. Frege critique lui aussi l'argument ontologique mais sur la base d'une analyse logique différente. Pour Frege comme pour Kant, l'existence n'est pas un prédicat d'objet comme un autre. « Théétète court » et « Théétète existe » n'ont pas la même forme logique, de même que « La rose est rouge » et « la rose est existante ». La différence, selon Frege, tient à ce que le prédicat d'existence, contrairement à « rouge », ne s'applique pas à un objet, mais à un concept [37].

L'une des illustrations les plus célèbres de la non correspondance entre structure logique et forme grammaticale d'un énoncé se trouve dans l'analyse russellienne des expressions définies, à partir d'une des phrases qui ont fait couler le plus d'encre sous les plumes

34. G. Frege, *Idéographie*, *op. cit.*, p. 8. Traduction modifiée.

35. Dans la *Critique de la raison pure*, Kant critique plusieurs formes de preuve de l'existence de Dieu, dont la preuve ontologique exposée par Descartes dans la cinquième *Méditation métaphysique*, mais dont l'idée remonte à Anselme de Cantorbery, *Proslogion* [1077-1078], trad. fr. B. Pautrat, Paris, Flammarion, 1993.

36. E. Kant, *Critique de la raison pure*, *op. cit.*, p. 521.

37. G. Frege, *Les fondements de l'arithmétique*, trad. fr. C. Imbert, Paris, Seuil, 1969, § 53, p. 180-181.

philosophiques : « l'actuel roi de France est chauve » [38]. Dans l'analyse de cet exemple apparemment dérisoire se joue la résolution d'un problème ontologique profond posé par la désignation d'entités inexistantes et, plus généralement, le problème de la signification des expressions qui servent à « dénoter » (au sens de l'anglais « *denoting* »). Dans le domaine de l'ontologie, les exemples de questions philosophiques susceptibles d'être éclaircies par analyse logique sont légion : de quoi parlons-nous lorsque nous affirmons que Pégase n'existe pas ? L'argument ontologique est-il concluant ? Que nous apprennent les vérités arithmétiques sur l'existence des nombres ? etc.

Wittgenstein, qui reconnaît à Russell le mérite « d'avoir montré que la forme logique apparente de la proposition n'est pas nécessairement sa forme logique réelle » [39] est l'un des philosophes qui tirent les conséquences les plus radicales de l'idée selon laquelle « toute philosophie est "critique du langage" » [40], en affirmant que « la plupart des propositions et des questions des philosophes reposent sur le fait que nous ne comprenons pas la logique de notre langage » [41]. Il se garde cependant d'en conclure à la nécessité de construire une idéographie pour les besoins de la philosophie car selon Wittgenstein « nous n'avons pas besoin d'inventer une nouvelle langue ou de construire une symbolique [...] Notre langue est déjà parfaitement en ordre, pour peu que l'on soit au clair sur ce qu'elle symbolise » [42]. On comprend que Wittgenstein ait pu être source d'inspiration pour la philosophie du langage ordinaire.

Les membres du Cercle de Vienne sont connus pour avoir voulu montrer au moyen de l'analyse logique du langage que les énoncés de la métaphysique sont dépourvus de sens. De fait, Schlick, Carnap, Neurath et d'autres membres du Cercle ont effectivement défendu des positions antimétaphysiques qui n'étaient pas indépendantes de leurs conceptions respectives de la logique [43]. Il convient cependant

38. B. Russell, « De la dénotation » [1905], trad. fr. J.-M. Roy, dans B. Russell, *Écrits de logique philosophique*, Paris, Puf, 1989, p. 203-218.

39. L. Wittgenstein, *Tractatus logico-philosophicus, op. cit.*, 4.0031.

40. *Ibid.*

41. *Ibid.*, 4.003.

42. *Wittgenstein et le Cercle de Vienne*, éd. B. McGuiness, trad. fr. G. Granel, Mauvezin, T.E.R., 1991, p. 14.

43. Voir par exemple R. Carnap, *La construction logique du monde* [1928], *op. cit.* ; M. Schlick, « Vécu, connaissance, métaphysique » [1926], trad. fr. B. Cassin et A. Guitard, dans A. Soulez (dir.), *Manifeste du Cercle de Vienne et autres écrits* [1985], Paris, Vrin, 2010 ; O. Neurath, « La sociologie dans le physicalisme », trad. fr. R. de Calan, dans Ch. Bonnet et P. Wagner (dir.), *L'âge d'or de l'empirisme logique*, Paris, Gallimard, 2006.

de souligner que ces auteurs ne s'accordaient ni sur ce qu'il convient d'entendre par « logique » et par « métaphysique », ni sur les usages de la logique en philosophie, et que leurs pensées respectives ont par ailleurs évolué sur ces différents points au cours des années 1920 et 1930. La pensée de ces auteurs a malheureusement trop souvent été amalgamée et malencontreusement résumée par des formules caricaturales et simplificatrices. Au cours des trente dernières années, les études consacrées au Cercle de Vienne et à l'empirisme logique ont largement contribué à corriger cette image déformée et à mesurer précisément la portée philosophique de ces courants de philosophie, ce qui supposait de se défaire de préjugés bien enracinés et de se donner la peine d'un retour à la patiente lecture des textes[44].

De manière générale, il ne suffit pas de débusquer au moyen de l'analyse logique des illusions philosophico-linguistiques pour que se trouvent par-là même résolues les questions d'ontologie, de sémantique ou de philosophie soulevées par les énoncés analysés : d'une part parce que le problème de l'analyse logique d'un énoncé admet rarement une solution unique ; d'autre part parce que les conclusions philosophiques qu'il est possible de tirer d'une analyse logique du langage sont elles aussi généralement plurielles et âprement discutées. Cela n'enlève rien au pouvoir de clarification de l'analyse logique et à sa portée philosophique, dont le présent chapitre donne plusieurs illustrations.

3. L'analyse logique des concepts

3.1. Expliquer un concept, est-ce le définir ?

L'analyse précédente de l'énoncé « il y a une infinité de nombres premiers » peut être poursuivie plus avant, en cherchant à analyser « m est un entier naturel », « m est un nombre premier » et « $m \leq n$ », ce qui revient à analyser un concept (*entier naturel, nombre premier*) ou une relation (*inférieur ou égal à*), et donc, selon une conception commune, à en produire une définition. Ce que l'on cherche alors n'est ni une définition lexicale ni une définition stipulative, mais une définition analytique. La définition lexicale, qui explique le sens d'un mot tel que déterminé par l'usage, n'est généralement pas analytique et

44. Voir sur ce point les références indiquées ci-dessus p. 126, note 13 et P. Wagner, « Le Cercle de Vienne entre imagination et réalité. Constitution, transmission et dépassement d'une représentation », *Philosophia Scientiae* 29, 3, 2025.

ne contribue donc pas à la résolution du problème qui nous occupe[45] ; la définition stipulative, quant à elle, assigne par décret un sens à un mot et ne convient donc pas davantage lorsque le problème est celui d'une analyse conceptuelle[46].

Dans une définition analytique, le terme que l'on cherche à définir (le « *definiendum* ») est déjà porteur d'un sens, dont la définition (par le « *definiens* ») est justement censée produire l'analyse[47]. Par exemple, le *definiendum* « *x* est premier » peut être analytiquement défini par le *definiens* suivant : « *x* est un entier naturel et *x* est divisible par exactement deux entiers naturels ». Cette analyse suppose connus – dans le *definiens* – le concept d'entier naturel, la relation de divisibilité et les constructions logiques qui permettent d'exprimer « et » et « exactement deux »[48]. Plus précisément, ce que l'on présuppose ici, outre le vocabulaire logique, est le sens de « entier naturel » et de « est divisible par ».

Ce qui est recherché, dans l'analyse d'un concept, est bien plus qu'un *definiens* qui ait la même extension que le *definiendum* ; ce qu'on demande est que l'un et l'autre aient le même *sens*. Par exemple, si l'on voulait soutenir que le concept de bipède sans plume offre une analyse du concept d'humain, il ne suffirait pas d'établir que les prédicats « bipède sans plume » et « humain » ont la même extension (c'est-à-dire que tous les humains sont, de fait, des bipèdes sans plume et, inversement, que tous les bipèdes sans plume sont des humains) ; il faudrait montrer en outre que ces deux expressions ont le même *sens*, ce dont il est permis de douter, même sans prendre en considération la difficulté notoire à caractériser, en général, une identité de sens.

Dans l'exemple du concept de nombre premier, il n'est pas difficile de trouver une définition analytique parce que *nombre premier* est un concept aux contours nets et précis. Cependant, même dans un cas aussi clair et aussi simple, plusieurs définitions sont recevables, qui

45. Précisons : certaines définitions lexicales sont analytiques bien que la majorité d'entre elles ne le soient pas. Sur le caractère non analytique des définitions lexicales, voir la section 1 du chapitre « Pourquoi et comment définir ? », p. 100.

46. Sur les règles de la définition stipulative, voir la section 2 du chapitre « Pourquoi et comment définir ? », p. 104 *sq*.

47. Sur « *definiendum* » et « *definiens* », voir le chapitre « Pourquoi et comment définir ? », p. 99.

48. En symboles, le *definiens* pourrait s'écrire : $\mathrm{Nat}(x) \wedge \exists y \exists z\ [\mathrm{Nat}(y) \wedge \mathrm{Nat}(z) \wedge y \neq z \wedge \mathrm{Div}(x, y) \wedge \mathrm{Div}(x, z) \wedge \forall w\ ([\mathrm{Nat}(w) \wedge \mathrm{Div}(x, w)] \rightarrow [w=y \vee w=z])]$, autrement dit : *x* est un entier naturel et il existe deux entiers naturels *y* et *z* qui divisent *x* et sont différents l'un de l'autre, et tels que tout entier naturel *w* qui divise *x* est égal à *y* ou à *z*.

donnent à « nombre premier » des sens différents[49]. Dans une analyse conceptuelle, un concept (ou une relation) désigné par un terme simple, disons « A » (par exemple « nombre premier », « nombre entier naturel », « démocratie », « conscience », etc.), est expliqué au moyen d'un autre terme simple « B », lui-même stipulativement défini par un *definiens* qui donne à voir la composition du sens ainsi donné à « B ». Dans le cas où le sens de « A » est le concept de nombre premier, on donne à « B », par décret, le sens d'« être divisible par exactement deux nombres premiers » et on pose que le sens de « A » est analysé par « B ». Expliquer le sens de « A » consiste à poser que les deux expressions « A » et « B » ont le même sens. Une telle identification de sens n'a rien d'une stipulation arbitraire, car « A » est déjà porteur d'un sens. Selon Frege, elle ne devrait donc pas être considérée comme une définition mais comme un axiome[50], car une telle identité est susceptible d'être vraie ou fausse, ce qui n'est pas le cas de l'acte de langage par lequel on stipule que « B » aura tel ou tel sens.

Frege soulève la question cruciale : « Mais comment juge-t-on si une analyse logique est correcte ? »[51]. Dans le cas où notre saisie du sens de « A » est parfaitement claire, il ne subsiste aucun doute sur le fait que « A » et « B » ont bien le même sens. On pourrait reconnaître qu'il en est ainsi dans le cas d'un concept aussi clair que celui de nombre premier. Dans la plupart des cas, cependant, les contours du sens de « A » sont trop peu précis ou trop confus pour que nous puissions affirmer, sans qu'aucun doute demeure, que les sens respectifs de « A » et de « B » coïncident[52]. Que le concept à définir soit parfaitement clair ou qu'il subsiste dans sa saisie quelque imprécision, l'objectif de l'analyse logique (qui est ici une analyse conceptuelle ayant recours aux méthodes de l'analyse logique) est « d'articuler clairement le sens »[53].

Dans le cas de « nombre premier », il est clair que le concept à définir n'est pas simple mais composé. Dans le cas de « nombre entier

49. Voir sur ce point la section 3 du chapitre de Marco Panza, « Économie épistémique en mathématiques », p. 67.

50. G. Frege, « La logique dans les mathématiques », dans G. Frege *Écrits posthumes op. cit.*, p. 250. Kant estime lui aussi que le terme « définition » est inadéquat en pareil cas et propose pour sa part de parler d'une « exposition » plutôt que d'une « définition » (*Critique de la raison pure, op. cit.*, p. 615 ; A 729, B 757).

51. G. Frege, « La logique dans les mathématiques », dans G. Frege *Écrits posthumes op. cit.*, p. 249.

52. Kant affirme pour cette raison qu'il n'y a jamais de véritable définition analytique des concepts *a priori* (*Critique de la raison pure, op. cit.*, p. 615 ; A 728-729, B 756-757).

53. G. Frege, « La logique dans les mathématiques », dans G. Frege *Écrits posthumes op. cit.*, p. 251.

naturel », ou dans le cas de 0 ou de 1, en revanche, nous pouvons avoir l'impression de saisir des concepts si primitifs et si simples qu'on ne voit pas sur la base de quels autres concepts plus primitifs ou plus simples ils pourraient être analysés. Frege a pourtant consacré de longues années à la recherche d'une définition de ces concepts primitifs de l'arithmétique et d'une démonstration des lois fondamentales de l'arithmétique sur une base purement logique. Dans *Les fondements de l'arithmétique*[54] (1884), il expose une méthode de définition du concept d'entier naturel, et des entiers naturels eux-mêmes, et dans *Les lois fondamentales de l'arithmétique*[55], il met en œuvre son programme fondationnel en montrant comment déduire l'arithmétique dans la logique (c'est-à-dire dans une langue formalisée à partir de concepts et de lois logiques)[56]. Qu'est-ce qui est accompli dans une telle analyse conceptuelle ? Le sens d'un terme « A », initialement conçu comme simple, est posé comme identique au sens d'un terme « B », qui est clairement composé. Si nous sommes prêts à identifier le sens de « A » et le sens de « B », cette identification est une manière de révéler que le sens d'un terme qui nous paraissait simple est en réalité composé, et de révéler quelle est cette composition.

Dans le cas d'un concept A dont les contours sont imprécis et – pour reprendre les mots de Frege – « confus comme si nous le voyions à travers un brouillard »[57], l'analyse logique peut bien avoir comme effet « d'articuler clairement le sens », en donnant à « B », par stipulation, un sens aux contours nets et précis, mais on ne saurait alors prétendre identifier les sens respectifs de « A » et de « B », car l'imprécision du sens de « A » n'autorise pas cette identification. Frege considère un tel travail d'analyse comme préparatoire, et venant avant la construction d'un système scientifique. Une telle situation se présente fréquemment. Par exemple, lorsque Tarski introduit le concept sémantique de conséquence logique dont la logique contemporaine a hérité[58], il exprime son intention de refléter, par sa définition, le sens du concept

54. G. Frege, *Les fondements de l'arithmétique*, *op. cit.*

55. G. Frege, *Die Grundgesätze der Arithmetik* [1893 et 1903], trad. angl. Ph. A. Ebert et M. Rossberg, *Basic Laws of Arithmetic*, Oxford, Oxford University Press, 2013.

56. Le projet logiciste de Frege d'une déduction de l'arithmétique dans la logique échoue en raison d'une contradiction inhérente à son système logique. Cela ne remet cependant pas en cause le projet lui-même qui, de fait, est repris sur de nouvelles bases à la fin du XXe siècle, dans ce qu'on appelle le « néologicisme ».

57. G. Frege, « La logique dans les mathématiques », dans G. Frege *Écrits posthumes op. cit.*, p. 251.

58. A. Tarski, « Du concept de conséquence logique » [1936], trad. fr. A. Zielinska, dans D. Bonnay et M. Cozic (dir.), *Philosophie de la logique*, « Textes clés », Paris, Vrin, 2009.

en usage dans la langue ordinaire, tout en constatant que ce concept a des contours imprécis et un usage fluctuant, en sorte que la définition précise qu'il expose comporte nécessairement un certain caractère arbitraire[59]. Tarski ne prétend donc pas identifier le sens usuel de « conséquence logique » (le sens d'un certain « A ») à la conséquence logique au sens tarskien (le sens d'un certain « B »).

3.2. L'explication conceptuelle au sens de Carnap

Ce qui peut être envisagé, en pareille situation, est de remplacer – au moins dans certains contextes – un concept en usage par un autre concept, plus précis, plus commode, plus fécond ou simplement plus adapté aux fins que nous poursuivons, mais qui reste proche, par le sens, du concept initial qui se trouve remplacé. Cette idée de remplacement d'un concept par un autre a été érigée en méthode par Carnap, qui utilise, pour la désigner, le terme anglais « *explication* », au sens d'une explication conceptuelle (à ne pas confondre avec « *explanation* », qui désigne l'explication d'un phénomène, d'un événement ou d'un comportement). L'explication conceptuelle au sens de Carnap consiste à remplacer un concept en usage, que Carnap nomme « *explicandum* », par un autre concept, créé de toutes pièces, nommé « *explicatum* »[60].

Cette méthode est mise en œuvre, par exemple, dans l'analyse du concept de probabilité[61]. Le terme « probabilité » ne peut cependant pas être directement remplacé par un *explicatum*. Un travail de clarification préalable est requis, qui permet de distinguer deux sens du mot : d'une part la probabilité *statistique* (probabilité qu'un certain événement se produise dans une série d'événements – par exemple la probabilité de l'événement « pile » dans une série de lancers de dé), d'autre part la probabilité *logique* (probabilité d'une certaine hypothèse au vu d'un ensemble de données). Ce travail de clarification permet d'isoler un *explicandum* (désigné par un certain terme « A ») pour lequel un *explicatum* (qui correspond à ce que nous

59. Voir le premier paragraphe de l'article de Tarski. Sur le concept tarskien de conséquence logique et les difficultés qu'il soulève, voir D. Bonnay, « La relation de conséquence logique », dans F. Poggiolesi et P. Wagner (dir.), *Précis de philosophie de la logique et des mathématiques*, *op. cit.*

60. Sur cette méthode, voir R. Carnap, « On Explication », chap. I de R. Carnap, *Logical Foundations of Probability* [1950], Chicago (IL), University of Chicago Press, 1962.

61. Voir R. Carnap, « Les deux concepts de probabilité » [1945], trad. fr. J. Boyer, dans R. Carnap, *Logique inductive et probabilité. 1945-1970*, Paris, Vrin, 2015, et l'introduction de ce livre par P. Wagner, p. 19-23.

avons ci-dessus noté « B ») peut alors être recherché. La probabilité statistique et la probabilité logique sont des *explicanda* distincts, qui reçoivent donc des *explicata* différents. En suivant cette méthode, il n'est pas envisagé d'identifier le sens de « A » et le sens de « B », car l'objectif de l'explication conceptuelle au sens de Carnap est justement de remplacer « A » par « B » dans les occurrences usuelles de « A », non d'identifier les deux sens. Carnap souligne que les philosophes qui se livrent à l'exercice d'une analyse conceptuelle, lorsqu'ils soulèvent des questions telles que « qu'est-ce que la causalité ? », « qu'est-ce que la vie ? », « qu'est-ce que l'esprit ? », « qu'est-ce que la justice ? » etc. sont souvent trop prompts à proposer un *explicatum* pour l'*explicandum* qui est objet de l'analyse, négligeant le travail de clarification préalable qui seul permet d'identifier un *explicandum* sur lequel faire porter l'analyse[62]. Le risque est d'engendrer de nouvelles confusions là où l'objectif était au contraire d'apporter une explication.

La méthode de l'explication conceptuelle est une illustration de ce qu'on nomme parfois « ingénierie conceptuelle ». Carnap compare les langues naturelles aux couteaux de poche multifonctionnels auxquels doivent être parfois préférés, pour des fins particulières, des outils plus précis : « un langage, qu'il soit naturel ou artificiel, est un instrument qui peut être remplacé ou modifié selon nos besoins, comme n'importe quel autre instrument »[63].

L'explication conceptuelle au sens de Carnap prend des formes diverses et le remplacement de l'*explicandum* A par l'*explicatum* B ne consiste pas nécessairement à remplacer un concept informel par un sens précisément exprimé dans un langage formalisé[64]. Dans certains cas, l'explication peut être donnée en langue naturelle, dans la même langue que l'*explicandum*. Toutefois, il est clair que si l'objectif de l'explication est d'atteindre une plus grande précision, les langages formalisés dont usent les logiciens sont un moyen particulièrement adéquat, dont Carnap fait un large usage. Expliquer un concept peut requérir bien davantage qu'une formule du genre de celle qui est donnée ci-dessus[65] pour expliciter le sens de « nombre premier ». Comment expliquer, par exemple, ce qu'est l'empirisme ? Au début des années 1930, les membres du Cercle de Vienne – notamment Carnap,

62. Voir R. Carnap, *Logical Foundations of Probability*, *op. cit.*, p. 4.

63. R. Carnap, « Strawson on Linguistic Naturalism », *in* P. A. Schlipp (ed.), *The Philosophy of Rudolf Carnap*, *op. cit.*, p. 938.

64. Sur la variété des formes de l'explication conceptuelle, voir P. Wagner (ed.), *Carnap's Ideal of Explication and Naturalism*, Basingstoke, Palgrave Macmillan, 2012.

65. Note 48, p. 137.

Schlick et Neurath – ont de virulents échanges sur cette question qui les divise. Pour exposer sa position, Carnap montre comment construire un langage qui serait acceptable d'un point de vue empiriste, en distinguant quatre langages formalisés possibles qui correspondent à quatre conceptions de l'empirisme [66]. Chacun de ces langages peut être considéré comme une explication conceptuelle possible du concept d'empirisme [67], dont quatre sens possibles sont ainsi distingués. Dans la *Syntaxe logique du langage*, Carnap construit deux langages formalisés en donnant leur vocabulaire, les règles de formation des formules, des axiomes et des règles de déduction, qui lui servent de cadre formel pour l'explication conceptuelle d'une collection de concepts, dont l'un des plus importants est celui de proposition analytique (au sens d'énoncé logiquement valide) [68]. L'un des objectifs de Carnap, dans cet ouvrage, est de montrer qu'une reconstruction rationnelle de la science est possible, dans laquelle les énoncés des mathématiques sont analytiques et sont clairement distingués des énoncés synthétiques des sciences de la nature. L'analyse logique consiste alors en une reconstruction rationnelle des concepts et des énoncés dans le cadre d'un langage formalisé.

L'analyse logique s'applique donc aux concepts aussi bien qu'aux jugements et aux énoncés. Elle permet non seulement de clarifier la nature de l'analyse conceptuelle mais également de préciser le contenu du concept, qu'il s'agisse d'identifier les sens respectifs de deux concepts (l'un qui est donné à analyser, l'autre qui produit l'analyse) ou de remplacer un *explicandum* par un *explicatum*, selon la méthode décrite par Carnap. Dans de nombreux cas, l'analyse d'un concept requiert que ce dernier soit replacé dans un contexte discursif large, pour la caractérisation duquel la construction d'un langage formalisé peut s'avérer utile parce qu'elle permet d'expliciter et de préciser les ressources conceptuelles et épistémiques requises par l'analyse.

66. Ces langages sont discutés dans R. Carnap, *Testabilité et signification* [1936-1937], trad. fr. Y. Benétreau-Dupin, Paris, Vrin, 2015.

67. Bien que la terminologie de l'« *explication* » – *explicandum* et *explicatum* – soit ne introduite qu'en 1945, donc plusieurs années après la publication de ce texte.

68. R. Carnap, *La Syntaxe logique du langage* [1934/1937], trad. fr. J. Bouveresse, Paris, Gallimard, à paraître.

Conclusion

Que la logique se soit mathématisée et qu'elle ait eu pour principal objet d'étude le fondement des mathématiques pendant plusieurs décennies, surtout à partir des travaux de Frege à la fin du XIXe siècle, ne lui a en aucune manière fait perdre la dimension universelle qu'elle avait acquise depuis l'Antiquité comme science de l'inférence valide et des conditions les plus générales de la connaissance. Sa forme mathématique a au contraire permis de renouveler et d'affiner les capacités analytiques qu'elle a toujours mises au service de l'investigation philosophique, bien au-delà de la « logique philosophique » (comme application de la logique à certaines questions philosophiques particulières) et de la « philosophie de la logique » (comme discussion philosophique de concepts et de résultats propres à la logique). Nous avons, dans ce chapitre, exploré les applications possibles de l'analyse logique à la clarification des problèmes philosophiques en discutant les exemples de l'analyse du jugement, des énoncés et des concepts. Une autre dimension de l'analyse logique du langage, qui requerrait une discussion séparée, concerne l'analyse du langage ordinaire, dont la fécondité philosophique a elle aussi été largement démontrée au cours du XXe siècle et jusqu'à aujourd'hui.

Bibliographie indicative

ARISTOTE, *Sur l'interprétation*, trad. fr. C. Dalimier, Paris, Garnier-Flammarion, 2007.

CARNAP R., *Testabilité et signification* [1936-1937], trad. fr. Y. Benétreau-Dupin, Paris, Vrin, 2015.

– « On Explication », dans R. Carnap, *Logical Foundations of Probability* [1950], Chicago (IL), University of Chicago Press, 1962.

FREGE G., *Idéographie* [1879], trad. fr. C. Besson, Paris, Vrin, 1999.

– *Die Grundgesätze der Arithmetik* [1893 et 1903], trad. angl. Ph. A. Ebert et M. Rossberg, Oxford, Oxford University Press, 2013.

– « La logique dans les mathématiques » [1914], trad. fr. C. Tiercelin et F. Nef, dans G. Frege, *Écrits Posthumes*, Nîmes, Jaqueline Chambon, 1994.

KRIPKE S., *La logique des noms propres* [1970], trad. fr. P. Jacob et F. Récanati, Paris, Minuit, 1982.

MARTIN-LÖF M., « On the Meaning of Logical Constants and the Justifications of the Logical Laws », *Nordic Journal of Philosophical Logic* 1, 1, 1996.

NEF F. et D. VERNANT (dir.), *Le formalisme en question. Le tournant des années 30*, Paris, Vrin, 1998.

QUINE W. V. O., *Du point de vue logique* [1953], trad. fr. S. Laugier (dir.), Paris, Vrin, 2003.

RUSSELL B., « De la dénotation » [1905], trad. fr. J.-M. Roy, dans B. Russell, *Écrits de logique philosophique*, Paris, Puf, 1989.

– *La méthode scientifique en philosophie : notre connaissance du monde extérieur* [1914], trad. fr. Ph. Devaux, Paris, Payot et Rivages, 2018.

SUNDHOLM G., « A Century of Judgment and Inference, 1837-1936 », dans L. Haaparanta (ed.), *The Development of Modern Logic*, Oxford, Oxford University Press, 2009.

TARSKI A., « Du concept de conséquence logique » [1936], trad. fr. A. Zielinska, dans D. Bonnay et M. Cozic (dir.), *Philosophie de la logique*, « Textes clés », Paris, Vrin, 2009.

– « La conception sémantique de la vérité et les fondements de la sémantique », trad. fr. G.-G. Granger, dans D. Bonnay et M. Cozic (dir.), *Philosophie de la logique*, « Textes clés », Paris, Vrin, 2009.

WITTGENSTEIN L., *Tractatus logico-philosophicus* [1921], trad. fr. Ch. Chauviré et S. Plaud, Paris, Garnier-Flammarion, 2021.

– *Recherches philosophiques* [1953], trad. fr. F. Dastur *et. al.*, Paris, Gallimard, 2005.

Logique et théorie de la science à l'âge des universités : un tournant décisif

par Julie Brumberg-Chaumont

Notre chapitre se concentre sur la pensée médiévale latine. Il porte sur la logique et l'épistémologie au sens français de la théorie de la science, sans négliger pour autant certaines questions liées à la théorie de la connaissance (*epistemology*), mais toujours dans le cadre strict du problème de la « connaissance scientifique »[1] entendue comme un état épistémique spécifique, selon la signification première du terme « *scientia* » au Moyen Âge[2]. Ce choix explique le fait que nous nous concentrons sur le XIIIe siècle, puisque c'est à cette époque que les *Seconds analytiques*[3] commencent à être pleinement redécouverts et commentés, transmettant ainsi la théorie aristotélicienne de la science[4]. Nous proposons d'examiner cette première phase de la pensée médiévale et de la comprendre dans sa cohérence.

1. La « science » se réfère ici génériquement à l'état épistémique qui consiste à « savoir scientifiquement » (distingué des autres états inférieurs comme l'opinion) même si les sciences comme corps de savoir ne sont pas absentes de la réflexion ; « théorie » a été préféré à « philosophie » car la réflexion médiévale a été produite dans des cadres disciplinaires qui débordaient la philosophie – une réalité intellectuelle et institutionnelle d'ailleurs encore largement en construction au XIIIe siècle (voir A. de Libera, *Penser au Moyen Âge*, Paris, Seuil, 1991) –, en particulier en théologie.

2. Notons que les maîtres du Moyen Âge adhéraient globalement à la coupure entre science et opinion, même s'ils admettaient des degrés de science.

3. Les théories médiévales de la science héritent de traditions antérieures, augustiniennes et boéciennes (voir Ch. Grellard, « Epistemology », *in* H. Lagerlund (ed.), *Encyclopedia of Medieval Philosophy*, Dordrecht, Springer, 2011, p. 294-300), mais on peut considérer que la réception des *Seconds analytiques*, alliée à la construction des sciences médiévales comme des disciplines universitaires sur le modèle aristotélicien (lesquelles incluent aussi bien la physique que la grammaire ou la théologie) constitue un tournant décisif.

4. Sur la théorie aristotélicienne de la science et sa capacité (ou son incapacité) à valoir comme méthode scientifique, sur les diverses interprétations médiévales ainsi que la tradition des commentaires aux *Seconds analytiques* (dont il ne sera pas question ici), voir la bibliographie indicative de fin de chapitre.

Même dans ce cadre temporel restreint, nous ne pouvons traiter exhaustivement de ces deux thèmes et nous nous restreignons à l'analyse de leur intersection, à savoir la dimension logique de la théorie de la science et la définition de la logique comme une logique de la science. Nous touchons là un aspect essentiel des conceptions proprement médiévales d'une science qui s'incarne alors dans des pratiques fortement formalisées par la logique, mais aussi à un aspect essentiel de la logique elle-même, nouvellement reformulée comme culminant dans la théorie de la science exposée dans les *Seconds analytiques*. Le processus d'identification complète de la logique à l'*Organon* aristotélicien venait de s'achever au moment de la naissance des universités et du développement des centres d'études des Ordres mendiants (Dominicains, Franciscains et Augustiniens au XIIIe siècle), partout en Europe.

Une première section donne quelques repères sur la nature et l'histoire du problème au Moyen Âge. Elle évoque la richesse des théories logiques médiévales. Elle souligne les spécificités des conceptions de l'époque fondées sur la délimitation d'un format ancien, large, de la logique entendue comme théorie de l'argumentation. Elle retrace le contexte historique et théorique dans lequel la logique a pu se définir comme une logique de la science au XIIIe siècle.

Une deuxième section revient sur les rapports entre théorie de la « science » au sens médiéval et la théorie de la connaissance, pour examiner le rôle de la logique dans la définition de la science comme une « croyance » (*fides*) d'un certain type (une notion peut-être mieux traduite ici – pour bien la distinguer de l'opinion, parfois également appelée *fides* – par la notion de « créance » et même de « conviction » [5]) « vraie » (*vera*) « certifiée » (*certificata*) – certifiée précisément exclusivement par la logique. Cette situation fait contraste avec les pratiques péripatéticiennes anciennes, et encore davantage avec les procédures complexes régulant l'instrumentation et l'expérimentation, comme ce sera le cas aux époques moderne [6] et contemporaine [7]. Nous

5. Voir J. Biard, « Produire la confiance : la *fides* dans la tradition topique médiévale », dans Ch. Grellard, Ph. Hoffmann, l. Lavaud (dir.), *Genèses antiques et médiévales de la foi*, Paris, 2020, p. 295-313. Voir *infra* nos remarques notes 34 et 35, p. 155.

6. Ce qui appellera cependant de nouvelles logiques telles que le *Novum Organum* de Francis Bacon.

7. On trouvera une théorie de l'argumentation scientifique fondée sur le modèle dialogique d'une « logique de l'information » comme « logique de la découverte » et inspirée de certaines pratiques anciennes et médiévales abordées ici dans J. Hintikka, *Socratic Epistemology. Exploration of Knowldge-Seeking by Questioning*, Cambridge, Cambridge University Press, 2007.

évoquons les enjeux éthiques et anthropologiques de la science et de la logique, et la façon dont le caractère nécessairement réflexif et méthodologique de la connaissance scientifique est le fondement de sa nature nécessairement logicisée. Cette section revient sur l'émergence médiévale de concepts scientifiques qui nous semblent aujourd'hui très familiers comme ceux de « certitude » ou d'« évidence ». Elle tente de clarifier la façon dont la logique peut être aussi une « logique de la découverte » et le sens qu'il y a à parler d'une production de connaissance lorsque la conclusion est déjà présente au début de l'enquête – dispositif incompris qui a fait l'objet de railleries contre la « méthode scolastique » pendant des siècles. Une dernière section tente d'expliquer comment les pratiques médiévales de la science, presque entièrement fondées sur des disputes formalisées et ritualisées, pouvaient s'accorder avec une théorie axiomatique et démonstrative de la science. Une série d'extraits de textes est proposée en annexe.

1. La logique comme méthode de la science

1.1. Une réorientation épistémologique de la logique

Bien que les *Seconds analytiques* aient été connus dès le XIIe siècle, comme en témoigne l'œuvre de Jean de Salisbury (1120-1180)[8], l'Occident latin commence à étudier en détail le traité et à le commenter dans les années 1220. Le premier commentaire latin connu est celui de Robert Grosseteste (Oxford, *ca* 1220), fortement influencé par le commentaire du philosophe grec Thémistius (IVe siècle de notre ère), traduit en latin à la fin du XIIe siècle.

Le Moyen Âge latin renouait alors avec le format de l'*Organon* déjà pleinement recueilli dans le monde arabe, qui faisait culminer la logique dans la théorie de la science, selon l'orientation analytique et épistémologique qu'avait pris le corpus aristotélicien chez les commentateurs tardo-antiques, bien lisible dans le commentaire de Simplicius sur les *Catégories* (traduit en latin dans les années 1260). En amont, le même schéma s'observait chez Al-Farabi, dans son encyclopédie des sciences (*De scientiis*), connue dans le monde latin dès le milieu du XIIe siècle, et dont l'influence a été considérable[9]. La

8. D. Bloch, *John of Salisbury on Medieval Science*, Turnhout, Brepols, 2012.

9. Al-Farabi, *Über die Wissenschaften, De scientiis, Nach der lateinischen Übersetzung Gerhards von Cremona*, éd. et trad. F. Schupp, Hambourg, Meiner, 2005, p. 52.

logique se redéfinissait ainsi comme une logique de la science [10]. L'idée que le but ultime de la logique était la théorie de la démonstration a été clairement formulée dans le commentaire d'Albert le Grand aux *Seconds analytiques*, où il affirme que la logique démonstrative est plus « noble », notamment en raison de son « sujet » (son « objet » en termes modernes), puisque toute la logique converge vers la théorie du « syllogisme et de ses parties » et que « le plus noble des syllogismes est la démonstration » [11]. L'idée se retrouve chez beaucoup d'autres commentateurs de l'époque.

Cette idée convergeait en effet avec d'autres éléments importants, tels que la nouvelle définition de la logique comme le « mode (ou méthode) de la science (*tropos épistèmès / modus sciendi*) » (*Mét.* II, 994b35-995a20) [12], doté d'une primauté et d'une nécessité absolues dans l'ordre d'apprentissage des sciences, selon l'interprétation « logico-centrée » du texte aristotélicien proposée par le « Commentateur », c'est-à-dire Averroès [13]. Avec la redécouverte des premières lignes des *Premiers analytiques*, les maîtres latins comprenaient aussi que le but commun des deux *Analytiques*, y compris les *Premiers*, et, ainsi, de toute la logique, était la théorie de la « démonstration » et de la « science démonstrative » (*Apr.* 24a10). Nous voyons alors apparaître le syntagme « logique démonstrative (*logica demonstrativa*) » c'est-à-dire « logique de la démonstration », notamment chez Albert le Grand (1200-1280) et Robert Kilwardby (1215-1279), deux maîtres particulièrement influents dans l'histoire de la logique au XIIIe siècle.

Le processus d'aristotélisation de la logique s'opère sur la base d'une connaissance déjà solide de la « vielle logique » (*logica vetus : Isagogè* de Porphyre, *Catégories*, *De l'Interprétation*, et quelques autres opuscules), puis de la « nouvelle logique » (*logica nova*). Il s'agit des *Réfutations sophistiques*, lus dès la deuxième partie du XIIe siècle, des *Premiers analytiques* – pour lesquels un premier commentaire connu est daté des années 1200 mais à la place desquels on lisait précédemment des opuscules de Boèce (VIe siècle de notre ère), puis des *Topiques*, en

10. A. M. Mora-Márquez, « Thirteenth-Century Aristotelian Logic : The Study of Scientific Method », *in* R. Pasnau (ed.)., *Oxford Studies in Medieval Philosophy*, vol. 9, Oxford, Oxford University Press, 2021, p. 146-185.

11. Albert le Grand, *Libri posteriorum analyticorum, Opera omnia* II, éd. A. Borgnet, Paris, Vivès, 1890, p. 2A.

12. Nous utilisons les abréviations standards des œuvres d'Aristote : *Mét.* pour la *Métaphysique*, *Top.* pour les *Topiques*, *Apo.* pour les *Seconds analytiques*, *Apr.* pour les *Premiers analytiques*, *EN* pour l'*Éthique à Nicomaque*.

13. Averroès, *In Aristotelis Opera cum Averrœis Commentariis, Aristotelis Metaphysica*, Giunta, 1562-1574, réimp. Franckfurt, Minerva, 1962, p. 35F-G.

substitut desquels on lisait auparavant le *De differentiis topicis* de Boèce, et, enfin, des *Seconds analytiques*, cette fois sans équivalent dans les formats précédents de la logique [14].

Ce mouvement s'accomplit, du point de vue de l'histoire de la logique, sur un terreau dominé durant le siècle précédent, au sein des fameuses écoles de dialectique où un Abélard (d. 1142) avait brillé, par une conception dialectique de la logique comme art de la dispute. L'époque témoigne de la formidable montée de la technique de la « question », devenue au siècle suivant la « question disputée » universitaire. Comme nous le verrons dans la dernière section, il en résulte ce paradoxe que la redécouverte des *Seconds analytiques* ne freine en rien la trajectoire disputationnelle des pratiques médiévales de science, bien au contraire.

Ces évolutions s'opèrent dans un contexte de redécouverte intensive de la philosophie et des sciences grecques et arabes, notamment la « philosophie naturelle » d'Aristote et ses interprètes arabes (Al-Farabi, Avicenne, Averroès, Algazel), traduits en latin entre le milieu du XIIe siècle et les premières décennies du XIIIe siècle, mais aussi de l'accélération de la constitution des disciplines. Nous sommes en effet à la naissance des universités, principalement Bologne, Montpellier, Paris, Oxford, puis Cambridge, Toulouse et Padoue.

Ces disciplines vont précisément commencer à vouloir toutes se reconstruire comme des sciences selon le modèle aristotélicien, avec leur objet propre, leurs principes, leur construction axiomatisée, leurs propriétés et leurs explications causales : la grammaire, la logique, la médecine (du moins pour sa partie théorique), la philosophie naturelle, mais aussi le droit et la théologie, avec la fameuse version de la « théologie comme science » mise au point par Thomas d'Aquin (d. 1274). Nous touchons ici le sens large de « science » au Moyen Âge, qui, d'une certaine façon et dans ce contexte, renvoie à toute discipline qui suit le modèle démonstratif et axiomatique des *Seconds analytiques*, ou, du moins, se présente de cette façon.

14. J. Marenbon, « La logique en Occident Latin », dans J. Brumberg-Chaumont (dir.), *Ad notitiam ignoti. L'*Organon *dans la* translatio studiorum *à l'époque d'Albert le Grand*, Turnhout, Brepols, 2013, p. 173-192.

1.2. Qu'est-ce que la logique médiévale ?

Ce bref excursus dans l'histoire du corpus logique aristotélicien laisse entrevoir la richesse des domaines couverts par la logique au Moyen Âge, bien loin des standards actuels. La variété ancienne et médiévale de la logique peut se décrire comme le « modèle ancien » de la logique. Ce modèle retient toute la richesse des entreprises comprises sous le terme de « logique », durant l'Antiquité et le Moyen Âge (et encore à l'époque moderne), par contraste avec le modèle contemporain d'une « logique restreinte », un peu à la façon dont on a pu parler de « rhétorique restreinte ». Le modèle ancien se situe en amont du démantèlement de la logique opéré par Kant et de la nouvelle définition de la logique comme une discipline « formelle » [15], dont les effets ne se produiront pleinement que dans les premières décennies du XXe siècle.

Les domaines couverts par la logique médiévale visaient toute opération réflexive de l'esprit sur ses propres actes cognitifs et linguistiques. Cela comprenait, du moins en partie, ce que nous appellerions aujourd'hui l'épistémologie et la philosophie des sciences, la philosophie de l'esprit, la théorie de la connaissance et de la vérité, la philosophie du langage, la sémiotique, la sémantique, la théorie de l'argumentation, la « logique informelle » [16] et, enfin, la logique au sens plus proche de nos usages contemporains. La logique contenait alors bien une théorie des inférences formellement valides, comme nous le dirions aujourd'hui, mais celle-ci n'était qu'un aspect assez restreint d'une théorie plus vaste, où les arguments matériellement corrects, « bons » en vertu de la « matière », comme on le disait alors, importaient autant, sinon plus, dans le cadre d'un « hylémorphisme logique » au sens fort, où la forme était intrinsèquement liée à une matière et non séparée de celle-ci. La logique culminait ainsi dans sa partie « matérielle », à savoir la théorie du syllogisme démonstratif enseignée

15. Sur le rôle de Kant dans le démantèlement disciplinaire de la logique, voir S. Lapointe, « Introduction », *in* S. Lapointe (ed.), *Logic from Kant to Russell. Laying the Foundations for Analytic Philosophy*, New York, Routledge, 2019, p. 1-27.

16. Pour une mise au point récente, voir D. Hitchcock, *On Reasoning and Argument. Essays in Informal Logic and on Critical Thinking*, Basel, Springer, 2017. Au chapitre des différences au regard de la logique médiévale (en dehors du fait que définir la logique comme formelle ou informelle n'a pas vraiment de sens à cette époque), on notera que la logique n'entendait certainement pas rendre compte des arguments des « gens ordinaires », dont le parler vernaculaire (qui n'est pas encore considéré comme correspondant à des « langues ») ne pouvait transmettre une pensée logique (voir plus bas les textes d'Albert le Grand sur les « hommes sans éducation (logique) (*idiotae*) » donnés en annexe [extrait 2].

dans les *Seconds analytiques*. La logique médiévale s'intéressait avant tout aux preuves et aux arguments, et non à des inférences conçues dans une approche monologique qui serait détachée de ses usages argumentatifs collectifs et socialisés. La partie formelle de la logique, transmise dans les *Premiers analytiques*, ne portait pas sur des objets logiques séparés. Elle n'était que la théorie de la dimension formelle des preuves et des argumentations mises en œuvre dans les sciences. Les mêmes argumentations, cette fois envisagées dans leurs dimensions « matérielles », mais dans toute la généralité d'une « matière logique », étaient prises en charge par les *Seconds analytiques*, les *Topiques* et les *Réfutations sophistiques*[17].

Les théories logiques médiévales étaient aussi diversifiées que la logique aristotélicienne elle-même, sur laquelle elles se fondaient largement au XIIIe siècle, mais elles se sont en outre enrichies de toutes une série d'innovations théoriques et pratiques, sans équivalent dans l'Antiquité. On peut citer ici quelques exemples, sans prétendre à l'exhaustivité : la théorie des propriétés des termes, en particulier la « supposition » (variation référentielle en contexte propositionnel)[18], une sémiotique générale[19], la théorie des conséquences (dont les syllogismes ne forment qu'une petite partie), la pratique de l'analyse logique des questions logiques – puis philosophiques, physiques et même théologiques – à partir des *sophismata* (phrases déroutantes dont la valeur de vérité est difficile à déterminer, avec une attention spéciale accordée aux termes de quantification)[20], l'étude des paradoxes (*insolubilia*), la définition de règles pour la pratique de nouvelles formes de joutes oratoires, notamment à partir de propositions fausses (« obligations »), la théorie des modalités[21], la théorie des actes

17. Pour une synthèse et la bibliographe sur les dimensions formelles et matérielles de la logique médiévale et le sens de celles-ci, voir J. Brumberg-Chaumont, « Logical Hylomorphism in the Thirteenth Century », *in* J.-Y. Béziau *et al.*, (ed.), *Logic in Question – Talks from the Annual Sorbonne Logic Workshop (2011-2019)*, Basel, Birkhäuser-Springer, 2023, p. 17-34.

18. *Medieval Supposition Theory Revisited : Acts of the 17th European Symposium on Medieval Logic and Semantics held at the University of Leiden (2-7 June, 2008)*, numéro spécial de *Vivarium* 51, 1/4, 2013.

19. Roger Bacon, *Du signe*, Avant-propos, Introduction, texte latin, traduction et commentaire, I. Rosier-Catach, L. Cesalli, F. Goubier et A. de Libera, « Sic et Non », Paris, Vrin, 2022.

20. F. Goubier et S. Ebbesen, *A Catalogue of Thirteenth Century Sophismata*, vol. I et II, Paris, Vrin, 2010.

21. Sur ces sujets, voir les différents chapitres dans C. Dutilh-Novaes et S. Read (eds.), *Cambridge Companion to Medieval Logic*, Cambridge, Cambridge University Press, 2016 (en se passant du chapitre sur la logique au XIIIe siècle).

de langage[22], ou encore, cette fois en lien direct avec notre sujet, le développement d'une logique épistémique[23].

2. La science : un état épistémique certifié par la logique

2.1. La dimension logique de la science médiévale

Le fait que la théorie de la science soit incluse dans la logique ne signifie pas qu'elle ait été traitée uniquement dans le corpus logique ou de manière purement logique. Il existe d'importantes réflexions sur la définition de la science dans les *Seconds analytiques* qui débordent ce sujet. Il existe aussi des développements relatifs à la méthodologie des sciences dans des traités hors de la logique, tels les fameux « excursus méthodologiques » de l'*Éthique à Nicomaque* (1094b11-21 ; 1003b25-30 ; 1103b34-1104a8), la théorie de la science comme vertu dans le même traité, évoquée plus loin, les réflexions sur la science de la nature du début de la *Physique* (1184a10-b14) ou les longues considérations méthodologiques au début des *Parties des animaux* I, 1-3. Les auteurs médiévaux se sont cependant empressés d'en tirer l'idée qu'il y aurait des « logiques spéciales » liées à chaque domaine spécifique[24].

La dimension logique de la théorie de la science était déjà présente chez Aristote, puisque celle-ci est définie comme le produit de la démonstration, c'est-à-dire du syllogisme démonstratif, le « syllogisme qui produit de la connaissance scientifique (*syllogismos epistèmonikos* / *syllogismus faciens scire*) ». Ce syllogisme, construit dans le premier mode de la première figure (Barbara)[25] ajoute à la

22. I. Rosier-Catach, *La parole comme acte : sur la grammaire et la sémantique au XIIIe siècle*, Paris, Vrin, 1994 ; *La parole efficace : signe, rituel, sacré*, Paris, Seuil, 2004.

23. I. Boh, *Epistemic Logic in the Later Middle Ages*, London-New York, Routledge, 1993.

24. Voir A. Robert, « Le débat sur le sujet de la logique et la réception d'Albert le Grand au Moyen Âge », dans J. Brumberg-Chaumont (éd.), *Ad notitiam ignoti*, *op. cit.*, p. 467-512 et J. Brumberg-Chaumont, « Les divisions de la logique selon Albert le Grand », dans *ibid.* p. 335-416. Voir aussi les hypothèses récentes de James Lennox à ce sujet, formulées en termes de « cadres érotériques » et de « normes d'enquête » généraux et spécifiques à chaque domaine scientifique, où la question de la démonstration est décentrée : J. G. Lennox, *Aristotle on Inquiry. Erotetic Frameworks and Domain-Specific Norms*, Cambridge, Cambridge University Press, 2021.

25. « Tous B est A ; Tout C est B ; Tout C est A » (AaB, BaC, AaC) : « a » = prédication affirmative universelle, d'où le moyen mnémotechnique médiéval pour mémoriser les modes valides, dont le premier est « Barbara » ; A, B et C sont des lettres d'attentes mis pour des termes concrets.

nécessité de la combinaison syllogistique (exposée dans les *Premiers analytiques*) la nécessité des prémisses elles-mêmes « scientifiques » et « nécessaires » (« premières », « par soi », « immédiates », « antérieures et plus connues que la conclusion » et « causes de la conclusion », *Apo.* I, 2 75b25 *sq.*). Néanmoins, la conception médiévale de la science a fortement accentué cette dimension logique. Ce point est lié au fait que la science elle-même était principalement une entreprise livresque et argumentative, fondée sur l'évaluation et l'expansion des vérités scientifiques à partir d'un noyau de propositions héritées des textes canoniques – pour le dire vite, Aristote en philosophie, la Bible en théologie, Priscien (et Donat) en grammaire, le Corpus Justinien en droit civil, etc. Cette situation valorise à l'extrême la question des procédures d'interprétation et d'encadrement et de vérification de la correction (matérielle et formelle) des inférences selon les règles de la logique.

Il faut cependant préciser que cela ne voulait pas dire que la production de connaissance scientifique était considérée comme une opération purement verbale (correspondant aux raisonnements qu'Aristote désigne comme conduits « de manière logique (*logikôs*) »). Cette idée était au contraire critiquée par nos maîtres comme une façon illégitime pour la logique de s'arroger la capacité à établir directement des vérités dans chacune des sciences spécifiques, ce que Raoul le Breton, un important maître ès arts de la fin XIIIe siècle, dénonce, selon la première occurrence de la formule à notre connaissance, comme une « logique pure »[26]. La logique doit être mise en œuvre (*logica utens*), mais comme instrument des différentes sciences, dont use chaque spécialiste.

La pratique médiévale de la science est fondamentalement distincte de la pratique aristotélicienne elle-même, où la mise en forme démonstrative des connaissances scientifiques dans une argumentation n'était, au mieux, qu'une étape de l'activité scientifique, et où figuraient également l'observation, la collecte des données et l'organisation rationnelle de ces dernières, comme on le voit bien dans les ouvrages zoologiques d'Aristote. Les débats menés par les savants aristotélisants à propos des leçons à tirer de l'absence totale de syllogismes démonstratifs dans le corpus aristotélicien, qui mettraient en œuvre la méthode prescrite par les *Seconds analytiques*[27] se posent en des

26. Raoul le Breton, *Quaestiones super Isagogen Porphyrii*, Question 2A (« *Utrum logica sit scientia realis vel rationalis* »), éd. dans Giraldus Odonis O. F. M., *Opera philosophica*, vol. II : *De intentionibus*, éd. et étude L. M. de Rijk, Leiden-Boston 2005 [Appendice E], p. 668.

27. Voir la bibliographie donnée en fin de chapitre, en particulier J. Barnes et J. Lennox.

termes très différents au Moyen Âge. On y observe en effet l'attribution à Aristote d'une pratique « enthymématique » du syllogisme, laquelle autorise tout simplement la mise en forme syllogistique des arguments contenus dans les ouvrages de philosophie d'Aristote, selon une approche non formaliste de la forme logique, mais aussi l'attribution à Aristote de disputes à la manière médiévale dans la conduite de son argumentation scientifique – nous y revenons en fin de chapitre [28]. Cette opération permet à nos auteurs de lire chez Aristote une pratique logicienne de la science telle qu'ils la mettaient eux-mêmes en œuvre et la théorisaient en lisant les *Seconds analytiques*.

2.2. Qu'est-ce que la « *scientia* » médiévale ?

Il convient à présent de revenir sur la place à accorder à la question de la théorie de la connaissance. Ce domaine qui n'est évidemment pas coupé des théories de la science, ne serait-ce que par l'ancrage empiriste de la formation des concepts universels à partir desquels les sciences se construisent, conformément à l'héritage aristotélicien [29], mais aussi pour des raisons plus générales, liées à ce qu'on entend par « science (*scientia*) » au Moyen Âge.

Le sens de « science » comme discipline et corps justifié de savoir, dominant aujourd'hui en français, est un sens secondaire à l'époque qui nous occupe. Dans un ouvrage récent [30], des chercheurs ont suggéré que la manière dont on peut analyser les conceptions épistémologiques dans le cadre de pensées non anglo-saxonnes (ce qui vise de fait les pensées non-occidentales) devait prendre en considération l'existence de verbes ou de noms exprimant la connaissance qui fonctionnent différemment de « *to know* » et « *knowledge* » en anglais. Cette proposition pourrait en fait tout aussi bien s'appliquer, en ce qui concerne le mot « science » à l'intérieur de notre culture européenne, prise dans l'épaisseur de son histoire et de ses aires culturelles. Elle s'applique certainement à l'« *épistémè* » grecque, à l'origine à la fois de notre « épistémologie » et

28. Voir J. Brumberg-Chaumont, « The Logic of Enthymemes as (Incomplete) Syllogisms : 13th-Century Theories and Practices », *in* F. Mariani-Zini (ed.), *The Legacy of Enthymeme. Proofs and Belief in the Middle Ages and in the Renaissance*, « Bloomsbury Studies in Aristotelian Tradition », London, Bloomsbury, 2023, p. 99-145 ; « Disputational Theories and Practices of Science during the 13th Century », *in* A. M. Mora Márquez (ed.), *Revisiting Medieval Dialectic*, « Argumentation », Springer, à paraître.

29. Nous laissons de côté ici les théories « illuministes » de la connaissance.

30. M. Mizumoto, E. McCready, S. Stich (eds.), *Epistemology for the Rest of the World*, Oxford, Oxford University Press, 2018.

de notre « science ». C'est là même le point de départ de l'article célèbre de Myles Burnyeat qui, commençant par reconnaître que « *épistémè* » renvoyait en même temps à « un corps de connaissance systématique » et un « état cognitif » du sujet connaissant, un sens « subjectif » [31], a insisté sur l'importance majoritaire du second de ces sens. Celui-ci est d'ailleurs marqué par l'emploi privilégié, au début des *Seconds analytiques*, là où nous lisons une « définition de la science » (*Apo.* I, 2) du verbe « connaître scientifiquement » (*epistasthai* / *scire* en latin). C'est pour cette raison que Burnyeat propose de traduire « *épistémè* » par « *understanding* » [32] – mais il accepte aussi « *scientific knowledge* », « connaissance scientifique ».

La science est un « état intellectuel » (*hexis*/*habitus*) bien spécifique, un état de connaître scientifiquement, suivant la définition aristotélicienne de la science comme un « habitus » des conclusions (disposition stable à connaître les conclusions) – c'est-à-dire lorsque la « science » au sens strict est distinguée de l'« intellection des principes », qui ne sont évidemment pas objets d'une conclusion (*Apo.* 100b5-15). Le fait de « connaître scientifiquement » et la « science » sont décrits comme correspondant à un état intellectuel accompagné de « croyance / conviction » ou comme un type de celle-ci (*pisteuein*/*credere*, *Apo.* 72a25 ; *Apo.* 72b3) [33]. Dans les *Premiers analytiques* II, 23 (68b10-15), la « croyance / conviction » (*pistis* / *fides*) est produite par toutes les figures syllogistiques et, généralement, par le syllogisme (qu'il soit démonstratif, dialectique ou rhétorique). Cette théorie est liée à l'usage scientifique et argumentatif proprement aristotélicien de la notion de *pistis*, dont on peut dire, malgré sa grande complexité, qu'il nous rapproche de la notion de « conviction » [34], voire de preuve [35].

31. M. Burnyeat, « Aristotle on Understanding Knowledge », *in* E. Berti (ed.), *Aristotle on Science and the « Posterior Analytics »*, Padova, Antenore, 1981, p. 97.

32. Traduction retenue pour une partie des occurrences de « *épistèmè* » par l'auteur de la traduction anglaise de référence, Jonathan Barnes.

33. Voir aussi, avec une autre terminologie, *Apo.* 89a16-21. Voir aussi *Top.* V 130b15 ; 131a23 ; 126b13-18 ; *De anima* 427b26.

34. *Pisteuein* est traduit (avec raison) par « être convaincu » par Pierre Pellegrin, Aristote, *Seconds Analytiques*, Paris, GF-Flammarion, 2005, p. 71-72 ; par « being convinced » par J. Barnes, Aristotle, *Posterior Analytics*, Oxford, Oxford University Press, 2002, p. 3-4.

35. Voir A. Jaulin, « Usages aristotéliciens de la *pistis* », dans Ch. Grellard, Ph. Hoffmann, l. Lavaud (dir.), *Genèses antiques et médiévales de la foi*, Paris, Brepols, 2020, p. 35-48.

En ce qui concerne le Moyen Âge latin, la « *scientia* », à l'instar du terme grec, peut bien désigner, un corps systématique de doctrine, ce qu'on appelle à partir du XIVe siècle une « science par agrégation (*scientia aggregata/congregata*) »[36], mais elle signifie principalement le fait d'être « sachant » (*sciens*, participe de *scire*), la « science » au sens actif, comme dans « conscience ». Comme nous venons de le voir à propos des textes grecs, il s'agit d'un état spécifique, un « habitus » scientifique selon la terminologie médiévale, un type de « croyance ».

Une spécificité médiévale est que la notion de croyance (*fides/credulitas*/parfois *existimacio*) est valorisée de façon extrêmement forte et complexe, en raison de divers facteurs convergents qu'il n'est pas possible d'étudier ici en détail. On mentionnera rapidement l'importance nouvelle, au XIIe siècle, des notions de « certitude (*certitudo*) » et de « croyance/foi » (*fides*) dans la tradition latine, avec la très influente définition cicéronienne de l'« argument » comme « une raison qui produit la croyance (*ratio faciens fidem*) au regard de qui était en doute », interprétée dans le sens d'une preuve (qui peut être productrice de certitude, et pas seulement d'opinion). C'est aussi le cas dans le domaine de la théologie, avec la nouvelle définition de la foi (*fides*) chez Hugues de Saint Victor comme une « certitude » intermédiaire entre l'« opinion » et la « science », qui conduira à la distinction entre la « certitude de la foi » et la « certitude de la science » chez Thomas d'Aquin[37]. Cette importance est renforcée dans la tradition des *Seconds analytiques* au XIIIe siècle, avec l'émergence parallèle de la notion de « certitude » dans la philosophie arabe de la science (notion absente des *Seconds analytiques* et du corpus aristotélicien en général), opposée à l'« opinion » qui comporte la « peur de l'opposé (*cum formidine ad oppositum*) », c'est-à-dire à la crainte que la proposition contradictoire du problème ne soit en réalité vraie – nous y revenons en fin de chapitre[38].

36. Voir J. Biard, *Science et nature, la théorie buridanienne du savoir*, Paris, Vrin, 2012, p. 39-40.

37. Voir notamment J. Biard, « Produire la confiance : la *fides* dans la tradition médiévale », art. cit. – un article qui n'évoque toutefois pas la nouvelle définition de la foi, due à Hugues de Saint Victor, ni la distinction thomasienne entre les deux types de certitude.

38. Voir notamment J. Biard, « *Certitudo* », dans I. Aucha *et al.* (dir.), *Mots médiévaux offerts à Ruedi Imbach*, Porto, Fidem, 2011, p. 129-138 ; R. Pasnau, *A History of Our Epistemic Ideals and Illusions*, Oxford, Oxford University Press, 2017, p. 26 ; D. Black, « *Knowledge ('ILM) and certitude (YAQĪN) in AL-FĀRĀBĪ'S Epistemology* », *Arabic Science and Philosophy* 16, 1, 2006, p. 11-45.

On mentionnera enfin l'adoption partielle chez les maîtres latins de la division avicennienne de la logique en fonction de la distinction entre les deux actes qui composent la connaissance, à savoir la conception (*tasawwur / intellectus / imaginatio*) des termes incomplexes (*incomplexum*) et l'assentiment (*taṣdīq*) ou « croyance » en latin (*fides / credulitas*) aux propositions obtenues par argumentation (*complexum*), dont l'espèce dotée de certitude, obtenue par syllogisme démonstratif est précisément la science[39]. Le principe de cette division sera retenu au Moyen Âge latin, même si c'est presque toujours une division tripartite de la logique à partir des trois actes de l'esprit qui sera adoptée sous l'influence de Thomas d'Aquin (*Catégories* / intellections simple ; *De l'Interprétation* / combinaison des intellections simples dans des énoncés ; *logica nova* / combinaison des énoncés dans des raisonnements)[40]. Le même genre d'enquête pourrait être mené à propos de l'émergence médiévale de la notion d'« évidence (*evidentia*) », conférée à la certitude de la science mais refusée à la certitude de la foi – un point que nous devons ici laisser de côté[41].

C'est ici que la définition logique de cet état de certitude qu'est la science joue à plein, puisque la certitude de la conclusion est obtenue par un procédé de *certification* logique sur la base d'une approche vérificationniste de la recherche scientifique. Cette approche, déjà présente dans la tradition latine précitée, est renforcée dans la tradition arabe qui s'impose au début du XIIIe siècle. On pourra l'observer clairement en lisant les textes médiévaux latins cités dans l'Appendice, mais nous pouvons mentionner ici deux séries d'extraits particulièrement significatifs, l'une tirée d'Al-Farabi et l'autre d'Avicenne :

39. Voir Algazel (*imaginatio / credulitas*), *Logica*, éd. dans C. Lhor, « *Logica Algazelis* : Introduction and Critical Text », *Traditio* 21, 1965, p. 239, p. 241 ; Avicenne (*Intellectus/ credulitas-fides*), *Logica*, texte latin, édition critique de la traduction médiévale par F. Hudry, introduction doctrinale par A. de Libera, Paris, Vrin, 2018, p. 130 et p. 131 ; Averroes (*informatio-ymaginatio /fides vs.incredulitas*), *Averroes Commentarium Magnum de Anima*, éd. F. S. Crawford, Cambridge (Mass.), The Mediaeval Academy of America, 1953, p. 455, 464, p. 505-506 (double traduction latine *fides-credulitas* du terme *taṣdīq*, traduit en français par « assentiment »). La distinction vient de *De anima* 430a26 et 432a10-12. Cette division bifide a été reprise par Albert le Grand, dans sa paraphrase à l'*Isagogè*, *De Quinque predicabilibus*, *Alberti Magni Opera Omnia* 1,1, éd. M. Santos Noya, Köln, Ascherdorff, 2004, p. 8 *sq.* Sur l'adoption partielle de cette division, voir J. Brumberg-Chaumont, « Les divisions de la logique selon Albert le Grand », art. cit. Voir aussi l'annexe [extrait 7].

40. Voir Annexe [extrait 7].

41. Voir R. Pasnau, *After Certainty*, *op. cit.*, chap. II.

> En effet, si nous avions ignoré la dialectique [ici : la logique] nous ne serions pas certains (*certi*) selon la vérité (*secundum veritatem*) de ce qui est véritablement (*vere*) découvert, de comment celui-ci a été véritablement découvert [...] et de quelle façon ont été conduites les argumentations qui doivent opérer avec nécessité la vérification (*verificatio*) de l'énoncé qui exprime [ce qui a été découvert], pas davantage que nous serons certains de l'erreur qui concernerait l'un de ces [énoncés] qui se trouverait dans l'erreur [42].

> Le syllogisme [...] [est un discours] dont la propriété est de vérifier (*verificare*) un énoncé quelconque [43] [N.B. les propositions à partir desquels les syllogismes démonstratifs sont construits sont appelées « certificatives (*certificativae*) »] [44].

> Celui qui possède l'enseignement logique peut étudier afin de certifier (*certificandam*) la vérité [de ses pensées] en se penchant régulièrement sur l'intention de son acte au regard de ce qui le règle [...] Cet enseignement [= la logique] est donc nécessaire à la perfection de l'homme [45].

> Il peut arriver peut-être à un homme que survienne en lui naturellement une définition qui lui procure la notion (*intellectus*) de quelque chose, et un raisonnement qui produise la croyance (*ratio faciens fidem*) [...] cependant il ne s'agira alors pas vraiment d'un cas qui appartient à l'enseignement, et [la connaissance ainsi acquise] *ne sera pas vraie de telle façon qu'elle ne puisse parfois se tromper.* [...] La nature humaine est insuffisante pour cela tant qu'elle n'a pas acquis l'enseignement [de la logique] ... bien qu'il arrive parfois qu'elle soit droite, comme un aveugle qui tirerait droit [46].

Nous voyons dans le dernier texte cité la façon dont le traducteur latin d'Avicenne a mis dans la bouche de celui-ci la célèbre définition cicéronienne de l'argument : « une raison qui produit la croyance à propos de ce qui était en doute (*ratio faciens rei dubiae fidem*) ».

Bien que certains spécialistes refusent une pertinence au fait de partir, même à titre provisoire, de la formule définissant la connaissance comme « croyance vraie justifiée » pour réfléchir sur les théories anciennes, médiévales et contemporaines [47], d'autres l'ont reprise moyennant certains aménagements pour aborder le Moyen

42. Al-Farabi, *De scientiis*, *op. cit.*, p. 28-30. Nous traduisons.

43. *Ibid.*, p. 36-38.

44. *Ibid.*, p. 52.

45. Avicenne, *Logica*, *op. cit.*, p. 133. Nous traduisons.

46. *Ibid.*, p. 132.

47. J. Dutant, « The Legend of the Justified True Belief Analysis », *Philosophical Perspectives* 29, 2015, p. 95-145.

Âge[48]. Il nous semble pertinent, dans la perspective précise qui nous occupe ici, de définir la science comme un certain type de croyance, du moment que le terme « croyance » est bien restitué en un sens à la fois large et rationnel, argumentatif, proche de la « créance » et de la « conviction » (la *pistis* aristotélicienne, l'assentiment avicennien), distinct du sens restreint lié ou bien à la foi religieuse ou bien à un état épistémique inférieur proche de l'opinion, également appelée *fides* ou *existimatio* (*pistis* et *hupolèpsis*), comme nous le verrons plus, ce qui prête à confusion. Cette croyance est précisément justifiée par la certification que confère la logique.

Un point très important est ici que la logique norme non seulement les preuves et les opérations déductives entre les propositions (l'art de l'argumentation chez Avicenne), comme cela pourrait sembler assez attendu, mais aussi les opérations préparatoires à celle-ci, ce qui est plus étonnant, à savoir la saisie, la définition et la hiérarchie des termes des propositions et ces propositions mêmes par les *Catégories*, le *De l'Interprétation* (l'art de la définition chez Avicenne). Elle prend aussi en charge la justification logique (à défaut de démonstration) des premiers principes, non seulement en reprenant le rôle dévolu par Aristote à la dialectique dans la recherche ou la défense des premiers principes (*Top.* 101a32-b4, *Mét.* 1006a12) mais aussi en développant une théorie de la « dérivation logique » des premiers principes à partir des termes de la proposition qui les exprime, notamment en montrant leur caractère « analytique » (*resolutio* ; inclusion du prédicat dans le sujet), à partir de Thomas d'Aquin[49].

2.3. La science comme vertu et perfection anthropologique : un habitus réflexif et méthodique certifié par la logique

Cette approche nous renvoie à deux autres aspects fondamentaux, à savoir la science comme « vertu intellectuelle » et comme perfection anthropologique ou « félicité » philosophique – deux notions héritées d'Aristote. La science est l'une des vertus intellectuelles, distinguées des vertus morales dans l'*Éthique à Nicomaque*. L'« opinion » et la simple saisie ou « croyance / représentation » (*hupolèpsis / suspicio*,

48. Voir C. Grellard, « Epistemology », *in* H. Lagerlund (ed.), *Enclyclopedia of Medieval Philosophy*, Dordrecht, Springer, 2011.

49. Voir V. De Risi, « The Derivability Theory of Axioms. Logic and Mistranslation in the Middle Ages and the Renaissance », *in* C. V. Crialesi (ed.), *Pre-Modern Mathematical Thought. The Latin Discussion (13th-16th Century)*, Brill, Leiden, à paraître.

EN 1139b17) ne sont pas des vertus car elles peuvent porter sur le faux [50]. C'est dans ce cadre que la science est définie comme un « état qui permet de démontrer (*hexis apodeiktikè / habitus demonstrativus*) » (*EN* 1139b32) – ce qui vient compléter la définition des *Seconds analytiques* où la science est le résultat de la démonstration – et comme « une croyance (*hupolèpsis / existimacio*) [51] portant sur les universels et les choses qui sont par nécessité » (*EN* 1140b31). La dimension anthropologique de l'acquisition de la science fait que celle-ci est conçue comme une véritable actualisation par l'individu de son essence intellective, et par là, de son essence humaine, à partir d'un état initial de l'intellect comme une « tablette vide » (*tabula rasa*), selon la formule célèbre du *De anima* (429b30-440a2). Le Moyen Âge a développé des théories qui mettaient fortement en valeur la question de la « félicité philosophique », inspirées du livre X de l'*Éthique à Nicomaque* en particulier [52]. C'est aussi en référence à cette conception qu'est interprétée la première phrase de la *Métaphysique*, qui présente la « connaissance » comme « naturellement désirée par tous les hommes ».

L'innovation médiévale consiste alors à transférer ces caractéristiques à la logique elle-même. La logique reçoit en effet une dimension éthico-anthropologique [53]. Cette idée était déjà présente chez les philosophes arabes disponibles en traduction latine : chez Averroès, nous l'avons vu, du fait de sa réinterprétation logico-centrée des propos d'Aristote sur les « obstacles à la philosophie » en *Métaphysique* 994b30-995a20, chez Al-Farabi, qui décrivait la possession de l'art logique comme « le premier degré de la félicité » [54], c'est-à-dire de la perfection

50. Ces différentes nuances dans les états épistémiques, considérées en relation avec le type d'argumentation qui peut les produire, sera à l'origine de la théorie de l'« *Organon* long », adoptée dans le domaine arabe et superficiellement reprise dans le monde latin notamment chez Thomas d'Aquin (avec la *Rhétorique*, correspondant à la *suspicio*, la *Poétique* correspondant à l'*estimatio*, les *Topiques* à la *fides* (au sens d'opinion) et les *Analytiques* à la *certitudo*), voir C. Marmo, « *Suspicio* : A Key Word to the Significance of Aristotle's Rhetoric in Thirteenth Century Scholasticism », *Cahiers de l'Institut du Moyen Âge Grec et Latin* 60, 1990, p. 145-198.

51. Cet emploi des termes « *existimacio* » et « *suspicio* », connotés habituellement dans le sens d'un état doxastique inférieur à la science sera décrit comme « impropre » par Albert le Grand dans son commentaire à l'*Éthique* (*Super Ethicam*).

52. Voir A. de Libera, *Penser au Moyen Âge*, *op. cit.*

53. J. Brumberg-Chaumont, « Raison et Logique au Moyen Âge », dans D. Poirel (dir.), *La Raison au Moyen Âge*, Paris, Vrin, 2023, p. 39-75 ; « The Rise of Logical Skills and the 13 th Century Origins of the Logical Man », *in* J. Brumberg-Chaumont et Cl. Rosental (eds.), *Logical Skills. Social-Historical Perspectives*, Basel, Springer, 2021, p. 91-120.

54. Al-Farabi, *Liber exercitationis ad viam felicitatis*, éd. dans D. Salman, « Le *Liber exercitationis ad viam felicitatis* d'Alfarabi », *Recherches de Théologie ancienne et médiévale* 12, janv-avril 1940, p. 46.

anthropologique ; chez Avicenne qui affirmait la nécessité de la logique pour la « perfection de l'homme »[55], ou encore chez Algazel, qui associait la logique à l'acquisition de la « félicité éternelle »[56].

Cette théorie était liée au fait que la connaissance théorique était conçue comme instrumentée de façon absolument nécessaire par la logique – une conception extrêmement courante dans les textes du XIIIe siècle. Ceci présupposait non seulement que toute connaissance scientifique devait se connaître elle-même comme connaissant (suivant la « thèse KK »[57]) mais qu'elle devait aussi connaître ce qu'était connaître scientifiquement – connaissance procurée uniquement par la logique. C'est la raison pour laquelle toute science devait être une science logicisée, et même « logicienne ».

C'est dans ce même cadre qu'il faut comprendre l'adoption médiévale de l'identification avicennienne de l'objet de la logique à des « intentions secondes », la définition avicennienne de la logique comme « l'art de faire passer ce qui était inconnu au connu à partir de ce qui était déjà connu », l'adoption d'un format « problématologique » de l'enquête scientifique, ou encore la définition médiévale de la logique comme « l'art des arts, la science des sciences ». Les intentions secondes sont les propriétés de second ordre qui échoient aux choses non pas au regard de ce qu'elles sont en elles-mêmes, mais en tant qu'elles sont pensées et objets de connaissance. C'est grâce à cette « prise logique » sur les concepts des choses que nous pouvons arrimer ce que nous ne connaissons pas encore (c'est-à-dire une proposition posée comme question / problème dont le statut épistémique est à déterminer) à ce que nous savons déjà, afin de faire passer la proposition en question de « inconnue » (ou « en doute ») à « connue ». Ceci différencie radicalement la logique de la psychologie, puisqu'elle n'a rien à voir avec des événements individuels de pensée ou des modifications de l'âme (dont s'occupe le *De anima*) : il s'agit d'une science normative. Elle peut aussi avoir ses objets propres (les propriétés logiques étudiées indépendamment de leur utilisation dans les différentes sciences), auquel cas elle sera récursivement à elle-même sa propre logique sous-jacente.

La logique reçoit également une dimension éthico-anthropologique parce qu'elle en vient à être conçue directement comme l'actualisation de l'essence rationnelle de l'homme. Un texte attribué à Simon de Faversham, un maître important des années 1280 à Paris, fortement

55. Voir le texte cité note 45, p. 158.
56. Algazel, *Logica*, *op. cit.*, p. 242.
57. J. Hintikka, « "Knowing that One Knows" Reviewed », *Synthese* 21, 1970, p. 141-162.

influencé par Albert le Grand, va même jusqu'à affirmer qu'« un homme sans logique n'est appelé "homme" que de manière homonyme »[58]. La logique, étant elle-même une science, peut être également comprise comme une « vertu intellectuelle ». Ainsi « la science logique », en tant qu'elle culmine dans la théorie de la démonstration, est décrite par Albert le Grand, comme « cette science qui est une vertu ultime et la meilleure »[59].

3. Théories axiomatiques et pratiques disputationnelles de la science : une définition « dialectisée » de la certitude

Si l'on regarde du côté des pratiques de sciences, on remarque que les pratiques disputationnelles représentaient la quasi-totalité des pratiques de recherche scientifique, d'enseignement et d'obtention de diplômes dans les universités médiévales, avec différents types de disputes ritualisées et formalisées exécutées ou écrites en fonction des différents contextes[60]. En dépit de la redécouverte de la théorie démonstrative et axiomatique de la science des *Seconds analytiques*, pratiquement aucun traité suivant une forme axiomatique n'a été écrit pendant la période médiévale[61]. Cette situation n'a pas créé un écart dramatique entre une théorie idéale axiomatique et démonstrative de la science[62] et une pratique réelle « non idéale », comme le suggère Robert

58. Simon de Faversham (?), commentaire au *Tractatus*, éd. dans L. M. de Rijk, « On the Genuine Text of Peter of Spain's *Summule Logicales* II : Simon of Faversham (d. 1306) as a Commentator of the Tracts I-V of the *Summule* », *Vivarium* VI, 2, 1968, p. 78.

59. Albert le Grand, *Libri posteriorum analyticorum*, *op. cit.*, p. 2A.

60. Sur l'histoire des disputes universitaires au Moyen Âge, voir O. Weijers, *La « disputatio » à la Faculté des arts de Paris (1200-1350 environ), Esquisse d'une typologie*, Turnhout, Brepols, 1995 ; *La « disputatio » dans les Facultés des arts au Moyen Âge*, Turnhout, Brepols, 2002 ; *Queritur utrum, recherches sur la 'disputatio' dans les universités médiévales*, Turnhout, Brepols, 2009.

61. Sur ce paradoxe, voir J. L. Solère, *Formes de la pensée médiévale*, Paris, sous presse ; « L'ordre axiomatique comme modèle d'écriture philosophique dans l'Antiquité et au Moyen Âge », *Revue d'Histoire des Sciences* 56, 2, juill.-déc. 2003, p. 323-345 ; « Art dialectique ou tristes topiques ? », *L'enseignement philosophique* 41, 6, juillet-août 1991, p. 13-31.

62. Un idéal lui-même complexe, avec différents modèles préexistants à la réception des *Seconds analytiques*, chez Euclide, Boèce et dans l'anonyme *Livre des causes*, voir J. L. Solère, *Formes de la pensée médiévale*, *op. cit.* et J. Brumberg-Chaumont, « La logique de la théologie comme science au XIIIe siècle. La *Summa theologiae* de Thomas d'Aquin et l'invention de la forme du traité disputationnel de science », dans O. Boulnois, *Connaître Dieu. Les métamorphoses de la théologie comme science*, Turnhout, BHESR, 2024, p. 305-337.

Pasnau, en parlant d'une « illusion » [63]. L'optimisme épistémologique [64] des maîtres de l'époque quant à leur capacité à atteindre la certitude scientifique ne semble pas particulièrement ébranlé par cette situation.

Les maîtres du XIIIe siècle ont en réalité déployé des stratégies précises pour construire des ponts entre leur théorie démonstrative et leurs pratiques disputationnelles.

L'une d'entre elles s'est située sur le plan des pratiques mêmes, à savoir l'invention de nouvelles formes de disputes scientifiques totalement différentes de la joute aristotélicienne des *Topiques* ou de la *disputatio in utramque partem* cicéronienne. Ces nouvelles disputes universitaires suivent la forme fixe constituée par une question du type du *problema* (avec réponse par « oui » ou par « non », typiquement « est-ce que *p*, ou non ? »), un argumentaire en deux volets contradictoires (*in utramque partem*), en faveur de chacune des deux propositions contradictoires, une solution et une réponse aux arguments contraires. Ces nouvelles formes vont jusqu'à inclure l'invention de « disputes démonstratives » quasi axiomatisées [65].

Une deuxième stratégie s'est située sur le plan des théories. Comme Pasnau le suggère lui-même [66], sans aller plus loin dans cette direction, une des clefs de l'énigme réside dans l'interprétation médiévale de l'autre traité aristotélicien fondamental pour comprendre la théorie de l'argumentation, y compris, scientifique, à savoir les *Topiques*. Cette interprétation a consisté à commenter les *Topiques* d'Aristote de façon à y lire l'idée que l'usage principal de la dialectique était d'être entièrement au service des sciences (les usages gymnastiques et agonistiques étant totalement marginalisés), à décrire les joutes aristotéliciennes comme des disputes universitaires médiévales (*in utramque partem*, avec une solution), à placer au cœur du dispositif l'idée de « disputes démonstratives (*disputationes demonstrativae*) » (développant les « disputes didactiques / scientifiques » déjà présentes

63. Robert Pasnau, *After Certainty. A History of Our Epistemic Ideals and Illusions*, *op. cit.*

64. À ce sujet voir S. Ebbesen, « Radulphus Brito. The Last of the Great Masters. Or Philosophy and Freedom », *in* S. Ebbesen, *Topics in Latin Philosophy from the 12-14th century*, vol. II, Farnham, Ashgate, 2009, p. 179-196 ; « Radulphus Brito. The Last of the Great Innocents », dans Ch. Girard et P. Emamzadah (eds.), *The Philosophy of Radulphus Brito*, Turnhout, Brepols, à paraître, 2025.

65. Voir J. Brumberg-Chaumont « La logique de la théologie comme science au XIIIe siècle », art. cit. Cet article offre une nouvelle formulation de la classification des disputes médiévales par rapport à celles d'Olga Weijers.

66. R. Pasnau, « Medieval Social Epistemology. *Scientia* for mere mortal », *Episteme* 7, 2010, p. 40, n. 15.

chez Aristote) et, enfin, à attribuer à Aristote lui-même la pratique de disputes à la manière médiévale[67].

Enfin, le soubassement théorique de ces deux stratégies a été l'adoption d'une conception « dialectisée » (et non « dialectique ») de la certitude scientifique. Celle-ci n'est pas « dialectique » car il ne s'agit pas du tout de parvenir à une connaissance seulement « endoxale / acceptable » (en évitant de traduire « *probabilis* » par « probable »), à une opinion, mais de parvenir à la certitude de la science. Cependant cette certitude est « dialectisée » car elle s'exprime au travers du dépassement du doute, de la crainte de l'opposé. La définition de la science certaine comme ce qui se possède « sans la crainte de l'opposé (*sine formidine ad oppositum*) », sans la crainte de voir la proposition contradictoire de celle adoptée dans la réponse se révéler finalement être vraie – directement héritée d'Avicenne – était très répandue au Moyen Âge[68]. Cette définition signifie que le doute doit d'abord être posé pour pouvoir être dépassé, sans quoi il n'y a pas d'accès à la vérité. Cette idée est parfaitement exprimée par les adages aristotéliciens qui affirment que « la recherche de la vérité est la solution des doutes », et que « ceux qui recherchent le vrai sans avoir douté sont comme ceux qui ne savent pas où aller »[69]. La définition dialectisée de la certitude scientifique signifie que l'argumentation en faveur de la proposition contradictoire, puis la réfutation de cette dernière afin de l'exposer comme fausse, étaient considérées comme une partie fondamentale de la preuve d'une proposition donnée, une preuve indirecte de cette dernière complétant nécessairement sa preuve directe. C'est précisément ce soubassement qui explique la valeur scientifique fondamentale de la pratique disputationnelle de la science, et, probablement, en partie, sa longévité.

Conclusion

Le XIIIe siècle constitue en quelque sorte un « âge d'or » de la logique aristotélicienne et de la science aristotélicienne. C'est aussi une époque où les « défis sceptiques » n'ont pas encore commencé à peser

67. Voir J. Brumberg-Chaumont, « Disputational Practices of science », art. cit.

68. Avicenne, *Liber de anima seu Sextus de naturalibus*, éd. S. Van Riet, Louvain-Leiden, 1968, p. 79 ; P. Porro, « Il timore dall'altra parte. Il ruolo della formido nei dibattiti scolastici sull'assenso (da Tommaso d'Aquino a Pietro Aureolo) », *Archivio di Filosofia* 83, 1/2, 2015, p. 209-220.

69. J. Hamesse, *Les Auctoritates Aristotelis. Un Florilège médiéval. Étude historique et édition critique*, Louvain-Paris, Publications Universitaires-Béatrice Nauwelaerts, 1974, p. 120-121 (adages inspirés de *Mét.* 995a24-995b5).

de manière systématique sur le cours de la réflexion épistémologique du Moyen Âge [70] et où la clause de nécessité de la science, du côté des prémisses et de l'inférence, mais aussi des choses, peut s'appuyer sur une conception réaliste des essences et de leurs relations nécessaires. Plus tard, d'autres théories logiques et d'autres modèles scientifiques se développeront à partir du XIVe siècle, de nature nominalistes et largement concernées par les objections sceptiques (notamment liées au problème de l'induction, à la contingence absolue des créatures et à la toute-puissance divine). Ces évolutions se sont produites sans jamais détrôner totalement la référence aristotélicienne, ni affaiblir, bien au contraire, la dimension logico-linguistique de la réflexion sur la science [71], avec la nouvelle définition de l'objet de la science comme étant les propositions elles-mêmes (Guillaume d'Ockham), le signifié propositionnel (*complexe significabile*, Adam Wodeham / Grégoire de Rémini) ou encore, ultimement, les choses mêmes signifiées par les propositions et les termes auxquels on donne son assentiment (Jean Buridan) [72].

Appendice : extraits de textes

La plupart des caractéristiques évoquées dans ce chapitre se trouvent concentrées dans une série de citations extraites du prologue au commentaire d'Albert le Grand à l'*Isagogè* de Porphyre (Cologne, années 1250). On y lit l'idée que seule la formalisation de l'argumentation procurée par la logique procure la croyance / conviction [scientifique] [extrait 1], que seule la connaissance de la discipline logique permet de connaître pleinement, c'est-à-dire de savoir qu'on sait en sachant ce qu'est savoir par un raisonnement correct (distingué du raisonnement incorrect) et comment défendre la vérité d'une proposition en sachant aussi réfuter sa contradictoire, contrairement au profane (*idiota*)

70. Les défis sceptiques commenceront à s'imposer dans le dernier tiers du XIIIe siècle ; voir, pour une synthèse récente Ch. Grellard, « Le scepticisme au Moyen Âge, de saint Augustin à Nicolas d'Autrécourt. Réception et transformation d'un problème philosophique », *Cahiers philosophiques* 153, 2, 2018, p. 55-78. Voir aussi K. Ghosh *et al.* (eds.), *Uncertain Knowledge. Scepticism, Relativism and Doubt in the Middle Ages*, Turnhout, Brepols, 2014.

71. Voir A. de Libera « La logique de la discussion dans les universités médiévales », dans M. Meyer et A. Lempereur (dir.), *Figures et conflits rhétoriques*, Bruxelles, Éditions de l'Université de Bruxelles, 1990, p. 59-81 ; J. Murdoch, « The Involvement of Logic in Late Medieval Natural Philosophy », *in* S. Caroti (ed.), *Studies in Medieval Natural Philosophy*, Firenze, Leo S. Olschki, 1989, p. 3-28.

72. J. Biard, *Science et nature, op. cit.*, p. 46 *sq.*

qui va consommer de la connaissance comme le feu consume le bois [extraits 2 et 3]. On y observe la contribution de la logique à la perfection anthropologique par l'acquisition des sciences spéculatives [extrait 4], le fait que la logique est une science qui est à elle-même sa propre logique [extrait 5] et la façon dont la logique, comme logique de la découverte (*inventio*) et logique de la vérification (*iudicium*) offre la connaissance indispensable à toute science du « connaissable » (*scibile*), permettant de faire passer de ce qui est inconnu à l'état d'être connu, dans une démarche d'enquête contradictoire et disputationelle fondée sur la preuve de la vérité et la réfutation de la fausseté opposée [extraits 3 et 6]. À la suite [extrait 7], un passage du commentaire de Thomas d'Aquin aux *Seconds analytiques* (1272-1275) illustre la définition de la logique comme « art des arts », le fait que la nécessité de la logique est intimement liée à la dimension réflexive de la pensée humaine, ainsi qu'à son besoin d'être guidée dans ses actes de connaissance. Nous avons privilégié ces auteurs en raison de l'influence considérable qu'ils ont eu sur la philosophie de la logique développée à partir du XIIIe siècle et tout au long du Moyen Âge.

> [1] Le discours assertorique provoque la croyance [ou assentiment, *fides*] par ceci qu'il est rassemblé en suivant la forme de l'argumentation. L'argumentation est donc l'instrument du logicien. La logique générale est à la fois la discipline qui porte sur ce dernier comme sur son sujet [*logica docens*], et par laquelle, en l'utilisant [*logica utens*], le logicien atteint la connaissance scientifique de ce qui était inconnu à partir de ce qui est déjà connu [73].

> [2] Celui qui ne connaît pas la logique, même s'il semble savoir quelque chose, ne sait cependant pas [...] car il ignore la raison de son savoir, et il se rapporte à ce qu'il sait et à son acte de connaître comme le feu qui consume le bois. Et celui qui sait est capable d'enseigner [...]. Mais celui qui ne peut exposer la raison de son savoir ne peut enseigner. Celui qui ne connaît pas *les causes et les principes de la logique* ne peut pas exposer la raison de son savoir. Il sera alors, même dans ce qu'il semble savoir, comme l'homme sans éducation (*idiota*) à l'égard de l'homme instruit. [L'homme sans éducation] ne peut appréhender ni son erreur, ni celle des autres, car il ne possède pas l'habitus [=l'habitus logique] par lequel on juge si l'on sait de façon correcte ce qu'on sait, ou de façon incorrecte [74].

73. Albert le Grand, *De quinque universalibus*, *op. cit.*, p. 7. Une traduction française de ce texte par le groupe CNRS « Organon » (dir. J. Brumberg-Chaumont) est en préparation.

74. *Ibid*, p. 5-6.

[3] Faute de connaître cette méthode [la logique], on ne peut trouver l'objet connaissable (*scibile*), parce que celui qui cherche ne possède pas la méthode lui permettant de trouver la science de cet objet [citation de *Mét.* 995a 12-14 sur la primauté de la « méthode de la science »]. En effet, comme la science consiste dans la disposition (*habitus*) à conclure, il faut que celui qui acquiert la science sache conclure. Or celui qui ne sait pas ce qui doit [recevoir] une conclusion ne sait pas conclure. Et comme la seule chose qui reçoive une conclusion est la question, il faut savoir ce sur quoi on doit s'interroger et comment on doit interroger ce qu'on vise à titre de conclusion. En outre, personne ne peut savoir qu'il est parvenu à une conclusion, si l'on ne sait pas à partir de quoi, ni de quelles façons, ni par quel enchaînement [de propositions] il convient de conclure. Or, aucune autre philosophie n'enseigne tout cela si ce n'est la logique. Elle n'est donc pas seulement un auxiliaire utile de toutes les sciences, mais elle leur est aussi nécessaire. C'est pourquoi ceux qui ne connaissent pas la logique, même s'ils semblent connaître quelque chose, ne savent pas qu'ils le savent, car ils ne savent pas comment chaque [chose] doit être connue ni comment on doit la démontrer ou l'infirmer. En outre, ils n'ont aucune maîtrise quant à ce qu'ils savent du moment qu'ils ne savent pas à cause de quoi ils donnent leur assentiment (*assentire*) à ce qu'ils savent, ni comment il faut répondre au contradicteur. Mais le logicien le sait, s'il a parfaitement acquis la science de disserter sur n'importe quel sujet [75].

[4] Cette science [la logique] n'est pas seulement nécessaire, mais elle est aussi utile. Le bien et la félicité de l'homme dépendent de l'acte le plus parfait de la meilleure partie de l'âme humaine, c'est-à-dire de l'intellect contemplatif, et l'intellect ne peut contempler s'il n'a pas appris les principes de la contemplation, et ne sait pas découvrir ce qu'il cherche à contempler ni distinguer de ce qu'il contemple déjà, l'ayant découvert : par conséquent, il est clair que cette science sans laquelle on n'atteint pas la félicité en acte, et par laquelle celui qui, pour sa part, est heureux, bénéficie en acte d'une [félicité] qui opère [en lui] sans entrave, est plus utile qu'aucune autre à la félicité. En effet, cette science nous libère des représentations imaginaires, qui ne sont qu'apparence mais n'existent pas, elle condamne les erreurs, révèle les faussetés et fournit une lumière pour une contemplation juste de toutes [choses]. Cette science doit être donc désirée plus que toute autre [76].

75. *Ibid.*, p. 5.
76. *Ibid.*, p. 6.

[5] Bien qu'elle soit commune parce qu'elle se trouve dans toutes les sciences, cette méthode [la logique], considérée en elle-même et sans mélange avec elles, est quelque chose de distinct par soi de toutes les autres [sciences]. Considérée de cette façon, cette méthode peut être le sujet d'une science ; il en existe une science spécifique. Mais la même méthode devra être suivie dans cette science car on ne peut rien enseigner au sujet de la science d'une telle méthode sinon en suivant une méthode elle-même logique [77].

[6] Parce que la logique enseigne comment ce qui est inconnu devient connu, il est manifeste que rien ne peut devenir connu en aucune [sorte de] philosophie sinon par le pouvoir (*facultas*) de l'enseignement (*doctrina*) logique [...] La science qui consiste à découvrir (*inventio*) un objet de connaissance quelconque se fait par les relations entre une [chose] et une autre, par lesquelles [les différentes saisies] de l'une sont localisées dans une autre, qui est déjà dans l'esprit de celui qui recherche. C'est pourquoi sans la logique qui enseigne [précisément] cela, on ne peut procéder ni dans la recherche ni dans la découverte [de quoi que ce soit], pas davantage qu'on ne peut, quand ce qui était recherché a été trouvé, savoir s'il a été trouvé ou non [...] En outre, parce qu'elle est également une science du jugement, par laquelle on décide si ce qui est découvert est connu de manière correcte par ses principes, la science logique est nécessaire à toute philosophie. La logique l'enseigne à deux niveaux : en enseignant comment reconduire le connu à ses principes, c'est-à-dire ce qui [figure comme] principes dans l'inférence, lesquels sont dans les modes et les figures des inférences syllogistiques [=*Premiers analytiques*] ; et en reconduisant aux principes réels ce qui découle de ceux-ci, comme à des causes immédiates, essentielles, et convertibles avec ce qui est connu par la conclusion [=*Seconds analytiques*]. Par ce jugement, tout ce qui est connu est comme mesuré par la balance de la raison, par laquelle la raison du sujet connaissant donne son assentiment. Puisque la logique est donc la seule à enseigner cela, elle n'est pas seulement une philosophie, mais elle est un poids sur la balance de la raison qui ramène au connaissable tout ce qu'on recherche en toutes [parties] de la philosophie [78].

[7] Comme Aristote le dit au début de la *Métaphysique*, le genre humain vit par la raison et par l'art [...] La raison non seulement dirige son acte au regard des parties inférieures [de l'âme], mais elle dirige également son propre acte. Ceci est propre à la partie intellective de l'âme qu'elle peut réfléchir sur elle-même. L'intellect s'intellige lui-même et de même la raison peut raisonner sur son propre acte [...] Il est nécessaire qu'il y ait un art qui dirige l'acte même de la raison, par lequel l'homme puisse procéder

77. Albert le Grand, *De Quinque predicabilibus*, *op. cit.*, p. 2.
78. *Ibid.*, p. 5-6.

dans son propre acte de façon ordonnée, facile et sans erreur : cet art est la logique, c'est-à-dire la science rationnelle. Celle-ci n'est pas seulement rationnelle par ceci qu'elle se fait selon la raison, ce qui est commun à tous les arts, mais par ceci qu'elle porte sur l'acte même de la raison comme sa matière propre. Elle apparaît donc comme l'art des arts, parce qu'elle nous dirige dans l'acte de la raison, à partir de quoi procèdent tous les arts. Il convient donc de distinguer les parties de la logique selon la diversité des actes de la raison. Les deux premiers appartiennent à la raison en ce qu'elle est une sorte d'intellection. Une action de l'intellect est en effet l'intelligence des indivisibles c'est-à-dire des incomplexes (*incomplexus*) [...] appelée selon certains [= Avicenne] « information » [...] ou « imagination » [79] [...] et cette opération est ordonnée aux *Catégories*. La seconde opération est la composition et la division des intellections [...] et elle relève du traité *De l'Interprétation* [...]. Le troisième acte de la raison en tant qu'il est l'acte propre de la raison est de discourir en passant d'une chose à une autre de sorte que par ce qui est connu on parvienne à la connaissance de l'inconnu : cet acte de la raison relève des autres livres de la logique [*logica nova*] [80].

Bibliographie indicative

BARNES J., « Proof and the Syllogism », *in* E. Berti (ed.), *Aristotle on Science and the « Posterior Analytics »*, Padova, Antenore, 1981, p. 17-60.

BIARD J. (dir.), *Raison et démonstration, les commentaires médiévaux sur les Seconds analytiques*, Turnhout, Brepols, 2015, p. 72-95.

– *Science et nature, la théorie buridanienne du savoir*, Paris, Vrin, 2012.

BRONSTEIN D., *Aristotle on Knowledge and Learning, The Posterior Analytics*, Oxford, Oxford University Press, 2016.

BRUMBERG-CHAUMONT J., « La logique de la théologie comme science au XIIIe siècle. La *Summa theologiae* de Thomas d'Aquin et l'invention de la forme du traité disputationnel de science », dans O. Boulnois (dir.), *Connaître Dieu. Métamorphose de la théologie comme science*, Turnhout, BHESR, 2024, p. 305-337.

– (éd.), *Ad notitiam ignoti. L'*Organon *dans la* translatio studiorum *à l'époque d'Albert le Grand*, Turnhout, Brepols, 2013.

79. Voir *supra* note 39, p. 157.

80. Thomas d'Aquin, *Expositio Libri Posteriorum, Opera Omnia* I*/2, éd. R. A. Gauthier, Roma-Paris, Vrin, 1989, p. 3-5. Nous traduisons. Il existe une traduction française de ce texte, malheureusement fondée sur une édition ancienne. Cette traduction peut être consultée pour se faire une idée du contenu du texte de Thomas d'Aquin : *Seconds analytiques d'Aristote. Commentaire de Thomas d'Aquin*, Paris, L'Harmattan, 2015.

BURNYEAT M., « Aristotle on understanding knowledge », *in* E. Berti (ed.), *Aristotle on Science and the « Posterior Analytics »*, Padova, Antenore, 1981, p. 97-139.

CORBINI A., *La Teoria della Scienza nel XIII secolo : I commenti agli Analytici Secondi*, Firenze, Edizioni del Galluzzo, 2006.

DE LIBERA A., « La logique de la discussion dans les universités médiévales », dans M. Meyer et A. Lempereur (dir.), *Figures et conflits rhétoriques*, Bruxelles, Éditions de l'Université de Bruxelles, 1990, p. 59-81.

– *Penser au Moyen Âge*, Paris, Seuil, 1991.

DEMANGE D., *Jean Duns Scot : La théorie du savoir*, Paris, Vrin, 2007.

GRELLARD CH., « Epistemology », *in* H. Lagerlund (ed.), *Encyclopedia of Medieval Philosophy*, Dordrecht, Springer, 2011, p. 294-300.

HALL A. *et al.* (eds.), *Medieval and Early Modern Epistemology*, Newcastle upon Tyne, Cambridge Scholars Publishing, 2020.

KNUUTILA S. *et al.* (eds.), *Knowledge and the Sciences in Medieval Philosophy*, vol. II, Helsinki, 1997.

LENNOX J., *Aristotle's Philosophy of Biology*, Cambridge, Cambridge University Press, 2001.

– *Aristotle on Inquiry. Erotetic Frameworks and Domain-Specific Norms*, Cambrige, Cambridge University Press, 2021.

MORA-MÁRQUEZ A. M., « Thirteenth-Century Aristotelian Logic : The Study of Scientific Method », *in* R. Pasnau (ed.), *Oxford Studies in Medieval Philosophy*, vol. 9, Oxford, Oxford University Press, 2021, p. 146-185.

MURDOCH J. « The Involvement of Logic in Late Medieval Natural Philosophy », *in* S. Caroti (ed.), *Studies in Medieval Natural Philosophy*, Firenze, Leo S. Olschki, 1989, p. 3-28.

PASNAU R., *After Certainty. A History of Our Epistemic Ideals and Illusions*, Oxford, Oxford University Press, 2017.

Deuxième partie

Sciences de la nature et sciences humaines

Théories, modèles et calcul

par Anouk Barberousse

Comparer les programmes des enseignements de science à l'Université avant la Seconde Guerre mondiale et aujourd'hui permet de prendre conscience d'une transformation majeure : centrés avant-guerre sur les théories (en physique et en chimie), ils sont à présent tournés vers la modélisation et l'encodage des modèles sur ordinateur. Ce basculement révèle les bouleversements qu'ont connus les pratiques scientifiques au cours du XXe siècle. Avec un peu de retard, le regard philosophique sur les sciences s'est également tourné vers les modèles, la modélisation et le calcul. Les philosophes se sont armés de nouveaux outils pour comprendre ces objets qui sont à première vue éloignés de leurs préoccupations traditionnelles concernant la connaissance scientifique.

Alors que les théories scientifiques sont souvent analysées comme visant la vérité et la généralité, les modèles sont des représentations provisoires, ne valant que pour tel ou tel usage. Alors que l'élaboration de théories est souvent associée à la quête d'explications, le calcul, élément nécessaire des prédictions et des applications, est le moyen du « comment » plutôt que celui du « pourquoi » – même si les explications requièrent souvent elles aussi de longs calculs. Alors que la connaissance scientifique est traditionnellement associée à la précision, le calcul est presque toujours affaire d'approximations, voire de recettes, aussi bien sur papier qu'à l'ordinateur. Alors que l'idéal de la connaissance apparaît comme étant digne de l'intellect humain, le calcul est du côté de la machine, souvent dévalorisé et négligé.

Il faut cependant l'accepter : nous sommes environnés de modèles numériques et notre vie quotidienne dépend des calculs qu'ils autorisent. Entrons dans un train : la vitesse de circulation qui s'affiche n'est pas à proprement parler mesurée, mais calculée à partir d'une multitude de données collectées durant le trajet (et durant les trajets précédents sur le même itinéraire). Montons dans une voiture et demandons un itinéraire sans embouteillage à l'ordinateur de bord : il calcule sans coup férir les temps de plusieurs trajets possibles étant donné la circulation, à partir de modèles de plus en plus performants de l'évolution du trafic. Dirigeons-nous vers la plage – après avoir cependant jeté un coup d'œil à la météo, l'une des premières disciplines à avoir développé de gros modèles, seule façon d'obtenir des prédictions suffisamment précises pour les usages militaires, de navigation, de commerce, etc. La météorologie est également l'une des premières disciplines à avoir fait un usage intensif du calcul numérique après qu'il est devenu accessible dans les laboratoires de physique.

Nous ne saurions surestimer l'ubiquité des modèles dans notre environnement quotidien. Signifie-t-elle que les scientifiques ont renoncé à la connaissance, à la recherche de la vérité et de la généralité pour se tourner vers la prédiction et les applications ? Sommes-nous passés de la science à la technoscience, le calcul étant désormais inséparable des machines, et les machines étant elles aussi omniprésentes ?

Dans *La Théorie physique, son objet, sa structure*[1], Duhem décrit de façon ironique la façon qu'ont les Britanniques de la fin du XIXe siècle de construire des « modèles mécaniques ». Selon lui, ils illustrent en cela une tournure d'esprit nationale, opposée à l'esprit cartésien du continent. Les mots de Duhem sur les modèles des Anglais sont pour nous, aujourd'hui, l'écho d'une époque révolue, puisque la pratique de la modélisation s'est généralisée – quel discours philosophique est adapté aux modèles de notre temps ?

Répondre à ces questions suppose de prendre en considération le développement de la connaissance scientifique depuis l'apparition de la toute première théorie physique, la mécanique de Newton, et ce que les philosophes en ont dit. Il n'est pas nécessaire de remonter jusqu'aux sources philosophiques classiques des interrogations sur la connaissance, de l'Antiquité à Descartes, car il s'agit de démarrer l'enquête à un moment où ce sont d'autres philosophes, comme Mill, Whewell ou Auguste Comte, qui analysent la science de leur temps. Cela impose également de prendre en considération les travaux des « savants-philosophes » de la fin du XIXe siècle, Maxwell, Boltzmann, Mach, qui ont développé des idées nouvelles sur les théories scientifiques et sur les modèles.

1. P. Duhem, *La Théorie physique, son objet, sa structure* [1906], Paris, Vrin, 2007.

Si l'analyse philosophique des modèles, et de leurs rapports avec les théories, s'inscrit dans une période qui commence avec Newton, celle du calcul s'ancre dans la période antérieure, durant laquelle Pascal et Leibniz ont fait œuvre tout autant de mathématiciens que de philosophes en inventant des façons de faire exécuter des calculs arithmétiques par des machines. La réflexion philosophique sur le calcul numérique de notre époque contemporaine ne peut en effet se passer d'une comparaison serrée avec le calcul mécanique. La prise en considération de l'histoire des machines qui ont servi à faire des calculs depuis Pascal, non seulement des calculs arithmétiques mais aussi du calcul différentiel et intégral par la suite, permettra d'interroger les rapports entre sciences de la nature et mathématiques, mais aussi entre sciences, mathématiques et techniques.

L'étude des approches de la notion de modèle et de l'évolution du calcul sera peut-être perçue comme un renoncement aux thèmes philosophiques qui sont classiquement associés à la science, à la connaissance, à la recherche de la vérité. Parler du calcul et des modèles, n'est-ce pas se détourner de l'étude d'une science objective ? N'est-ce pas déplacer l'horizon de la connaissance scientifique vers le contingent, le provisoire, le purement calculatoire ? Ces questions doivent être affrontées : si la science contemporaine s'est transformée au point que les concepts et thèmes classiques de la philosophie ne la reconnaissent plus, quelles leçons devons-nous en tirer ? Devons-nous nous en tenir à une image de la science issue de la tradition philosophique occidentale, ou devons-nous prendre acte des transformations de la science et faire subir une transformation semblable à la philosophie ?

1. Théories et modèles

Les mots « théorie » et « modèle » ne facilitent pas le travail philosophique lorsqu'ils sont employés par les scientifiques. Ils sont tellement polysémiques qu'il n'est tout simplement pas possible de s'appuyer sur les usages actuels pour en tirer une analyse sémantique. Par exemple, la meilleure *théorie* disponible aujourd'hui en physique des particules (avant qu'advienne une théorie plus générale, espérée depuis presque 100 ans) s'appelle le « modèle standard ». *A contrario*, il n'est pas rare d'entendre des physiciens parler du « modèle » de Newton pour désigner la *théorie* newtonienne du mouvement. Ici, l'analyse des usages ne peut faire l'économie d'une analyse conceptuelle préalable

– c'est-à-dire qu'il faut commencer par définir les deux notions, avant d'enquêter sur les façons dont elles sont utilisées, et sur les raisons de ces usages.

1.1. Théories

Le recours à l'étymologie n'est pas d'une grande aide pour définir la notion de théorie si on veut l'appliquer aux sciences actuelles. Il n'y a rien de particulièrement contemplatif dans les théories scientifiques d'aujourd'hui – en revanche, on y trouve de nombreuses expressions mathématiques, que ce soit en physique, en chimie, en génétique des populations, en écologie, en économie, en sociologie. Est-ce parce que Newton, qui a élaboré la toute première théorie physique, une théorie du mouvement, a co-inventé *en même temps* (avec Leibniz) une théorie mathématique, le calcul différentiel et intégral ? Répondre à cette question donne l'occasion de démêler plusieurs fils embrouillés.

D'un côté, Newton intitule son ouvrage *Principes mathématiques de philosophie naturelle* et le construit à l'imitation des *Éléments* d'Euclide, c'est-à-dire à partir de principes dont sont déduits des théorèmes. De l'autre, il construit les mathématiques nouvelles dont il a besoin dans sa théorie du mouvement. Mais ces deux combinaisons entre physique et mathématiques ne doivent pas être confondues. Si, en 1687, les premiers éléments du calcul différentiel apparaissent dans un ouvrage de physique (ou de philosophie naturelle), il s'éloignera rapidement de cette origine pour devenir une théorie mathématique à part entière, complètement séparée de toute considération empirique. En revanche, les théories scientifiques continuent d'être conçues et présentées à l'imitation des théories mathématiques, tout en portant sur le monde des phénomènes, des observations, des mesures. Ainsi, comme dans l'ouvrage de Newton, ce sont les principes qui sont exposés en premier. Ils sont supposés être vrais, ou du moins acceptables, pour l'ensemble des phénomènes dont la théorie rend compte. Le travail théorique consiste à *déduire* des conséquences des principes, dont des conséquences observables, c'est-à-dire pouvant être comparées aux résultats des observations et des mesures.

La conception des théories scientifiques qui vient d'être présentée décalque la structure des théories mathématiques en séparant les principes (appelés « axiomes » en mathématiques) de leurs conséquences déductives (les théorèmes pour ce qui concerne les mathématiques). Comment interpréter cette identité de structure entre théories scientifiques et théories mathématiques ? Elle est à coup sûr le fruit d'une volonté délibérée de la part des savants qui ont élaboré les premières théories physiques à partir de Newton. Elle ne signifie cependant pas nécessairement que les mathématiques sont un constituant indispensable des théories scientifiques, ni que les théories scientifiques doivent nécessairement être exprimées à l'aide d'expressions mathématiques. La théorie de l'évolution par sélection naturelle proposée par Darwin dès 1859 ne contient pas d'expressions mathématiques (certaines versions plus récentes de la théorie de l'évolution en utilisent cependant).

Les considérations qui précèdent font l'objet de débats toujours ouverts en philosophie des sciences, sur les rapports entre les mathématiques et les sciences de la nature, et en particulier la physique, sur la structure déductive des théories scientifiques, sur l'interprétation de leurs principes[2]. Tous ces thèmes suscitent des thèses opposées, qui s'articulent à d'autres débats, comme ceux sur la nature des objets mathématiques et sur le contenu des théories dans les sciences de la nature (et les sciences empiriques en général). La conception des théories scientifiques qui met en avant leur structure déductive a été défendue par le premier groupe de philosophes des sciences professionnels, le Cercle de Vienne[3], qui s'inspiraient des savants-philosophes mentionnés ci-dessus. Ils insistaient sur la différence, au sein des énoncés constituant les théories scientifiques, entre ceux dont le sens prend son origine dans les résultats des observations et des mesures, et les « énoncés théoriques »[4]. Le sens des énoncés théoriques ne peut pas être déterminé uniquement grâce aux résultats des observations et des mesures mais dépend aussi des principes de la théorie et de sa structure déductive. Par exemple, la loi newtonienne de la gravitation, qui exprime la force qui s'exerce entre deux corps en raison de leurs masses, dépend des principes de la mécanique de Newton, qui permettent de comprendre le concept de force.

Si la thèse d'une séparation de droit entre énoncés d'observation et énoncés théoriques a été critiquée par la suite, l'interprétation des énoncés comportant des « termes théoriques » comme « force », c'est-à-dire des termes qu'il n'est pas facile de relier à des résultats d'observation ou de mesure, reste difficile. Elle se situe à la frontière

2. Voir A. F. Chalmers, *Qu'est-ce que la science ?*, Paris, Librairie générale française, 1990.

3. Voir A. Soulez (éd.), *Manifeste du Cercle de Vienne et autres écrits*, Paris, Vrin, 2010.

4. Voir R. Carnap, *Les fondements philosophiques de la physique* [1966], Paris, Vrin, 2020.

de la philosophie des sciences et de la métaphysique, puisque certains termes théoriques désignent des entités ou des propriétés dont on suppose l'existence, mais dont le statut reste hypothétique. Durant le XIXe siècle, et jusqu'aux expériences de Jean Perrin de 1905-1906, le concept d'atome avait ce statut. Plus récemment, c'est le concept d'onde gravitationnelle qui a connu le même destin, car l'existence de ces ondes avait été prédite théoriquement dès le début du XXe siècle, mais leurs effets n'ont été détectés qu'en 2015. Aujourd'hui, parmi les concepts théoriques dont on ne sait pas encore avec certitude s'ils désignent des entités dans le monde, on peut mentionner ceux de super-corde et de graviton.

La présence, dans les théories scientifiques, de concepts renvoyant à des entités ou à des propriétés dont on ne sait pas avec certitude si elles existent indépendamment de ces théories soulève d'autres questions philosophiques. Par exemple, elle rend difficile la réponse à la question de savoir si les théories scientifiques sont vraies. Lorsqu'elles affirment l'existence d'entités ou de propriétés dont on ne sait pas comment elles pourraient interagir avec nos instruments, comment décider de leur valeur de vérité ? Certains considèrent que leur pouvoir prédictif est un indice suffisant pour conclure à la vérité de leurs principes ; d'autres que l'impossibilité de relier les énoncés contenant des termes théoriques à des résultats d'observation ou de mesure oblige à suspendre son jugement sur leur valeur de vérité. La première position est appelée « réalisme scientifique » et la seconde « anti-réalisme »[5] ; il ne s'agit en rien d'une forme de scepticisme ou d'idéalisme car la thèse porte uniquement sur l'attribution d'une valeur de vérité aux énoncés comportant des termes théoriques et non sur le statut des prédictions des théories.

Que l'on soit réaliste ou anti-réaliste (au sens du réalisme scientifique), et que l'on adhère ou non à la thèse selon laquelle les théories scientifiques sont des ensembles d'énoncés possédant une structure déductive, on établit le plus souvent une différence nette entre théories et *modèles*. (Certains choisiraient plutôt une formulation qui différencierait deux catégories de modèles, tant les significations de ces termes sont peu consensuelles). La différence en question ne porte pas sur la valeur de vérité des unes par rapport aux autres, mais sur la confiance qu'on leur accorde, et sur le rôle qu'elles jouent au sein de l'ensemble des représentations scientifiques. Ainsi, même si l'on refuse

5. Voir les textes réunis dans S. Laugier et P. Wagner (éd.), *Philosophie des sciences*, vol. 2, *Naturalismes et réalismes*, Paris, Vrin, 2004.

de se prononcer sur la valeur de vérité des principes d'une théorie, à partir du moment où on la considère comme une théorie, on *acceptera* ses énoncés sans les remettre en question, et on les utilisera pour faire des prédictions, le plus souvent à l'aide de modèles.

1.2. Modèles

Il est temps à présent d'en dire davantage sur les modèles. On peut deviner dans ce qui précède que les modèles ressemblent beaucoup aux théories : ils contiennent le plus souvent des expressions mathématiques (des équations) et des termes théoriques. D'autres types de modèles existent cependant. Certains sont également constitués d'équations, mais sans entretenir de rapport de dépendance avec des théories. D'autres sont matériels et représentent leurs objets en utilisant des matériaux différents, à des échelles différentes (ainsi existe-t-il des modèles réduits, mais aussi des modèles agrandis). Les modèles actuellement utilisés dans l'activité scientifique, mais aussi dans une large part de l'activité économique, sont le plus souvent numériques : s'ils reposent sur des ensembles d'équations que l'on peut écrire à la main, ils contiennent également de nombreux autres éléments nécessaires à leur fonction, qui est de calculer dans quels états les systèmes qu'ils représentent peuvent se trouver étant donné certaines conditions. Nous y reviendrons ci-dessous. La diversité des modèles utilisés actuellement va au-delà de la façon dont ils se présentent, ensemble d'équations, lignes de code, assemblages matériels ; les modèles diffèrent également selon leurs usages : représenter des ensembles de données (numériques), prédire (l'état du trafic, le résultat d'une expérience, la durée de vie en bonne santé d'un patient, etc.), augmenter notre compréhension de phénomènes fondamentaux, etc.

La diversité des modèles scientifiques tient en échec les tentatives d'unification philosophique de la notion. Depuis que les philosophes des sciences ont appris, à partir des années 1980, à tourner leur regard vers d'autres objets que les théories scientifiques, ils ont cherché à saisir les principales caractéristiques des modèles, aussi bien en cherchant à les caractériser de façon générale qu'en étudiant en détail des cas particuliers de modèles dans différentes sciences. Les deux principales voies pour appréhender ce qui est commun aux différents modèles consistent à les considérer comme des *médiateurs* entre les théories et les phénomènes (ou les données), ou comme des *représentations*. Chacune de ces voies soulève ses questions propres.

Considérer les modèles comme des médiateurs entre théories et phénomènes (ou données) revient à prendre d'abord en considération leurs fonctions, et à les envisager au sein d'autres composantes de l'activité scientifique. Ces composantes sont les théories, dont il a été question ci-dessus, mais aussi les phénomènes et les données, notions qu'il convient à présent d'analyser succinctement dans le contexte de l'activité scientifique actuelle. Si la notion de phénomène peut se prévaloir de la même origine antique que celle de théorie, elle s'est enrichie aujourd'hui des relations qu'elle entretient avec celles de données et de modèles. La question de savoir si le but de l'activité scientifique, par l'intermédiaire des théories, est d'expliquer ou de décrire et de prédire les phénomènes s'en trouve transformée.

Comprise dans le contexte de l'étude systématique de ce que les humains peuvent percevoir de leur environnement, éventuellement à l'aide d'instruments, la notion de phénomène désigne le plus souvent des *régularités* détectables par le moyen d'observations et de mesures effectuées sur le long terme, à l'aide d'instruments. Les phénomènes astronomiques identifiés bien avant l'Antiquité classique sont pleinement représentatifs : ils ne sont pas accessibles sans une étude de longue haleine, obéissant à des exigences de rigueur qui permettent de révéler des configurations et des événements récurrents, dont on peut prédire certains, comme les éclipses de lune ou de soleil. Ce sont ces objets qui sont la cible descriptive des théories et des modèles scientifiques.

Comme ce qui précède le laisse entendre, les phénomènes scientifiques ne sont pas accessibles à l'esprit humain sans un travail conséquent d'observation et de mesure, qui a nécessité dès l'origine une organisation collective et d'importants moyens pour conserver les résultats de ces observations et mesures. Ce sont ces résultats d'observation et de mesure, aujourd'hui collectés de façon automatique, que l'on appelle « données ». L'usage de ce terme s'est développé durant la seconde moitié du XXe siècle, mais l'effort scientifique qu'il désigne est bien plus ancien. C'est seulement à condition de travailler sans relâche à l'acquisition et à la conservation de données que l'on peut identifier des phénomènes, des régularités qui ne se laissent appréhender qu'au prix d'une analyse soigneuse, coûteuse en temps, de centaines, voire de milliers de données (ou bien plus actuellement). Une telle analyse s'appuie le plus souvent sur de multiples théories et modèles ; aujourd'hui, elle est effectuée à l'aide d'ordinateurs, voire de super-calculateurs.

Décrire les phénomènes que les théories et les modèles permettent de prédire, et peut-être d'expliquer, si du moins on considère que c'est leur but, s'effectue au moyen de données, qui elles-mêmes sont collectées et analysées au moyen de théories et de modèles. La fonction prédictive des théories et des modèles apparaît ici clairement, mais le rôle que jouent les données dans ce fonctionnement n'introduit-il pas un risque de circularité ? Le plus souvent, les théories et modèles qui sont utilisés pour acquérir des données sur le phénomène que l'on étudie ne sont pas ceux qui servent à le prédire. Par exemple, le phénomène des ondes gravitationnelles est prédit depuis le début du XXe siècle par la théorie de la relativité générale, avant toute acquisition de données issues d'une telle onde. Ce n'est qu'en 2015 que l'on a réussi à détecter une onde gravitationnelle en construisant des instruments d'une incroyable précision, qui mobilisent de nombreuses autres théories physiques : électronique, laser, transmission du signal, etc. Cette prouesse scientifique et technologique a été rendue possible grâce à la construction préalable de modèles de ces instruments.

L'exemple de la détection du phénomène appelé « onde gravitationnelle » illustre la façon dont les modèles sont utilisés comme des médiateurs entre les dispositifs expérimentaux et les théories, mais aussi entre les phénomènes et les théories, car c'est grâce à des modèles que les données sont acquises et analysées. Ce rôle de médiateur peut aussi être compris d'une autre façon. En effet, certains modèles dépendent de théories : par exemple, les modèles météorologiques dépendent de la théorie de l'hydrodynamique. Cela signifie que les modèles météorologiques sont construits à partir des équations de l'hydrodynamique appliquées à la circulation de l'air autour de la Terre. Dans les modèles météorologiques, les équations de l'hydrodynamique ne sont pas considérées dans leur généralité, mais particularisées pour décrire les mouvements de l'atmosphère autour de la planète. Dans les cas de cette sorte, où un modèle particularise une théorie en en transformant les équations de sorte qu'elles permettent de décrire et de prédire un ensemble restreint de phénomènes, le modèle se présente de la même façon que la théorie, à savoir comme un ensemble d'équations dont les symboles représentent des quantités mesurables ou des concepts théoriques. Le plus souvent, les concepts théoriques du modèle sont les mêmes que ceux de la théorie, mais il arrive que le modèle contienne des concepts qui lui sont propres.

Donnons un dernier exemple illustrant la fonction de médiation que jouent certains modèles. En 1913, les physiciens avaient été convaincus de l'existence des atomes et des molécules ; ils savaient par ailleurs que les atomes n'étaient pas insécables, contrairement à ce que suggère leur étymologie, mais « contenaient », en quelque sorte, des charges négatives et des charges positives ; ils savaient aussi que chaque type d'atome est susceptible d'émettre un rayonnement discontinu qui le caractérise de façon unique. À partir de ces éléments, Niels Bohr a imaginé le modèle d'atome qui porte son nom. Ce modèle a pu être décrit après coup comme un médiateur entre la théorie classique des interactions entre lumière et matière et la théorie quantique à venir. Il possède une caractéristique qui le rend fascinant d'un point de vue philosophique : si on l'exprime sous forme d'énoncés partiellement mathématisés, cet ensemble d'énoncés contredit les meilleures théories physiques du moment. Le modèle de l'atome d'hydrogène inventé par Bohr réussit à prédire avec une grande précision un phénomène remarquable propre à cet atome, à savoir les caractéristiques de son rayonnement, mais au prix d'une contradiction avec les théories physiques acceptées à l'époque.

L'exemple du modèle de l'atome de Bohr permet également d'illustrer l'autre caractéristique que les modèles ont en commun, outre leur fonction de médiation, à savoir d'être des représentations. Plus précisément, il s'agit de représentations *publiques*, partageables (par opposition à certains états mentaux qui ne sont accessibles qu'au sujet qui les entretient). Une représentation publique, qu'elle soit picturale ou linguistique (pouvant en outre contenir des symboles mathématiques), permet d'une part de produire des affirmations sur ce qu'elle représente et d'en tenir lieu à certaines conditions. Le modèle de l'atome de Bohr permet d'affirmer que l'atome d'hydrogène est capable d'émettre un rayonnement discontinu dans certaines circonstances qu'il est possible de contrôler expérimentalement ; il tient lieu d'un atome d'hydrogène lorsque l'on effectue des calculs à partir des éléments qu'il contient. Les résultats de ces calculs peuvent être comparés à ceux des expériences. Une telle comparaison permet d'affirmer que le modèle est satisfaisant pour l'atome d'hydrogène mais ne l'est plus pour des atomes plus gros.

On doit affronter de redoutables questions philosophiques lorsque l'on tente d'analyser la relation de représentation. Le modèle de l'atome proposé par Bohr permet de nouveau de les illustrer. D'un côté, il permet de prédire avec une précision remarquable le rayonnement discontinu de l'atome d'hydrogène (un phénomène qu'aucune théorie de l'époque n'était capable de prédire). De l'autre, il est incompatible avec les théories qui étaient acceptées en 1913. Que représente-t-il donc ? Représente-t-il correctement l'atome d'hydrogène, ce qui signifie que les théories qu'il contredit ne sont pas vraies à cette échelle spatio-temporelle ? Ou réussit-il à prédire le rayonnement discret observé pour d'autres raisons qu'une représentation correcte de l'échelle microscopique ?

Comme le modèle de Bohr, de nombreux modèles contiennent des éléments dont on sait qu'ils ne représentent pas correctement ce qu'ils sont censés représenter. Certains de ces éléments faux sont introduits volontairement (par exemple, pour rendre possibles les calculs), d'autres le sont faute de mieux. C'est cette ambiguïté représentationnelle des modèles qui les distingue des théories, et qui en fait des objets d'interrogation philosophique. Comment un modèle contenant des éléments qui sont manifestement faux peut-il cependant permettre des prédictions correctes ? Cette question doit même être élargie : l'ubiquité des modèles dans les sciences et les techniques actuelles, voire dans une part importante de la vie économique et des loisirs, indique-t-elle une prise de distance par rapport à la norme de vérité qui guide l'élaboration des théories scientifiques ? Ces questions feront l'objet de la troisième section de ce chapitre. Elles ne peuvent en effet être abordées efficacement que si l'on prend en compte la nature des *calculs* que les modèles permettent d'effectuer.

2. Les transformations du calcul mathématique

2.1. L'automatisation du calcul

De même qu'une large part de notre vie quotidienne dépend aujourd'hui de modèles, elle dépend tout autant des calculs effectués par de nombreux objets qui nous entourent (ordinateur, téléphone, montre, réfrigérateur, enceinte connectée, etc.). La notion et la pratique du calcul se sont donc considérablement transformées depuis que Pascal et Leibniz concevaient les premières machines à effectuer des calculs arithmétiques. Notre compréhension des capacités cognitives requises pour le calcul a également subi de profonds bouleversements, puisqu'on sait maintenant que le cerveau des bébés très jeunes, mais aussi ceux d'autres mammifères que nous, sont capables d'effectuer des opérations arithmétiques, comme le montrent les travaux de Stanislas Dehaene[6].

En quoi ces transformations peuvent-elles informer et interroger un travail philosophique ? La réponse qui sera présentée dans ce chapitre est : en ce qu'elles permettent d'analyser de façon plus complète le rôle

6. S. Dehaene, *La Bosse des Maths*, Paris, Odile Jacob, 1997.

des modèles, en particulier des modèles numériques, dans les sciences contemporaines. En effet, c'est seulement si on appréhende aussi bien ce qu'il y a de commun que les différences entre les calculs que les enfants apprennent à effectuer dans les petites classes et ceux que permettent les ordinateurs, que l'on peut progresser dans la question du rapport entre les éléments faux ou fictionnels des modèles et la norme de vérité qui régit la production de connaissances scientifiques.

Les instruments du calcul automatisé qui nous environnent aujourd'hui, comme les ordinateurs, les montres connectées, etc., sont issus des développements qui ont eu lieu dans le cadre du projet Manhattan de fabrication de bombes atomiques, dont la puissance destructrice repose sur la maîtrise des réactions en chaîne déclenchant et suivant la fission des noyaux d'atomes lourds. Une telle maîtrise repose en partie sur un travail expérimental conséquent, mais aussi sur la capacité des physiciens à prédire avec une grande précision le déroulement de ces réactions de sorte à limiter les risques le plus qu'il est possible. Les équations qui décrivent ces réactions nécessitent de longs calculs pour leur résolution, qui étaient, dans les années 1930, effectués par des dizaines, voire des centaines d'employées rassemblées dans de grands halls semblables à des usines. Cependant, les résultats obtenus de la sorte sont susceptibles d'erreurs difficiles à prévenir et à corriger, et sont coûteux en temps. C'est la raison pour laquelle d'importants moyens ont été mobilisés par les États américain, britannique et canadien pour accélérer la transformation d'idées théoriques sur le calcul, nées également dans les années 1930, en calculateurs automatisés rapides et à l'abri des erreurs humaines. (Cela ne signifie pas que les premiers calculateurs, comme l'ENIAC, produisaient des résultats sans erreurs, loin de là, mais que certaines de ces erreurs étaient prévisibles et susceptibles d'être corrigées.)

Les principales caractéristiques des calculs qui sont effectués par les ordinateurs que nous connaissons aujourd'hui est qu'ils sont discrets, c'est-à-dire qu'ils reposent sur la traduction de toutes les expressions mathématiques en chaînes de 0 et de 1 (les deux seules « lettres » de « l'alphabet » que peut manipuler un ordinateur moderne, pour ainsi dire), et qu'ils sont effectués sur plusieurs composants en même temps et non à la suite les uns des autres (ils sont distribués, effectués « en parallèle » et non « en série »). Cette façon de résoudre des équations mathématiques de façon automatique n'est pas la seule possible ; elle est le résultat de choix qui ont infléchi la trajectoire qu'avait prise le calcul mécanique jusqu'alors. En effet, depuis la fin du XIXe siècle, la résolution mécanique d'équations, par exemple pour le calcul des marées, était réalisée par des calculs continus (on dit aujourd'hui « analogiques »). Des machines analogiques ont été en usage jusque dans les années 1960 pour le calcul des marées.

Le passage du calcul analogique (continu) au calcul numérique (discret) a été une transformation majeure dans l'histoire du calcul automatique. Il conditionne les résultats qui peuvent être obtenus par les modèles numériques (en tout cas, par ceux qui requièrent la résolution d'équations continues). En effet, pour qu'un ordinateur qui n'a dans son langage que des suites de 0 et de 1 puisse calculer les solutions approchées d'équations continues, il est nécessaire que les équations en question soient transformées en équations discrètes. Une telle transformation a des effets importants sur la façon dont les résultats des modèles peuvent être interprétés.

Pour comprendre le lien qui vient d'être mentionné entre calcul discret (ou numérique) et interprétation des résultats des modèles, il est nécessaire de mettre en lumière une importante propriété logique de la résolution d'équations lorsqu'elles ont des solutions *exactes*, c'est-à-dire lorsque les solutions sont obtenues sans que la forme mathématique des équations soit transformée. Dans ce cas, les manipulations symboliques qui constituent le calcul préservent le contenu de l'équation de départ. C'est parce que les manipulations symboliques en question sont des déductions que l'on peut être certain que la solution exacte calculée n'en modifie pas le contenu (à condition toutefois que le calcul ne contienne pas d'erreur). Cette propriété importante du calcul est malheureusement perdue dès que les équations que l'on considère n'admettent pas de solutions exactes mais doivent être transformées pour obtenir des solutions dites « approchées », cette transformation pouvant inclure une étape de discrétisation.

Les solutions approchées sont en général les seules qui sont accessibles pour les équations utilisées dans les sciences de la nature. Les calculs permettant d'obtenir ces solutions ne permettent donc pas, en général, de préserver le contenu des équations de départ. C'est un fait bien connu depuis le XVIIIe siècle, mais qui ne suscite pas d'inquiétudes particulières lorsqu'on effectue les calculs à la main, parce que les mathématiciens ont élaboré de nombreuses techniques permettant de réduire l'écart entre les solutions calculées et la solution exacte qu'il n'est pas possible de calculer. Par conséquent, les solutions approchées sont obtenues par des techniques qui permettent de limiter ce que l'on perd en s'écartant d'une stricte chaîne de déductions.

Lorsqu'on fait calculer les solutions d'équations par un ordinateur, que ces solutions soient exactes ou approchées, le contrôle que l'on pouvait maintenir par le calcul à la main, aidé par des techniques séculaires, s'évapore en partie. En effet, la transformation que doivent subir les équations pour qu'un ordinateur puisse calculer ses solutions est telle que des erreurs imprévues peuvent apparaître. Certes, la branche des mathématiques appelée « calcul numérique » s'est développée pour résoudre ces difficultés propres au calcul sur ordinateur ; cependant, à partir du moment où les ordinateurs sont devenus bon marché et que leur puissance de calcul a considérablement augmenté, on leur a donné de plus en plus d'équations à calculer, ce qui augmente le risque d'erreurs et d'anomalies que le développement des mathématiques permet de réduire en partie. Dans cette course contre le risque d'erreurs, les utilisateurs des modèles numériques sont toujours un peu en retard, et les résultats qu'ils obtiennent ne peuvent pas être scrutés de façon aussi approfondie que ceux qui sont obtenus à la main. On appelle « opacité épistémique » cette propriété des calculs mathématiques effectués par les ordinateurs ; cette opacité est le prix à payer pour la gigantesque augmentation de la vitesse de calcul.

L'opacité qui affecte les calculs mathématiques effectués par les ordinateurs a des répercussions sur l'interprétation des résultats des modèles numériques parce que la notion de calcul que nous utilisons en général vient de pratiques bien plus anciennes que l'usage d'ordinateurs. Ces pratiques ont été progressivement systématisées et théorisées dans le riche corpus des mathématiques qui s'est développé depuis plusieurs millénaires. Les mathématiques, même réduites aux rudiments qui sont enseignés jusqu'au lycée, donnent son sens à la notion de calcul que nous mobilisons lorsque nous cherchons à analyser la notion de modèle numérique. C'est pour cela que les philosophes des sciences insistent sur les différences entre la notion humaine de calcul et les opérations réalisées par les ordinateurs et mettent en avant l'opacité de ces opérations lorsqu'elles sont très nombreuses et très rapides – opacité *pour l'esprit humain*, puisque c'est bien l'esprit humain qui, en dernier ressort, interprète les résultats des modèles obtenus grâce à ces calculs rapides en grand nombre.

2.2. Les simulations numériques

Jusqu'à présent, il a été question dans cette section consacrée aux rapports entre modèles scientifiques et calcul, des modèles numériques. On utilise aussi la notion de *simulation numérique*. Examinons maintenant les questions que soulève cette notion, en commençant par celles qui sont liées à sa définition. Alors que l'on peut définir simplement un modèle numérique comme un ensemble d'équations supposées représenter un phénomène physique, chimique, biologique, économique, ou social, et « traduites » en chaînes de 0 et de 1, accompagné par l'ensemble de leurs solutions, une simulation numérique est un objet scientifique plus complexe.

Les simulations numériques, qui figurent parmi les instruments de production de connaissance les plus performants des sciences actuelles, sont davantage que l'encodage d'un système d'équations dans un langage permettant à un ordinateur d'en calculer les solutions. Elles incluent également le processus durant lequel l'ordinateur exécute le programme correspondant au modèle. Le plus souvent, la première fois que ce processus de calcul est lancé, il ne produit pas les résultats escomptés, en raison d'erreurs provenant de sources multiples. Cela conduit à transformer le code informatique, voire le modèle lui-même. Ainsi, une simulation numérique englobe l'ensemble des essais et des corrections qui aboutissent à un code qui permet non seulement au processus de calcul d'aller jusqu'au bout, mais aussi de produire des résultats qui semblent plausibles à première vue.

Après les ajustements décrits ci-dessus, les résultats de la simulation sont analysés automatiquement de sorte à pouvoir être interprétés par les chercheurs. Les résultats d'une simulation numérique peuvent être décrits de multiples façons : comme des séries de nombres à interpréter comme les valeurs des quantités que l'on cherche à connaître, comme des graphiques présentant ces valeurs de telle façon que l'esprit humain puisse y reconnaître des évolutions temporelles ou les tendances qu'il s'attend à y trouver, comme une série d'images représentant l'évolution du phénomène représenté (dans ce cas, les résultats de la simulation ont l'allure d'une vidéo). Ces transformations multiples ont non seulement pour objectif de rendre les résultats de la simulation intelligibles aux chercheurs, mais aussi de s'assurer que la simulation possède deux propriétés d'une importance décisive pour que ses résultats puissent être utilisés : la validité interne et la validité externe. La validité interne désigne la capacité du code informatique à calculer ce que l'on cherche à calculer ; la validité externe est la capacité du code à représenter ce que l'on cherche à représenter, de sorte que les résultats puissent être interprétés comme représentant les états du système étudié.

Comme indiqué ci-dessus, l'ensemble des essais et des corrections qui aboutissent à un code capable de produire des résultats doit aussi permettre que les résultats soient, en outre, plausibles à première vue. Cela signifie qu'ils ne doivent pas être trop différents des attentes des chercheurs. Cette plausibilité initiale ne garantit pas la validité externe de la simulation ; de nombreuses autres analyses sont nécessaires pour limiter le risque que les résultats ne représentent pas les états du système étudié et induisent de ce fait les chercheurs en erreur.

Comme on le voit, une simulation numérique est un ensemble complexe d'activités scientifiques combinant modélisation, écriture de programmes informatiques, vérification de leur validité interne, analyse des résultats des calculs, tests de leur validité externe. À quoi tous ces efforts contribuent-ils ? De nombreux scientifiques répondraient qu'ils permettent non seulement de prédire les phénomènes étudiés, mais aussi de les comprendre. Cela semble indiquer que la pratique de la simulation numérique joue un rôle comparable à ceux associés aux pratiques plus anciennes de l'observation et de l'expérimentation. Est-ce à dire que les simulations numériques ont remplacé, dans les sciences contemporaines, ces façons de connaître et de comprendre le monde qui ont donné naissance, il y a plus de quatre siècles, à la science moderne ? Est-ce à dire que l'enquête empirique a été remplacée par des interactions avec des artefacts technologiques ?

Le mot « technoscience » est parfois utilisé pour désigner un univers dans lequel l'action humaine a tellement transformé le monde que la vie humaine ne se déroule plus dans un environnement naturel mais dans un environnement avant tout technologique, ce qui a pour effet que l'acte de connaissance se serait lui-même transformé. La connaissance du monde qui nous entoure aurait été remplacée par des interactions avec un univers technologique. L'importance qu'ont les simulations numériques dans l'activité scientifique actuelle semble conforter cette hypothèse. Elles sont rendues possibles par des développements technologiques ; elles donnent l'impression de remplacer l'enquête empirique par la reproduction des phénomènes *in silico*. L'hypothèse de la transformation technoscientifique du monde et de l'activité scientifique elle-même laisse cependant de côté de nombreux aspects de l'activité scientifique contemporaine. Les activités de collecte de données, qu'il s'agisse de détection ou de mesure, se sont développées à un rythme tout aussi soutenu que la pratique des simulations numériques. Or ces données sont obtenues grâce aux interactions physiques entre des instruments et ce qui a lieu dans le monde, indépendamment de l'univers technoscientifique qui est censé l'avoir remplacé.

Prenons l'exemple de la connaissance des changements du climat de la Terre pour approfondir la discussion de l'hypothèse selon laquelle le monde et la science auraient été transformés en un univers technoscientifique, lui-même par ailleurs responsable d'une modification irréversible de la condition humaine. D'un côté, il est maintenant avéré que ces changements sont causés par les activités économiques mobilisant des énergies fossiles ; ils sont bien connus grâce aux moyens importants qui sont consacrés à la collecte de données et aux simulations numériques déployées par de nombreux États, et dont les résultats font l'objet de comparaisons systématiques organisées par le GIEC[7]. De l'autre, cette activité de connaissance porte bien sur un objet indépendant de l'activité humaine, le climat de la Terre, c'est-à-dire la circulation de l'atmosphère autour de la planète, ses interactions avec les océans, les glaciers, les cours d'eau et l'ensemble de la biodiversité. L'existence d'un tel objet de connaissance indépendant de l'activité humaine doit être présupposée pour pouvoir en étudier les transformations. Une telle étude se situe dans la continuité de l'activité scientifique moderne inaugurée au XVIIe siècle, quelles qu'en soient les modalités technologiques actuelles.

Comme on l'a vu ci-dessus, les transformations du calcul au cours du XXe siècle ont profondément bouleversé la pratique scientifique, autorisant les scientifiques à accéder aux solutions des équations dans une mesure qu'ils n'auraient jamais imaginé pouvoir atteindre précédemment. Les moyens de l'enquête scientifique ont été, de ce fait, démultipliés. Elle s'appuie maintenant en grande partie, comme de nombreuses autres activités humaines, sur les technologies disponibles, ce qui renforce considérablement l'importance des modèles et de la modélisation. Or les modèles ont un rapport ambigu à la norme de vérité qui préside à la construction des théories scientifiques. Le fait que l'activité scientifique repose de plus en plus sur la modélisation doit-il être interprété comme le signe qu'elle s'éloigne de la norme de vérité ? Cest à cette question qu'est consacrée la section suivante.

3. Sciences, objectivité, vérité

Lorsque l'on cherche à distinguer l'activité scientifique d'autres activités humaines, il est courant de mentionner la place prépondérante qu'y tient la notion de vérité. Contrairement à la pratique artistique, par exemple, l'activité scientifique est souvent conçue comme visant le vrai. D'un côté, les historiens des sciences font remarquer que les théories scientifiques se succèdent, les plus anciennes étant rejetées en raison de leur incapacité à prédire des phénomènes que les plus

7. Groupe Intergouvernemental d'Experts sur le changement du Climat (*Intergovernmental Panel on Climate Change* ou IPCC).

récentes parviennent à prédire, ce qui donne à penser que les théories scientifiques passées forment un ensemble de théories fausses. Cela conduit à se demander à quel titre les théories actuelles ne devraient pas être considérées comme faisant partie de cet ensemble de théories fausses. Ce raisonnement a été appelé une « méta-induction pessimiste » par Larry Laudan et débouche sur une position anti-réaliste vis-à-vis des théories scientifiques [8]. De l'autre, Hilary Putnam a produit un argument de poids en faveur du réalisme scientifique, selon lequel, si les théories successives ne s'approchaient pas de plus en plus de la vérité, ce serait un miracle qu'elles parviennent à prédire les phénomènes de façon aussi précise qu'elles le font aujourd'hui [9]. Ce débat sur la vérité des principes des théories scientifiques ne porte pas, insistons-y, sur leur capacité à avoir des conséquences vraies – tous les participants au débat s'accordent sur ce point. Il porte sur la position qu'il convient d'adopter vis-à-vis de la valeur de vérité des principes des théories. Lorsque l'on prend en considération le tout que forme une théorie scientifique, l'importance que revêt la norme de vérité à son propos ne fait donc aucun doute.

Comme on vient de le voir, le développement des théories scientifiques, et leur succession, sont régis par la norme de vérité quant à leurs conséquences (leurs prédictions). Qu'en est-il des modèles ? Contrairement aux théories, ils peuvent contenir des éléments dont on sait qu'ils ne peuvent être vrais, en plus d'autres éléments à propos desquels on fait éventuellement l'hypothèse qu'ils le sont. Par ailleurs, les modèles de l'époque actuelle, c'est-à-dire les modèles numériques, ont ceci de différent par rapport aux modèles utilisés avant l'ère des ordinateurs qu'ils sont liés de façon inhérente aux procédures de calcul mathématique rendus possibles, mais aussi contraints, par les ordinateurs. Ces procédures de calcul, comme nous l'avons vu, introduisent une opacité épistémique qui interdit que les programmes informatiques en quoi les modèles numériques sont transformés soient analysés en profondeur avant que le processus de calcul soit lancé. Ce sont seulement leurs résultats qui sont analysés, d'abord de façon automatique, grâce à d'autres programmes informatiques, puis par les chercheurs. Le rapport différent qu'entretiennent les modèles à la norme de vérité, par comparaison avec les théories, et les calculs informatiques qu'ils mobilisent font-ils courir le risque que les sciences

8. L. Laudan, « A Confutation of Convergent Realism », *Philosophy of Science* 48, 1981, p. 19-48.

9. H. Putnam, *Mathematics, Matter and Method*, Cambridge, Cambridge University Press, 1975.

actuelles soient moins soumises à la norme de vérité que dans les périodes antérieures ?

Répondre à la question qui vient d'être posée requiert d'aller au-delà des termes du débat sur le réalisme scientifique qui, rappelons-le, concerne exclusivement la valeur de vérité des énoncés contenant des concepts théoriques. La question d'un éventuel glissement des pratiques scientifiques contemporaines qui l'éloignerait des normes prévalant du XVIIe à la seconde moitié du XIXe siècle porte avant tout sur les modèles et sur les calculs effectués par ordinateur, plus que sur les théories. Elle est cependant bornée par deux faits majeurs. Tout d'abord, les théories scientifiques continuent de jouer un rôle structurant dans l'activité scientifique, au sens où elles continuent d'être les ensembles d'énoncés scientifiques que l'on accepte comme ne faisant pas l'objet de doutes dans le cadre de l'enquête en cours. Les modèles ne sont pas toujours construits comme cas d'application des théories à des domaines plus restreints, mais ils le sont souvent à partir d'éléments pris dans des théories. Les éléments qui proviennent des théories sont acceptés comme non discutés, du moins dans le contexte de la construction du modèle. Deuxièmement, les modèles sont construits et validés à l'aide de données de plus en plus nombreuses et variées. Ces données, résultats d'interactions de détection ou de mesure, contraignent très sévèrement la construction des modèles. Oui, ils sont le fruit de l'invention humaine, mais ce processus créatif est tout sauf libre.

Les contraintes qui définissent la construction de modèles, à savoir qu'ils sont toujours élaborés par référence aux théories (même lorsqu'ils ont pour but de les transformer), et leur nécessaire compatibilité avec des données de plus en plus nombreuses, permettent de situer de façon précise la question de leur objectivité. Cette question ne porte pas sur la vérité des représentations qui les composent, car leur but n'est pas d'être véridiques, ni de servir de référence dans un champ d'enquête, contrairement aux théories. La question de l'objectivité des modèles ne porte pas non plus sur leur éventuelle participation à un univers technoscientifique qui aurait remplacé le monde que les scientifiques du passé aspiraient à connaître. Les capacités actuelles d'acquisition de données sont telles que, si un modèle est compatible avec les données pertinentes, et *a fortiori*, s'il est capable de les prédire, on ne peut mettre en doute son objectivité, si l'on entend par ce mot la capacité du modèle à s'ajuster précisément à ce qui peut être observé, éventuellement à l'aide de moyens automatisés. L'observation sans instruments étant devenue, depuis plus de deux siècles, l'exception plutôt que la norme dans la pratique scientifique, restreindre la notion d'objectivité à une correspondance avec ce que les capacités perceptives humaines peuvent révéler du monde reviendrait à en faire un concept vide. En revanche, les modèles, lorsqu'ils sont capables de prédire ce que les instruments de détection et de mesure permettent de découvrir bien au-delà de la perception, peuvent être dits objectifs au sens des pratiques scientifiques actuelles.

À partir du moment où les sciences contemporaines sont doublement contraintes par des théories qui leur servent de référence et par les données qui sont acquises en quantités de plus en plus importantes, les interrogations sur leur objectivité ou sur leur éloignement de la norme de vérité tombent comme étant sans objet. Certes, la notion de connaissance scientifique s'est transformée ; cependant, de même que la notion de calcul continue, pour ce qui est de la résolution d'équations, à conserver un lien avec l'activité humaine de calcul, de même, la notion de connaissance scientifique continue, malgré le recours à des moyens technologiques de plus en plus puissants, à se rapporter à une norme humaine.

Bibliographie indicative

ANKENY R. et S. LEONELLI, *Model Organisms*, Cambridge, Cambridge University Press, 2021.

BAILER-JONES D. M., « Scientists' Thoughts on Scientific Models », *Perspectives on Science* 10, 3, 2002, p. 275-301.

– « When Scientific Models Represent », *International Studies in the Philosophy of Science* 17, 1, 2003, p. 59-74.

BLACK M., *Models and Metaphors : Studies in Language and Philosophy*, Ithaca (NY), Cornell University Press, 1962.

BOGEN J. et J. WOODWARD, « Saving the Phenomena », *The Philosophical Review* 97, 3, 1988, p. 303-352.

BUENO O., 2010, « Models and Scientific Representations », *in* P. Magnus et J. Busch (eds.), *New Waves in Philosophy of Science*, Basingstoke, Palgrave Macmillan, 2010, p. 94-111.

— et S. FRENCH, « How Theories Represent », *The British Journal for the Philosophy of Science* 62, 4, 2011, p. 857-894.

CARTWRIGHT N., *How the Laws of Physics Lie*, Oxford, Oxford University Press, 1983.

CONTESSA G., « Scientific Models and Fictional Objects », *Synthese* 172, 2, 2010, p. 215-229.

DUHEM P., *La Théorie physique, son objet, sa structure* [1906], Paris, Vrin, 2007.

FRIGG R. et J. NGUYEN, *Modelling Nature. An Opinionated Introduction to Scientific Representation*, New York, Springer, 2020.

GODFREY-SMITH P., « The Strategy of Model-Based Science », *Biology and Philosophy* 21, 2006, p. 725-40.

HESSE M., *Models and Analogies in Science*, London, Sheed and Ward, 1963.

HUGHES R. I. G., « Models and Representation » *Philosophy of Science* 64, 1997, p. 325-S36.

HUMPHREYS P., *Extending Ourselves*, Oxford, Oxford University Press, 2006.

KELVIN W. TH. Baron, *Notes of Lectures on Molecular Dynamics and the Wave Theory of Light. Delivered at the Johns Hopkins University*, Baltimore (Lord Kelvin's Baltimore Lectures) [1884], A. S. Hathaway (recorder), 1987.

LAUDAN L., « A Confutation of Convergent Realism », *Philosophy of Science* 48, 1981, p. 19-48.

LEONELLI S., « What Distinguishes Data from Models ? », *European Journal for Philosophy of Science* 9, 2, 2019.

MAXWELL J. C. « Constitution of Bodies » [1877], repris in *The Scientific Papers of James Clerk Maxwell*, Cambridge, Cambridge University Press, 2011, p. 616-624.

MORGAN M. et M. MORRISON (eds.), *Models as Mediators : Perspectives on Natural and Social Science*, Cambridge, Cambridge University Press.

PARKER W. S., « Model Evaluation : An Adequacy-for-Purpose View » *Philosophy of Science* 87, 3, 2020, p. 457-477.

PESCHARD I., « Making Sense of Modeling : Beyond Representation », *European Journal for Philosophy of Science* 1, 3, 2011, p. 335-352.

PINCOCK CH., « Concrete Scale Models, Essential Idealization and Causal Explanation », *British Journal for the Philosophy of Science* 73, 2, 2022.

PUTNAM H., *Mathematics, Matter and Method*, Cambridge, Cambridge University Press, 1975.

REDHEAD M., « Models in Physics », *The British Journal for the Philosophy of Science* 31, 2, 1980, p. 145-163.

SUÁREZ M., « Scientific Representation : Against Similarity and Isomorphism », *International Studies in the Philosophy of Science* 17, 3, 2003, p. 225-244.

WEISBERG M., *Simulation and Similarity : Using Models to Understand the World*, Oxford, Oxford University Press, 2013.

WINSBERG E., *Science in the Age of Computer Simulation*, Chicago (IL), Chicago University Press, 2010.

Théorie de la relativité et mécanique quantique

par Vincent Ardourel

La philosophie de la physique analyse les théories qui décrivent les phénomènes physiques de l'échelle subatomique à l'échelle de l'univers, ainsi que les pratiques scientifiques développées pour étudier ces phénomènes, telles que l'expérimentation, la modélisation ou la simulation numérique. Dans ce chapitre, nous nous concentrerons sur deux théories apparues au début du XXe siècle, la théorie de la relativité et la mécanique quantique. Ces théories, centrales en physique fondamentale, ont conduit à de nombreuses confirmations expérimentales, parfois plusieurs dizaines d'années après les prédictions théoriques, mais ont aussi profondément changé notre manière de concevoir l'espace, le temps et la structure de la matière. Ce chapitre s'intéresse à ces changements conceptuels et aux problèmes philosophiques soulevés par ces théories.

Nous aborderons tout d'abord la théorie de la relativité. Dans une première section, nous nous intéresserons à *la relativité du temps*, une conséquence de la théorie de la relativité qui trouve actuellement une application pratique avec les systèmes de géolocalisation par satellite. Dans la deuxième section, nous analyserons comment *la distinction entre passé, présent et futur* est remise en cause par cette théorie. Selon Hilary Putnam, par exemple, la différence entre passé, présent et futur n'est plus une différence réelle et objective. Nous nous intéresserons ensuite à la mécanique quantique. Dans ce cadre, une troisième section portera sur le *problème de la mesure*. Nous montrerons que la mécanique quantique se heurte à un problème concernant ses fondements : la notion de « mesure » d'une grandeur reste une notion ambiguë. Enfin, dans une quatrième et dernière section, nous nous demanderons si la mécanique quantique est une théorie *déterministe ou indéterministe*, et montrerons que la réponse à cette question suppose de distinguer différentes interprétations de la mécanique quantique.

1. La relativité du temps

Albert Einstein publia en 1905 un article fondateur qui, avec les contributions de Henri Poincaré, Hendrik Lorentz, ou encore Hermann Minkowski, conduisit à la naissance de la théorie de la relativité. Cette théorie, comme nous le verrons, nous force à revoir nos intuitions sur la nature du temps. Désormais, chaque observateur « a son temps propre ; une indication de temps n'a de sens que si l'on indique le corps de référence auquel elle se rapporte »[1]. Mais comment le temps pourrait-il ainsi dépendre des observateurs, et ne plus être le même pour tous ?

Pour répondre à cette question, commençons par expliciter les deux principes fondamentaux de la théorie de la relativité. Le *principe de relativité*, tout d'abord, énonce que les lois de la physique sont les mêmes dans tous les référentiels inertiels, qui sont des référentiels – ou corps de référence – en mouvement rectiligne uniforme les uns par rapport aux autres[2]. Ainsi, par exemple, les lois de la physique sont les mêmes dans un train à l'arrêt dans une gare et dans un train qui avance à vitesse constante par rapport à la gare. Le deuxième principe énonce que *la vitesse de la lumière est la même dans tous les référentiels inertiels* ; elle ne dépend pas de la vitesse de la source. Qu'elle soit émise par un objet au repos ou en mouvement rectiligne uniforme, la lumière se propage toujours à la même vitesse, environ 300 000 km par seconde dans le vide. Ces deux principes forment le socle de la théorie de la relativité restreinte[3]. Nous évoquerons brièvement, à la fin de la section 1.2, la relativité générale qui décrit la gravitation dans un cadre relativiste.

1.1. La dilatation des durées

La physique classique a toujours admis que la durée entre deux évènements était indépendante des observateurs, c'est-à-dire absolue. Par exemple, la durée d'un voyage en train entre Bordeaux et Marseille

1. A. Einstein, *La relativité*, trad. fr. M. Solovine, Paris, Payot, 2016, p. 43.

2. Un référentiel inertiel (ou galiléen) est un référentiel dans lequel le principe d'inertie – ou première loi de Newton – est valable, c'est-à-dire qu'en l'absence de force, un corps persiste dans son état de repos ou de mouvement rectiligne uniforme.

3. Pour une analyse de ces deux principes, voir par exemple H. R. Brown, *Physical Relativity. Space-Time Structure from a Dynamical Perspective*, Oxford, Clarendon Press, 2005, chap. V. Sur la question de savoir si l'on peut se passer du second principe, voir dans le même ouvrage, p. 105 et J.-M. Lévy-Leblond, « One more derivation of the Lorentz transformation », *American Journal of Physics* 44, 1976, p. 271-279.

serait la même qu'elle soit mesurée depuis le quai ou depuis le train. Cependant, une conséquence des deux principes énoncés ci-dessus est, au contraire, que la durée entre deux évènements dépend des observateurs. Par exemple, une personne sur le quai à Bordeaux et le conducteur du train Bordeaux-Marseille devraient mesurer des temps de trajets différents d'après la théorie de la relativité. Cependant, dans cet exemple, l'écart de temps est négligeable et les deux individus ne décèleront aucune différence. En revanche, dans d'autres circonstances, par exemple pour comprendre le fonctionnement des GPS sur lequel nous reviendrons, il est indispensable de tenir compte de ces écarts.

Pourquoi, en théorie de la relativité, les durées sont-elles différentes selon les observateurs ? Pour comprendre ce nouveau fait, considérons une horloge optique placée dans un train en mouvement rectiligne uniforme par rapport au quai d'une gare. Par « horloge optique », nous entendons un dispositif qui piège un rayon lumineux entre deux miroirs placés aux extrémités d'une tige verticale de longueur l. Le trajet de la lumière est similaire au battement périodique du balancier d'une horloge mécanique : le tic-tac correspond à l'aller-retour de la lumière, de bas en haut, et l'unité de temps est la durée que met la lumière pour faire un aller-retour[4]. Combien de temps la lumière met-elle pour faire un aller-retour, du point de vue d'un observateur dans le train, immobile à côté de l'horloge ? Comme la lumière se déplace à la vitesse c et qu'elle doit faire deux fois le trajet de longueur l, la durée T est égale à $2l/c$. Plaçons-nous maintenant du point de vue d'un observateur sur le quai. Combien de temps la lumière met-elle, cette fois, pour faire un aller-retour ? Du point de vue de l'observateur sur le quai, l'horloge optique se déplace avec le train. La lumière qui fait un aller-retour entre les deux miroirs ne revient *pas au même point* pour lui. Elle ne suit pas, dans son référentiel, un trajet vertical aller-retour, mais elle parcourt désormais une trajectoire de biais dans le sens de la marche du train, d'une distance d, plus grande que l, à l'aller comme au retour. Or, d'après le second principe de la relativité, sa vitesse c est invariante. La durée d'un aller-retour est donc, pour l'observateur sur le quai, la distance parcourue par la lumière divisée par sa vitesse c, c'est-à-dire $T'=2d/c$. La durée T' est ainsi plus grande que la durée T étant donné que la distance parcourue $2d$ est plus grande que la distance $2l$. Autrement dit, la durée entre deux battements de l'horloge est plus grande pour l'observateur sur le quai, en mouvement relatif

4. Pour une discussion de cette expérience de pensée, accompagnée d'illustrations, voir le cours en ligne de J. D. Norton, *Einstein for Everyone*, Nullarbor Press, Pittsburgh, 2024, chap. III.

par rapport à l'horloge, que pour l'observateur dans le train, immobile par rapport à l'horloge. Il s'agit de *la dilatation des durées* de la relativité restreinte. Il faut tout de suite noter, cependant, que pour l'observateur dans le train, immobile par rapport à l'horloge, il ne s'est produit aucun changement. Son horloge continue de battre au même rythme.

La dilatation des durées s'applique aussi bien à l'observateur sur le quai qu'à l'observateur dans le train qui, de son point de vue, voit défiler le paysage. Ainsi, si nous placions une horloge optique sur le quai, l'observateur dans le train verrait maintenant le battement de l'horloge sur le quai ralentir. En résumé, chacun des deux observateurs – sur le quai et dans le train – constate la dilatation des durées, à savoir que l'horloge de l'autre bat plus lentement que la sienne, tout en ne notant aucun ralentissement de sa propre horloge. Nous avons présenté la dilatation des durées à partir d'une horloge optique. Mais la dilatation des durées s'applique à tout type d'horloge et notamment aux horloges mécaniques usuelles. Notons enfin que la dilatation des durées est un effet mesurable, même s'il dépend du référentiel. Il a notamment été observé en comparant la durée de vie de particules avant leur désintégration, au repos dans un cas et en mouvement dans l'autre cas.

1.2. Le paradoxe des jumeaux

En 1911, lors d'une conférence à Bologne, Paul Langevin proposa une expérience de pensée qui repose sur la loi de la dilatation des durées. Supposons, nous dit-il, qu'un « voyageur consente à s'enfermer dans un projectile que la Terre lancerait avec une vitesse suffisamment voisine de celle de la lumière [..]. Revenu à la Terre ayant vieilli de deux ans, il sortira de son arche et trouvera notre globe vieilli de deux cents ans »[5]. Cette expérience de pensée ne conduit pas, à proprement parler, à un paradoxe, au sens d'une contradiction interne à la théorie de la relativité. Elle décrit un phénomène physique, prédit par la théorie, mais imperceptible dans notre vie quotidienne. Dans son exemple, Langevin imagine un projectile se déplaçant à une vitesse très élevée. Si cette expérience de pensée n'a jamais été réalisée dans ces conditions extrêmes, différentes expériences reposant sur le même principe ont été effectuées. Pour cela, des horloges de grande précision sont initialement synchronisées. L'une est embarquée dans un avion qui vole pendant plusieurs heures, alors que l'autre reste immobile au sol.

5. P. Langevin, « L'évolution de l'espace et du temps », *Atti del IV Congresso Internazionale di Filosofia*, vol. 1, 1911, *Sedute Generale*, p. 211.

Au retour de l'avion, un écart de quelques milliardièmes de seconde est constaté entre les deux horloges, comme lors de l'expérience de Hafele et Keating de 1971.

Prolongeons l'expérience de pensée de Langevin et considérons deux jumeaux, dont l'un fait un voyage aller-retour dans l'espace à bord d'une fusée. À son retour sur Terre, le jumeau voyageur trouvera son frère resté sur Terre bien plus vieux que lui, et pourrait même le retrouver décédé depuis bien longtemps s'il suivait le scénario imaginé par Langevin. Tel est le résultat prédit par la théorie de la relativité. Mais comment peut-on le comprendre et lui donner sens ? Pour cela, supposons qu'un enfant nous demande : « pourquoi le chemin le plus court dans l'espace est-il la ligne droite ? ». Pour répondre à cette question, il nous faudra sans doute introduire la notion de « géométrie euclidienne » et lui expliquer que ce fait est une conséquence de cette géométrie. De la même manière, pour expliquer l'effet des jumeaux, on introduit la notion de « géométrie pseudo-euclidienne » utilisée pour décrire l'*espace-temps*, l'entité qui réunit l'espace et le temps en relativité (voir figure 1)[6]. Dès lors, pourquoi le jumeau resté sur Terre est-il plus vieux que son frère voyageur ? C'est une conséquence de la géométrie de la théorie de la relativité. Plus précisément, l'âge d'un observateur, ou plus généralement la durée mesurée par une horloge, est donné par la longueur du chemin suivi par l'observateur dans l'espace-temps. Or, si l'on compare les chemins spatio-temporels des jumeaux, on constate que le chemin du jumeau resté sur Terre est *plus long* que celui du jumeau voyageur. Dans un cadre classique, newtonien, le chemin le plus court entre deux points dans l'*espace* est la ligne droite, car la géométrie utilisée est *euclidienne*. En revanche, dans un cadre relativiste, l'*espace-temps* est décrit par une géométrie pseudo-euclidienne à quatre dimensions, l'espace-temps de Minkowski. Dans cette géométrie, ou plutôt cette chronogéométrie, on peut montrer que la ligne droite est le chemin le plus *long*, ce qui correspond aux durées écoulées les plus longues (voir figure 1). Cette ligne droite spatio-temporelle correspond, dans l'*espace*, à un état de repos – comme pour le jumeau resté sur Terre – ou de mouvement rectiligne uniforme. En résumé, la différence d'âge entre les deux jumeaux s'explique par les propriétés de l'espace-temps de Minkowski, d'après lequel les durées écoulées les plus longues sont celles des observateurs au repos ou en mouvement rectiligne uniforme.

6. Pour une introduction à la notion d'« espace-temps », voir A. Barberousse, « Philosophie de la physique », dans A. Barberousse, D. Bonnay, M. Cozic (éd.), *Précis de philosophie des sciences*, Paris, Vuibert, 2013, sect. 1.2.

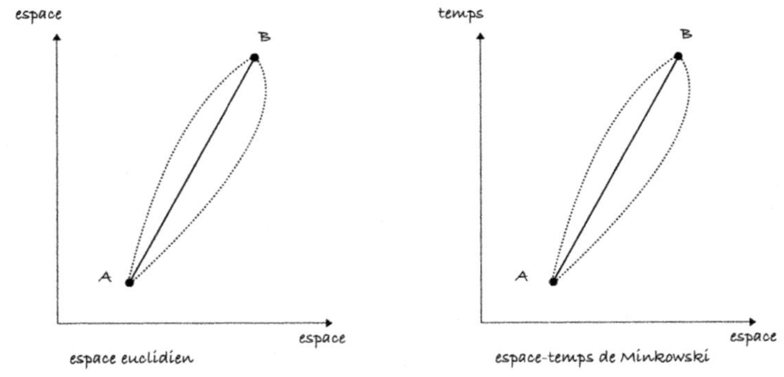

Figure 1. Dans l'*espace* euclidien (à gauche), le chemin le plus *court* pour aller de A à B est la ligne droite. Dans l'*espace-temps* pseudo-euclidien de Minkowski (à droite), le chemin le plus *long* (et la durée la plus *longue*) pour aller de A à B est la ligne droite[7].

La situation entre le jumeau voyageur et le jumeau resté sur Terre n'est pas symétrique, contrairement à la dilatation des durées décrite dans la section 1.1 : on ne peut pas considérer que les jumeaux soient deux observateurs en mouvement rectiligne uniforme l'un par rapport à l'autre. Cette asymétrie s'explique par l'*accélération* subie par le jumeau voyageur. En effet, contrairement au jumeau resté sur Terre, la fusée du jumeau voyageur a dû ralentir, faire demi-tour, puis accélérer à nouveau en direction de la Terre. Cependant, cette accélération n'explique pas la différence d'âge entre les deux jumeaux. En effet, il suffit d'imaginer une variante de l'expérience de pensée où le jumeau resté sur Terre décide finalement de partir en voyage, bien après le départ de son frère[8]. Il fait aussi un voyage aller-retour, avec la même accélération pour le demi-tour – on peut même imaginer une accélération plus importante – mais en allant moins loin dans l'espace. Lorsqu'ils se retrouvent, le voyageur qui aura suivi le chemin le plus court dans l'espace-temps sera toujours le plus jeune, quelle que soit l'accélération qu'ils auront tous les deux subie. Le cas particulier de l'expérience de pensée des jumeaux, où un jumeau reste sur Terre, laisse penser à tort que la différence d'âge provient de l'accélération. Mais la seule différence qui compte pour expliquer l'âge des jumeaux est la différence de longueur des chemins dans l'espace-temps.

7. Voir J. D. Norton, *Einstein for Everyone, op. cit.*, chap. XII, section « Timelike Geodesics ».

8. Voir T. Maudlin, *Philosophy of physics : Space and Time*, Princeton (NJ), Princeton University Press, 2012, p. 81.

Jusqu'ici, nous nous sommes intéressés aux conséquences de la théorie de la relativité restreinte. Einstein montre cependant que la gravitation décrite par la relativité générale a aussi une influence sur la mesure des durées. Dès 1907, il avance l'idée qu'il existe un effet analogue à celui de la dilatation des durées, mais dû cette fois à la gravitation. Si l'on compare deux horloges initialement synchronisées, le battement de l'horloge qui se trouve dans un lieu où la gravitation est plus importante sera plus lent. Par exemple, le battement d'une horloge est plus lent au pied d'une tour – où la gravitation est plus importante, car il est plus près de la Terre – qu'en haut de la tour, comme l'a montré l'expérience de Pound et Rebka de 1959. Une variante de l'expérience de pensée des jumeaux serait d'envoyer un jumeau à proximité d'un trou noir où règne un fort champ gravitationnel et de le faire revenir. Ce détour dans son voyage accentuerait la différence d'âge avec son frère resté sur Terre. Cet effet peut s'expliquer à nouveau par la structure de l'espace-temps de la théorie de la relativité qui, cette fois, est déformé par la présence du trou noir.

Ces deux effets de dilatations de durées, l'un cinématique et l'autre gravitationnel, ont été vérifiés expérimentalement. Il est même indispensable de nos jours de les prendre en compte pour comprendre le fonctionnement des GPS. En effet, les satellites dans lesquels sont embarquées des horloges de précision échangent des signaux avec la Terre. Ces horloges embarquées dans l'espace se désynchronisent par rapport aux horloges situées sur Terre à cause de ces effets relativistes : d'un côté les horloges embarquées retardent un peu à cause de l'effet cinématique, et de l'autre elles avancent un peu à cause du champ gravitationnel terrestre moins intense dans l'espace. Le premier effet conduit à un retard de l'ordre de sept microsecondes (sept millionièmes de seconde) par jour, et le deuxième à une avance de l'ordre de quarante-cinq microsecondes par jour. L'écart total, une avance de trente-huit microsecondes par jour, pourrait sembler négligeable, mais ne l'est pas en pratique. Il conduit à une dérive des horloges qui, si elle n'était pas corrigée, ferait perdre, en quelques minutes, la précision des positions que nous obtenons sur Terre grâce aux GPS. Au bout d'un jour, par exemple, la précision des positions passerait de la dizaine de mètres à la dizaine de kilomètres.

2. La distinction entre passé, présent et futur

La théorie de la relativité nous invite à revoir nos intuitions sur la mesure des durées, mais aussi notre conception si familière de la différence entre passé, présent et futur. Nous considérons généralement que seul l'instant présent existe, le passé n'existant plus et le futur n'existant pas encore. Nous adoptons en cela une conception *présentiste* qui s'appuie sur le fait que, selon la physique classique, tous les observateurs partagent le même présent. Ce qui se passe « maintenant » pour nous correspond à ce qui se passe « maintenant » pour quelqu'un à l'autre bout de la Terre. Mais, comme nous allons le voir, la notion de « maintenant » n'est plus une notion absolue en relativité, et la chronologie des évènements varie d'un observateur à l'autre. Ainsi, la conception du temps qui semble s'accorder au mieux avec la théorie de la relativité est l'*éternalisme*, qui affirme que les évènements passés, présents et futurs existent tous de la même manière. Einstein fait implicitement référence à cette conception lorsqu'il écrit en 1955 que « cette séparation entre passé, présent et avenir, ne garde que la valeur d'une illusion, si tenace soit-elle » [9]. Qualifiée aussi de conception de l'univers-bloc, cette idée est partagée par de nombreux savants du XXe siècle, tels que Hermann Minkowski, Hermann Weyl, Kurt Gödel, ou encore Arthur Eddington [10]. Nous expliquerons d'abord pourquoi la notion de « maintenant » n'est plus une notion absolue en relativité (section 2.1), avant d'analyser un argument important en faveur de la conception éternaliste (section 2.2).

2.1. La relativité de la simultanéité

Pourquoi le fait que deux évènements se passent « en même temps » n'est-il plus un fait absolu en relativité ? Pourquoi, par exemple, deux feux d'artifice, l'un à Londres et l'autre à Rome, tirés simultanément pour un observateur sur Terre, ne sont-ils pas simultanés pour un observateur se déplaçant en avion entre Rome et Londres ? Pour nous faire comprendre ce nouveau fait, Einstein propose une expérience de

9. A. Einstein, *Correspondance avec Michele Besso. 1903-1955* [1955], trad. fr. P. Speziali, Paris, Hermann, 1979, p. 312.

10. L'une des premières occurrences du terme « univers-bloc » est attribuée à William James, mais qui l'utilise dans un autre contexte, avant la naissance de la théorie de la relativité. Voir C. Bouton, « Le futur est-il déjà présent ? », *in* C. Bouton et Ph. Huneman (éd.), *Temps de la nature, nature du temps*, Paris, CNRS Éditions, 2018, p. 116.

pensée[11]. Il considère un train en mouvement rectiligne uniforme, à la vitesse *v*, et un observateur au repos sur le talus. Il imagine deux éclairs tombant sur les rails, l'un devant le train et l'autre derrière le train. Si les deux éclairs tombent *en même temps* pour l'observateur sur le talus, Einstein va montrer que ces deux éclairs ne tombent *pas* en même temps pour un observateur dans le train. Pour ce dernier, l'éclair tombé devant le train est tombé *avant* l'éclair tombé derrière le train.

Avant de montrer pourquoi les deux observateurs ne sont pas d'accord sur la simultanéité de ces deux évènements, Einstein commence par analyser la notion de simultanéité : « j'affirme que ces deux éclairs ont été "simultanés". [..] Mais si j'insiste et vous prie de m'expliquer d'une façon plus précise le sens de cette affirmation, vous constatez après quelque réflexion que la réponse à cette question n'est pas si simple »[12]. Einstein propose alors la définition suivante pour la simultanéité. Considérons les deux éclairs précédents, l'un tombant au point A, l'autre en B. Plaçons l'observateur sur le talus au *milieu* M de A et B (voir figure 2). Einstein *définit* la simultanéité comme suit : les deux éclairs sont « simultanés » si les rayons lumineux émis respectivement en A et en B se rencontrent en M. Ainsi, pour un observateur sur le talus qui se trouve en M, les deux évènements A et B sont, par définition, simultanés[13].

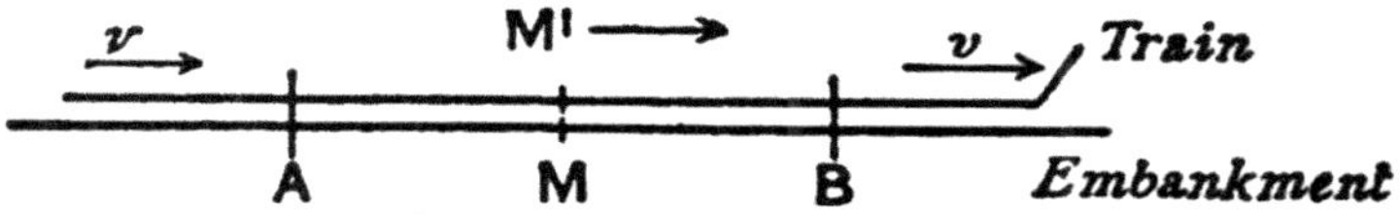

Figure 2. Expérience de pensée sur la relativité de la simultanéité. Pour l'observateur situé sur le talus (*embankment* en anglais), au point M, les deux éclairs tombent *en même temps* en A et en B. Pour l'observateur dans le train, au point M', un éclair tombe *d'abord* en B, puis un second tombe en A. Figure extraite de A. Einstein, *Relativity – The Special and General Relativity*, trad. angl. R. W. Lawson, New York, Peter Smith, 1931 [1920], p. 30 (d'après la figure originale de l'ouvrage paru en 1917).

11. A. Einstein, *La relativité, op. cit.*, chap. IX. Voir aussi J. D. Norton, *Einstein for Everyone, op. cit*, chap. III.

12. A. Einstein, *La relativité, op. cit.*, p. 37.

13. Cette définition repose sur le rôle joué par la vitesse de la lumière dans cette théorie (voir section 1.1). La question de savoir si cette définition est *conventionnelle*, c'est-à-dire si l'on peut en choisir une autre, est discutée par Hans Reichenbach : H. Reichenbach, *The Philosophy of Space and Time*, New York, Dover publications, 1958, § 19. Voir aussi J. D. Norton, *Einstein for Everyone, op. cit.*, chap. XVII.

Dans l'expérience de pensée, l'observateur dans le train se trouve aussi exactement au milieu de A et B, au point M', quand les éclairs tombent simultanément pour l'observateur sur le talus. Mais comme le train avance pendant que les rayons lumineux issus de A et B se propagent à la même vitesse *c*, il va à la rencontre des rayons issus de B et fuit ceux de A. L'observateur dans le train va ainsi rencontrer les rayons issus de B *avant* ceux issus de A. En conclusion, pour l'observateur dans le train, l'évènement A a lieu *après* l'évènement B. La chronologie des évènements A et B est ainsi différente pour les deux observateurs. Le même raisonnement peut se faire avec l'observateur qui se situe dans le train. Si, pour lui, les deux éclairs sont simultanés, l'éclair à l'avant du train tombe *après* l'éclair à l'arrière du train pour l'observateur sur le talus [14].

Dans notre vie quotidienne, ces éclairs seraient perçus comme simultanés étant donné la faible vitesse du train et la proximité des deux éclairs : l'écart serait infime, moins d'un millième de milliardième de seconde. Mais si nous considérons des vitesses plus grandes, ou des évènements très éloignés, la relativité de la simultanéité conduit à des conséquences étonnantes. Considérons par exemple une personne immobile et une autre à pied, marchant en ligne droite. Imaginons un évènement très éloigné, hors du système solaire, par exemple une éruption sur une étoile dans la galaxie d'Andromède, une galaxie visible à l'œil nu depuis la Terre. Si cette éruption a lieu, pour la personne qui marche, au moment où les deux personnes se croisent, la situation est différente du point de vue de la personne immobile. Pour cette dernière, l'éruption n'a pas lieu « maintenant », mais *aura* lieu dans quatre jours environ [15].

Ce type d'exemple nous conduit à distinguer deux types de « présent » : le « présent local », celui que partage un observateur avec les évènements simultanés et situés au même point dans l'espace que lui et le « présent distant », l'ensemble des évènements qui sont simultanés pour un observateur, mais éloignés de lui dans l'espace. La personne

14. Pour que la chronologie de deux évènements soit conservée d'un observateur à l'autre, il faut que les deux évènements puissent être reliés par des signaux qui se propagent à une vitesse inférieure ou égale à la vitesse de la lumière. On parle d'évènements qui se situent dans le « cône de lumière ». Pour une introduction à cette notion, voir par exemple J. D. Norton, *Einstein for Everyone, op. cit.*, chap. X. Mais deux évènements *simultanés* et *distants* ne remplissent jamais cette condition et conduisent ainsi à des chronologies différentes selon les observateurs.

15. L'étoile étant très éloignée, même si l'éruption se passe « maintenant » pour la personne qui marche, cette dernière ne peut pas encore le savoir à ce moment-là, à cause de la vitesse finie de la lumière. Pour une expérience de pensée similaire, voir R. Penrose, *The Emperor's New Mind*, Oxford, Oxford University Press, 1989, p. 201.

immobile et celle qui marche partagent le même présent local quand elles se croisent, mais ne partagent pas le même présent distant. Ces considérations sont au cœur de l'argument en faveur de l'éternalisme que nous allons discuter dans la section suivante.

2.2. L'argument de Rietdijk-Putnam

La distinction entre passé, présent et futur n'est-elle qu'une illusion, comme le suggère Einstein ? « Oui », semble-t-il, pour Cornelis Willem Rietdijk et Hilary Putnam, qui ont proposé dans les années 1960 un argument soutenant la conception de l'univers-bloc. Putnam estime qu'il nous faut conclure de cet argument « quelque chose de vraiment remarquable [...], il s'avère que les choses (ou événements) futures sont déjà réelles ! »[16]. Cet argument se présente comme un raisonnement par l'absurde[17]. Putnam suppose la thèse présentiste vraie, à savoir que seuls les évènements présents existent, et montre que, intégrée à d'autres prémisses reposant sur la relativité de la simultanéité, le raisonnement aboutit à une contradiction.

Nous choisissons de présenter l'argument de Rietdijk-Putnam à l'aide d'une nouvelle expérience de pensée en le reconstruisant de la manière suivante. Considérons deux personnages, un jeune individu sur Terre fêtant ses vingt-cinq ans et un astronaute dans une fusée à proximité de la galaxie d'Andromède, lisant un livre pendant son voyage. La fusée avance en mouvement rectiligne uniforme en direction de la Terre. Selon la thèse présentiste, les évènements faisant partie du futur du jeune terrien, par exemple lui-même partant à la retraite quarante ans plus tard, n'existent pas : ils ne sont pas « réels » au moment où il fête ses vingt-cinq ans (prémisse 0)[18]. Par ailleurs, du point de vue de

16. H. Putnam, « Time and Physical Geometry », *The Journal of Philosophy* 64, 8, 1967, p. 242. L'article de Rietdijk est le suivant : C. W. Rietdijk, « A Rigorous Proof of Determinism Derived form the Special Relativity », *Philosophy of Science* 33, 4, 1966, p. 341-344.

17. Voir H. Stein, « On Einstein-Minkowski Space-Time », *The Journal of Philosophy* 65, 1, 1968, p. 5-23, ainsi que P. Thyssen, « Conventionality and Reality », *Foundations of Physics* 49, 2019, p. 1336-1354, sur lequel nous nous appuyons.

18. Putnam formule son argument en termes d'évènements « réels » et Rietdijk en termes d'évènement « déterminés ». Nous adoptons la terminologie de Putnam, car la notion de « déterminisme » chez Rietdijk peut prêter à confusion. Elle diffère de la notion habituelle de « déterminisme » en philosophie de la physique qui porte généralement sur la dynamique d'un système (voir section 4). Le déterminisme de Rietdijk porte sur l'existence des évènements dans l'espace-temps, indépendamment de leur évolution dynamique. Pour une analyse de cette distinction, voir P. Thyssen, *The Block Universe : A Philosophical Investigation in Four Dimensions*, Thèse de doctorat, KU Leuven, 2020, sect. 3.3.

ce jeune terrien, au moment où il fête ses vingt-cinq ans, l'astronaute finit son livre. Ces deux évènements sont simultanés pour le terrien (prémisse 1a). Étant simultanés, ces deux évènements sont « réels » pour le jeune terrien (prémisse 2a). En revanche, du point de vue de l'astronaute, au moment où il finit son livre, le terrien est bien plus vieux, il part à la retraite – à cause de la relativité de la simultanéité (section 2.1). Ainsi, du point de vue de l'astronaute, les deux événements « l'astronaute finit son livre » et « le terrien part à la retraite » sont simultanés (prémisse 1b). Étant simultanés, ces deux évènements sont deux évènements « réels » pour l'astronaute (prémisse 2b). Cette situation est représentée sur la figure 3 : l'évènement « le terrien fête ses vingt-cinq ans » est noté *a*, l'évènement « le terrien part à la retraite » est noté *b*, et l'évènement « l'astronaute finit son livre » est noté *c*.

L'argument de Rietdijk-Putnam continue ainsi. Le terrien doit reconnaître à l'astronaute la même autorité qu'à lui-même pour juger des évènements « réels », ce qui s'explique, selon Putnam, par le fait qu'il n'y a pas d'observateur privilégié en relativité. Dès lors, si l'évènement « le terrien part à la retraite » est réel pour l'astronaute qui finit son livre et que l'évènement « l'astronaute finit son livre » est réel pour le terrien qui fête son vingt-cinquième anniversaire, alors l'évènement « le terrien part à la retraite » doit être réel pour le terrien qui fête son vingt-cinquième anniversaire. Cette relation est transitive (prémisse 3), c'est-à-dire du type « si $x = y$ et $y = z$, alors $x = z$ ». Elle est considérée par Putnam comme l'hypothèse la plus importante de son argument. Par conséquent, en considérant cette prémisse 3 à laquelle on ajoute les prémisses 1 et 2, nous en tirons la conclusion selon laquelle l'évènement « le terrien part à la retraite » est réel au moment où le terrien fête ses vingt-cinq ans. Enfin, en prenant en compte la prémisse présentiste (prémisse 0), on aboutit à une conclusion contradictoire : l'évènement « le terrien part à la retraite » est réel (d'après les prémisses 1 à 3) et n'est *pas* réel (d'après la prémisse 0).

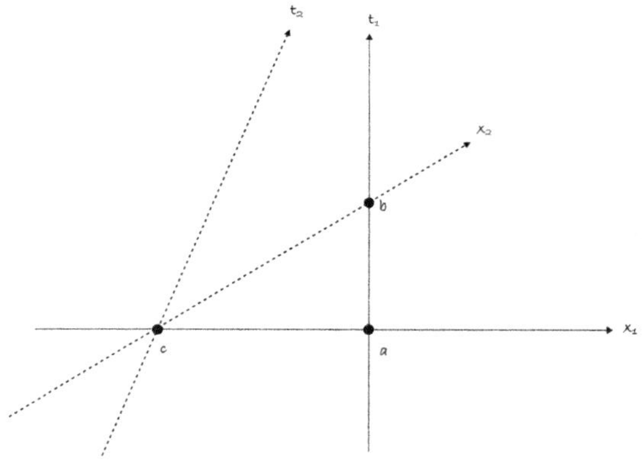

Figure 3. Argument de Rietdijk-Putnam présenté sur un diagramme espace-temps de Minkowski. Pour le terrien (avec les axes x_1 et t_1), les évènements *a* et *c* sont simultanés, et l'évènement *b* fait partie du futur. Pour l'astronaute (avec les axes x_2 et t_2 en pointillés), les évènements *c* et *b* sont simultanés [19].

Pour lever cette contradiction, il faut, selon Rietdijk et Putnam, abandonner la thèse présentiste (prémisse 0) et adopter la conception de l'univers-bloc. Il nous faut ainsi accepter la conclusion selon laquelle l'évènement « le terrien part à la retraite » est déjà réel au moment même où le jeune terrien fête son vingt-cinquième anniversaire, quarante ans plus tôt. Comme le souligne Rietdijk lui-même, l'argument n'implique pas que le jeune terrien puisse connaître son futur par l'intermédiaire de l'astronaute, à cause de la vitesse finie de la lumière. L'argument de Rietdijk-Putnam ne porte pas sur la possibilité de prédire des évènements futurs, mais sur l'existence des évènements futurs.

Même si l'argument de Rietdijk-Putnam semble remettre définitivement en cause le présentisme, différentes objections lui ont été adressées. Nous nous limiterons à indiquer les critiques de la prémisse 3 et des prémisses 2a et 2b. Celles-ci ne relèvent pas à strictement parler de la théorie de la relativité, mais sont des hypothèses métaphysiques qui peuvent être rejetées sans affecter la théorie [20]. La prémisse 3 stipule qu'un évènement « réel » obéit à une relation transitive. Autrement dit, si un évènement est « réel » pour une personne et que cette personne est « réelle » pour moi, alors cet évènement est aussi « réel » pour moi.

19. L'inclinaison des axes x_2 et t_2 est une conséquence des équations de la relativité restreinte, les transformations de Lorentz-Poincaré.

20. Voir J. D. Norton, *Einstein for Everyone*, *op. cit.*, chap. XVI, sect. 8.

Même si cette prémisse peut sembler naturelle, certains philosophes ont proposé de la rejeter, ce qui conduit à une relativisation de la réalité. En effet, si l'on rejette la prémisse 3, le même évènement « le terrien part à la retraite » peut être considéré comme « réel » pour l'astronaute tout en n'étant *pas* « réel » pour le jeune terrien. Cette relativisation de la réalité peut sembler surprenante, mais, comme le souligne Lawrence Sklar, elle « n'est en aucun cas incohérente ni manifestement absurde »[21]. Les prémisses 2a et 2b, quant à elles, relient la notion de simultanéité à la notion d'évènement « réel ». Elles reposent sur l'hypothèse d'après laquelle les évènements du « présent distant » sont aussi réels que les évènements du « présent local ». Cette position métaphysique est qualifiée de « présentisme de surface », une forme de présentisme qui repose sur une métaphysique prérelativiste[22]. En effet, en physique classique, on peut considérer que le « présent local » existe de la même manière que le « présent distant », car il n'y a pas de limite à la vitesse des signaux : on peut savoir instantanément ce qui se passe aux confins de l'univers. Mais en théorie de la relativité, la vitesse finie de la lumière implique que l'on ne sait pas instantanément ce qui se passe loin de nous. Il n'est ainsi plus évident de considérer que les évènements du « présent distant » sont aussi réels que les évènements du « présent local ». Certains ont par conséquent proposé de rejeter ces prémisses 2a et 2b, ce qui les conduit à redéfinir le lien entre la notion de simultanéité et le caractère « réel » de deux évènements, préservant dès lors la possibilité d'un futur ouvert en relativité, comme proposé par Howard Stein[23].

La conception de l'univers-bloc soulève ainsi des nombreuses questions. Si le passé est aussi réel que le présent, les voyages dans le temps vers le passé sont-ils possibles ? Et si le futur est aussi réel que le présent, doit-on croire à notre libre arbitre ? Nous ne pouvons aborder dans ce chapitre tous les problèmes philosophiques soulevés par la théorie de la relativité[24]. Nous laisserons notamment de côté un autre débat important entre substantialisme et relationnisme de

21. L. Sklar, *Space, Time, and Spacetime*, Berkeley (CA), University of California Press, 1974, p. 275.

22. La surface correspond au plan de simultanéité dans l'espace-temps. On parle plus précisément de « présentisme de l'hypersurface ».

23. H. Stein, « On Relativity Theory and Openness of the Future », *Philosophy of Science* 58, 1991, p. 147-167.

24. Voir S. Savitt, « Being and Becoming in Modern Physics », *in* E. N. Zalta et U. Nodelman (eds.), *The Stanford Encyclopedia of Philosophy*, 2024, sect. 3 et C. Smeenk, Fr. Arntzenius, and T. Maudlin, « Time Travel and Modern Physics », *in* E. N. Zalta et U. Nodelman (eds.), *The Stanford Encyclopedia of Philosophy*, 2023.

l'espace-temps[25]. Dans la suite de ce chapitre, nous nous intéresserons à la mécanique quantique, une autre théorie physique apparue de manière presque concomitante à la théorie de la relativité, au début du XXe siècle.

3. Le problème de la mesure en mécanique quantique

La mécanique quantique décrit principalement les phénomènes physiques à l'échelle atomique, mais aussi certains phénomènes à d'autres échelles, comme les étoiles à neutrons. Cette théorie est extrêmement bien confirmée empiriquement à l'aide d'expériences variées sur le comportement de la matière – électrons, atomes – ou de la lumière, et a permis de comprendre de nouveaux phénomènes tels que la supraconductivité, une conduction électrique parfaite observée, par exemple, dans l'alliage niobium-titane. Elle a aussi largement contribué au développement technologique des XXe et XXIe siècles, que ce soit à travers la compréhension des matériaux semi-conducteurs utilisés dans les transistors de nos ordinateurs, de l'effet photo-électrique sur lequel repose le fonctionnement des panneaux solaires, ou encore des matériaux supraconducteurs utilisés pour l'imagerie par résonance magnétique (IRM). Mais, si cette théorie physique montre une excellente adéquation empirique, la question de ses fondements est largement débattue depuis près d'un siècle. Par exemple, la question de savoir si les particules ont des propriétés bien déterminées – par exemple une position – avant qu'on les mesure, qui a été débattue par Albert Einstein et Niels Bohr dès les années 1930, reste encore de nos jours une question ouverte. La « mesure » d'une quantité pose en effet de redoutables problèmes aux fondements de la mécanique quantique, et la plupart des débats contemporains en philosophie sur la mécanique quantique portent sur ce « problème de la mesure ». Nous le présenterons (section 3.1), avant d'examiner la solution généralement admise par les scientifiques, l'interprétation orthodoxe de la mécanique quantique (section 3.2).

25. M. Esfeld, *Physique et métaphysique*, Lausanne, Presses polytechniques universitaires romandes, 2012, chap. VI.

3.1. Trois énoncés incompatibles

Qu'est-ce que le problème de la mesure ? Une manière de présenter ce problème consiste à mettre en avant le fait que la mécanique quantique repose sur trois propositions incompatibles, alors même que la conjonction de deux propositions quelconques parmi les trois est cohérente[26]. Pour lever cette contradiction, il faut supprimer ou amender l'une de ces trois propositions, ce qui conduit à différentes *interprétations* – ou *théories* – de la mécanique quantique, que nous examinerons dans la suite de ce chapitre[27]. Les trois propositions en question sont les suivantes :

Proposition 1 : la fonction d'onde d'un système est complète

La mécanique quantique décrit un système quantique – par exemple une particule – à l'aide d'un objet mathématique, la fonction d'onde Ψ. La proposition 1 stipule que cette fonction d'onde propose une description complète de la particule, c'est-à-dire qu'elle en saisit toutes les propriétés à un instant donné. Autrement dit, il n'y a pas de propriété physique associée à la particule qui ne pourrait être décrite, au moins en principe, à l'aide de cette fonction d'onde.

Proposition 2 : la fonction d'onde évolue toujours selon l'équation de Schrödinger

Cette proposition concerne l'évolution des systèmes quantiques au cours du temps : elle affirme que ces systèmes obéissent à l'*équation de Schrödinger*. Cette équation est déterministe, c'est-à-dire qu'elle prédit une évolution temporelle unique à partir de conditions initiales données. La fonction d'onde Ψ évolue ainsi *toujours* selon l'équation de Schrödinger, sans exception.

26. T. Maudlin, « Three measurement problems », *Topoi* 14, 1995, p. 7. Voir aussi M. Esfeld, *Physique et métaphysique*, *op. cit.*, p. 106.

27. La question de savoir si ce sont des « interprétations » différentes d'une même théorie quantique ou des « théories » quantiques différentes qui rendent compte des mêmes expériences, est débattue. Tim Maudlin considère que ce sont des « théories » différentes. Mais le terme d'« interprétation » est aussi largement accepté. Voir par exemple, Th. Boyer-Kassem, *Qu'est-ce que la mécanique quantique ?*, Paris, Vrin, 2015. Nous laisserons ce débat de côté et utiliserons ces deux termes de manière équivalente.

Proposition 3 : les résultats de la mesure d'une quantité physique sont déterminés, c'est-à-dire non-ambigus

Pour comprendre cette proposition, il faut commencer par introduire la notion de *superposition quantique*, une notion spécifiquement quantique[28]. Considérons une particule qui peut se déplacer à la vitesse v_1 ou à la vitesse v_2 selon les circonstances. Selon la mécanique quantique, sous certaines conditions, cette particule peut aussi être dans une *superposition* de ces deux vitesses, c'est-à-dire dans un état qui semble être à la fois la vitesse v_1 et la vitesse v_2. La proposition 3 stipule qu'*après* une mesure, on obtient un résultat bien déterminé, c'est-à-dire une seule composante de la superposition. De plus, cette proposition attribue une certaine probabilité à l'occurrence des résultats de mesure : il y a une certaine probabilité que le résultat de la mesure de la vitesse de la particule soit v_1 et une certaine probabilité que le résultat soit v_2. Mais parmi ces deux résultats possibles, un seul apparaît après la mesure.

En quoi ces propositions sont-elles incompatibles ? Considérons, par exemple, la conjonction des deux premières propositions. Elle peut être illustrée par l'exemple du chat de Schrödinger, une expérience de pensée proposée par Erwin Schrödinger en 1935. Celui-ci imagine un chat enfermé dans une boîte contenant un dispositif composé d'un atome radioactif et d'un système mécanique conçu pour libérer un poison dès lors que l'atome s'est désintégré. La conclusion de ce scénario est que « le chat vivant et le chat mort sont (si j'ose dire) mélangés ou brouillés en proportions égales »[29]. En effet, la mécanique quantique décrit l'atome radioactif comme une particule dans une *superposition* de deux états, l'état « intact » et l'état « désintégré ». Or, si l'on s'en tient à la proposition 2, l'interaction physique entre l'atome radioactif et le chat décrite par l'équation de Schrödinger conduit à une superposition encore plus grande, celle où l'atome et le chat sont dans un état superposé : le chat est dans la superposition « chat mort » et « chat vivant ». Mais cet état est incompatible avec la proposition 3, qui stipule que le résultat d'une opération de mesure, faite en ouvrant la boîte par exemple, est un état bien déterminé, non ambigu, le chat « mort » ou bien le chat « vivant ».

28. Th. Boyer-Kassem, *Qu'est-ce que la mécanique quantique ?*, *op. cit.*, chap. III.

29. E. Schrödinger, « Die gegenwärtige Situation in der Quantenmechanik », *Naturwissenschaften* 23, 48, 1935, p. 807-812, trad. fr. F. de Jouvenel, A. Bitbol-Hespériès et M. Bitbol, *Physique quantique et représentation du monde*, Paris, Seuil, 1992, p. 106.

3.2. L'interprétation orthodoxe et ses limites

Une première manière d'éviter la contradiction entre ces trois propositions consiste à renoncer à la proposition 2, d'après laquelle l'évolution de la fonction d'onde se fait *toujours* selon l'équation de Schrödinger. En 1932, John von Neumann introduisit une autre évolution pour la fonction d'onde lors d'une opération de mesure, l'*effondrement* de la fonction d'onde. L'adoption de cette solution correspond à l'*interprétation orthodoxe* de la mécanique quantique, interprétation qui est majoritaire de nos jours au sein de la communauté scientifique. On peut considérer que le paradoxe du chat de Schrödinger est résolu par l'interprétation orthodoxe de la manière suivante. L'observateur ne peut observer le chat dans un état superposé mort et vivant puisque, dès qu'il ouvre la boîte, il fait une « mesure ». La fonction d'onde subit ainsi une *nouvelle évolution*, son effondrement, qui sélectionne l'une des deux branches de la superposition. Le chat est alors observé soit mort, soit vivant.

L'interprétation orthodoxe distingue ainsi deux types d'évolution pour la fonction d'onde : son effondrement lors d'une mesure et son évolution selon l'équation de Schrödinger le reste du temps. Mais qu'est-ce qui définit une opération de mesure ? En pratique, cette question ne pose aucun problème aux scientifiques dans leurs expériences puisqu'ils savent comment procéder à des mesures. Mais comment, en principe, définir une telle opération ? Pour cela, l'interprétation orthodoxe distingue les objets appartenant au *domaine classique*, par exemple un détecteur de particule, et ceux relevant du *domaine quantique*, un électron par exemple. Une opération de mesure suppose ainsi un domaine classique pour définir la fonction d'appareil de mesure. Mais cette définition n'est pas sans poser problème. Où doit-on tracer la frontière entre ces deux domaines ? Y a-t-il une échelle de distance où l'on passe du domaine quantique au domaine classique ? Rien n'est dit sur cette frontière dont le fondement théorique est loin d'être clair. De plus, si la mécanique quantique a besoin de la physique classique pour définir les appareils de mesure, cela pose problème pour ses fondements puisqu'elle ne peut plus être considérée comme une théorie plus fondamentale que la physique classique.

Il y a d'autres manières d'éviter la contradiction entre les trois propositions, qui conduisent à d'autres interprétations de la mécanique quantique et offrent des « images du monde »[30] très différentes. La

30. Th. Boyer-Kassem, *Qu'est-ce que la mécanique quantique ?*, *op. cit.*, chap. II.

plupart de ces interprétations sont empiriquement équivalentes, c'est-à-dire qu'elles conduisent aux mêmes prédictions empiriques que l'interprétation orthodoxe et ne peuvent aujourd'hui être tranchées par une expérience[31]. Ainsi, à côté de l'interprétation orthodoxe, l'*interprétation d'Everett* ou *théorie des mondes multiples* a les faveurs d'un certain nombre de philosophes des sciences, tels que David Wallace. Dans ce cas, la proposition 3, d'après laquelle le résultat d'une mesure est bien déterminé, est abandonnée. Selon cette interprétation, chaque composante d'un état superposé reste toujours actuelle, mais – de manière étonnante – dans des mondes ou des univers différents. Autrement dit, il y a, selon cette interprétation, une infinité d'univers parallèles avec autant de « copies » de nous-même. On peut aussi citer, parmi les nombreuses interprétations existantes, l'interprétation *relationnelle*, l'interprétation *modale*, le *bayésianisme quantique* ou encore les *histoires consistantes*[32]. Dans la section suivante, nous présenterons deux autres interprétations souvent discutées dans la littérature philosophique, les *théories du collapse* et la *théorie de Bohm*, et montrerons qu'elles proposent des réponses très différentes à la question du déterminisme en mécanique quantique.

4. La mécanique quantique est-elle indéterministe ?

Le fait qu'il existe différentes interprétations de la mécanique quantique rend difficile, voire impossible, de considérer que cette théorie fournit une unique image scientifique du monde. Nous voudrions illustrer ce point en analysant le caractère déterministe ou indéterministe de cette théorie. Selon l'interprétation que l'on adopte pour la mécanique quantique, cette théorie peut en effet être considérée comme une théorie indéterministe ou déterministe. Notons tout d'abord qu'il faut distinguer, d'un côté, les notions de déterminisme et d'indéterminisme, et de l'autre, les notions de détermination et d'indétermination. La première distinction porte sur la dynamique des

31. Pour certaines interprétations, la question reste ouverte de savoir si, dans un futur proche, certaines expériences permettraient de les tester.

32. Pour une analyse historique des différentes interprétations de la mécanique quantique, voir O. Freire Jr. (ed.), *The Oxford Handbook of the History of Quantum Interpretations*, Oxford, Oxford University Press, 2022. L'interprétation orthodoxe s'appuie en grande partie sur l'interprétation de Copenhague. Pour une analyse de cette dernière interprétation et des travaux de Bohr, voir *ibid.*, chap. XX, XXI et XXXII.

objets quantiques, c'est-à-dire leur évolution dans le temps, alors que la seconde porte sur les propriétés des objets quantiques et la question de savoir si elles ont des valeurs déterminées. Dans cette section, nous montrerons que chacune de ces deux distinctions est utile pour analyser ces interprétations de la mécanique quantique.

4.1. Les théories du collapse

Afin d'éviter la contradiction présentée ci-dessus (section 3.1), il est possible de renoncer à la proposition 2, mais sans pour autant aboutir à deux évolutions différentes pour la fonction d'onde. Les *théories du collapse* renoncent ainsi à cette proposition en considérant que la fonction d'onde n'évolue *jamais* selon l'équation de Schrödinger, c'est-à-dire comme une équation différentielle déterministe. Il existe différentes interprétations au sein de cette famille, mais l'une des plus connues est la théorie GRW, du nom des trois physiciens qui l'ont développée dans les années 1980, Giancarlo Ghirardi, Alberto Rimini et Tullio Weber, avant que Philip Pearle n'en propose une version modifiée. Le principe de cette théorie est d'ajouter un terme stochastique, c'est-à-dire aléatoire, à l'équation de Schrödinger, conduisant à un effondrement spontané, ou « localisation spontanée » de la fonction d'onde. Une particule décrite par une fonction d'onde a ainsi, à chaque instant, une certaine probabilité de subir spontanément un effondrement, sans qu'intervienne aucune opération de mesure. L'effondrement est ici un phénomène physique. Il s'applique à toutes les particules, mais sa probabilité de réalisation est très faible pour une particule isolée. Cette théorie explique pourquoi, en revanche, la probabilité de localisation spontanée devient très importante pour des objets composés d'un grand nombre de particules. En effet, en mécanique quantique, les particules peuvent *s'intriquer* les unes avec les autres – un type d'interaction spécifiquement quantique. Or, dès qu'une particule se localise spontanément, toutes les autres particules intriquées avec elles se localisent en même temps. Ceci rend compte du fait que nous n'observons jamais de superposition d'états macroscopiques, mais toujours, par exemple, un chat soit vivant, soit mort. Les théories du collapse proposent ainsi une image du monde d'après laquelle « le monde physique possède des propriétés indépendantes de l'observation » [33]. Si ces théories permettent d'éviter

33. Fr. Laloë, *Comprenons-nous vraiment la mécanique quantique ?*, Paris, EDP Sciences-CNRS éditions, 2011, p. 261.

les problèmes de l'interprétation orthodoxe concernant la frontière entre les domaines quantique et classique, elles se heurtent cependant à d'autres problèmes. En particulier, l'effondrement de la fonction d'onde prédit par les théories du collapse n'est pas total. Autrement dit, les superpositions n'ont pas complètement disparu. Le débat concernant l'importance de ce problème reste ouvert à l'heure actuelle [34].

En quoi les théories du collapse proposent-elles une description indéterministe des phénomènes quantiques ? Tout d'abord, on peut considérer que les théories du collapse sont *indéterministes*, car la dynamique de la fonction d'onde est décrite par une équation stochastique, autorisant plusieurs évolutions possibles pour un système à partir des mêmes conditions initiales. Cette équation stochastique doit être interprétée comme décrivant des phénomènes physiques réellement aléatoires : « en effet, il peut être démontré qu'une théorie d'effondrement déterministe permettrait à un signal d'aller plus vite que la lumière » [35], ce qui serait incompatible avec la théorie de la relativité. Ainsi, la probabilité de localisation spontanée est interprétée comme un processus physique aléatoire qui fait intervenir une nouvelle constante physique λ. Par ailleurs, les propriétés des objets quantiques sont, dans cette théorie, généralement interprétées comme étant *indéterminées*. En particulier, la position d'une particule n'a pas de valeur déterminée avant le processus de localisation spontanée : si la fonction d'onde « attribue un poids de 0,25 à une configuration dans laquelle un électron particulier est à gauche et un poids de 0,75 à une configuration dans laquelle cet électron est à droite, alors en quelque sorte, 0,25 [ou 25%] de la matière de l'électron est à gauche et l'autre 0,75 [ou 75%] de la matière est à droite » [36]. Autrement dit, l'électron n'est ni vraiment à gauche, ni vraiment à droite, mais il y a plus de chance (75% de chance) qu'il se localise à droite qu'à gauche.

34. D'autres débats portent sur la difficulté de ne faire référence qu'à la seule fonction d'onde pour décrire l'état d'un système. Voir M. Esfeld, *Physique et métaphysique*, *op. cit.*, p. 118.

35. W. Myrvold, « Philosophical Issues in Quantum Theory », *in* E. N. Zalta et U. Nodelman (eds.), *The Stanford Encyclopedia of Philosophy*, 2022, section 4.2.3.

36. T. Maudlin, *Philosophy of Physics : Quantum Theory*, *op. cit.*, p. 117. Pour une analyse de la notion d'indétermination quantique, voir C. Calosi et C. Mariani, « Quantum Indeterminacy », *Philosophy Compass* 16 (4), e12731, 2021, https://doi.org/10.1111/phc3.12731. L'interprétation orthodoxe partage cette interprétation des états superposés. Voir Th. Boyer-Kassem, *Qu'est-ce que la mécanique quantique ?*, *op. cit.*, chap. III, sect. 2.

4.2. L'interprétation de Bohm

Une autre manière d'éviter la contradiction énoncée plus haut (section 3.1) est de renoncer à la proposition 1, d'après laquelle la fonction d'onde décrit *complètement* l'état d'un objet quantique. Cette option est adoptée par la théorie ou interprétation de Bohm, une théorie initialement développée par Louis de Broglie dans les années 1920, reprise par David Bohm dans les années 1950, et développée par la suite par John Bell. Qualifiée de « théorie à variables cachées » [37], ou encore de « théorie à variables additionnelles » [38], cette théorie propose de compléter la description d'un système quantique par les *positions* des particules. Ainsi, selon cette théorie, la donnée de la fonction d'onde *et* des positions décrivent complètement l'état d'un système quantique. L'équation de Schrödinger décrit toujours l'évolution de la fonction d'onde. Cependant, étant donné qu'il y a de nouvelles variables, les positions des particules, une nouvelle équation est introduite afin de décrire l'évolution de ces positions : l'« équation pilote ».

Selon cette interprétation, les particules ont des positions et des trajectoires bien déterminées, comme en mécanique classique. De plus, la mécanique bohmienne propose une interprétation réaliste de la fonction d'onde. Cette dernière n'est pas un simple outil de prédiction, mais est « tout aussi "réelle" et "objective" que, par exemple, les champs électromagnétiques de Maxwell » [39]. Cette fonction d'onde guide ainsi, avec l'équation pilote, les particules tout au long de leur trajectoire [40]. Enfin, contrairement à l'interprétation orthodoxe, la mécanique bohmienne n'ajoute pas de postulat d'effondrement pour la fonction d'onde. La fonction d'onde évolue *toujours* selon l'équation de Schrödinger. Cependant, il est possible de montrer que la fonction d'onde connaît, lors d'une interaction avec un instrument de mesure, une réduction effective qui est une conséquence des équations de la mécanique bohmienne [41].

En quoi cette théorie propose-t-elle une description déterministe des phénomènes quantiques ? Tout d'abord, la dynamique des particules

37. W. Myrvold, « Philosophical Issues in Quantum Theory », art. cit., section 4.2.2.

38. T. Maudlin, « Three measurement problems », art. cit., p. 8.

39. J. Bell, *Speakable and Unspeakable in Quantum Mechanics*, Cambridge, Cambridge University Press, 2004, p. 128.

40. Cette fonction d'onde est *non-locale* – elle dépend des positions de toutes les particules à la fois dans l'univers – et permet d'expliquer ainsi les corrélations quantiques lors d'expériences comme celles menées par l'équipe d'Alain Aspect dans les années 1980. Voir A. Barberousse, « Philosophie de la physique », dans A. Barberousse, D. Bonnay, M. Cozic (éd.), *Précis de philosophie des sciences*, *op. cit.*, section 3.2.

41. Voir Fr. Laloë, *Comprenons-nous vraiment la mécanique quantique ?*, *op.cit.*, p. 234.

est *déterministe*, comme en mécanique classique, au sens où elle est régie par des équations différentielles – l'équation de Schrödinger pour la fonction d'onde et l'équation pilote pour les particules – qui conduisent à des trajectoires uniques pour les mêmes conditions initiales. De plus, les positions des particules sont *déterminées* selon cette interprétation. Elles ont des valeurs définies, même si celles-ci ne sont pas accessibles aux scientifiques. Elles ne peuvent ainsi être connues que de manière probabiliste. Cependant, ces probabilités reflètent une connaissance incomplète du système et non un hasard fondamental : « les probabilités entrent dans la théorie de Bohm de la même façon que dans la mécanique statistique classique, ou que dans n'importe quelle autre théorie déterministe : elles sont dues à notre ignorance des conditions initiales »[42]. Ainsi, selon la théorie de Bohm, les particules ont des positions bien déterminées qui évoluent de manière déterministe dans le temps. Mais en l'absence d'une connaissance complète des conditions initiales – positions et vitesses – des particules et de la configuration initiale de la fonction d'onde, la théorie de Bohm doit mobiliser des notions probabilistes.

La mécanique quantique pose de nombreux autres problèmes que nous ne pouvons développer ici. Par exemple, comment interpréter le phénomène spécifiquement quantique d'*intrication*, mentionné plus haut, qui se manifeste dans des expériences comme celles menées par l'équipe d'Alain Aspect dans les années 1980 ? Ce phénomène suggère le caractère « non-séparable » de certains systèmes quantiques, c'est-à-dire l'impossibilité de traiter deux particules – pourtant très éloignées l'une de l'autre – comme deux particules indépendantes[43].

Conclusion

Notre examen des problèmes que la théorie de la relativité et la mécanique quantique soulèvent en philosophie de la physique nous invite à tirer des leçons philosophiques plus générales. Tout d'abord, ces théories illustrent le changement scientifique qui traverse les sciences au cours de leur histoire. Il n'est ainsi pas surprenant que Thomas Kuhn, dans *La Structure des révolutions scientifiques*[44], prenne la théorie de la relativité comme exemple de « révolution scientifique » au cours de laquelle le paradigme newtonien est remplacé par le paradigme

42. M. Esfeld, *Physique et métaphysique*, *op. cit.* p. 122.

43. *Ibid.*, chap. IX.

44. Th. Kuhn, *La structure des révolutions scientifiques* [1962], trad. fr. L. Meyer, Paris, Flammarion, 1972.

relativiste. La théorie de la relativité introduit non seulement de nouvelles équations du mouvement, mais vient changer la signification des concepts fondamentaux, en introduisant par exemple le concept d'espace-temps, ou en montant que des grandeurs mesurables – les durées – ne sont plus absolues. Le « temps » de la théorie de la relativité ne correspond plus au « temps » de la physique classique ni à celui du langage ordinaire, ce qui explique notre étonnement devant l'idée, par exemple, que le jumeau voyageur revienne plus jeune que son frère resté sur Terre.

Deuxièmement, ces deux théories physiques contemporaines offrent de nouveaux cadres à la métaphysique des sciences. La théorie de la relativité et la mécanique quantique fournissent de nouvelles contraintes aux énoncés qui visent à décrire la réalité au-delà des phénomènes observables. Les discours métaphysiques sur le temps, l'espace et la matière doivent être compatibles avec, par exemple, la dilatation des durées ou encore les prédictions probabilistes de la mécanique quantique. Cependant, comme nous l'avons vu, ces contraintes laissent la place à différentes conceptions métaphysiques. Par exemple, on peut adopter une conception éternaliste à la Hilary Putnam ou s'engager pour un futur ouvert à la Howard Stein à propos du temps en relativité. On peut aussi adopter une conception déterministe ou indéterminisme à propos du comportement des constituants de la matière, selon que l'on adopte la théorie de Bohm ou les théories du collapse en mécanique quantique. L'équivalence empirique entre ces différentes approches métaphysiques conduit ainsi à d'autres débats philosophiques portant sur les préférences entre ces différentes options métaphysiques, en avançant, par exemple, des arguments de simplicité ou d'économie.

Bibliographie indicative

BARBEROUSSE A., « Philosophie de la physique », dans A. Barberousse, D. Bonnay et M. Cozic (éd.), *Précis de philosophie des sciences*, Paris, Vuibert, 2013.

BOYER-KASSEM TH., *Qu'est-ce que la mécanique quantique ?*, Paris, Vrin, 2015.

ESFELD M., *Physique et métaphysique*, Lausanne, Presses polytechniques et universitaires romandes, 2012.

NORTON J. D., *Einstein for Everyone*, Pittsburgh (PA), Nullarbor Press, 2024.

MAUDLIN T., *Philosophy of Physics : Space and Time*, Princeton (NJ), Princeton University Press, 2012.

– *Philosophy of Physics: Quantum Theory*, Princeton (NJ), Princeton University Press, 2019.

Philosophie de la biologie
Organismes et évolution

par Philippe Huneman

Les renards chassent les lapins et s'en nourrissent. Les tournesols suivent les mouvements du soleil avec leur tige. Des tortues traversent l'océan pour pondre leurs œufs simultanément le long d'une petite plage de Costa Rica, et leur grand nombre submerge les oiseaux de proie qui les guettaient et n'en peuvent dévorer qu'une fraction. Les saumons remontent le courant, se reproduisent et meurent. Les œufs de diplodocus deviennent des diplodocus. Les poissons respirent par leurs branchies, les mammifères par leurs poumons ; et les tulipes ou les choux, en plus d'absorber de l'oxygène en respirant la nuit, en rejettent en transformant le CO_2 en glucose sous l'action de la lumière.

De ces exemples, on brosserait à grands traits comme une phénoménologie de la vie. Les vivants sont généralement des organismes. Ils se reproduisent et meurent. Ces organismes incluent des organes qui remplissent des fonctions. Ils ont des comportements spécifiques et individuels, semblant viser certains buts.

Un tel tableau contraste avec la science moderne telle qu'elle s'est instituée avec ce qu'on a coutume d'appeler « révolution scientifique », celle de la physique galiléenne puis newtonienne. Les corps y sont *inertes*, c'est-à-dire dépourvus de tendance ou de buts ; on les explique à partir de forces extérieures qui s'exercent sur eux – impliquant des trajectoires mathématiquement réglées –, à commencer par la loi de la gravitation universelle. L'objet de la biologie semble ainsi trancher avec celui de la physique, et le philosophe voudra interroger l'épistémologie comme l'ontologie sous-tendant sa phénoménologie si spéciale.

Dans un premier temps, je considérerai donc cet objet biologique majeur qu'est l'organisme, dont l'élaboration fut contemporaine de l'émergence de la biologie comme champ autonome au début du XIXe siècle, époque où le mot « biologie » fut forgé simultanément par

Lamarck, naturaliste français, Burdach et Treviranus, médecins et naturalistes allemands. Dans *Les Mots et les choses* Michel Foucault soutenait même que « la vie » n'existerait pas avant ce moment. Sans aller jusque-là, on peut s'accorder pour penser que la vie devient objet d'une science de son fonctionnement et de son développement dans les années 1800, en agrégeant les évolutions propres à l'anatomie comparée (comme celles de Georges Cuvier et Étienne Geoffroy Saint-Hilaire), l'embryologie (avec Maupertuis, Caspar Wolff, Blumenbach, et Von Baer) et la physiologie (avec Haller, les vitalistes montpelliérains comme Bordeu, ou Bichat)[1]. De fait la médecine, indissociable de la physiologie, et l'histoire naturelle existaient bien sûr bien avant 1800 – le Grec Hippocrate et le Romain Galien en sont les plus anciennes autorités –, mais le projet d'une science de l'ordre causal intrinsèque à tous les vivants n'était pas encore explicité. Terme forgé par Leibniz et le médecin Stahl au début du XVIIIe siècle, « l'organisme » devient indéniablement la toile de fond de l'ensemble de la connaissance biologique : on questionne son fonctionnement en physiologie, son développement en embryologie, sa distribution et ses variétés en anatomie comparée.

Darwin donna un double éclairage à ce champ : l'historicité – toute espèce provient d'une autre – et un processus puissant (« *paramount power of natural selection* », dit-il), à la fois causalement et explicativement, pour rendre compte de nombreuses spécificités du vivant, à savoir la *sélection naturelle*. La théorie de l'évolution suscite de nombreuses questions philosophiques, souvent liées au fait que les explications adviennent au niveau des populations plutôt que des individus. Je les considérerai dans un second temps, en prêtant attention au fait que la compréhension de l'évolution suppose l'hérédité, et que celle-ci repose sur des gènes, soit des entités suborganismiques, ce qui déplace le centre de gravité de la compréhension biologique en deçà du niveau de l'organisme – une inflexion renforcée par l'apparition un siècle plus tard de la biologie moléculaire, située au niveau subcellulaire donc suborganismique.

1. F. Duchesneau, *Organisme et corps organique de Leibniz à Kant*, Paris, Vrin, 2018 ; Ph. Huneman, *Métaphysique et Biologie*, Paris, Kimé, 2008 ; J. H. Zammito, *The Gestation of German Biology*, Chicago (IL), University of Chicago Press, 2018.

1. L'organisme : une construction théorique, une énigme philosophique

Un organisme, dit Kant (qui utilise le terme « êtres organisés ») est une totalité qui s'auto-organise[2]. Sous ce terme, on peut penser au processus par lequel un petit amas de matière homogène – le contenu d'un œuf – finit par devenir un poulet, soit, en termes modernes, la cellule fécondée (le « zygote ») se multipliant et se différenciant jusqu'à devenir un individu semblable à ses parents. Comment concevoir philosophiquement ce processus naturel mais orienté et régulier ? Qu'entendre par auto-organisation ?

1.1. Organisme et téléologie

La *Critique de la faculté de juger* fut un moment majeur de réflexion philosophique devant l'émergence de la biologie conçue comme science des organismes. Kant entendait à la fois y faire droit à l'idée d'une différence radicale entre *organisme* et *mécanisme*, deux types d'arrangements de parties – et respecter la caractéristique épistémologique de nos explications humaines, à savoir qu'elles procèdent de la partie au tout, orientation correspondant au mécanisme.

Dans un organisme on voit les parties à partir du tout, puisque par exemple leur « fonction » signifie ce qu'elles font d'important dans ce tout. Cette inversion constitue une causalité *finale*, au sens où la cause de la partie réside dans le maintien de la vie de l'organisme en totalité, laquelle totalité est en réalité son effet. Pareille cause ne saurait pourtant être constatée dans la nature, puisque nos explications sont par principe mécanistes. La présupposition d'une « idée du tout » définissant les parties dans leur rôle est donc requise pour voir une chose de façon téléologique. Toutefois, dans le cas des vivants, pour lesquels aucun ingénieur ne préexiste pour appliquer cette « idée du tout », il faut prêter aux parties une causalité propre pour produire l'organisme, mais uniquement dans le cadre de notre entreprise de connaissance du système appelé « organisme », et non comme une propriété ontologique de ce phénomène. « L'idée du tout », que nous présupposons, est donc, elle, un « principe de connaissance » et non de production (§ 65). « Organisme » signifie alors un être en qui, (a) d'une

2. E. Kant, *Critique de la faculté de juger* [1790], trad. fr. A. Philonenko, Paris, Vrin, 1979, § 65.

part les parties sont compréhensibles à partir du tout, de l'autre (b) ces parties se produisent elles-mêmes en fonction de « l'idée du tout », telle que le biologiste peut la supposer, donc ce système *s'auto-organise*. Cette double condition fait de ce système une « *fin naturelle* », la condition (a) signifiant finalité en général et la condition (b) – qui implique l'absence d'un concepteur extérieur –, sa naturalité. La spécificité de l'approche kantienne tient en ceci que la téléologie constitue une exigence requise, pour le biologiste, afin de comprendre l'organisme *comme organisme*.

On doit à ces analyses d'avoir clarifié la manière dont la biologie produit ses jugements. Pour Kant, la téléologie est donc avant tout une certaine relation entre tout et parties, avant d'être la relation utilitaire entre moyen et fin. Cette téléologie caractérise alors les moments de la connaissance de l'organisme. Prenons en effet la physiologie. Demander la fonction de la trompe de l'éléphant, c'est demander pourquoi il a une trompe, et répondre en pointant un certain effet de cette trompe. L'effet, ici : « boire de l'eau », est vu comme la raison de la trompe, donc de sa cause mécanique (puisque la trompe cause mécaniquement la capacité d'avaler l'eau). En embryologie, le développement de l'œuf de poulet, lui, nous semble *viser* le type « poulet adulte » – sans quoi il serait impossible de distinguer un développement normal d'un développement monstrueux. Dans les deux cas, nous discernons donc sur le vivant des *normes* – lesquelles sont autre chose que des lois de la physique. Un œuf qui devient un monstre, un éléphant dont la trompe ne saurait bouger, sont conformes aux lois de la physique, mais pourtant *anormaux*.

La référence à cette norme est propre à la biologie. Pour Kant, elle existe « dans » le jugement du biologiste et nulle part ailleurs ; mais elle est nécessaire, sans quoi on ne verrait pas l'organisme comme organisme. Ce principe téléologique est pour lui principe « régulateur » de la faculté de juger « réfléchissante » (au sens où elle ne *détermine* pas les choses à partir des lois de la nature). À rebours de Kant, certains[3] pensent aujourd'hui cette téléologie comme immanente aux choses et non comme exigence *a priori* dans notre jugement. Ils sont en un sens plus proches d'Aristote, qui voyait l'entéléchie, cette âme guidant les corps vivants, comme immanente à eux, corps et âme s'articulant (dans le *Traité de l'âme*) comme forme et matière au sens de la métaphysique aristotélicienne. À la différence de Kant, pour justifier leur naturalisme,

3. Par exemple le philosophe Denis Walsh, *Organisms, Agency and Evolution*, Oxford, Oxford University Press, 2015 ; ou bien, la lignée des théories de l'auto-organisation de F. Varela et U. Maturana, par exemple A. Moreno et M. Mossio, *Biological Autonomy. A Philosophical and Theoretical Enquiry*, Dordrecht, Springer, 2015.

ils se réfèrent alors à une modélisation mathématique, qui diffère de la physique newtonienne, et met au premier plan les modèles d'auto-organisation tels qu'on les trouve dans la thermodynamique loin de l'équilibre, soit la science des phénomènes dissipatifs dont le comportement n'est pas épuisé par l'atteinte d'un équilibre défini par un principe de minimisation, comme c'est classiquement le cas en physique. (Le fait que les animaux doivent manger indiquent qu'ils ne sont pas à l'équilibre thermodynamique.)

Si l'organisme est téléologique, sa téléologie se déploie sur trois plans : il se *développe*, ses parties ont des *fonctions*, comme on l'a vu – enfin, il est *adapté* à son milieu. Cette troisième idée a été longuement explicitée par George Cuvier dans le cadre de l'anatomie comparée qu'il a fondée au début du XIXe siècle. Il y explicitait le principe dit « des conditions d'existence », selon lequel tout dans un animal est tel qu'il permet à celui-ci d'exister. En vertu de ce principe, un animal doté d'une dent pointue exige des dents pour broyer ses proies, donc un certain maxillaire pour activer ses dents, un certain crâne pour les porter, des bras d'une certaine taille pour saisir les proies et les porter à la bouche, etc. Ce principe apparemment trivial permit à Cuvier de reconstituer spectaculairement un squelette de dinosaure à partir d'une dent. Il reconnaît sa dimension téléologique en y voyant la version scientifique de la notion métaphysique traditionnelle des « causes finales ». Plus généralement, un tel principe souligne l'adaptation des organismes à leur milieu, puisque toutes les parties reconstituées à partir de celui-ci visent sa survie dans un milieu habité par des proies saisissables, terrestres, et comestibles (s'il est carnivore).

L'adaptation est la troisième dimension de la téléologie du vivant, au sens où le vivant semble ainsi être fait pour s'ajuster (on parle de « *fitness* » en anglais) à son environnement ; elle pose ainsi une certaine norme d'adéquation au milieu.

De fait, les diverses disciplines de la biologie ne sauraient se constituer sans ces trois normes : la physiologie comme l'anatomie comparée requièrent les fonctions, l'embryologie les normes du développement, l'écologie comportementale, étude des traits des organismes (après Lorentz puis David Lack[4]), requiert les adaptations. Mais ces normes, explicitées dans l'idée kantienne de téléologie, sont-elles toujours alignées et compatibles ?

4. Lorentz est l'un des fondateurs de l'éthologie animale au XXe siècle, connu pour ses travaux sur l'attachement chez les oiseaux ; David Lack est à l'origine de l'écologie comportementale par ses travaux sur la taille des couvées d'oiseaux dans ses années 1950, qui reposent sur des modèles de sélection naturelle du nombre d'œufs.

1.2. Fonction et forme

La triplicité des dimensions téléologiques de l'organisme mène en réalité à une distinction majeure, systématisée en 1913 par le classique d'Edgar S. Russell, *Form and Function*. Dans cette histoire au long cours de la pensée biologique, l'auteur distingue en effet deux perspectives incompatibles selon lesquelles le vivant s'aborde scientifiquement : la *forme* et la *fonction* – ce second terme ramenant sous lui les deux notions de fonction et d'adaptation dont j'ai parlé, ce qui s'éclairera par la suite.

Un biologiste peut penser le vivant, d'abord, à partir de cette propriété que ses parties ont des fonctions (en revanche, en physique, attribuer à l'électron la fonction d'annuler la charge du proton semblerait absurde). Du traité de Galien sur l'*Utilité des parties des animaux*, à la biologie moléculaire contemporaine discutant de savoir si toute séquence d'ADN a une fonction, et laquelle, cette perspective alimente une part de la biologie. Elle soutient l'idée qu'un organisme a quelque chose à voir avec une machine. Dans *La connaissance de la vie*, Canguilhem indiquait ainsi que chaque époque des sciences de la vie pense l'organisme en lien avec la technologie dominante : les physiologistes de l'époque de Descartes aiment les métaphores hydrauliques, ceux de l'époque de Claude Bernard le voient comme une machine électrique et insistent donc sur le rôle du système nerveux ; le XXe siècle trouvera dans l'informatique l'analogon parfait du vivant : vivre est affaire de code, de programme, d'instruction, d'information avant tout, comme le biologiste moléculaire François Jacob le présente [5].

Autrement dit, la perspective fonctionnelle soutient une *analogie machinique* qui traverse les siècles, et s'avère inévitable si on la prend comme une heuristique. Descartes lui donnait aussi une valeur ontologique puisque, dans sa métaphysique, qui oppose pensée et étendue et voit dans celle-ci l'essence de toute chose matérielle, le vivant est *réellement* une machine, mais créée par Dieu (dépourvu de langage, il ne pense pas donc est pure étendue).

D'où deux points essentiels : l'organisme mobilise une notion essentielle, cruciale dans la pensée et biologie anglophones, à savoir le « *design* » [6]. Un objet a un *design*, c'est-à-dire une structure – mais il est « *designed* », c'est-à-dire conçu. Cet entrelacement de la structure et de l'intention est manifesté par les organismes. On appelle « *design*

5. F. Jacob, *La logique du vivant*, Paris, Gallimard, 1974.

6. Terme récurrent chez Darwin comme chez ses contemporains ; voir aujourd'hui Ph. Kitcher, « Function and Design », *Midwest Studies In Philosophy* 18, 1, 1993.

argument » l'inférence qui, à partir des animaux ou des plantes et de leur *design* remonte à un ingénieur divin, soit Dieu. Pour Leibniz un organisme est ainsi une machine infinie, autrement dit, infiniment organisée, ce qui requiert un créateur divin. L'analogie vaut ici entre machines finie et infinie. Dans les *Dialogues sur la religion naturelle*, Hume a longuement critiqué les versions de cette analogie, que Kant nomma argument physico-théologique.

Mais être organisé, c'est aussi se diviser en organes, de telle sorte que les parties sont supposées avoir des fonctions – *organon* veut dire instrument, en grec. Chaque organe est à son tour structuré spécifiquement. Si l'anatomie décrit les structures des animaux et des plantes, la physiologie étudie alors les fonctions des parties ; le grand physiologiste allemand du XVIIIe siècle Albrecht von Haller voyait ainsi en la physiologie une « anatomie animée ». Toute structure d'une partie indiquerait donc sa fonction. Alors, la certitude d'un architecte divin constitue la garantie d'une inférence qui irait de la structure à la fonction, car, pour une structure donnée, le fait que l'organisme a été « *designed* » autorise *a priori* à demander sa fonction.

L'existence d'un architecte divin justifie ainsi l'inférence fonctionnelle, laquelle est en retour prouvée par la perfection des structures organiques, car cette perfection s'avère si finalisée que l'on ne voit pas comment les lois de la nature agissant aveuglément pourraient les produire. Comme le dit Kant[7], si on rencontre une structure telle que l'œil, dans laquelle les parties sont si exquisement agencées qu'une minime déviation du cristallin ou de la rétine suffirait à rendre aveugle, il est difficile de ne pas penser que l'œil est *fait pour voir* – et cette supposition, en retour, explique pourquoi l'œil est structuré comme il est. Pareille supposition définit exactement la « norme » dont je parlais, objet du principe téléologique selon Kant.

L'organisme intervient donc dans une circularité explicative, introduite par l'idée même de *design*, qui articule à la fois structure et fonction (via l'inférence fonctionnelle), donc anatomie et physiologie, puis physiologie et théologie naturelle (via l'« *argument from design* ») – jusqu'à Darwin.

Mais la *forme*, elle, caractérise aussi le vivant : la *constance* de la forme distingue une anémone d'un lac ou d'une météorite ; et la forme des individus kangourous est remarquablement constante tant que l'espèce existe. Cette constance implique un double contraste : le kangourou conserve sa forme alors que ses cellules changent régulièrement, tandis que l'espèce Kangourou conserve bien un certain

7. E. Kant, *Critique de la faculté de juger*, *op. cit.*, première introduction.

profil sur la longue durée, alors qu'une montagne ou un lac changent de forme constamment. Pourtant à l'instar du kangourou, la montagne garde une bonne part de ses parties initiales.

Privilégier la forme, c'est déjà s'occuper d'anatomie. C'est aussi discerner, à travers les différentes manifestations fonctionnelles d'une forme comme le *vertébré*, la constance de son squelette. Poissons, oiseaux, reptiles réalisent très diversement leurs fonctions vitales générales (comme respirer ou se reproduire) par des organes pourvus de fonctions diverses (les poissons ont des branchies et pondent des œufs, pas les primates). Mais leur squelette est relativement stable. Goethe, dans ses mémoires de morphologie, fut l'un des premiers à insister sur cette constance du « type vertébré », laquelle avait déjà été envisagée par Diderot ou Buffon (ce dernier se refusant à en tirer la conclusion hétérodoxe que toutes ces espèces auraient une origine commune puisque cela contrevenait au dogme chrétien des créations séparées des espèces). Il parlait de « type originaire », notion que l'anatomiste britannique Richard Owen, un des maîtres de Darwin, paracheva en produisant le schéma du type originaire, idéal, des vertébrés :

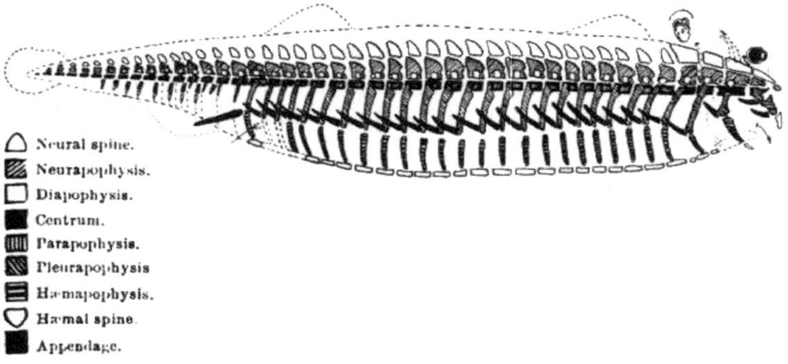

Figure 1. Reconstruction de l'archétype vertébré selon Richard Owen

L'analyse de E. S. Russell généralise finalement à l'histoire de la biologie la dualité structure / fonction, en voyant dans ces deux pôles complémentaires le nom de deux attitudes épistémologiques, toutes deux susceptibles d'offrir une compréhension du vivant malgré leur hétérogénéité radicale. Ainsi, une bataille au sommet opposa au Muséum d'histoire naturelle de Paris en 1830 les deux grands anatomistes comparés du moment, Cuvier et son ancien étudiant Étienne Geoffroy Saint-Hilaire. Pour le premier, le « principe des conditions d'existence » commande l'anatomie comparée, et requiert finalement que seuls existent quatre grands « embranchements » c'est-à-dire types d'organisation fonctionnelle (vers, mollusques, arthropodes, vertébrés) dépourvus d'intermédiaires concevables[8]. C'est la perspective fonctionnelle : le zoologue se demande d'abord comment dans chaque espèce les fonctions vitales générales (respiration, nutrition, reproduction) sont opérées. Inversement, Geoffroy Saint-Hilaire partait de la forme. Pour lui, un organisme est avant tout un schéma de « connexions » de ses parties[9]. En appliquant ce principe il suggéra que tous les animaux sont construits sur le même plan, soutenant l'idée d'une « unité de type » à travers tout le règne animal, condition du transformisme darwinien. Mais comment un organisme pourrait-il se construire d'après un type, pour la biologie contemporaine ?

On lit souvent que le noyau du zygote contient les « instructions » pour fabriquer celui-ci comme individu d'un type spécifique, codées sous forme d'ADN, lequel ADN inclut des « informations » héritées de tous ses ascendants. Il faut pourtant, avec Richard Lewontin[10], critiquer cette notion de « programme génétique » comme indûment idéaliste, ou déterministe, et insister sur les interactions zygote-environnement, toujours physico-chimiques. Cette notion de programme génétique nous semble ainsi réductionniste, ramenant l'organisme à ses déterminants subcellulaires. Pareil réductionnisme s'inscrit alors dans une oscillation très générale de la biologie entre deux pôles souvent nommés *mécanisme* et *vitalisme*.

1.3. Mécanisme et vitalisme

Historiquement, Descartes fut le parangon du mécanisme. Ses animaux-machines en étaient un aspect, mais c'est surtout lorsqu'il tenta d'expliquer le développement du fœtus, dans le traité du même nom[11], à partir des seules lois de la nature, qu'il exposa un véritable programme mécaniste (dépourvu de toute intention analogique). Les vitalistes, en face, ont toujours fait valoir que les seules lois de la

8. G. Cuvier, *Le règne animal*, Paris, Déterville, 1817.

9. E. Geoffroy Saint-Hilaire, *Philosophie anatomique*, Paris, Méquignon-Marvis, 1818.

10. R. C. Lewontin, *La triple hélice. Les gènes, l'organisme, l'environnement* [2000], trad. fr. N. Witkowski, Paris, Seuil, 2003.

11. Le *Traité de l'homme* de Descartes paraît en 1662 en latin puis en 1664 en français, accompagné d'un *Traité de la formation du fœtus*.

physique sont insuffisantes à rendre compte du vivant. Néanmoins le vitalisme connut diverses incarnations et plus personne aujourd'hui ne souscrirait à l'animisme de Georg Ernest Stahl (*Theoria Medica Vera*, 1712) ou aux « entéléchies » de l'embryologiste Hans Driesch à la fin du XIXe siècle.

Il faut toutefois distinguer au moins quatre sens du terme « mécanisme ». Au premier sens, cartésien – « *tout expliquer à partir de lois de la mécanique* » –, discuté par les rationalistes du XVIIe, on ajoutera *l'analogie machine-animal*, puis l'idée kantienne selon laquelle le mécanisme consiste à *expliquer le tout à partir des parties*, un principe régulateur de notre connaissance que nous ne pouvons pas ne pas adopter puisque notre entendement procède des parties au tout [12]. Enfin, les philosophes des sciences contemporains, comme Carl Craver ou Stuart Glennan, adoptent une « *nouvelle philosophie mécaniste* », selon laquelle expliquer consiste à exhiber un « mécanisme », soit un ensemble d'entités dotées d'activités propres, organisées d'une certaine manière, telles que prises ensemble elles produisent la chose à expliquer. Discuter les limites du mécanisme, comme on s'y livre souvent, exige de préciser le sens de « mécanisme » concerné.

Dans la mesure où « organisme » signifie un certain type d'agencement de parties, et de parties par rapport au tout, la question du mécanisme engage celle du finalisme, comme l'a vu Kant. Il existe de multiples variétés de finalisme. Le vitalisme conçoit un principe non mécaniste requis pour penser le vivant [13]. Un kantien pense la finalité comme une présupposition nécessaire de notre faculté de connaître pour reconnaître et étudier le vivant, alors même que la science de la nature requiert le mécanisme comme seul principe épistémologique. À l'inverse un finaliste naturaliste comme Francesco Varela soutient qu'un certain type de mécanisme naturel présente des propriétés finalistes, dont la base est l'auto-organisation modélisable mathématiquement [14].

Doit-on pour autant s'abstenir de poser des principes généraux de l'organisme si l'on ne souscrit à aucune de ces options ? Il me semble que la notion d'intégration de niveaux demeure incontestable, et elle remonterait philosophiquement à Leibniz.

12. Ce principe ne doit pas être confondu avec le principe de causalité selon Kant, ou « seconde analogie de l'expérience » (*Critique de la Raison Pure*), absolument universel, selon lequel tout événement suppose un autre événement auquel il succède d'après une règle. Le principe de causalité parle des événements, l'autre est méréologique et concerne exclusivement les systèmes et non les événements.

13. Sur le vitalisme voir Ch. Wolfe, *Lire le Matérialisme*, Paris, Garnier-Flammarion, 2022.

14. Ces notions sont discutées dans M. Mossio (ed.), *Organization in Biology*, Cham, Springer, 2023.

1.4. Degrés d'intégration et théorie cellulaire

Ce type d'agencement qu'est l'organisme présente en effet une particularité : l'organisme est *hiérarchiquement intégré*. Selon la métaphore célèbre de la *Monadologie* (§ 67), un poisson est comme un étang plein de poissons pleins de poissons, et ainsi de suite. Cette itération infinie donne sens à l'affirmation leibnizienne étrange selon laquelle le vivant est infiniment organisé. Pour le philosophe de Hanovre, chaque partie est faite de parties elles-mêmes organisées.

Après la théorie cellulaire, qui prouva que tout vivant est fait de cellules[15], toute cellule provenant d'autres cellules, cette notion d'intégration s'avère convaincante. Épistémologiquement, elle justifie que l'on étudie toujours un organisme à un certain niveau en faisant abstraction des autres : le biologiste cellulaire considère seulement les cellules, la génétique médicale aborde les génomes, l'histologiste s'en tient aux tissus. Historiquement, la biologie a d'ailleurs avancé en reconnaissant différents niveaux d'intégration : classiquement, les organes, puis avec Xavier Bichat, les *tissus* (il en dénombrait 21)[16], éléments de base dont la combinaison fabrique les organes, puis les *cellules* (à la fin du XIXe siècle), et enfin les *macromolécules* comme ADN, ARN, protéines etc.[17].

Cette intégration s'avère philosophiquement fondamentale. D'abord, comme Claude Bernard y insista, elle établit une réversibilité : l'organisme est fait de cellules et se perpétue tandis que ses cellules meurent et se reproduisent, mais ses propres systèmes semblent simplement viser à la survie des cellules (le sang les nourrit et les oxygène, etc.). Mais la cellule est elle-même organisme – pensons aux unicellulaires comme les bactéries –, si bien que pour certains biologistes théoriciens, comprendre l'organisme consiste à comprendre un schéma extrêmement général d'organisation auto-organisée : l'objet abstrait modélisé est alors aussi bien la cellule que l'organisme. Il n'y a qu'une biologie moléculaire, pour tous les types d'organismes, même unicellulaires. Mais la hiérarchie elle-même prendra ultimement un sens évolutionnaire.

15. On doit sa formulation princeps à Theodor Schwann, August Schleiden et Rudolf Virchow, autour de 1850.

16. Sur Bichat voir Ph. Huneman, *Bichat. La vie et la mort*, Paris, Puf, 1998.

17. Sur ces notions voir M. Morange, *Histoire de la biologie moléculaire*, Paris, La Découverte, 1994.

2. Évolution

Avec la théorie cellulaire qui lui est contemporaine, et la biologie moléculaire qui émergea dans les années 1950, la biologie évolutive constitue la troisième théorie universelle du vivant. Amorcée avec l'ouvrage de Charles Darwin de 1859, *Origin of species*, elle demeure le cadre général de la biologie, au sens où « rien en biologie ne fait sens excepté à la lumière de l'évolution » selon l'un des fondateurs de la théorie moderne, Theodosiun Dobzhansky. Cette section explicitera de quelle « lumière » il s'agit, et les énigmes philosophiques qu'à son tour elle soulève.

Darwin proposait deux thèses conjointes :

– les espèces descendent d'espèces antérieures, toutes remontant au dernier ancêtre commun unique, unicellulaire aujourd'hui nommé LUCA[18] – c'est « *l'arbre de la vie* » (fig. 2) ;

– la *sélection naturelle* est la cause principale de cet arbre, et à partir de là, des grandes propriétés qu'exhibe le monde vivant : diversité, unité, et prévalence de l'adaptation.

Avant Darwin la thèse transformiste était courante : Buffon, Diderot, Lamarck, ou son propre grand-père Erasmus, en proposaient des versions. Mais la spécificité du darwinisme est son hypothèse causale, à savoir la sélection naturelle[19].

Avec Darwin, les faits biologiques reçoivent une explication unifiante. Ainsi, les relations de *similarité et dissemblance*, qui permettaient les classifications de l'histoire naturelle – chiens et renards se ressemblent davantage que chiens et poulets, donc les premiers sont des mammifères, pas le troisième – signifient des relations *d'historicité* : il existe un ancêtre commun des mammifères (chiens et renard) qui n'est pas ancêtre des oiseaux.

On notera que l'unité ainsi établie exige un principe de continuité entre animaux non humains et humains, que Darwin explore dans *The Descent of Man* (1871). Tout comportement ou aptitude cognitive chez l'homme peut avoir des formes inchoatives chez les ancêtres, donc en particulier les primates. Dans l'*Expression des émotions chez les animaux et chez l'homme* (1885), ouvrage fondateur pour la

18. *Last Unique Common Ancestor* – on notera l'homophonie avec notre célèbre ancêtre Lucy.

19. Voir J. Gayon, *Darwin et l'après-Darwin. Une histoire de l'hypothèse de sélection naturelle*, Paris, Matériologiques, 2018.

psychologie animale, Darwin montre que les physionomies expressives d'émotions sont largement partagées entre nous, les primates et certains mammifères, autrement dit que nous les avons hérités. Cette thèse forte implique que la biologie est indispensable pour comprendre l'humain. Comme le note Darwin dans un carnet, « celui qui aura compris le babouin aura fait plus pour la métaphysique que John Locke » – ce qui fait du Darwinisme une ressource très puissante pour le naturalisme philosophique.

Unité et diversité du vivant se comprennent donc par l'arbre de la vie. Reste que si le vivant est très divers (il en existe 10 ou 100 millions d'espèces), cette diversité n'est pas distribuée n'importe comment : les vertébrés se ressemblent tous, tous les animaux possèdent certaines protéines qui permettent l'adhérence cellulaire et la transmission nerveuse, etc. Il y a unité dans la diversité, et celle-ci s'explique par l'ascendance commune (*common descent*) de tous les lignages jusqu'à LUCA. Le type idéal des vertébrés, selon Owen, devient pour Darwin simplement l'affirmation d'ancestralité commune ; au lieu d'un type transcendant, il devient le premier vertébré réel, apparu il y a 470 millions d'années. Mais quelle est l'explication majeure de cette évolution ?

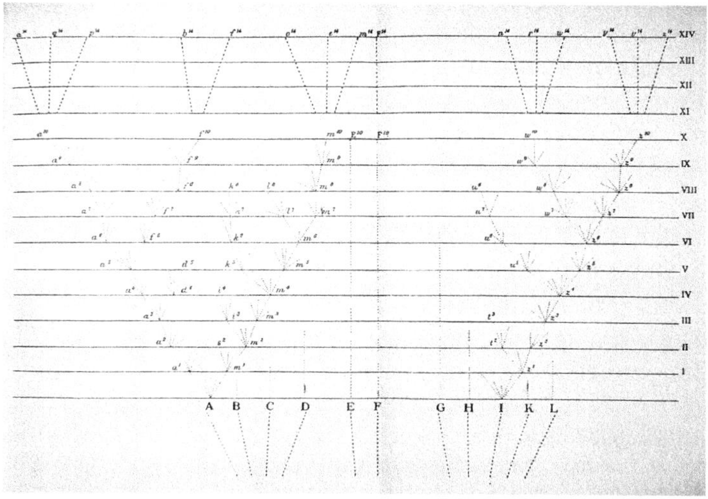

Figure 2. L'arbre de la vie (Darwin, *L'origine des espèces*)

2.1. La sélection naturelle, une explication (et une cause ?) très particulière

La ressource explicative principale de Darwin s'appelle « sélection naturelle », processus moteur de cette évolution. Elle advient au niveau des populations et non des individus : dans une population d'individus susceptibles de se reproduire et de transmettre leurs traits, lesquels ont un effet caractéristique sur leurs chances de reproduction, les individus porteurs d'un trait X qui augmente leurs chances de se reproduire vont probablement se reproduire davantage (pourvu que la population soit de grande taille), et la population sera, au bout de plusieurs générations, composée essentiellement de leurs descendants, lesquels tendront donc à avoir un tel trait X. Dans toute population d'individus variables, pourvus de traits héritables [20], tels que ces traits affectent leurs chances de survie et reproduction, il y a sélection naturelle [21]. Pour Darwin, classiquement, la concurrence (traduction de l'anglais « *competition* »), soit la « lutte pour l'existence » – une compétition pour les ressources de nature qui est essentiellement *intraspécifique* – gouverne les chances de reproduction des différents individus, donc de leurs traits.

Telle était l'idée directrice de Darwin. Néanmoins il n'avait pas une conception correcte de l'hérédité. Celle-ci vint de Gregor Mendel, qui au même moment (mais dans l'obscurité pendant trois décennies) formula l'idée que le substrat de l'hérédité se constitue de « gènes », déterminants des caractères visibles et transmis de manière aléatoire à la descendance. (Jusqu'en 1953, on n'aura toutefois aucune idée de la matière dont sont faits ces gènes.) Transmettre, c'est alors transmettre des gènes ; entre congénères, la variété (évolutivement pertinente) signifie la variété des gènes ; et entre parents et descendants elle signifie la mutation et la recombinaison génétique, conçues aujourd'hui comme modifications et réassortiments de segments d'ADN.

Le cadre de la biologie évolutive classique, appelé « Synthèse Moderne » [22], date des années 1940-1950. Il synthétise l'évolution par sélection naturelle darwinienne et la génétique mendélienne. Même

20. L'héritabilité, concept statistique, est une mesure (environnement et population-dépendante). Une forte héritabilité signifie, en gros, que la valeur moyenne X d'un trait chez les descendants s'écarte de sa valeur moyenne Xo dans la population d'une façon similaire à l'écart de la valeur X chez les parents comparée à Xo, valeur moyenne à la génération des parents.

21. R. C. Lewontin, « Units of Selection », *Annual Review of Ecology & Systematics* 1, 1970.

22. Selon le titre d'un livre de Julian Huxley, *Evolution : The Modern Synthesis*, New York, Harper & brothers, 1942.

si les biologistes, déjà, divergeaient sur des options épistémologiques essentielles quant à la cible de la sélection naturelle, le noyau de cette Synthèse est la reconnaissance de la sélection naturelle comme « agent principal » (J. Huxley) de l'évolution, et des populations mendéliennes faites de variants par recombinaison et mutation –, comme lieu de cette évolution.

Soulignons alors trois caractéristiques cruciales :

a) la mutation génétique, de parent à enfant, est *aléatoire* au sens où elle est indifférente aux effets positifs ou négatifs qu'elle procure dans l'environnement (même si elle peut être déterministe d'un point de vue physico-chimique). Si ce n'était pas le cas, si le processus de mutation allait vers ce qui est adaptatif, alors la sélection naturelle ne servirait à rien, comme le pensaient les premiers mendéliens au début du siècle, finalement réfutés par la Synthèse Moderne. Et l'hérédité des caractères acquis, soit la transmission aux descendants d'améliorations de l'organisme acquises pendant la vie (par exemple par apprentissage) a été rejetée fin XIXe siècle par August Weismann, un des premiers néodarwiniens[23]. Énoncé lorsqu'en 1953 on comprit que les gènes, entités hypothétiques postulées par Mendel comme déterminants des caractères visibles des organismes, sont des segments d'ADN, le « dogme central de la biologie moléculaire » stipule que l'information va de l'ADN aux protéines et à l'organisme, mais jamais dans l'autre sens ; il exprime la même idée que Weissmann : on ne transmet que ce qu'on a reçu de sa propre lignée (mais uniquement à 50%, pour les espèces sexuées).

b) *L'adaptation*, comme ajustement d'un organisme à son environnement, résulte directement de la sélection naturelle. En effet, les variants répondant le mieux aux demandes environnementales survivent et se reproduisent davantage ; la sélection naturelle (du moins si elle joue seule) tend donc vers une réponse optimale à ces demandes, donc une « adaptation ». Sous le nom de « radiation adaptative », elle explique alors une bonne part de la diversité du vivant, en adaptant les espèces à des environnements finement définis. Ainsi, du fait de la sélection naturelle chaque espèce de pinson des Galapagos – île où Darwin s'attarda durant son fameux voyage sur le Beagle – présente ainsi un bec particulier, propre à s'emparer d'une espèce particulière d'insecte en s'ajustant à son type d'habitat dans les troncs d'arbres.

c) La formulation générale de la sélection naturelle ressemble à un énoncé de la loi des grands nombres en mathématiques : « ceux qui ont

23. On en reparle parfois pour l'épigénétique, mais l'affaire est beaucoup plus complexe.

le plus de chances (appelées : « *fitness* ») de se reproduire, probablement se reproduiront davantage ». On peut avec certains comme Elliott Sober, philosophe majeur de la biologie, voir cet énoncé comme aussi *a priori* que la loi des grands nombres[24]. Quoi qu'il en soit, cela signifie que dans une petite population, les attentes basées sur la sélection naturelle, selon lesquelles le plus « *fit* » gagne, peuvent toujours être déçues. Autrement dit, l'optimalité n'est pas un résultat absolument garanti même si, de fait, le vivant exhibe beaucoup d'adaptations. La sélection naturelle peut se laisser déborder par la « dérive génétique aléatoire »[25].

Mais qu'est ce qui sélectionne, et qu'est ce qui est sélectionné ?

2.2. Individu et espèce : les niveaux de la sélection

Une mésinterpétation majeure, familière aux premiers temps du darwinisme, consiste à assimiler la sélection à ce qui est bon pour le groupe ou l'espèce. En réalité, si la sélection procède de la concurrence, on voit mal comment elle serait un tri au nom du bien de l'espèce. Darwin écrivait précisément : « On peut dire que la sélection naturelle examine chaque jour et chaque heure, dans le monde entier, chaque variation, même la plus infime ; elle rejette ce qui est mauvais, conserve et additionne tout ce qui est bon ; elle travaille silencieusement et insensiblement, chaque fois que l'occasion s'en présente, à *l'amélioration de chaque être organique* par rapport à ses conditions de vie organiques et inorganiques. »[26].

En première analyse, la sélection naturelle vise donc le bien de l'individu. Si un individu X a une propriété héritable consistant à se reproduire si vite que ses descendants consomment la moitié des ressources existantes, cette propriété dominera bien vite la population puisque la lignée X s'accroît plus vite ; alors, en quelques générations les ressources disparaîtront, et l'espèce s'éteindra, ce qui n'est pas bon pour elle. La sélection aura négligé le bien de l'espèce !

24. E. Sober, *The Nature of Selection*, Cambridge (Mass.)-London, The MIT Press, 1984.

25. On appelle « dérive génétique aléatoire » les processus qui font que plus la population est petite, moins l'évolution suit les prédictions fondées sur la sélection naturelle seule : on peut imaginer que dans une population de cinq animaux, celui doté de gènes qui permettent d'attraper bien plus de ressources tombe, très précocement, dans un trou, donc la sélection naturelle n'aura pas agi – même si la nature et le statut de cette « dérive » est discuté par de nombreux philosophes et biologistes.

26. C. R. Darwin, 1859. *The Origin of Species* [1859], New York, Avenel Books, 1979, p. 133 (je souligne).

Mais la question du bénéficiaire de la sélection se complexifiera au XXe siècle. L'existence de comportements bons pour le groupe et apparemment coûteux – au sens où l'individu concerné a en moyenne moins de descendants que les autres – pose une énigme majeure, déjà discutée par Darwin dans *The Descent of Man*. De fait, sont « altruistes » en ce sens les singes vervets qui émettent des sons lorsqu'ils voient des prédateurs, alertant ainsi le groupe au lieu de fuir discrètement et sauver leur vie. De même, les abeilles dites « ouvrières », stériles, qui laissent la « reine » se reproduire à leur place, sont biologiquement altruistes. Bien des modèles existent pour expliquer comment la sélection naturelle favorise ces comportements altruistes[27]. Une option très prisée consiste à considérer non les organismes, mais les gènes. Si l'altruisme de X s'adresse à un Y qui est génétiquement proche de lui (chez les mammifères : un fils, une sœur…, mais chez les abeilles, une sœur plutôt qu'une fille car leur système de parenté est différent), alors, en aidant Y, X donne à ses gènes (davantage présents chez Y que chez les autres) une meilleure chance de se perpétuer. Les individus agissant ainsi peuvent donc transmettre davantage de gènes que les autres, ce qui signifie que les allèles (soit, les versions d'un gène) impliqués dans l'altruisme se diffuseront. Conçue par le biologiste William Hamilton en 1963, cette forme de sélection, appelée « sélection de parentèle » (*kin selection*) est probablement l'innovation majeure de la biologie évolutive au XXe siècle. Elle rend compte de comportements apparemment contraires à l'individualisme de la sélection quoique très fréquents dans la nature.

Évitons toutefois ici l'idée d'un déterminisme génétique, selon laquelle un gène produirait l'altruisme, ou un comportement, ou un trait donné. Tout trait suppose en général de nombreux gènes, dont l'expression dépend grandement de l'environnement intra-génomique et écologique. La seule chose importante, ici, pour la sélection, est qu'avoir un gène ou un autre fasse une petite différence sur la probabilité d'avoir, ou non, le trait en question, ou le degré auquel il est manifesté. Les causes du trait étudié sont un tout autre problème, impliquant une multitude de facteurs ; surtout, ce problème concerne le *développement* des *organismes* et non *l'évolution* des *espèces*.

Une interprétation de la *kin selection* consiste alors à dire que par essence la sélection naturelle cible non pas l'organisme, mais ses gènes,

27. « Altruiste » est défini par les conséquences : l'altruiste laisse moins de descendants tout en facilitant les descendants des autres. Cette définition convient à des espèces dépourvues de toute capacité cognitive, à la différence de l'altruisme au sens ordinaire, toujours psychologique, défini en termes de raisons d'agir.

comme le proposa le populaire *Gène égoïste* de Richard Dawkins [28]. Cette question de la cible de la sélection est au cœur de nombreux clivages théoriques ; beaucoup soulignent en effet que les interactions causales entre *organismes* (s'apparier, manger, élever, faciliter mutuellement, etc.), et non pas entre gènes, sont essentielles à la sélection, les gènes n'étant en définitive qu'un effet reflétant la proportion des résultats de ces interactions causales. Ce débat est aussi bien scientifique – puisqu'il implique des différences dans la manière de construire des modèles de comportements sociaux des animaux – que philosophique, parce qu'il concerne la manière d'entendre les relations entre les notions de causalité et d'explication.

Mais en quel sens la sélection naturelle est-elle dite « cause » de l'évolution, de l'adaptation, et des traits eux-mêmes si, comme je viens de le dire, la cause des traits relève du développement ?

2.3. Populations, types, causes : deux distinctions essentielles

Sans population d'individus différents, pas de sélection naturelle, le processus n'aurait aucun sens avec un seul individu, à la différence des explications proposées par Lamarck. Ceci implique une forme de pensée qu'Ernst Mayr, un des pères de la Synthèse Moderne, appelle « populationnelle » et qu'il oppose à la pensée « typologique ». Pour la première, « girafe » signifie une population de girafes distinctes, susceptibles de se reproduire entre elles ; pour la seconde, une population de girafes est un ensemble plus ou moins réussi de copies du type « girafe » – et de même, tout vertébré copie le type « vertébré ». La biologie évolutive exige une appréhension populationnelle. C'est pourquoi mathématiquement elle trouvera son expression naturelle dans les modèles statistiques et probabilistes qui deviendront en 1930 l'appareil de la « génétique des populations », soit la science mathématique du changement de fréquence de gènes dans les populations. Ronald Fisher et Sewall Wright, les fondateurs, définirent des outils mathématiques aujourd'hui cruciaux pour ces études [29]. Et cette première pierre de la synthèse génétique-darwinisme montra mathématiquement que si un allèle (une version d'un gène) donne

28. R. Dawkins, *Le gène égoïste* [1976], trad. fr. L. Ovion, Paris, Odile Jacob, 1996.

29. Par exemple R. Fisher, *The Genetical Theory of Natural Selection*, Oxford, Clarendon, 1930.

un petit avantage reproductif, il va se diffuser et se « fixer » dans la population.

À la distinction typologique / populationnel, soit deux manières d'appréhender l'espèce, Mayr ajouta en 1961 une seconde distinction épistémologique relative à la causalité et propre à caractériser la biologie évolutive. Si je veux expliquer le vol d'une espèce d'oiseaux migrateurs comme une cigogne, deux registres de causes sont pertinents. Je peux analyser leurs muscles, leur système nerveux, le montage génétiquement câblé selon lequel un indice – la baisse du temps de luminosité ou la température – déclenche un vol vers des contrées méridionales. Ces causes sont « dans » l'organisme individuel. Mais je peux aussi demander pourquoi il s'envole en hiver au lieu de rester en Alsace, donc pourquoi il a ces gènes et ces dispositifs. Alors, je considérerai l'évolution de la population de cigognes, de ses espèces sœurs, sur de nombreuses générations, et découvrirai qu'un tel comportement – que l'on peut supposer héritable – améliore la reproduction par rapport au comportement consistant à rester sur place et s'exposer au froid.

Cette seconde explication est évolutionnaire. Mayr parle de « causes ultimes », et nomme les précédentes « causes prochaines ». Crucialement, celles-là sont populationelles, celles-ci individuelles, et elles définissent une « biologie fonctionnelle ». La biologie évolutive emploie alors un sens d'« *adaptation* » qui est populationnel – résultat de la sélection ; la biologie fonctionnelle, elle, parlera d'adaptation au sens physiologique : par exemple, si je deviens marathonien, mon pouls, ma tension, etc., vont changer pour s'ajuster aux nouvelles conditions. Ce second sens, individuel, est souvent nommé « plasticité », et les rapports entre plasticité et adaptation évolutive occupent la recherche depuis l'aube de la Synthèse Moderne [30].

Il faut néanmoins prendre garde à distinguer deux sens de « fonction », qui ont depuis longtemps tracassé les philosophes, car les énoncés fonctionnels semblent impliquer une téléologie peu orthodoxe au regard des canons de la science moderne.

Analyser un système biologique, et identifier les fonctions et les organes, revient à cibler un système donné, par exemple le système respiratoire, puis demander comment un organe, par exemple le cœur, contribue à l'activité vitale de ce système : le cœur pompe le sang. La fonction de X est un « rôle causal » dans un sous-système donné d'un

30. A. Nicoglou, *Plasticity in the Life Sciences*, Chicago (IL), University of Chicago Press, 2024.

organisme, elle explique la contribution de X à l'activité de ce sous-système. Alors, la fonction du cœur dépend du système qui nous intéresse ; pensons à la fonction du cœur dans un examen médical : elle consiste à faire un bruit interprétable. Donc la fonction n'est pas un « élément du mobilier du monde », et notre ontologie n'inclut rien de finaliste, conformément à l'esprit de la science moderne.

Néanmoins, cette analyse n'épuise pas le concept de fonction, car selon une autre compréhension de l'énoncé « la fonction du cœur est de pomper le sang », celui-ci en réalité explique pourquoi le cœur est là. Entendue ainsi, une fonction, selon une analyse introduite par Larry Wright puis Neander et Millikan et reprise par nombre de philosophes de la biologie comme de philosophes de l'esprit – Dennett, Dretske au premier chef – signifie un effet de la sélection naturelle[31]. Car dire « le cœur a la fonction de pomper le sang », en voulant expliquer par-là pourquoi nous avons un cœur, c'est dire que le fait de pomper le sang (et non le fait de faire du bruit) a procuré à ses porteurs un avantage sélectif, à l'origine d'un processus au terme duquel les descendants de ces individus ont tous des cœurs. Cette conception dite « étiologique » de la fonction est, elle, réaliste : les fonctions font partie du mobilier du monde, car la sélection naturelle est un processus naturel, indépendant de notre manière de regarder les choses.

Les deux analyses du concept de fonction partent chacune de deux visions différentes de la manière dont un énoncé fonctionnel explique quelque chose. La conception étiologique montre comment la biologie évolutive donne sens au concept usuel de fonction – ce qui illustre encore l'adage de Dobzhansky sur la « lumière de l'évolution ». Le *design* dont parle la physiologie prédarwinienne ne résulte pas d'une intelligence, mais simplement de la sélection naturelle, laquelle n'a aucun but à long terme.

2.4. Épistémologie de la sélection naturelle

Au centre de ce cadre darwinien, la sélection naturelle pose toutefois des problèmes épistémologiques. D'abord, qu'explique-t-elle vraiment ? Elle sélectionne des variations individuelles. Mais celles-ci, par définition, ne préexistent pas à la sélection et en sont indépendantes. Si je demande pourquoi les oiseaux ont des yeux, je remonte à la possession du gène Pax 6, condition nécessaire pour avoir des yeux. Les darwiniens certes disent « la sélection naturelle *explique*

31. L. Wright, « Functions », *Philosophical Review*, 82, 2, 1973.

les yeux ». Mais l'arrivée de ce gène n'est pas causée par la sélection naturelle, laquelle n'a fait que favoriser ses porteurs et écarter les autres, en raison de la capacité à voir procurée par ce gène. Autrement dit, la sélection expliquerait la *diffusion* des traits, mais pas leur *origine*, laquelle relèverait du développement individuel et des processus intra-organismiques de mutation.

En parlant de « créativité de la sélection naturelle », bien des auteurs fondateurs de la Synthèse Moderne contestaient toutefois cette idée que la sélection se limite à causer une diffusion des traits adaptatifs [32]. Pour eux, la plupart des traits adviennent selon un processus lent qui fixe plusieurs mutations successivement ; mais la probabilité qu'une mutation en rencontre une autre chez un zygote dépend des génotypes disponibles dans la population à la génération précédente, de sorte qu'en réalité la variation individuelle à la génération *n* n'est pas indépendante des effets de la sélection sur les générations antérieures *n-i*. Ultimement la sélection naturelle serait ainsi « créatrice », c'est-à-dire responsable des nouveautés évolutives.

Mais cette question des limites de l'explication par sélection naturelle donna lieu à une querelle biologique majeure, celle de *l'adaptationisme*, terme introduit par un article célèbre du paléontologiste Stephen Jay Gould et du généticien des populations Richard Lewontin [33], dont le titre évoque malicieusement Leibniz. Il attaquait *l'écologie comportementale* – science des traits des organismes – par deux objections liées : celle-ci a tendance à voir partout des adaptations, soit l'œuvre de la sélection naturelle ; et à aborder les organismes comme un « faisceau d'adaptations » (J. Huxley) rendant ainsi impossible de comprendre le caractère organisé des organismes, sinon en y voyant le simple résultat de compromis (*trade-offs*) opérés par la sélection naturelle entre optimiser tel et tel trait. Dans un exemple imaginaire, elle arbitrerait entre la taille, plus attirante pour les femelles si elle est grande, et la vitesse de développement, qui permet de se reproduire plus vite en étant plus petit. Pour Gould et Lewontin, alignés ici sur la biologie évolutive du développement (dite « Evo-Devo »), l'intégration de l'organisme relève moins de *trade-offs* que des contraintes génériques propres au développement embryonnaire, lesquelles expliquent que le schéma de ce développement est partagé pour les espèces d'une même lignée, quel que soit l'environnement, donc les adaptations évoluées.

32. Par exemple Sewall Wright, Ernst Mayr ou Theodosius Dobzhansky.

33. S. J. Gould et R. C. Lewontin, « The Spandrels of San Marco and the Panglossian Paradigm : a Critique of the Adaptationist Programme », *Proceedings of the Royal Society of London* 205, 1979, B. 205581–598.

Outre que cet aspect de compromis optimal met en lumière une compréhension très *économiste* de la biologie, déjà présente dans l'emprunt, par Darwin, de la notion de lutte pour l'existence à l'économiste Malthus, pareille critique inclut une réflexion épistémologique. Pour un trait ou un comportement donné, on peut selon Gould et Lewontin toujours inventer une autre manière d'être utile si l'utilité proposée dans une hypothèse initiale est réfutée. À leurs yeux et suivant en cela le principe de Popper, étant irréfutable, la position adaptationniste n'est pas valide. De même que Leibniz posait *a priori* que le monde est le meilleur des mondes possibles puisque créé par Dieu, qui est parfait, de même l'écologue comportemental stipulerait *a priori* qu'un comportement x donné résulte de la sélection naturelle, et pourrait toujours trouver une raison de sa sélection, soit un avantage putatif de x.

On a longuement contesté cette objection, en invoquant les protocoles rigoureux exigés pour réellement établir qu'un trait résulte de la sélection naturelle pour telle et telle pression de sélection. De fait, jusqu'aux années 1980 seuls quelques exemples de sélection naturelle, dont le mélanisme industriel et la tolérance au métal de certaines plantes, avaient satisfait les standards de démonstration.

Conclusion : Organismes et évolution

L'adaptationnisme représenterait la version darwinienne de la biologie de la fonction, tandis que l'insistance sur l'architecture des organismes propre à ses adversaires relève de la biologie de la forme. La référence au plan d'organisation des organismes – *Bauplan*, selon le terme allemand post-kantien repris par Gould et Lewontin –, présente au cœur de la critique de l'adaptationnisme, pose le problème du rapport entre la sélection naturelle comme cadre explicatif général et la notion même d'organisme. La question de l'adaptationnisme – « est-ce que tout provient, ou doit être *a priori*, méthodologiquement, supposé provenir de la sélection ? » – se prolonge dans la question de savoir si ultimement un organisme, dont toutes les fonctions apparaissent comme résultats de la sélection, et dont l'intégrité elle-même est garantie par la sélection (toute baisse de cette cohésion est en effet contre-sélectionnée), s'explique totalement par la sélection, ou si, comme les avocats de la biologie de la forme le pensent – biologistes du développement avant tout –, il requiert d'autres principes.

Le rapport entre *plasticité* – qui est une propriété des organismes – et *adaptation* créée par la sélection naturelle à l'échelle des populations devient alors crucial. Car la plasticité peut avoir des effets sur la sélection – à commencer par la faculté d'apprentissage. Certes les choses apprises sont supposées se terminer avec la mort de l'individu. Si, après apprentissage, les individus changent les environnements pour leurs enfants, ils impactent toutefois les pressions de sélection et ainsi cette plasticité joue un rôle dans l'évolution.

Mais la logique darwinienne implique que l'organisme lui-même, ou bien la reproduction sexuée, résultent de l'évolution. Son caractère essentiellement hiérarchique a été élucidé par les travaux récents sur les « transitions majeures dans l'évolution de l'individualité » entamés par Maynard-Smith et Szamthmary (1995) et Rick Michod (1999) : ainsi, l'organisme multicellulaire résulte d'une agrégation de cellules qui, il y a plus d'un milliard d'années, se mirent à se reproduire comme une seule, à l'image des gamètes des vertébrés. Ce passage du multiple à l'un résulte probablement de la sélection naturelle ; le comprendre requiert d'expliquer pourquoi des cellules isolées ont cessé de se multiplier chacune pour elles-mêmes, et sont entrées au service du groupe de cellules, subordonnant leur reproduction individuelle à celle du tout. L'une des dimensions de l'organisme au sens kantien – le tout commande les parties – résulte bien de l'évolution. De même, l'étang de la *Monadologie*, habité de poissons faits de poissons, s'explique par le fait que les « poissons » de base, à tous niveaux, vécurent indépendamment dans le passé. L'intégration hiérarchique de l'organisme provient de l'histoire évolutive.

La question philosophique posée par les rapports entre organismes et évolution s'avère donc double : la sélection est-elle l'explication ultime de toutes les caractéristiques normatives des organismes – téléologie, intégration fonctionnelle, hiérarchie, fonctions ? Inversement, via la plasticité et l'apprentissage les organismes eux-mêmes n'entrent-ils pas, à titre causal, dans la sélection naturelle ?

Cette question exige d'articuler les rapports entre populations et individus ; certains auteurs pensent que reconnaître l'insuffisance explicative de la sélection naturelle sur ces points requiert de réhabiliter une certaine agentivité des organismes. Cette possible réintroduction d'un aristotélisme en biologie constitue une singularité de ces questions philosophiques ouvertes par la biologie évolutive.

Bibliographie indicative

GAYON J. et V. PETIT, *La connaissance de la vie aujourd'hui*, London, ISTE, 2018.
CANGUILHEM G., *La connaissance de la vie* [1952], Paris, Vrin, 1992.
KANT E., *Critique de la faculté de juger* [1790], trad. fr. A. Philonenko, Paris, Vrin, 1979.
BERNARD C., *Leçons sur les phénomènes de la vie communs aux animaux et aux végétaux* [1878], Paris, Vrin, 1966.
JACOB F., *La logique du vivant*, Paris, Gallimard 1974
MONOD J., *Le hasard et la nécessité*, Paris, Seuil, 1970.
SOBER E., *The Nature of Selection*, Cambridge (Mass.)-London, MIT Press, 1984.
GOULD S. J., *Le pouce du panda* [1980], trad. fr. J. Chabert, Paris, Grasset, 1982.
DARWIN CH., *L'origine des espèces* [1859], trad. fr. Th. Hoquet, Paris, Seuil, 2013.
HEAMS TH. *et al.* (éd.), *Les Mondes Darwiniens*, Paris, Matériologiques, 2011.

Le hasard et la nécessité : analyse d'une dichotomie structurante en biologie

par Francesca Merlin

1. Hasard et nécessité : deux pôles d'une opposition

Hasard et nécessité représentent deux pôles d'une dichotomie entre lesquels il semble impératif de faire un choix, qu'il s'agisse d'adhérer à une vision du monde, de soutenir une certaine façon de le représenter, de rendre compte d'un phénomène, ou encore de penser la possibilité de la liberté humaine. Aristote prit le contrepied notamment de Démocrite pour lequel toute chose est le fait de la pure nécessité [1] : il reconnut le hasard en tant que cause par accident qui régit les événements n'ayant lieu ni toujours ni la plupart du temps [2]. Antoine-Augustin Cournot [3] exprima son désaccord avec la pensée de Pierre-Simon Laplace [4] en faisant de même : il conçut le monde comme étant déterministe, non d'une manière globale mais cloisonnée, ce qui lui permit de garder une place pour que des séries causales indépendantes se rencontrent, donnant naissance au hasard. Ainsi, si pour Laplace le hasard n'était que le nom qu'on donne à notre ignorance des causes [5] régissant un univers nécessairement déterminé, pour Cournot il s'agissait au contraire d'une propriété inhérente à certains événements dans le monde.

1. *Cf.* P.-M. Morel, *Atome et nécessité. Démocrite, Épicure, Lucrèce*, Paris, Puf, 2013.
2. Aristote, *La physique*, trad. fr. A. Stevens Paris, Vrin, 1999, livre II, 5, 195b-198a.
3. A.-A. Cournot, *Exposition de la théorie des chances et des probabilités* [1843], Paris, Vrin, 1984.
4. P.-S. Laplace, *Essai philosophique sur les probabilités* [1814], Paris, Bourgois, 1986.
5. Quelques décennies plus tard, cette conception du hasard sera notamment mobilisée par Charles Darwin au début du chapitre V de *L'origine des espèces* (1859) pour qualifier l'origine des variations entre les organismes.

Hasard et nécessité sont encore aujourd'hui pensés de manière dichotomique, et leur opposition émerge systématiquement des réflexions que scientifiques et philosophes mènent au sujet des sciences et de leurs objets d'études. D'une part, dans ses significations multiples, le hasard caractérise ce qui peut être autrement, et qui n'est donc que possible[6]. D'autre part, l'on attribue la nécessité à ce qui ne peut pas être autrement, et qui doit donc être tel qu'il est. Ainsi, le hasard ne correspond pas à l'idée que quelque chose se produit sans raison ou sans cause, cette idée ne s'opposant aucunement à la nécessité car, comme le soutenait Blaise Pascal dans les *Pensées*, l'existence d'un être nécessaire (notamment, Dieu) ne dépend d'aucune cause ou condition[7]. Ces deux concepts définis ainsi, leur opposition semble être de nature métaphysique, c'est-à-dire au sujet de la structure du monde, et aller de pair avec l'opposition entre indéterminisme et déterminisme du monde. La relation entre ces différents concepts et thèses est cependant bien plus riche et compliquée.

Le hasard entretient avec la thèse de l'indéterminisme une relation d'inclusion, l'indéterminisme pouvant être considéré comme un cas particulier de hasard. C'est ainsi que la philosophe des sciences Roberta Millstein propose de concevoir leur rapport dans un article consacré aux significations du hasard en biologie de l'évolution[8]. Son objectif principal dans ce cadre est d'argumenter en faveur de ce qu'elle appelle un « concept unifié de hasard », qu'elle définit et représente comme suit (Figure 1) : « Étant donné un sous-ensemble spécifié de causes, plus d'un état futur est possible »[9]. Il va sans dire que cette définition n'est qu'une formulation plus précise de l'idée de hasard introduite plus haut en tant que ce qui peut être autrement, et qui n'est donc que possible.

6. Cette définition est souvent associée à la contingence, terme philosophique historiquement utilisé comme antonyme de la nécessité. Dans ce qui suit, cependant, nous ne traiterons pas le hasard et la contingence comme deux concepts distincts (sauf lorsqu'on introduira la pensée de Gould qui mobilise les deux termes de hasard et de contingence mais de manière peu rigoureuse quant à leur signification respective). En effet, dans le discours scientifique qui est au cœur de ce chapitre, il n'est pas rare que les termes « hasard » et « contingent », ainsi que ceux de « aléatoire » et de « stochasticité », soient utilisés comme des synonymes ou sans préciser quelle est leur différence de signification.

7. B. Pascal, *Pensées* [1670], éd. L. Brunschvicg, Paris, 1897, en particulier le fragment 233.

8. R. Millstein, « Chances and Causes in Evolutionary Biology : How Many Chances Become One Chance », *in* P. McKay Illari, F. Russo, J. Williamson (eds.), *Causality in the Sciences*, Oxford, Oxford University Press, 2011.

9. *Ibid.* p. 428. Nous traduisons.

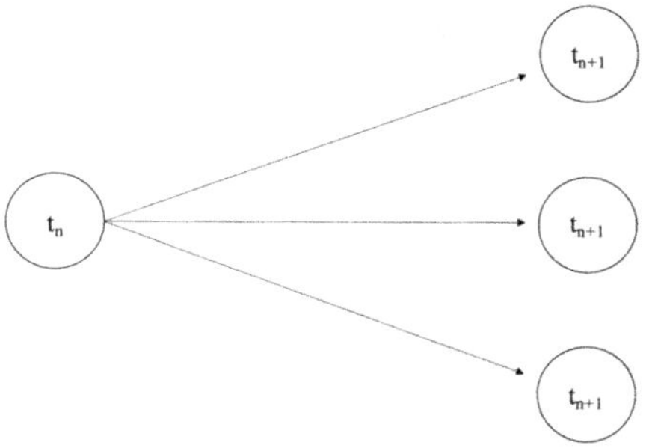

Figure 1. Le concept unifié de hasard de Roberta Millstein. Le cercle t_n représente le sous-ensemble spécifié de causes (ou conditions initiales) à un moment donné t_n ; les cercles t_{n+1} représentent les états futurs possibles, ou effets, à un moment t_{n+1}. Les flèches représentent les processus reliant les causes à leurs effets.

L'indéterminisme en tant que thèse métaphysique sur la structure du monde correspond au cas où, d'une part, l'ensemble des « causes considérées », comme Millstein les appelle, est exhaustif, c'est-à-dire qu'il comprend l'état complet du monde à un moment donné. D'autre part, l'ensemble des différents résultats possibles à partir de ces causes est ouvert mais contraint par rapport au phénomène considéré. Cela signifie que l'indéterminisme n'affirme pas que les événements dans le monde n'ont pas de cause, et que donc tout peut arriver. Au contraire, il s'agit d'un cas particulier de hasard – ce dernier n'allant pas de pair avec l'idée d'absence de causalité – où l'évolution du monde est déterminée causalement, mais pas univoquement.

Quant à la relation entre la nécessité et le déterminisme métaphysique, qui est aussi une thèse au sujet de la structure du monde[10], elle n'est pas identique dans les deux sens. En effet, la nécessité du monde ou d'un système particulier implique leur caractère déterministe, car cela signifie qu'ils ne peuvent pas être autrement, et que d'ailleurs leur état à tout moment est nécessaire ; en revanche,

10. En empruntant le schéma utilisé pour représenter le hasard dont l'indéterminisme est un cas particulier, le déterminisme métaphysique peut être défini comme la thèse selon laquelle, étant donné l'état du monde à un moment donné, seul un état futur de ce monde est possible. Cette formulation définit un déterminisme métaphysique global, c'est-à-dire au sujet du monde dans son ensemble, thèse notamment soutenue par Pierre-Simon Laplace au sujet de l'univers. Le déterminisme local porte au contraire sur une portion du monde (ou de l'univers) : cette thèse ne prend donc pas en compte toutes les causes à un moment donné mais un sous-ensemble d'entre elles. Parmi ses partisans figure Antoine-Augustin Cournot.

l'inverse n'est pas vrai. La nature déterministe de l'état du monde ou d'un système particulier à un moment donné n'implique pas que le monde ou le système en question doivent nécessairement être ainsi. En effet, les conditions initiales déterminant cet état peuvent ne pas être nécessaires, ce qui rend d'emblée problématique la nécessité de l'état futur qu'elles déterminent [11].

La complexité de ces concepts opposés et de ceux qui leur sont associés oblige à s'interroger sur la façon dont le discours scientifique les mobilise. Nous nous interrogerons sur la façon dont l'opposition du hasard et de la nécessité est thématisée dans les sciences afin de comprendre le rôle respectif qu'y jouent ces deux concepts. Un exemple paradigmatique est offert par la biologie, science dans laquelle l'opposition entre hasard et nécessité a structuré et structure encore aujourd'hui plusieurs recherches, en particulier en biologie de l'évolution [12] mais aussi dans d'autres domaines qui adoptent une approche évolutionnaire, par exemple la cancérologie, ou encore dans les débats scientifiques au sujet de l'origine de la vie [13]. Dans ce cadre aussi, le hasard est conçu de différentes manières et est parfois désigné par d'autres termes, le plus souvent celui de « contingence ». Quant à la nécessité, elle y est souvent invoquée sans que soit assumée sa signification stricte mais pour parler d'autres propriétés des phénomènes biologiques comme la stabilité, la persistance, la conservation ou encore l'invariance dans le temps, ces propriétés s'opposant au hasard en tant que source d'instabilité, de changement ou de variation.

Dans ce chapitre, nous analyserons en particulier deux textes emblématiques qui, à presque vingt ans d'écart et dans des spécialités différentes de la biologie – la biologie moléculaire et la paléontologie –, s'attachent à clarifier l'opposition entre hasard et nécessité dans le monde vivant : *Le hasard et la nécessité* de Jacques Monod (1970) [14] et

11. Sur déterminisme et nécessité, et leur rapport au principe de causalité, voir Th. Hobbes, *De corpore*, 1655 ; R. Descartes, *Méditations métaphysiques*, 1641 ; B. Spinoza, *Éthique*, 1677 ; G. W. Leibniz, *Essais de Théodicée*, 1710.

12. S. B. Carroll, « Chance and Necessity : the Evolution of Morphological Complexity and Diversity », *Nature* 409, p. 1102-1109, ; W. J. Gehring, « Chance and Necessity in Eye Evolution », *Genome Biology and Evolution* 3, 2011, p. 1053-1066, .

13. S. Huang, « Tumor Progression : Chance and Necessity in Darwinian and Lamarckian Somatic (Mutationless) Evolution », *Progress in Biophysics and Molecular Biology* 110, 2012, p. 69-86, ; R. M. Hazen, « Chance, Necessity and the Origins of Life : a Physical Sciences Perspective », *Philosophical Transactions of the Royal Society A* 375, 2017.

14. J. Monod, *Le hasard et la nécessité. Essai sur la philosophie naturelle de la biologie moderne*, Paris, Seuil, 1970.

La vie est belle. Le schiste de Burgess et la nature de l'histoire de Stephan J. Gould (1989)[15]. Dans le premier ouvrage, publié par le biologiste moléculaire français, prix Nobel de physiologie ou médecine en 1965, la différence entre la façon dont la variation biologique surgit (par hasard) et sa préservation lorsqu'elle est héréditaire (par nécessité) y est thématisée. Le second est un ouvrage du célèbre paléontologue états-unien où ce dernier propose au lecteur l'expérience de pensée du film de la vie. L'objectif de Gould est de montrer que l'évolution biologique n'est en rien nécessaire, mais le fruit du hasard ou plutôt de ce qu'il préfère appeler « contingence »[16]. Dans ces deux textes, hasard et nécessité s'opposent : ils caractérisent deux phénomènes de nature différente chez Monod, et deux visions différentes de l'évolution biologique chez Gould.

L'analyse de l'ouvrage de Monod s'est imposée à nous lors de l'écriture de ce chapitre. En effet, il y a un avant et un après sa publication : elle marque l'entrée en grande pompe du discours en termes de hasard et de nécessité en biologie, dont l'opposition vient ensuite en structurer un bon nombre de débats (voir plus haut). Quant à l'ouvrage de Gould, il est rare de le voir associé à celui de Monod alors que l'analyse de son expérience de pensée sous le prisme de l'opposition entre hasard et nécessité permet d'en comprendre davantage les enjeux.

Tout d'abord, nous analyserons la façon dont Monod (section 2) puis Gould (section 3) thématisent ces deux concepts, autrement dit les significations qu'ils leur attribuent, et la place qu'ils occupent dans l'économie de leur pensée au sujet du monde biologique. Ensuite, nous nous demanderons si hasard et nécessité sont les termes d'une véritable dichotomie en biologie, ce qui pose la question du bien-fondé de leur opposition dans cette science et plus spécifiquement dans la caractérisation des phénomènes qui intéressent ces deux auteurs – à savoir, les processus moléculaires et la microévolution au niveau des populations d'organismes pour Monod ; la macroévolution, qui se joue à des niveaux supérieurs à celui de l'espèce pour Gould (section 4). En guise de conclusion, nous montrerons qu'il n'y a pas d'incompatibilité ou d'opposition nette entre ces deux concepts ainsi qu'entre les phénomènes biologiques qu'ils caractérisent (section 5). Nous n'en proposerons cependant aucune définition nouvelle. Nous soutiendrons plutôt que dépasser la façon dichotomique de les penser permet d'apprécier les interdépendances entre hasard et nécessité en biologie.

15. S. J. Gould, *La vie est belle. Les surprises de l'évolution* [1989], trad. fr. M. Blanc, Paris, Seuil, 1991.

16. Sur ce que Gould entend par le terme « hasard », voir note 34, p. 252.

2. Le jeu du hasard et de la nécessité : le vivant et son évolution selon Monod

Le hasard et la nécessité contient plusieurs thèses, notamment au sujet du fonctionnement des organismes au niveau moléculaire, mais la principale porte sur les deux termes affichés d'emblée dans le titre : la vie et son évolution dépendent à la fois du hasard et de la nécessité bien que les deux s'opposent radicalement. Le premier est source de perturbations, la seconde est garantie d'invariance ; l'un est capricieux, l'autre est inéluctable ; le hasard n'est pas propre aux êtres vivants, la nécessité est au contraire une, sinon la, propriété intrinsèque de la vie. La dichotomie hasard *vs* nécessité traverse ainsi tout le célèbre essai de Jacques Monod.

Regardons de plus près la façon dont Monod thématise ces deux concepts, et comment ces derniers opèrent dans son argumentation, en commençant par le hasard. Monod lui attribue une place fondamentale dans le monde du vivant en tant que seule source de variation au niveau microscopique, notamment via les mutations génétiques. Cependant, il s'agit pour lui d'une source externe, au sens de non biologique, de variation. Autrement dit, le hasard est selon Monod une perturbation ou un bruit se manifestant comme une imperfection des mécanismes de conservation propres aux êtres vivants qui opèrent en leur sein, notamment au niveau moléculaire. Le hasard est aussi source aveugle d'évolution car il agit sans égard au cours adaptatif de cette dernière [17]. Ainsi, l'évolution n'est pas selon Monod une propriété intrinsèque des organismes car elle trouve sa source dans les perturbations qui, comme on vient de le souligner, sont pour lui non biologiques et en ce sens externes aux systèmes conservateurs que sont les organismes [18]. Du point de vue de sa nature ontologique, Monod est catégorique : le hasard, source de variation et d'évolution biologique, est objectif, c'est-à-dire une propriété essentielle ou intrinsèque des faits dans le monde, et non un nom qu'on donne à notre ignorance à leur sujet [19].

17. En plus du hasard en tant qu'ignorance des causes, Darwin concevait aussi le hasard de cette façon, en tant que source de variation qui n'est pas produite en vue de l'adaptation des organismes et de leur espèce.

18. J. Monod, *Le hasard et la nécessité*, *op. cit.*, p. 152.

19. *Ibid.*, p. 146-150. Pour une analyse détaillée des différentes significations du hasard chez Monod, de leur nature et de leurs implications métaphysiques et épistémologiques, voir F. Merlin, « Monod's Conception of Chance : Its Diversity and Relevance Today », *Comptes Rendus. Biologies* 338, 6, 2015, p. 406-412.

À l'opposé, Monod fait de la nécessité la propriété fondamentale du vivant au niveau macroscopique des organismes là où la sélection naturelle opère et le hasard est exclu. Il faut cependant remarquer qu'il parle de nécessité d'une manière le plus souvent métaphorique pour désigner le propre du vivant, régi pas des mécanismes déterministes en opposition aux perturbations qu'ils peuvent subir à cause du hasard, et non au sens strict de ce qui ne peut pas être autrement. Plus précisément, par le terme « nécessité » Monod désigne l'invariance rigoureuse et intrinsèque des êtres vivants, ces derniers étant ce qu'il appelle, en empruntant le terme « téléonomie » au biologiste Colin Pittendrigh [20], des « systèmes téléonomiques » [21]. Il s'agit de systèmes dotés d'un projet : celui de transmettre le contenu d'invariance spécifique de leur espèce, dont le but est de conserver ce contenu d'information espèce-spécifique à travers les générations via la reproduction, et notamment grâce au mécanisme à haute-fidélité qu'est la réplication du matériel héréditaire, « ce conservatoire du hasard, sourd au bruit autant qu'à la musique : la structure réplicative de l'ADN » [22]. Non seulement la reproduction invariante elle-même, mais toute structure, performance et activité des organismes contribue à ce même projet essentiel selon Monod. Seules les imperfections (externes, non biologiques) des mécanismes de conservation peuvent introduire de la variation qui, surgie par hasard, est aussi conservée, et cela à condition qu'elle ne mette pas en péril l'intégrité et la cohérence de ces systèmes téléonomiques que sont les organismes. Ainsi, le fruit du hasard peut rentrer dans le règne de la nécessité : « Hasard capté, conservé, reproduit par la machinerie de l'invariance et ainsi converti en ordre, règle, nécessité » [23].

Monod exprime cette opposition entre hasard et nécessité et leur statut respectif dans le monde vivant comme suit :

> Les événements élémentaires initiaux qui ouvrent la voie de l'évolution à ces systèmes intensément conservateurs que sont les êtres vivants sont microscopiques, fortuits, sans relation aucune avec les effets qu'ils peuvent entraîner dans le fonctionnement téléonomique.

20. C. S. Pittendrigh, « Adaptation, Natural Selection, and Behavior », *in* A. Roe et G. G. Simpson (eds.), *Behavior and Evolution*, New Haven (CT), Yale University Press, 1958, p. 390-416.

21. J. Monod, *Le hasard et la nécessité*, *op. cit.*, p. 25-30.

22. *Ibid.*, p. 152.

23. *Ibid.*, p. 128. Pour une analyse plus détaillée des significations du concept de nécessité chez Monod et de leur lien avec les propriétés qu'il attribue aux êtres vivants, à savoir leur autonomie et leur invariance, voir F. Merlin, « Monod's Conception of Chance : Its Diversity and Relevance Today », art. cit.

> Mais une fois inscrit dans la structure de l'ADN, l'accident singulier et comme tel essentiellement imprévisible va être mécaniquement et fidèlement répliqué et traduit, c'est-à-dire à la fois multiplié et transposé à des millions ou milliards d'exemplaires. Tiré du règne du pur hasard, il entre dans celui de la nécessité, des certitudes les plus implacables. Car c'est à l'échelle macroscopique, celle de l'organisme, qu'opère la sélection.
> [...] La sélection opère en effet *sur* les produits du hasard, et ne peut s'alimenter ailleurs ; mais elle opère dans un domaine d'exigences rigoureuses dont le hasard est banni [24].

Le changement, fruit du hasard, fait son apparition via le processus de mutation génétique modifiant le matériel héréditaire qu'est l'ADN, notamment sous l'influence des perturbations physiques (quantiques [25]). Il peut mettre en péril l'autonomie, l'invariance, en somme le projet téléonomique incarné par les organismes. Le fonctionnement interne de ces derniers, au contraire, est régi par la nécessité qui caractérise la machinerie de réplication de l'ADN et, plus généralement, la reproduction et la transmission invariante de l'information qu'il contient (autrement dit, l'hérédité). Et si un changement se trouve, par hasard, être en conformité et même renforcer le projet téléonomique des organismes, la sélection opère en le préservant et l'intégrant au sein du règne de l'autonomie, de l'invariance, de la préservation fidèle à travers les générations, autrement dit de la nécessité. La dichotomie entre hasard et nécessité reflète ainsi chez Monod l'opposition entre la variation, due aux mutations génétiques, et la sélection naturelle, dont l'efficacité repose sur l'hérédité.

Regardons de plus près en quel sens la variation est le fruit du hasard selon lui. D'abord, en parfait accord avec la pensée darwinienne [26], Monod adhère à l'idée selon laquelle la variation ne surgit pas en vue de l'adaptation des organismes et, en ce sens, il s'agit d'une « coïncidence absolue » [27] dans ses termes. Ensuite, Monod affirme aussi que les mutations à l'origine de la variation sont imprédictibles car fruit d'un « pur hasard » [28] : ne pouvant échapper aux perturbations quantiques auxquelles toute la matière, qu'elle soit biotique ou abiotique, est soumise, elles sont influencées par l'indétermination

24. J. Monod, *Le hasard et la nécessité*, *op. cit.*, p. 155.

25. *Ibid.*, p. 146-147.

26. Pour une analyse historico-philosophique du concept de hasard dans la pensée darwinienne, voir F. Merlin, *Mutations et aléas : le hasard dans la théorie de l'évolution*, Paris, Hermann, 2013.

27. J. Monod, *Le hasard et la nécessité*, *op. cit.*, p. 149-150.

28. *Ibid.*, p. 148.

intrinsèque du niveau subatomique – si l'on adhère, comme Monod, à une interprétation indéterministe de la mécanique quantique[29]. Quant à la nécessité, elle règne selon Monod dans tout processus propre aux organismes : d'une part, la « reproduction invariante »[30] leur permettant de conserver une organisation très complexe à travers les générations, et la « [f]idélité extrême »[31] du transfert d'information lors de la réplication de l'ADN sur laquelle elle repose ; d'autre part, le « déterminisme autonome, précis, rigoureux »[32] de la morphogenèse, qui est autonome et indépendante de tout stimulus extérieur. C'est en ce sens que le domaine de la vie où le hasard n'a pas droit d'asile est, dans les mots de Monod, un « domaine d'exigences rigoureuses »[33] où la sélection naturelle opère. Ainsi, il semble concevoir cette dernière comme aussi déterministe que la reproduction et la morphogenèse des organismes, à savoir un processus qui produit systématiquement le même résultat à partir d'un même ensemble de conditions initiales. Plus concrètement, si une mutation génétique, surgie par hasard, et la variation qu'elle produit ne mettent pas en péril le fonctionnement des organismes concernés, elles sont *nécessairement* conservées et transmises à la génération suivante.

L'opposition entre hasard et nécessité, telle qu'on la trouve au cœur de la pensée de Monod, correspond-elle à une véritable dichotomie à l'œuvre dans le monde du vivant ? Cette question ne vise pas à mettre en question le bien-fondé de la distinction entre hasard et nécessité qui, par définition, sont distincts et s'opposent, l'un désignant l'ouverture aux possibles, l'autre l'implacabilité d'une seule possibilité. Elle vise plutôt à interroger la nature dichotomique de cette distinction. Nous montrerons les raisons qui permettent d'envisager son dépassement en biologie.

29. Sur le débat autour des interprétations de la mécanique quantique, voir le chapitre « Théorie de la relativité et mécanique quantique » du présent volume et T. Boyer-Kassem, *Qu'est-ce que la mécanique quantique ?*, Paris, Vrin, 2015.

30. J. Monod, *Le hasard et la nécessité*, *op. cit.*, p. 28.

31. *Ibid.*, p. 142.

32. *Ibid.*, p. 27.

33. *Ibid.*, p. 155.

3. La contingence et la nécessité : deux solutions de l'expérience de pensée de Gould

La vie est belle de Stephen J. Gould, publié en 1989, est un autre haut lieu de la dichotomie hasard *vs* nécessité en biologie. Au sein de cette opposition, Gould n'utilise cependant pas le terme « hasard » [34] mais lui préfère celui de « contingence », ce qui ne nous empêche pas d'analyser sa pensée sous le prisme de la dichotomie entre hasard et nécessité. En effet, comme déjà précisé plus haut (note 6), nous ne traitons pas le hasard et la contingence comme deux concepts distincts. Quant au terme « nécessité » chez Gould, il l'utilise parfois mais lui préfère souvent des périphrases exprimant l'idée de reproductibilité et celle plus forte encore d'inévitabilité.

Son ouvrage porte sur la nature de l'histoire, plus précisément sur ce qu'il qualifie d'« essence de l'histoire. Elle a pour nom contingence [...] » [35]. Il l'illustre tout le long du livre par une analyse minutieuse de la faune du schiste de Burgess [36] qui témoigne de l'explosion de diversité de l'ère Cambrienne (il y a environ 530 millions d'années). Les fossiles de cette faune exclusivement marine furent découverts en 1909 au Canada, sur les pentes du mont Wapta, par le géologue américain Charles Doolittle Walcott qui les interpréta comme étant les ancêtres de groupes d'animaux existant aujourd'hui. Dans les années 1970 cependant un groupe de paléontologues parmi lesquels Harry Whittington et Simon Conway Morris (que l'on mentionnera à nouveau plus tard), réinterpréta ces fossiles en montrant que la morphologie des corps de plusieurs espèces du Burgess était beaucoup plus disparate que celle observable aujourd'hui. Ces espèces n'étaient donc pas les ancêtres des groupes modernes mais s'étaient éteintes, portant avec elles tout un monde de possibles morphologiques. Dans son ouvrage, Gould se focalise sur cette nouvelle interprétation du schiste de Burgess

34. Le terme « hasard » est réservé par Gould pour désigner ce qu'il appelle aussi le « pur hasard », à savoir une situation qui n'est régie par aucune cause, qui ne suit aucune règle, aucune loi, où tout peut arriver et qu'on ne peut donc pas expliquer. Il rejette ce « pur hasard » qui, à ses yeux, est le pôle opposé du déterminisme (S. J. Gould, *La vie est belle. Les surprises de l'évolution*, *op. cit.*, p. 56-57).

35. *Ibid.* Le titre de ce livre lui fut inspiré par le film de Frank Capra « It's a Wonderful Life » (La vie est belle) dans lequel Clarence, l'ange gardien de George Bailey, vient à son secours lorsqu'il est sur le point de se suicider en lui montrant ce qu'aurait été la vie de ses proches s'il n'était pas né.

36. Ce dépôt de schiste noir est nommé ainsi d'après le mont Burgess situé à côté de l'endroit où il a été retrouvé.

qu'il considère comme « la plus belle des illustrations de ce qu'implique la contingence dans l'évolution de la vie » [37].

Inspiré par cette réinterprétation, Gould invite ses lecteurs à faire une expérience de pensée qu'il appelle « redérouler le film de la vie » [38] : que se passerait-il si l'on pouvait rembobiner le film de la vie et le laisser se dérouler à nouveau ? Il formule cette expérience de la façon suivante :

> Vous appuyez sur le bouton « rembobinage » ; vous vous assurez que tout a bien été effacé, et vous prenez comme point de départ un moment et un endroit quelconques dans le passé – disons les océans de l'époque du Schiste de Burgess. Et puis vous laissez se redérouler le film en observant si cette nouvelle version ressemble un tant soit peu à l'originale [39].

Une telle expérience comporte deux résultats possibles, selon Gould : soit chaque répétition ressemble au chemin que la vie a effectivement pris, soit à chaque fois on obtient « une histoire radicalement différente » [40] de l'originale. Dans le premier cas l'on peut conclure que l'évolution de la vie est reproductible car « ce qui est réellement arrivé le devait *nécessairement* » [41] : à partir d'un même point de départ, elle produit systématiquement le même résultat, notamment en termes de disparité morphologique qui est l'aspect sur lequel Gould se focalise. Dans le second cas, au contraire, on peut conclure que l'évolution de la vie est contingente : bien qu'elle démarre du même point de départ, elle diverge vers des résultats radicalement différents. La dichotomie entre contingence (ou hasard) et nécessité, déclinée dans l'opposition entre ces deux solutions possibles et alternatives, opère ainsi au sein de l'expérience de pensée de Gould [42]. Ainsi, selon la première solution qu'il imagine, le chemin et le résultat de l'évolution seront toujours les mêmes comme s'il y avait une sorte de *nécessité* non pas logique mais

37. S. J. Gould, *La vie est belle. Les surprises de l'évolution*, *op. cit.*, p. 56-57.

38. *Ibid.*, p. 52.

39. *Ibid.*, p. 53.

40. *Ibid.*, p. 54.

41. *Ibid.*, p. 53. Nous soulignons.

42. Cela n'empêche pas Gould de critiquer l'idée de dichotomie en tant que limite de notre pensée. Cf. *ibid.*, p. 56-57. C'est même l'opposition entre hasard et déterminisme que Gould utilise pour critiquer la notion même de dichotomie. Cependant, une grande ambiguïté plane au sujet de la signification de « contingence » et de « hasard » dans les pages précédant et suivant ce passage, ce qui rend sa critique de la pensée dichotomique inefficace et le laisse tomber dans le piège de cette même pensée en ce qui concerne contingence et nécessité.

physique[43], sur Terre, à ce que cela soit ainsi. Selon la seconde, rien ne contraint l'évolution à suivre un chemin précis, ni même le fait de toujours partir d'un point de départ identique (ou presque[44]), ce qui fait de l'évolution une histoire *contingente*. Il n'est pas surprenant que Gould, dans le cadre de sa réflexion sur la nature de l'histoire, s'attende à ce que chaque répétition de l'évolution biologique soit différente car contingente.

Bien que la formulation de l'expérience de pensée du film de la vie semble suffisamment claire pour qu'on en comprenne l'enjeu, on peut légitimement se demander ce que Gould entend plus précisément par « reproductibilité », qui est selon lui marque de nécessité, et par « contingence », qui est ce que nous appelons hasard dans ce chapitre. La signification du premier terme semble assez limpide lorsqu'il s'agit de constater que quelque chose se reproduit à l'identique. Par exemple, si l'on met une casserole d'eau sur le feu à la même altitude, à chaque fois elle bouillira à la même température (proche de 100 degrés). Il est cependant plus difficile de formuler un exemple semblable en ce qui concerne l'évolution biologique. Paléontologue, Gould s'intéresse au plan morphologique du corps propre à un groupe d'espèces, pouvant par exemple être caractérisé par une structure à symétrie bilatérale avec un certain nombre d'appendices – quatre dans le cas du groupe des primates dont nous, les humains, faisons partie. La question posée pourrait donc être la suivante : est-ce que le groupe des primates, avec une telle structure du corps, évoluerait à nouveau si l'on rembobinait le film de la vie et si on le laissait se redérouler à partir d'un point donné dans le passé[45] ? Mais la question pourrait être aussi : est-ce que notre espèce, caractérisée par un certain nombre de traits phénotypiques spécifiques, évoluerait à nouveau à partir de ce même point dans le passé, ou d'un autre ? Et l'on pourrait poser la même question au sujet de l'évolution d'une adaptation particulière (par exemple, la taille ou la couleur de la peau) au sein d'une population d'organismes appartenant à une même espèce. Ainsi, répondre à la question de la reproductibilité de l'évolution ne va pas de soi car cela dépend du niveau spatio-temporel auquel on s'intéresse. En effet, s'il était possible

43. La nécessité peut en effet être de plusieurs natures. La nécessité logique est une propriété d'énoncés tels que « si p & q, alors p » qui sont toujours vrais en vertu de leur forme. La nécessité physique (ou naturelle) caractérise quelque chose (une propriété, un événement, etc.) au regard des lois de la nature. Quant à la nécessité métaphysique, elle caractérise ce qui découle de l'essence d'une chose.

44. Je reviendrai sur cette précision dans ce qui suit.

45. Nous reviendrons plus tard sur cette question précise car elle nous permettra d'illustrer deux significations de la contingence chez Gould.

de rembobiner et relancer le film de la vie à partir d'un point donné dans le passé, il est possible que l'évolution apparaîtrait davantage contingente à des niveaux de description et d'analyse plus fins, à savoir des échelles spatio-temporelles plus petites, et davantage reproductible sur de plus grandes échelles. Dans le cas précis des exemples donnés ci-dessus, selon que la question porte sur l'évolution d'un groupe d'espèces, d'une même espèce, d'une population, et que le point de départ dans le passé est plus ou moins éloigné dans le temps, la réponse qu'on lui donne en termes de contingence ou de reproductibilité sera très probablement différente. Plus précisément, qu'un plan du corps à symétrie bilatérale avec des appendices évolue un jour sur Terre paraît assez probable, notamment à cause des contraintes physiques et des besoins des organismes en termes de mobilité. Par contre, qu'une espèce particulière et même un trait adaptatif précis apparaissent semble plus questionnable car il s'agit de quelque chose de plus spécifique et précis. Ainsi, la réponse à la question du caractère reproductible ou contingent de l'évolution dépend de la façon dont on la formule, ce qui dépend à son tour de nos intérêts épistémiques lorsqu'on la pose [46].

Reste que la signification exacte de la contingence chez Gould est loin d'être adamantine. Lui-même l'avoue entre les lignes lorsqu'il affirme dans le premier chapitre de son ouvrage qu'il préfère se concentrer sur les faits, à savoir les fossiles de la faune du Burgess, plutôt que discuter de manière abstraite des concepts [47]. D'un point de vue philosophique, il importe cependant de se poser la question de la signification de la contingence chez Gould, en suivant notamment la démarche de l'historien et philosophe de la biologie John Beatty dans son article consacré à la fameuse expérience de pensée [48]. Beatty identifie dans la pensée de Gould telle qu'elle est exprimée dans *La vie est belle* deux façons, différentes et néanmoins compatibles, de concevoir la contingence : 1) en tant qu'imprédictibilité (Figure 2a) ; 2) en tant que dépendance causale (Figure 2b).

46. Pour un argument semblable mais dans le cas de la reproductibilité ou de la contingence du processus de développement, voir F. Merlin et M. Casali, « Replaying Life's Developmental Tape », eds. J. Beatty, A. McConwell, M. Dietrich, R. Millstein, *That's Life : How Accidents Can Be Consequential*, Chicago (IL), Chicago University Press, à paraître en 2025.

47. « Je vais examiner en détail la faune du Schiste de Burgess, car je ne crois pas qu'on puisse discuter d'importants concepts en les présentant de manière abstraite [...] Mais les animaux du Schiste de Burgess sont d'une certaine façon encore plus satisfaisants dans leur inébranlable positivité [*adamantine factuality*] », S. J. Gould, *La vie est belle. Les surprises de l'évolution*, *op. cit.*, p. 57-58.

48. J. Beatty, « Replaying Life's Tape », *The Journal of Philosophy* 103, 7, 2006, p. 336-362.

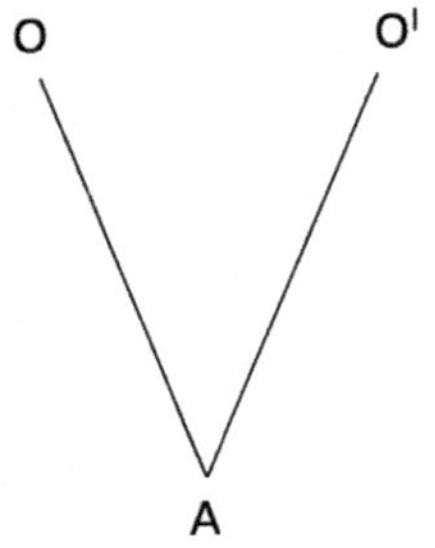

Figure 2a

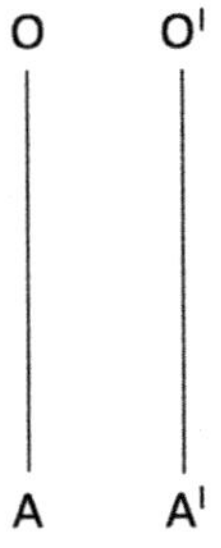

Figure 2b

Dans le premier cas, d'un même point de départ A, des résultats différents O et O^{I} sont possibles mais il n'est pas possible de prédire lequel se produira. Dans le second, selon le point de départ, A ou A^{I}, le résultat sera différent, O ou O^{I}. En d'autres termes, selon le premier sens de contingence, un état de départ particulier est insuffisant pour produire et donc pour prédire un certain résultat alors que, selon le second sens, l'état particulier de départ est nécessaire pour produire un certain résultat. Dans ce second cas, où il y a dépendance causale entre point de départ et résultat, le passé, autrement dit l'histoire, compte.

Le cas de *Pikaia* – une espèce d'animal aquatique du Cambrien chère à Gould car premier chordé connu et probable ancêtre des vertébrés, et donc de l'espèce humaine[49] – nous permet de faire travailler ces deux significations de la contingence. Commençons par la contingence en tant qu'imprédictibilité. Le fait que *Pikaia* ait survécu lors de la grande extinction de cette ère, plutôt que d'autres espèces comme *Opabinia* ou *Hallucigenia*, est selon Gould un événement contingent car imprédictible. Pikaia n'était pas mieux adaptée que ces autres espèces à leur environnement commun. C'est plutôt comme si elle avait gagné à la loterie : aucune différence entre ces espèces dans l'environnement où elles se trouvaient n'a joué de rôle causal dans leur

49. Il est important de mentionner ce que l'on appelle en paléontologie le biais de fossilisation : cette dernière étant un phénomène rare, plusieurs espèces anciennes ne parviennent pas jusqu'à nous. C'est pourquoi nous ne pouvons pas affirmer avec certitude que *Pikaia* était le plus lointain ancêtre des vertébrés. En effet, d'autres chordés existaient très probablement au Cambrien et un autre d'entre eux pourrait être le véritable ancêtre de ce groupe d'espèces (les vertébrés).

survie ou leur extinction respectives. Dans les termes plus spécifiques de la biologie, cette différence de persistance n'est donc pas due à la sélection naturelle mais à un phénomène de dérive aléatoire. En effet, la distinction entre ces deux processus évolutifs, sélection et dérive, réside précisément dans le rôle causal joué (ou non) par les différences entre les groupes d'organismes en question : l'on attribue à la sélection naturelle un changement évolutif qui est dû, causalement parlant, aux différences entre les entités sélectionnées (par exemple, si les chats à poil long survivent et se reproduisent plus que ceux à poil court dans un environnement où la température devient rude, on parle de sélection naturelle car leur différence de longueur du poil a joué un rôle causal dans la survie différentielle de ces deux types de chats) ; alors qu'un changement où ces différences ne jouent aucun rôle causal est attribué à la dérive aléatoire, autrement dit au hasard (par exemple, une situation où les chats à poil court deviennent prépondérants par rapport à ceux à poil long dans un environnement rude car plusieurs de ces derniers ont été frappés par la foudre lors d'un événement orageux, et cela n'a aucun lien avec la longueur de leur poil)[50].

Ensuite, le cas de *Pikaia* nous permet aussi de mettre en évidence le second sens de contingence selon Gould, celui de dépendance causale. Nous avons déjà vu que cette espèce appartenait au groupe des chordés et que sa survie (plutôt que sa disparition) lors de l'extinction du Cambrien a possiblement permis aux vertébrés d'évoluer, et par la suite, aux primates et à l'espèce humaine. Notre évolution, et plus généralement celle de tous les vertébrés n'aurait donc pas eu lieu si *Pikaia* n'avait pas survécu : l'espèce humaine est ainsi contingente car dépendante causalement de cet événement qui est la survie de *Pikaia*. Par contre, on ne pourrait pas qualifier l'évolution des vertébrés de contingente en ce sens si elle avait été également possible dans un scénario où *Pikaia* se serait éteinte. Dans ce cas les vertébrés auraient évolué à partir d'une autre espèce appartenant au groupe des chordés dont, par exemple, nous n'aurions pas de trace fossile[51].

Ces deux significations du concept de contingence dans la pensée de Gould correspondent à deux versions légèrement différentes de son expérience de pensée que l'on retrouve dans *La vie est belle*. Dans l'une, le film de la vie est relancé depuis le même point de

50. Pour une analyse philosophique de la différence conceptuelle entre sélection et dérive, voir J. Beatty, « Chance and Natural Selection », *Philosophy of science* 51, 2, 1984, p. 183-211 et R. L. Millstein « Are Random Drift and Natural Selection Conceptually Distinct ? », *Biology and Philosophy* 17, 2002, p. 33-53.

51. *Cf.* la note 49 ci-dessus au sujet du biais de fossilisation, p. 256.

départ, identique à (ou indifférenciable de) l'original (par exemple, les conditions abiotiques et biotiques sur Terre au Cambrien après l'explosion de biodiversité caractérisant cette ère et avant la grande extinction autour d'il y a 488 millions d'années). Dans l'autre, le point de départ est très légèrement modifié (par exemple, *Pikaia* survit ou ne survit pas, ce qui est un détail par rapport à l'avènement de l'extinction du Cambrien). Malgré cette différence entre ces deux versions de l'expérience de pensée, la contingence y est toujours présentée comme l'une des solutions possibles – l'alternative étant la répétition (ou reproductibilité) du même chemin et du même résultat évolutifs car nécessaires. Contingence et nécessité s'opposent donc chez Gould en formant une alternative inconciliable.

Bien que leur opposition paraisse claire dans la pensée de Gould, nous pouvons poser la même question que celle soulevée au sujet de l'opposition entre hasard et nécessité chez Monod : correspond-elle à une véritable dichotomie à l'œuvre dans le monde biologique ? Notamment, le fait que selon Gould il n'y ait que deux solutions possibles à son expérience de pensée pourrait être questionné. C'est ce que nous allons faire dans la section suivante, après avoir traité cette question pour ce qui est de la pensée de Monod.

4. Au-delà de la dichotomie hasard *vs* nécessité en biologie

La pensée dichotomique, consistant à penser par oppositions ou par alternatives, est une caractéristique apparente de la biologie et de son histoire[52]. La biologie du XXe siècle a notamment été traversée par de nombreux débats dont l'origine réside principalement dans des dichotomies : nature *vs* *nurture*[53], inné *vs* acquis, gènes *vs*

52. La pensée dichotomique n'est pas une caractéristique propre à la biologie. Sa présence à travers les sciences est un thème central dans l'œuvre de nombreux penseurs, dont Gerald Holton. Ce dernier, dans son livre *L'imagination scientifique* ([1978], trad. fr. J.-F. Roberts, Paris, Gallimard, 1981), identifie les oppositions binaires à l'œuvre dans la pensée scientifique, comme celles entre objectivité et subjectivité, ou entre rationnel et intuitif. En montrant que leur caractère simpliste ne permet pas de saisir la complexité des processus scientifiques, Holton vise à montrer que l'imagination joue un rôle central en science et qu'elle est loin d'être subjective au sens d'antithétique à la rigueur et à la méthode scientifique.

53. Ici nous préférons le terme anglais « *nurture* » à sa traduction en français « culture » car il est plus général et permet ainsi de mieux exprimer l'idée de quelque chose qui peut être naturel et qui n'est pas présent au sein d'un organisme à son origine, mais qui l'affecte au cours du temps et selon les évolutions de son histoire.

environnement, biologie *vs* culture, pour n'en citer que quelques-unes parmi les plus débattues et controversées [54]. Ces débats ont sans doute permis de faire avancer la recherche scientifique, quoique de nombreux auteurs considèrent qu'ils l'ont surtout entravée [55]. Pour n'en mentionner que quelques-uns, dans les années 1990 les partisans de la « théorie des systèmes en développement » ont plaidé pour une biologie débarrassée des dichotomies qui la caractérisent (en particulier, celles citées ci-dessus) et proposé une nouvelle perspective générale sur développement, hérédité et évolution en tant que base d'une nouvelle théorie biologique plus réaliste [56]. Leur proposition, en particulier celle du philosophe Paul Griffiths et du psychologue Russell Gray [57], suggère même de faire table rase de toute distinction d'ordre empirique ou d'ordre métaphysique permettant d'attribuer un privilège causal à un facteur plutôt qu'à un autre (par exemple, aux gènes plutôt qu'à l'environnement en tant que porteurs d'information sur le développement des organismes contrairement à ce dernier). Sans endosser une position aussi radicale, dans ce qui suit nous allons contribuer à la critique des dualismes qui traverse l'histoire de notre pensée depuis la fin du XIXe siècle. Nous allons montrer que la dichotomie entre hasard et nécessité telle qu'elle a été pensée par Monod et celle entre contingence et nécessité chez Gould méritent d'être dépassées afin de mieux comprendre l'interdépendance entre les phénomènes biologiques caractérisés par ces concepts [58].

54. D'autres couples dichotomiques débattus en biologie sont ceux opposant épigenèse et préformation, qui remonte au XVIIIe siècle et qui est réincarnée au XXe siècle par l'opposition entre épigénétique et programme du développement ; information (génétique) *vs* bruit dans le cadre de la caractérisation de la séquence d'ADN et sa fonction ; ou encore hérédité *vs* développement, opposition qui est au cœur de la pensée néo-darwinienne de la première moitié du XXe siècle et qui repose sur le rejet de l'idée d'hérédité flexible ou hérédité des caractères acquis, le développement ne pouvant pas avoir d'influence sur les caractères transmis à la descendance.

55. Pour n'en donner que quelques exemples, Claude Levi-Strauss, Philippe Descola, et plus récemment Bruno Latour ont développé une critique de la dichotomie nature-culture ; Gilbert Ryle, Maurice Merleau-Ponty et Daniel Dennett ont montré les limites de celle d'esprit-corps ; Peter Singer et Jane Goodall ont argumenté pour la réconciliation entre humain et animal.

56. S. Oyama, R. D. Gray, P. E. Griffiths (eds.), *Cycles of Contingency : Developmental Systems and Evolution*, Boston (Mass.), The MIT Press, 2003.

57. P. E. Griffiths et R. D. Gray, « Developmental Systems and Evolutionary Explanation », *The Journal of Philosophy* 91, 6, 1994, p. 277-304.

58. Un auteur qui a fortement critiqué l'opposition entre hasard et nécessité est Ilya Prigogine, prix Nobel de chimie en 1977, en montrant que ce dualisme ne permet pas de rendre compte des phénomènes complexes de la nature, en particulier la dynamique des systèmes non linéaires. Voir I. Prigogine et I. Stengers, *La nouvelle alliance : métamorphose de la science*, Paris, Gallimard, 1979.

4.1. Dépasser la dichotomie de Monod

La façon dont Monod caractérise hasard et nécessité et les oppose paraît extrême à la lumière des connaissances actuelles au sujet de variation et de la sélection, même jugée relativement à celles du début des années 1970 lorsque le livre a été publié [59]. Par des mots souvent très poétiques, Monod nous transmet une vision hautement déterministe et mécaniste du fonctionnement interne des organismes, notamment au niveau des macromolécules qui les composent, ainsi que des processus impliqués dans leur évolution adaptative, dont la sélection naturelle. C'est une vision conforme aux piliers de la théorie néodarwinienne de l'évolution dite « Synthèse Moderne », selon laquelle le processus évolutif se fait en deux étapes : la production de la variation par le hasard ; la perpétuation par la sélection de la variation qui se révèle avantageuse. Cependant, ces deux étapes ne sont pas forcément indépendantes, ce que l'on savait déjà à l'époque de la publication de l'ouvrage de Monod. Notamment, les mécanismes physiologiques par lesquels les bactéries activent ou inhibent l'expression de leurs gènes selon les conditions environnementales avaient déjà été décrits dans les années 1950-1960 et reposaient sur des bases biochimiques reconnues. D'ailleurs, Monod lui-même pendant ces années avait contribué à l'étude des mécanismes de régulation de l'expression génique chez les bactéries. Parmi ces gènes figurent ceux impliqués dans la production des acides aminés, ces derniers étant habituellement disponibles dans l'environnement et principale source d'énergie pour les bactéries. Plus précisément, ce mécanisme permet aux bactéries d'activer ces gènes lorsque les acides aminés manquent dans l'environnement. Ainsi, de la variation est produite en réponse aux pressions sélectives, ce qui permet aux organismes d'y faire face. Mais on pourrait nous objecter qu'ici il ne s'agit pas de variation au niveau de la séquence d'ADN – bien que plus récemment il ait été mis en évidence que ce genre de mécanisme provoque aussi, à son tour, de l'hypermutabilité génétique [60].

Un autre exemple parlant des dépendances possibles entre variation – cette fois-ci produite par mutation génétique – et sélection est la découverte, cependant plus récente, de plusieurs mécanismes dits « mutateurs » qui produisent une augmentation du taux de

59. Les considérations qui suivent dans cette section ont déjà été publiées sous une forme plus détaillée dans F. Merlin, « Monod's Conception of Chance : Its Diversity and Relevance Today », art. cit.

60. B. E. Wright, A. Longacre, J. M. Reimers, « Hypermutation in Derepressed Operons of Escherichia Coli K12 », *Proceedings of the National Academy of Sciences* 96, 9, 1999, p. 5089-5094.

mutation, et donc de la variabilité, en réponse à un stress provenant de l'environnement[61]. Ces mécanismes produisent plus de variabilité lorsqu'elle peut être avantageuse pour la population d'organismes rencontrant le stress ; en effet, plus une population varie, plus augmentent les chances qu'une mutation permettant de faire face au stress ait lieu chez l'un des organismes la composant. De plus, il a été démontré que les mécanismes mutateurs sont une adaptation, c'est-à-dire le produit de l'évolution par sélection naturelle. Ainsi, affirmer comme le fait Monod, que dans une situation où une mutation se révèle avantageuse, elle est fruit du hasard au sens où elle une « coïncidence absolue » par rapport aux besoins adaptatifs des organismes concernés (autrement dit, elle est totalement indépendante de la sélection naturelle), n'est pas empiriquement adéquat. Au contraire, les mutations génétiques sont la plupart du temps le fruit d'un hasard qui est biaisé par les processus physico-chimiques en œuvre à l'intérieur de la cellule. Ce hasard peut aussi être biaisé par l'influence des changements de l'environnement et en raison de l'histoire sélective et adaptative des organismes, pouvant aussi avoir un effet sur les mécanismes à l'origine de la variabilité. La vision de Monod est donc trop radicale car fondée sur une dichotomie, plutôt qu'une distinction, entre hasard et mutation d'une part et nécessité et sélection de l'autre.

Une autre raison pour laquelle la dichotomie proposée par Monod doit être dépassée réside dans la façon dont ce dernier caractérise la sélection en tant que déterministe, et en la mettant du côté de la nécessité. Or, depuis les premiers modèles en génétique des populations dans les années 1920, la sélection est plutôt conçue comme un processus probabiliste où, à partir de l'état d'une population d'organismes (en termes de fréquences de gènes et de valeurs de fitness) à un moment donné, peuvent se produire plusieurs résultats futurs possibles selon une certaine loi de probabilité[62]. Ainsi, mutation et sélection ne peuvent pas être opposées si on les interprète respectivement et de manière littérale comme relevant du « pur hasard » et du « domaine d'exigences rigoureuses »[63] qu'est celui de la nécessité.

61. M. Radman, « Phenomenology of an Inducible Mutagenic DNA Repair Pathway in *Escherichia coli* : SOS repair hypothesis », *in* L. Prakash, F. Sherman, M. Miller, C. Lawrence, H. W. Tabor (eds.), *Molecular and Environmental Aspects of Mutagenesis*, Springfield (IL), Charles C. Thomas, 1973, p. 128-142.

62. Ce n'est que lorsqu'on assume une population de taille infinie, ce qui consiste en une idéalisation à des fins pragmatiques, que la sélection se comporte comme un processus déterministe. D. L. Hartl et A. G. Clark, *Principles of Population Genetics*, Sunderland (Mass.), Sinauer associates, 1997.

63. J. Monod, *Le hasard et la nécessité*, *op. cit.*, p. 155.

4.2. Dépasser la dichotomie de Gould

La raison pour laquelle la dichotomie entre contingence et nécessité au sein de l'expérience de pensée de Gould mérite d'être dépassée est de nature différente. Nous avons vu que le paléontologue présente son expérience imaginaire comme s'il n'y avait que deux solutions possibles : l'évolution est contingente ou elle est reproductible car nécessaire. Or, si l'on prend le soin de distinguer entre le chemin pris et le résultat produit, chacun pouvant être contingent ou reproductible, on se rend compte qu'au moins trois solutions se présentent à nous. Tout d'abord, celle choisie par Gould, où à partir d'un même point de départ, l'évolution prend un chemin différent l'amenant à un résultat « radicalement différent ». Ensuite, la solution – alternative selon Gould – où l'évolution prend le même chemin l'amenant au même résultat que l'original. Enfin, le scénario où, toujours à partir de conditions initiales données, l'évolution prend un chemin différent l'amenant au même résultat que l'original[64]. C'est cette troisième solution où contingence et reproductibilité / nécessité coexistent que Gould laisse de côté, tombant ainsi dans la dichotomie les opposant. Or, c'est un scénario que l'on rencontre souvent dans la vie de tous les jours où l'on peut se rendre à un même endroit par plusieurs chemins différents choisis selon les circonstances. Et biologiquement parlant, ce scénario est aussi tout à fait plausible : le choisir reviendrait à dire que les vertébrés auraient pu évoluer même si *Pikaia* n'avait pas survécu à la grande extinction du Cambrien, ce qui est du moins possible (notamment, grâce à la survie d'une autre espèce de chordé). Simon Conway Morris, l'un des paléontologues ayant réinterprété la faune du Burgess et s'opposant au primat de la contingence affirmé par Gould, semble pencher pour ce scénario lorsqu'il affirme que « les chemins évolutifs sont nombreux, mais les destinations limitées »[65]. Cependant, Morris semble s'être lui aussi enfermé dans la dichotomie contingence *vs* reproductibilité / nécessité car la convergence de chemins évolutifs différents est pour lui le signe du caractère non contingent de l'évolution. La coexistence des deux ne semble donc pas être une option pour lui non plus.

Une piste prometteuse que l'on pourrait suivre pour dépasser cette dichotomie dans le débat sur la nature de l'évolution biologique consiste

64. Nous ne considérerons pas le scénario logiquement possible où le même chemin amène à un résultat différent car il ne semble pas plausible du point de vue biologique.

65. S. C. Morris, *Life's Solution : Inevitable Humans in a Lonely Universe*, Oxford, Cambridge University Press, 2003, p. 145. Nous traduisons.

à considérer que son caractère contingent ou reproductible / nécessaire est une question de degrés. S'engager sur cette piste permet de débloquer le débat pour aller vers une compréhension plus fine des dynamiques, variées, de l'évolution. C'est ce qu'a fait un groupe de biologistes dont le travail a été inspiré, il y a presque quarante ans désormais, par l'expérience de pensée de Gould. En 1988, Richard Lenski et son équipe de l'Université de Michigan ont commencé à suivre l'évolution expérimentale, *in vitro*, de populations de bactéries *Escherichia coli* identiques au départ et situées dans un milieu avec la même composition en liquide nutritif. Depuis d'autres équipes ont pris le relais, et en août 2024 les populations de bactéries impliquées dans cette expérience d'évolution expérimentale à long terme avaient dépassé les 80 000 générations. Sans entrer dans le détail des résultats produits, Richard Lenski et deux de ses collaborateurs, Zachary Blount et Jonathan Losos, sont arrivés à la conclusion suivante : la question posée initialement par Gould via son expérience de pensée ne doit pas recevoir une réponse binaire selon laquelle soit l'évolution est contingente, soit elle est nécessaire. Sa réponse doit être plus nuancée, en termes de degrés[66]. Plus précisément, ces biologistes suggèrent d'étudier ce qu'on appelle en biologie de l'évolution le « paysage adaptatif » des populations afin de répondre au défi lancé par Gould. Introduit par le généticien des populations Sewall Wright dans les années 1930, cet outil permet de représenter les relations entre des génotypes possibles et la « *fitness* » (ou succès reproductif) sous forme de carte comprenant des vallées et des montagnes. La topographie du paysage représenté (par exemple, plus ou moins vallonné) peut en effet permettre de comprendre quels sont les chemins et les résultats adaptatifs les plus probables et ceux qui le sont moins. Ainsi, le paysage adaptatif permet de comprendre que l'évolution biologique est de nature mixte : à la fois contingente et nécessaire, elle l'est à différents degrés selon les circonstances variées que la vie peut rencontrer.

66. Z. D. Blount, R. E. Lenski, J. B. Losos, « Contingency and Determinism in Evolution : Replaying Life's Tape », *Science* 362, 2018.

Conclusion

Dans ce chapitre nous avons traité l'opposition du hasard et de la nécessité dans deux lieux emblématiques de l'histoire des sciences biologiques, à savoir *Le hasard et la nécessité* (1970) de Jacques Monod, qui en marque l'entrée structurante en biologie, et *La vie est belle* (1989) de Stephen J. Gould. Nous avons proposé une analyse de clarification conceptuelle de la signification de hasard et nécessité chez Monod et de contingence et reproductibilité chez Gould, ainsi que du rôle que ces deux auteurs leur attribuent dans le monde de la vie et dans son évolution. Nous avons aussi questionné le bien-fondé de cette dichotomie au sein de leur pensée et à la lumière des connaissances de la biologie de leur époque et de nos jours. Loin de proposer de nouvelles définitions de ces concepts ou de vouloir dissoudre leur distinction, nous avons plaidé en faveur du dépassement de leur opposition afin de mieux apprécier l'interdépendance entre les phénomènes biologiques qu'ils caractérisent et les dynamiques de l'évolution. Plus généralement, penser de façon dichotomique risque de conduire à affirmer de manière plus péremptoire une vision du monde, la contrepartie étant un manque de compréhension plus fine des points communs entre les termes en jeu et de leurs possibles influences réciproques. L'histoire de la biologie est riche en leçons de ce genre. Dans un but de description et d'explication du monde, penser sans opposer mais tout en distinguant nous semble être un chemin plus fructueux, en biologie comme dans toute science.

Bibliographie indicative

BEATTY J., « Chance and Natual Selection », *Philosophy of Science* 51, 2, 1984, p. 183-211.

– « Replaying Life's Tape », *The Journal of Philosophy* 103, 7, 2006, p. 336-362.

BLOUNT Z. D., R. E. LENSKI et J. B. LOSOS, « Contingency and Determinism in Evolution : Replaying Life's Tape », *Science* 362, 2018.

CARROLL S. B., « Chance and Necessity : the Evolution of Morphological Complexity and Diversity », *Nature* 409, 2001, p. 1102-1109.

GEHRING W. J., « Chance and Necessity in Eye Evolution », *Genome Biology and Evolution* 3, 2011, p. 1053-1066.

GOULD S., *La vie est belle. Les surprises de l'évolution* [1989], trad. fr. M. Blanc, Paris, Seuil, 1991.

GRIFFITHS P. E. et R. D. GRAY, « Developmental Systems and Evolutionary Explanation », *The Journal of Philosophy* 91, 6, 1994, p. 277-304.

HAZEN R. M., « Chance, Necessity and the Origins of Life : a Physical Sciences Perspective », *Philosophical Transactions of the Royal Society* A 375, 2017.

HUANG S., « Tumor Progression : Chance and Necessity in Darwinian and Lamarckian Somatic (mutationless) Evolution », *Progress in Biophysics and Molecular Biology* 110, 2012, p. 69-86.

MERLIN F., *Mutations et aléas : le hasard dans la théorie de l'évolution*, Paris, Hermann, 2013.

– « Monod's Conception of Chance : Its Diversity and Relevance Today », *Comptes Rendus. Biologies* 338, 6, 2015, p. 406-412.

MILLSTEIN R. L. « Chances and Causes in Evolutionary Biology : How Many Chances Become One Chance », *in* P. McKay Illari, F. Russo et J. Williamson (eds.), *Causality in the Sciences*, Oxford, Oxford University Press, 2011, p. 425-44.

MONOD J., *Le hasard et la nécessité. Essai sur la philosophie naturelle de la biologie moderne*, Paris, Seuil, 1970.

MORRIS S. C., *The Crucible of Creation. The Burgess Shale and the Rise of Animals*, Oxford, Oxford University Press, 1998.

– *Life's Solution : Inevitable Humans in a Lonely Universe*, Cambridge, Cambridge University Press, 2003.

PRIGOGINE I. et I. STENGERS, *La nouvelle alliance : métamorphose de la science*, Paris, Gallimard, 1979.

OYAMA S., R. D. GRAY, et P. E. GRIFFITHS (eds.), *Cycles of Contingency : Developmental Systems and Evolution*, Boston (Mass.), The MIT Press, 2003.

La psychologie comme science

par Denis Forest

1. La possibilité de la psychologie

S'il vaut la peine de s'interroger sur la psychologie comme science, c'est en particulier parce que le statut scientifique de la psychologie ne va pas de soi. Nombre de philosophes, soit se sont penchés sur une théorie psychologique particulière pour montrer qu'elle n'était pas à proprement parler scientifique [1], soit ont estimé que la psychologie ne constituait pas un bon exemple de science [2], quand ils n'ont pas tout simplement douté de sa simple possibilité. Ces dernières critiques sont sans doute les plus importantes, parce que les plus radicales. La philosophie de la psychologie, comme philosophie d'une science particulière, doit tenir compte de quelque chose qui met la psychologie à part : les débats associés aux sciences portent en général sur la caractérisation de ce qu'elles sont ou doivent être, non sur la question de savoir si elles peuvent exister. Beaucoup de questions se posent au sujet de la physique ou de la biologie, nul ne les tient pour impossibles.

On a souvent remarqué que la psychologie avait, selon le mot d'Hermann Ebbinghaus, « un long passé mais seulement une histoire courte » [3]. On souligne par là le fait que des traités de l'âme existent depuis l'Antiquité, que le mot « psychologie » apparaît dès le XVIe siècle [4], mais que la psychologie ne se constitue pas en discipline scientifique

1. A. Grünbaum, *Les fondements de la psychanalyse*, trad. fr. J.-C. Dumoncel et E. Pacherie, Paris, Puf, 1996.

2. G. Canguilhem, « Qu'est-ce que la psychologie ? » [1958], dans G. Canguilhem, *Études d'histoire et de philosophie des sciences*, Paris, Vrin, 1983, p. 365-381.

3. E. Boring, *A History of Experimental Psychology*, New York, Appleton, 1929, p. VII.

4. F. Lapointe, « The Origin and Evolution of the Term "Psychology" », *Rivista Critica di Soria della Philosophia* 28, 1973, p. 138-160.

autonome avant le XIXe siècle. Mais il est tout aussi important de remarquer que cette autonomisation a supposé de surmonter la crise théorique liée à cette question de la possibilité de la psychologie, et que la stratégie qui a permis de surmonter cette crise a marqué l'orientation initiale de la psychologie scientifique. En particulier, un fait marquant de la psychologie à ses débuts est l'importance du débat sur la nature des méthodes en psychologie [5]. La différence entre courants de la psychologie scientifique naissante est une différence méthodologique avant d'être une différence doctrinale. L'importance des méthodes dans la genèse de la psychologie peut s'expliquer ainsi : il s'agissait initialement de substituer la question : « comment faire de la psychologie ? » à la question : « la psychologie peut-elle se constituer comme science ? ». Concevoir une méthode appropriée en psychologie, c'était répondre aux arguments canoniques des adversaires de la psychologie.

Les deux philosophes à partir desquels le débat sur la possibilité de la psychologie s'est organisé sont Emmanuel Kant et Auguste Comte [6]. Pour des raisons différentes, tous deux soutiennent qu'il ne peut y avoir de psychologie comme science de la vie psychique sur le modèle des sciences de la nature. Avant Kant, Christian Wolff avait proposé une distinction entre psychologie rationnelle et psychologie empirique. Selon Wolff, la psychologie rationnelle a pour tâche de déterminer les propriétés de l'âme à partir de l'examen de son concept, tandis que la psychologie empirique a pour tâche de confirmer mais aussi de compléter les découvertes de la psychologie rationnelle au moyen de l'observation de nous-mêmes [7]. Kant, qui a condamné dans la *Critique de la raison pure* la stérilité de la psychologie rationnelle [8], examine dans la Préface des *Premiers principes métaphysiques de la science de la nature* ce que peut être de son côté la psychologie empirique. Il admet que si on entend par nature la totalité des phénomènes, les phénomènes du sens interne font eux aussi partie de la nature [9]. Mais il soutient également que les sciences de la nature peuvent prendre

5. W. James, *The Principles of Psychology*, London, Macmillan and Co, 1890, chap. VII.

6. J. Sackur, « L'introspection en psychologie expérimentale », *Revue d'histoire des sciences* 62, 2009, p. 349-372.

7. P. Rumore, « Empirical Psychology », *in* R. Theis et A. Aichele (eds.), *Handbuch Christian Wolff*, Wiesbaden, Springer, 2018, p. 175-196.

8. E. Kant, *Critique de la raison pure*, Dialectique transcendantale, Des paralogismes de la raison pure, trad. fr. A. Delamarre et F. Marty, dans *Œuvres philosophiques*, t. 1, « Bibliothèque de la Pléiade », Paris, Gallimard, 1980, p. 1046-1069.

9. E. Kant, *Premiers principes métaphysiques de la science de la nature* [1786], trad. fr. J. Gibelin, Paris, Vrin, 1982.

deux formes, l'une plus complète, l'autre moins exigeante, et que la psychologie ne peut être ni une science du premier type, ni même une science du second type. Dans l'acception pleine du terme de science, les lois fondamentales d'une science doivent avoir un caractère d'universalité et de nécessité. Ce caractère d'universalité et de nécessité est lié aux mathématiques, c'est-à-dire pour Kant à la construction dans l'intuition d'une représentation qui peut valoir ensuite pour tout phénomène du même type. Cependant Kant estime qu'il n'y a pas d'application des mathématiques aux phénomènes psychiques : nous pouvons certes nous représenter leur succession comme une ligne, mais nous ne pouvons pas découvrir des lois de cette succession qui seraient universelles et nécessaires. Pour prendre un exemple qui n'est pas chez Kant, si nous constatons que la similarité de deux représentations conduit à les associer, et que nous parlons de « lois de l'association des idées »[10] au sujet de l'association par similarité (un tableau qui en évoque un autre du même peintre) ou par contiguïté (la saveur de la madeleine qui rappelle les goûters de l'enfance), de telles lois n'ayant aucun caractère de nécessité, elles n'auront aussi aucune portée scientifique dans le sens indiqué. Kant reconnaît cependant que toutes les sciences de la nature connues ne possèdent pas le type de scientificité lié à cette condition contraignante. Une science comme la chimie est l'exemple d'une science du second type, qui réalise imparfaitement l'idéal scientifique : en l'état des connaissances, ses principes sont purement empiriques, il n'y a pas de mathématique des liaisons en chimie. Du moins l'expérimentation est-elle possible dans ce domaine, ce qui permet à la chimie de se constituer en « théorie expérimentale », alors que selon Kant, des procédures équivalentes de modification contrôlée, d'analyse et de recombinaison des entités étudiées sont impensables en psychologie, ou ne peuvent qu'altérer ce qui est observé. La psychologie empirique doit se contenter d'être une simple connaissance historique c'est-à-dire descriptive de l'âme et de ses modifications, non une théorie expérimentale et moins encore une science fondée sur des principes rationnels.

La critique de la psychologie chez Auguste Comte est plus radicale encore : elle conteste jusqu'à la possibilité d'une telle connaissance descriptive[11]. Dans la première leçon du *Cours*, Comte distingue

10. De telles lois ont été maintes fois évoquées dans la tradition empiriste. Voir D. Hume, *Enquête sur l'entendement humain* [1748], trad. fr. M. Beyssade, Paris, GF Flammarion, 2021.

11. A. Comte, *Cours de philosophie positive*, Paris, Rouen Frères, 1830, rééd. Paris, Hermann, 1975.

entre étude de quelque chose « sous le rapport statique » et « sous le rapport dynamique »[12]. Sous le rapport statique, on étudie quelque chose du point de vue de ses conditions d'existence : étudier la vie psychique, ce serait étudier les bases organiques d'une telle vie, comme à l'époque de Comte Gall s'est essayé à le faire. Sous le rapport dynamique, on étudie cette même chose à partir de ses effets, ou de ses manifestations caractéristiques. Étudier l'esprit humain, c'est alors l'étudier dans ses œuvres : en particulier, dans le cadre de la philosophie positive, à travers la série des sciences qui permettent d'identifier et de caractériser nos aptitudes rationnelles. Dire que « la prétendue méthode psychologique » est « radicalement nulle dans son principe »[13], c'est pour Comte soutenir qu'il n'y a pas de troisième source de l'étude de notre esprit. La psychologie suppose en effet une forme d'observation intérieure que l'on veut placer sur le même plan que l'observation des phénomènes physiques. Or Comte présente un argument destiné à montrer que la psychologie comme science est une chimère : la source de l'observation ne peut pas se confondre avec son objet. L'esprit humain ne peut pas simultanément s'engager dans une activité intellectuelle et produire une connaissance observationnelle de cette activité. Le fait qu'on ne puisse dans la sphère psychique que procéder à de pseudo-observations explique selon Comte l'absence de consensus en matière de psychologie.

En réponse à ces critiques, la défense de la psychologie a pu prendre deux formes. La première implique de répondre à l'argument de l'inanité de l'observation de soi. Une manière de le faire a été avec John Stuart Mill de souligner que, s'il n'est guère possible de s'auto-observer dans le présent de la vie mentale, il devient possible de le faire grâce à la mémoire : la véritable introspection repose sur une forme de rétrospection, où nous pouvons à la fois conserver un épisode de la vie mentale sous la forme d'un souvenir et analyser le contenu de celui-ci[14]. Une autre manière a été avec Franz Brentano de distinguer entre une observation de soi qui altère le phénomène psychique observé (observer sa colère, c'est la dissoudre) et une perception interne de celui-ci qui en est l'appréhension directe, indissociable de la conscience que nous en avons[15]. La seconde voie de la défense de la psychologie,

12. A. Comte, *Cours de philosophie positive, op. cit.*, p. 32-33.

13. *Ibid.*, p. 34.

14. J. S. Mill, *August Comte and Positivism*, in *Collected Works*, vol. 10, London, Routledge, 1996, p. 296-297.

15. F. Brentano, *La psychologie du point de vue empirique*, trad. fr. M. de Gandillac et J.-F. Courtine, Paris, Vrin, 2008, p. 42-43.

elle, passe par le développement de méthodes d'investigation qui ne reposent pas sur la seule introspection.

On peut distinguer, de ce point de vue, au sein de la psychologie scientifique naissante, trois orientations méthodologiques distinctes. Elles traduisent le fait que la recherche en psychologie s'est donné d'emblée plusieurs objets. Si la psychologie est conçue comme une science des pouvoirs de l'esprit, une manière de faire de la psychologie est d'étudier les altérations de ces pouvoirs pour chercher à les dissocier et à les mieux connaître. La psychopathologie, pensée comme source de distinctions non-arbitraires entre des capacités conservées et des capacités perdues ou altérées, est alors une manière de faire progresser la psychologie. On pourra mieux comprendre la mémoire, par exemple, à travers les maladies de la mémoire qui permettent d'en « mettre à nu » le mécanisme comme d'en isoler les variétés [16]. C'est en s'associant à la médecine de l'esprit que la psychologie cherche alors à devenir une science : non pas seulement une science des phénomènes mentaux pathologiques, mais une science qui passe par l'appréhension de tels phénomènes pour mieux comprendre le fonctionnement de l'esprit en général. Selon une seconde orientation méthodologique, la psychologie peut se constituer comme science des aptitudes mentales des individus ; elle repose alors sur des questionnaires ou des tests, et sur l'agrégation et le traitement statistique des résultats obtenus au moyen de ceux-ci. Elle devient, dans la perspective d'une psychologie différentielle, une étude des performances intellectuelles, de leur variation et des facteurs qui peuvent l'expliquer. Ainsi en 1884, Francis Galton établit un laboratoire qui permet à tout visiteur de l'*International Health Exhibition* de recevoir un bilan des mesures qui ont été faites de ses « facultés mentales » [17]. Selon une troisième orientation de la recherche, la psychologie peut se doter d'un véritable programme expérimental, comme la physiologie avant elle. Elle peut, contre Kant, devenir une science expérimentale de la subjectivité. Dans le laboratoire de psychologie, les psychologues ont cherché à montrer que la psychologie était possible en faisant de la psychologie. C'est la raison pour laquelle il mérite une attention particulière.

16. T. Ribot, *Les maladies de la mémoire*, Paris, Alcan, 1902, p. 2.

17. K. Danziger, *Constructing the Subject. Historical Origins of Psychological Research*, Cambridge, Cambridge University Press, 1990, p. 54-59.

2. Le laboratoire de psychologie

Le laboratoire de psychologie expérimentale est indissociable de la constitution de la psychologie comme science. Et parmi de tels lieux de recherche, le laboratoire de Wilhelm Wundt à l'Université de Leipzig, fondé en 1879, fait souvent figure de symbole de la psychologie scientifique naissante[18]. À Leipzig, les disciples de Wundt devaient passer d'innombrables heures à mettre au point des protocoles expérimentaux, à mesurer les temps de réaction de sujets exposés à des stimuli sensoriels dont ils faisaient varier par exemple l'intensité, à compiler leurs résultats sous la forme de tableaux. Ce travail collectif devait jouer le rôle d'un paradigme en psychologie : non pas au sens d'une matrice disciplinaire qui aurait fourni à la communauté naissante des psychologues un bagage théorique commun (ce type de consensus n'a jamais existé), mais au sens d'un modèle exemplaire de recherche qui définissait ce à quoi peut ressembler la psychologie, et qui fournissait des exemples concrets de recherche aboutie, susceptibles de motiver de nouveaux travaux[19]. On examinera successivement les outils de la réalisation et de la diffusion du programme expérimental, la justification théorique qu'apportait Wundt à l'orientation expérimentale en psychologie, et la question de l'adéquation des méthodes expérimentales aux objets de la psychologie.

Dans un livre consacré aux origines de la science moderne, Steven Shapin et Simon Schaffer ont proposé que les membres de la Royal Society avaient légitimé le type de science qu'ils pratiquaient au XVIIe siècle à travers l'usage et la combinaison de trois technologies[20] : une technologie matérielle, celle des instruments scientifiques ; une technologie « littéraire » – celle des publications qui permettaient de partager et promouvoir leurs découvertes et leur démarche ; et une technologie sociale, c'est-à-dire l'institution de règles qui permettaient à la communauté scientifique de se définir et de valider les résultats des expériences. On peut s'inspirer de leur proposition pour caractériser la révolution expérimentale en psychologie. Le laboratoire tel que Wundt le conçoit inclut en effet une technologie matérielle, sous la forme d'instruments scientifiques comme le tachistoscope (qui permet

18. K. Danziger, *Constructing the Subject*, *op. cit.*, chap. II et chap. III ; J. Sackur, « L'introspection en psychologie expérimentale », art. cit.

19. Selon la distinction entre les deux sens de « paradigme » qu'indique Kuhn dans la postface de 1969 de son livre. T. Kuhn, *La structure des révolutions scientifiques*, trad. fr. L. Meyer, Paris, Flammarion, 1991.

20. S. Shapin et S. Schaffer, *Léviathan et la pompe à air. Hobbes et Boyle entre science et politique*, trad. fr. T. Piélat et S. Barjansky, Paris, La Découverte, 1993.

la présentation d'un stimulus visuel pendant une durée très courte) ou le chronoscope de Hipp[21], indissociables du souci du contrôle et de l'exactitude, valeur cardinale du programme expérimental. Le laboratoire implique également une technologie littéraire, sous la forme de périodiques spécialisés qui publient les résultats issus de la recherche, le premier étant les *Philosophische Studien* de Wundt (1881), que suit de peu la fondation de *l'American Journal of Psychology* (1887), mais aussi sous la forme de manuels de psychologie qui vont contribuer à standardiser les cadres de pensée et les usages à l'intérieur de la discipline. Il suppose enfin une forme de technologie sociale à travers l'organisation du travail à l'intérieur des laboratoires de recherche, ces derniers étant unis par des liens d'émulation et de rivalité. Cette organisation a transformé radicalement la psychologie lorsque celle-ci a substitué à l'introspection sous sa forme réflexive ordinaire la division des tâches entre un sujet de l'expérience et un expérimentateur responsable du suivi de l'expérience et de l'enregistrement des réponses du sujet, les mêmes individus pouvant inverser les rôles (comme dans le laboratoire de Wundt) ou non (comme dans d'autres contextes où les expérimentateurs recrutent des sujets qui ne sont pas comme eux des professionnels de la psychologie). La réunion de ces trois technologies n'a pas été un phénomène périphérique par rapport au développement intellectuel de la discipline, mais un élément constitutif de celui-ci. Ce qui a compté n'est pas la seule pratique expérimentale mais une transformation plus globale des normes du travail en psychologie comme de la publication en psychologie.

En quoi l'approche expérimentale est-elle indispensable à la psychologie ? Selon Wundt, philosophe tout autant que psychologue, la raison pour laquelle Kant et Comte ont désespéré de la psychologie est qu'il est difficile de concilier deux impératifs[22]. Le premier est l'obtention de données psychologiques non corrompues, c'est-à-dire porteuses d'une information correcte sur les états psychologiques eux-mêmes. Si on distingue entre trois formes d'introspection, l'observation attentive de nos états internes, la simple perception de nos états internes (qui est involontaire et qui accompagne ces états sans faire l'objet de notre attention), enfin la remémoration de ces mêmes états[23], la thèse

21. Le chronoscope de Hipp était un chronomètre perfectionné, qui pouvait indiquer des mesures en millième de seconde.

22. W. Wundt, « Selbstbeobachtung und innere Wahrnehmung », *Philosophische Studien* 4, 1888, p. 292–309.

23. Sur cette distinction et son usage, voir M. Spener, *Introspection. First-person Access in Science and Agency*, Oxford, Oxford University Press, 2024.

de Wundt est que seule la perception interne peut en fait nous donner à ces états un accès non biaisé. Seule la perception interne n'implique pas le risque d'une altération de ces états dans le processus de leur prise en compte, soit par transformation du contenu de l'expérience immédiate du fait de l'attention volontaire, soit du fait du risque de l'élaboration *a posteriori* d'un souvenir infidèle à l'expérience initiale. Le second impératif est celui, tout à fait général dans les sciences expérimentales, de l'obtention d'une connaissance stabilisée des propriétés d'un objet donné, qui suppose le contrôle de la situation où nous observons cet objet, et la réplication des résultats de l'observation [24]. Or en dehors du laboratoire de psychologie, nous avons bien une perception de nos états internes au sens de Brentano [25], mais cette perception ne se prête ni au contrôle, ni à la comparaison. De ce fait, la simple perception des états internes (Wundt se sépare de Brentano sur ce point décisif) est bien condition nécessaire, mais aussi non suffisante d'une véritable science des faits de conscience. Le dispositif expérimental est là pour permettre de déterminer dans quelle circonstance un processus psychique donné se produit, pour permettre de le reproduire et de le comparer systématiquement avec un autre, de satisfaire ainsi au moins de manière approchée le second impératif, celui de l'exigence méthodologique d'une science expérimentale véritable, fondée sur le contrôle et la réplicabilité. Il serait donc faux de penser que l'introduction de l'expérimentation a pour fonction en psychologie d'enrichir une connaissance observationnelle de soi qui existerait déjà en dehors du laboratoire. Pour Wundt, si on entend par observation une méthode de connaissance, celle-ci n'est possible en psychologie que dans l'espace du laboratoire et grâce au protocole expérimental qui rend possible la collecte et l'exploitation de ce à quoi la perception interne nous donne accès. L'expérimentation est là pour réconcilier des valeurs épistémiques fondamentales (exactitude, réplicabilité) et la subjectivité des faits de conscience. L'introspection ou auto-observation (*Selbstbeobachtung*) est illusoire si on entend par là une connaissance réflexive de l'esprit par lui-même dans les circonstances ordinaires. Mais elle peut aboutir comme méthode scientifique dans le contexte expérimental approprié [26].

La psychologie rencontrait alors la question de l'adéquation de ses méthodes à des processus psychiques qui ne se prêtent pas au même

24. W. Wundt, « Über Ausfrageexperimente und über die Methoden zur Psychologie des Denkens », *Psychologische Studien* 3, 1907, p. 301–360.

25. Voir ci-dessus, section 1, p. 270.

26. M. Spener, *Introspection, op. cit.*, p. 38-41.

type de contrôle expérimental. Si la psychologie est d'autant plus exacte qu'elle étudie des processus psychiques de plus bas niveau (ceux qui en particulier répondent à des stimuli sensoriels), comment élargir la gamme de ses objets sans se montrer moins rigoureux ? Ce problème a donné lieu à deux solutions opposées. L'une a été celle des adversaires théoriques de Wundt, qui entendaient relâcher les contraintes expérimentales pour pouvoir étudier directement d'autres processus psychiques que ceux qui étaient étudiés à Leipzig. Ce qu'on a appelé la méthode de l'introspection systématique, avec l'école de Würzburg, réhabilitait l'observation attentive par rapport à la seule perception interne[27]. L'idée était de dépasser les limites de la psychologie des processus de bas niveau en constituant avec Oswald Külpe et Karl Bühler une psychologie de la pensée fondée sur l'explicitation dirigée des contenus de conscience. La méthode est encore expérimentale, au sens où les processus psychologiques étudiés sont provoqués par le psychologue et guidés par lui : mais dans l'école de Würzburg, on substitue un stimulus riche (une paire de concepts, par exemple) au stimulus sensoriel comme point de départ de l'activité mentale étudiée, et le chercheur ne s'interdit pas d'intervenir activement, sous la forme de questions, pour guider la verbalisation des pensées du sujet d'expérience. Loin d'avoir réglé le problème des méthodes, l'approche de Leipzig donnait ainsi lieu à un débat sur les formes acceptables de l'introspection en psychologie. Les adversaires de toute méthode introspective devaient tirer argument de ces divergences pour conclure avec Watson que l'exigence scientifique était incompatible avec l'introspection et qu'il convenait de redéfinir la psychologie comme étude d'un autre objet, le comportement plutôt que la conscience[28].

La solution alternative consistait à considérer que la psychologie expérimentale ne peut pas être à elle seule toute la psychologie scientifique. S'il voyait dans le laboratoire de psychologie la condition d'une étude scientifique des faits de conscience, Wundt lui-même n'a jamais estimé que la psychologie scientifique n'avait pas d'autre voie de développement possible que la psychologie expérimentale. Une seconde psychologie était selon lui possible, complémentaire de la psychologie de laboratoire, celle qui étudierait la pensée à partir de ses produits, en particulier le langage, le mythe et la coutume[29]. Ce qui

27. *Ibid.*, chap. III.

28. J. Watson, « Psychology as the Behaviorist Views it », *Psychological Review* 20, 1913, p. 158-177.

29. G. Hatfield, « Wundt and "Higher" Cognition. Elements, Association, Apperception and Experiment », *HOPOS : The Journal of the International Society for the History of Philosophy of Science* 10, p. 48-75.

compte est moins le contenu d'une telle « psychologie des peuples » (*Völkerpsychologie*) que la manière dont Wundt s'interrogeait à travers ce second projet sur les limites de la psychologie expérimentale, sur son parti pris individualiste, universaliste et anhistorique, et sur la manière d'aller au-delà de ses limites sans sortir du cadre de la recherche scientifique. Pour Wundt, la psychologie des peuples n'est pas un simple supplément à la psychologie individuelle. Si la coutume, par exemple, est de nature à façonner la motivation d'un individu, nous avons besoin de prendre en compte ce phénomène collectif pour expliquer l'état psychique individuel. Vouloir compléter la psychologie, et rendre compte de la totalité des phénomènes psychiques revient à poser la question de la relation de la psychologie avec des disciplines différentes, comme l'histoire ou l'anthropologie.

En résumé, il serait erroné de minimiser l'importance de la révolution expérimentale en psychologie au motif que les psychologues héritaient de concepts (sensation, représentation, etc.) qu'ils se seraient contentés d'utiliser dans un contexte différent. Le recours systématique à l'expérimentation a correspondu pour la psychologie à une nouvelle idée d'elle-même comme source de résultats inaccessibles à des formes préscientifiques de l'introspection. Cependant, le laboratoire de psychologie symbolise aussi bien, hier et aujourd'hui, les promesses de la psychologie scientifique que l'étroitesse du prisme expérimental lorsqu'il s'agit de rendre compte de l'intégralité des phénomènes psychiques. À lui seul, l'accord sur l'importance de l'expérimentation ne permet pas de créer un accord sur les orientations et la portée de la psychologie comme science.

3. L'explication en psychologie

Comme les chercheurs dans d'autres disciplines, les psychologues ambitionnent d'expliquer un certain nombre de phénomènes. Mais ces explications ne sont pas toutes du même type. Si un psychologue entend expliquer une certaine aptitude, comme celle de localiser les objets dans l'espace visuel, et si un autre psychologue veut expliquer la modification du comportement d'un organisme comme le résultat d'un apprentissage, les deux projets diffèrent par les ressources qu'ils vont mobiliser au cours de l'explication comme par le type de question auquel il s'agit de répondre. Le premier psychologue cherche avant tout à expliquer comment la localisation dans l'espace visuel est possible, le second cherche surtout pourquoi le comportement se trouve modifié.

Il convient d'analyser ces différences, plutôt que de chercher des caractéristiques communes aux deux projets. Une question pourtant se pose au sujet de toutes les formes de psychologie, celle de la relation entre l'explication en psychologie et les explications appartenant à d'autres sciences. Dans le cadre de sa philosophie des « sciences morales » (nous dirions sciences humaines et sociales), John Stuart Mill s'est interrogé sur la dérivation possible des lois de l'association des idées à partir de lois physiologiques [30]. Mill estimait qu'en l'état des connaissances, une telle dérivation est de toute façon impossible, la psychologie étant plus avancée que la physiologie nerveuse, la physiologie étant incapable de préciser d'où vient l'association des idées. Mais on peut considérer ces lois de l'association comme de simples lois descriptives, non comme de véritables lois causales, et estimer qu'elles ne peuvent devenir des lois causales capables de porter la charge de l'explication des phénomènes d'association qu'à la condition de se réduire à des lois appartenant à une science plus fondamentale. On peut alors se demander si la psychologie peut offrir autre chose que des explications qui demeurent en attente de réduction à des explications offertes par d'autres disciplines. Ainsi la question de l'explication en psychologie rejoint le problème de l'autonomie de la psychologie comme discipline et de ses relations avec d'autres champs de la connaissance scientifique.

On peut schématiquement distinguer deux grands types de projets explicatifs de la psychologie, celui d'une psychologie du comment, et celui d'une psychologie du pourquoi [31]. La psychologie du comment, vise l'explication de nos capacités mentales. Elle a deux caractéristiques générales. La première est d'être fondamentalement une psychologie des processus mentaux. Pour nombre de psychologues, si nous avons besoin de la psychologie pour déterminer par exemple comment nous faisons pour parler ou pour percevoir, c'est que nous n'avons pas d'accès introspectif aux processus ou opérations qui nous permettent de construire une phrase ou de former une représentation visuelle. La psychologie a pour tâche de former des hypothèses sur de tels processus et pour discuter la manière dont on peut rendre raison au moyen de ces hypothèses des données cliniques et expérimentales. La seconde caractéristique de la psychologie du comment est d'avoir recours à

30. J. S. Mill, *A System of Logic*, livre VI, chap. IV, in *Collected Works*, vol. 8, London, Routledge, 1996.

31. Sur le modèle de la proposition d'Ernst Mayr au sujet de la biologie. E. Mayr, « Cause et effet en biologie » [1961], trad. fr. C. Malaterre dans J. Gayon et T. Pradeu (éd.), *Philosophie de la biologie. Explication biologique, hérédité, développement*, « Textes clés », Paris, Vrin, 2021, p. 87-111.

une stratégie de décomposition, selon laquelle on explique en divisant. Selon Robert Cummins, la stratégie de l'explication en psychologie n'est pas la subsomption des phénomènes mentaux sous des lois, mais la décomposition d'une capacité psychologique de haut niveau (percevoir, parler, mémoriser) en des capacités moins complexes [32]. Ainsi la vision des objets peut-elle être conçue non pas comme une capacité indivisible, mais comme une capacité qui inclut des sous-capacités comme celle de déterminer les limites des surfaces visibles, celle de déterminer leur éloignement relatif vis-à-vis de l'observateur, celle de reconnaître les objets vus comme familiers, etc. L'explication de la capacité de haut niveau à partir de capacités moins complexes suppose de préciser ce que Cummins appelle l'organisation de ces capacités, c'est-à-dire la détermination de leurs relations mutuelles. En cela, la démarche du psychologue est proche de celle du physiologiste lorsque celui-ci explique la capacité d'un système comme le système circulatoire en faisant appel aussi bien à l'agencement de ses composants qu'aux dispositions respectives de ceux-ci. La théorie computationnelle de la vision proposée par David Marr [33] constitue un exemple significatif de combinaison d'une théorie des processus visuels et d'une application de la stratégie de décomposition : elle se propose d'expliquer, en identifiant des stades successifs de traitement des signaux visuels, comment le système visuel construit à partir des images rétiniennes une représentation de ce que sont les objets hors de nous. Selon Marr, cette construction progressive de la représentation visuelle consciente repose sur un ensemble d'opérations (par exemple, de groupement des signaux à partir de propriétés qu'ils partagent). Les grandes questions en psychologie du comment seront relatives, en premier lieu, à l'identification des processus mentaux dont nous devons reconnaître l'existence (on peut nier que les opérations postulées par Marr soient nécessaires à l'explication de la vision) [34]. Elles concerneront, d'autre part, la question de l'architecture fonctionnelle générale de notre esprit. À ce sujet, une hypothèse discutée est celle qui combine des processus rapides, automatiques, inconscients et propres à un domaine comme

32. R. Cummins, *The Nature of Psychological Explanation*, Cambridge (Mass.), The MIT Press, 1983.

33. D. Marr, *Vision. A Computational Investigation Into the Human Representation and Processing of Visual Information*, New York, W. H. Freeman and Company, 1982.

34. Sur ces débats, voir A. Paternoster, *Le philosophe et les sens. Introduction à la philosophie de la perception*. Grenoble, Presses Universitaires de Grenoble, 2009.

le langage ou la vision, et des processus plus généralistes, flexibles et accessibles à notre contrôle [35].

Selon l'autre grand type de projet explicatif en psychologie, la tâche de la psychologie est d'expliquer non pas le répertoire de nos capacités mentales mais la variation du comportement d'un individu donné dans le temps. Le concept d'apprentissage est alors au centre de la psychologie en tant qu'il est lié à l'explicitation des motifs d'une telle variation. L'explication du comportement à partir de facteurs qui en déterminent la modulation (comme l'association des stimuli dans l'apprentissage associatif [36]) est différente dans son style de l'explication des aptitudes telle que définie par Cummins. Un exemple d'explication de ce second type est la loi de l'effet telle que formulée par Thorndike [37]. Selon cette loi, lorsque les conséquences des réponses comportementales à une situation donnée sont positives, la probabilité de l'occurrence de réponses du même type lorsque cette situation se reproduit augmente, tandis que la probabilité de réponses ayant des conséquences négatives diminue dans des circonstances analogues. Plus succinctement, les conséquences positives d'un comportement le renforcent positivement, tandis que ses conséquences négatives le renforcent négativement et conduisent à son abandon. Dans la perspective de la loi de l'effet, expliquer le comportement, c'est expliquer pourquoi celui-ci est typiquement adaptatif, pourquoi il tend à promouvoir des conséquences bénéfiques : il ne l'est (hors comportements instinctifs) que parce que l'apprentissage fonctionne comme une forme de sélection des comportements par leurs conséquences, qui tend vers la disparition des comportements sans conséquence bénéfique. Dès lors, de même que Cummins souligne la parenté entre l'explication par analyse fonctionnelle en psychologie et l'explication en physiologie, on peut avec Dennett souligner la parenté entre le rôle de la loi de l'effet dans ce second type de psychologie et le principe de sélection naturelle en biologie de l'évolution : la loi de l'effet postule en effet une « population » initiale de couplages entre stimuli (ou circonstances) et réponses, après quoi a lieu une sélection des réponses adéquates grâce aux facteurs du renforcement [38]. La nature

35. J. Fodor, *La modularité de l'esprit*, trad. fr. A. Gerschenfeld, Paris, Minuit, 1986 ; D. Kahneman, *Thinking Fast and Slow*, New York, Farrar, Straus et Giroux, 2011.

36. Le conditionnement pavlovien en est un exemple canonique.

37. E. Thorndike, *Animal Intelligence*, New York, Macmillan, 1911.

38. D. Dennett, « Why the Law of Effect Won't Go Away », *Journal of the Theory of Social Behavior* 5, 1975, p. 169-187, rééd. in *Brainstorms*, London, Penguin Books, 1978, p. 71-89.

des facteurs du renforcement peut être conçue de plusieurs manières, liées à des interprétations différentes de la loi de l'effet : Thorndike lui-même opposait la satisfaction et l'inconfort comme sources du renforcement positif et négatif, et de ce fait, l'existence d'états subjectifs qui suivent l'exécution du comportement. De son côté, un béhavioriste strict (qui parlera avec Skinner de conditionnement opérant plutôt que de loi de l'effet) peut chercher à réduire les conséquences positives et négatives à l'échec ou au succès du comportement (dans le fait de parvenir à se procurer de la nourriture, par exemple)[39]. Il est en outre envisageable que l'explication en termes de sélection par les conséquences puisse valoir pour des comportements qui sont source de préjudice : l'évaluation d'une drogue comme source de gratification temporaire peut renforcer son usage répété bien que sur le long terme elle dégrade la qualité de vie et la santé de l'individu. De sorte qu'associée usuellement à l'explication des comportements opportuns ou bénéfiques, la loi de l'effet peut aussi être invoquée dans des contextes cliniques comme celui du problème des addictions[40].

L'explication que propose le psychologue, qu'elle soit du premier ou du second type, peut-elle être autre chose que l'esquisse d'une explication d'une autre nature, faisant appel à des entités ou à des changements de nature matérielle ? La question que posait Mill au sujet des relations entre psychologie et physiologie se pose toujours, en particulier dans le contexte du développement des neurosciences[41]. On peut noter que le psychologue peut défendre la spécificité de sa démarche sans avoir besoin de faire appel à une forme de dualisme métaphysique. Il peut estimer que pour un seul et même phénomène auquel il s'intéresse, plusieurs explications peuvent coexister en étant chacune légitime et complémentaire des autres. C'est ce qu'a défendu Marr avec sa distinction entre niveau computationnel, niveau algorithmique et niveau de l'implémentation[42]. Selon Marr, le niveau computationnel est celui auquel on précise quelle est la tâche accomplie par le système étudié : dans le cas de la vision, il s'agit d'obtenir une représentation de la forme et de l'emplacement des objets[43]. Le niveau algorithmique est celui auquel sont définis les processus cognitifs qui vont permettre de réaliser la tâche caractérisée au niveau computationnel. Le niveau

39. B. F. Skinner, *Science and Human Behavior*, New York, MacMillan, 1953.

40. A. Ferreira, *Le spectre de l'addiction*, Paris, Matériologiques, 2024.

41. L. Squire et E. Kandel, *La mémoire. De l'esprit aux molécules*, trad. fr. B. Desgranges et F. Eustache, Paris, Flammarion, 2005.

42. D. Marr, *Vision*, *op. cit.*, p. 24-31.

43. *Ibid.*, p. 36.

de l'implémentation, enfin, est celui de la réalisation physique des processus visuels dans le cerveau. La position de Marr est que l'analyse de la vision suppose la prise en compte de chacun de ces trois niveaux. Mais elle est aussi de souligner l'importance du niveau computationnel, selon lui rarement reconnue à sa juste valeur. En effet, tout processus peut être conçu comme une étape dans l'exécution d'une tâche, et aussi longtemps que la tâche n'est pas identifiée correctement, les processus qui contribuent à son exécution et la réalisation physique de ces processus ne peuvent guère être caractérisés de manière adéquate. D'où la formule : « chercher à comprendre la perception en étudiant seulement les neurones est comme chercher à comprendre le vol des oiseaux en étudiant seulement les plumes : c'est tout simplement impossible »[44]. Ce n'est pas dire que l'étude de l'implémentation ne peut pas être profitable à l'étude des autres niveaux. C'est affirmer que c'est seulement en précisant ce qu'est la tâche de la vision, ce que celle-ci apporte à l'organisme doté d'un système visuel, que l'on peut espérer spécifier la nature des processus visuels et à quoi contribue l'activité des composants du cortex visuel. L'étude des mécanismes psychologiques (niveau algorithmique) et des mécanismes neurobiologiques de la vision (niveau de l'implémentation) suppose l'étude de leur fonction (niveau computationnel). Ce qui vaut pour la vision peut valoir aussi bien pour d'autres catégories d'états psychologiques, comme les émotions[45]. Manière de dire que la psychologie, en s'intéressant au rôle des processus psychologiques et pas seulement à leur nature, a vocation à guider l'étude de leur implémentation plutôt qu'à s'y réduire.

4. La psychologie comparée et les frontières de la psychologie

Comme on a pu le voir, la fondation de la psychologie comme discipline scientifique au XIXe siècle est liée à une enquête sur les états de conscience et les facultés mentales des humains. Mais l'époque de Wundt est également celle du développement d'une psychologie comparée, qui s'intéresse à la vie mentale des animaux non-humains. Selon George Romanes, un des auteurs qui contribuent à définir ce champ de recherche, une psychologie comparée peut exister comme

44. *Ibid.*, p. 27.

45. P. E. Griffiths, *What Emotions Really Are. The Problem of Psychological Categories*, Chicago (IL), University of Chicago Press, 1997.

il existe une anatomie comparée[46]. La psychologie comparée ainsi comprise est emblématique de la psychologie en général lorsque celle-ci postule l'existence d'états mentaux au-delà de ceux qui nous sont directement accessibles par introspection, tout en ne pouvant accéder à ceux-ci qu'à travers leurs manifestations observables. La psychologie comparée part du postulat de la possibilité d'états conscients et de facultés mentales chez des formes de vie non-humaines. Elle se fonde sur la connaissance des relations entre nos facultés et les conséquences comportementales de l'exercice de celles-ci pour inférer à partir des comportements des animaux leurs propres opérations mentales[47].

Dans le cadre d'une réflexion sur la psychologie, la psychologie comparée possède un double intérêt. Le premier est d'avoir donné lieu à des champs de recherche qui en conservent le projet à l'époque contemporaine sans en conserver l'appellation. La primatologie, l'éthologie cognitive, certaines parties de l'écologie comportementale sont des héritières de la psychologie comparée. De ce fait, la psychologie n'est pas aujourd'hui l'affaire du seul psychologue : dans le cadre de ces disciplines en effet, les concepts de la psychologie sont couramment mobilisés. Le second intérêt de la tradition de la psychologie comparée est de poser la question des frontières de la psychologie, c'est-à-dire des limites de l'usage légitime de ses concepts. Si une étude affirme que le comportement d'un insecte manifeste chez celui-ci l'existence d'un biais pessimiste[48], qu'est-ce qui peut permettre de justifier l'attribution d'une telle disposition à un organisme très différent de nous ? Cette question se pose dans un contexte où l'usage des concepts psychologiques semble toujours davantage élargi comme lorsqu'on envisage l'existence de formes de sensibilité ou d'apprentissage chez les plantes[49], l'existence de formes de conscience dans des assemblages de cellules nerveuses élaborés en laboratoire qu'on appelle des organoïdes cérébraux[50], voire l'émergence d'états subjectifs dans des systèmes artificiels[51].

46. G. Romanes, *Mental Evolution in Animals*, London, Kegan Paul, Trench and Co., 1883, p. 6.

47. *Ibid.*, p. 16.

48. M. Bateson *et al.*, « Agitated Honeybees exhibit Pessimistic Cognitive Biases », *Current Biology* 21, 2011, p. 1070-1073.

49. M. Gagliano, « Penser comme une plante : perspectives sur l'écologie comportementale et la nature cognitive des plantes », trad. fr. H. S. Afeissa, *Cahiers philosophiques* 153, p. 42-54.

50. M. Gaillard, « Organoïdes cérébraux : de la conscience dans des systèmes microphysiologiques *in vitro* ? », *Revue de Métaphysique et de Morale* 121, 2024, p. 29-45.

51. J. Birch, *The Edge of Sentience. Risk and Precaution in Humans, other Animals, and AI*, Oxford, Oxford University Press, 2024.

Cette extension de l'usage des concepts psychologiques est d'autant plus remarquable que la psychologie comparée a voulu se prémunir initialement contre toute forme d'anthropomorphisme. C'est ce qui transparaît à travers la formulation d'un principe méthodologique comme le canon de Morgan. Selon la formulation de C. Lloyd Morgan lui-même, « en aucun cas nous ne pouvons interpréter une action comme le résultat d'une faculté psychique plus élevée, si elle peut être interprétée comme le résultat de l'exercice d'une faculté qui est située plus bas sur l'échelle psychologique »[52]. Selon cette maxime, le psychologue est rigoureux lorsqu'en présence de deux explications rivales et également plausibles d'un comportement animal donné, il résiste à la tentation d'adopter celle qui est la plus généreuse et qui prête à l'animal des facultés similaires à celles des humains. Selon Morgan, le cadre évolutionniste de la psychologie comparée ne doit pas conduire à prêter aux animaux plus de ressemblance avec nous que nécessaire. Cependant, en reprenant une distinction due à Elliott Sober[53], on peut estimer qu'il existe deux types d'erreurs symétriques possibles dans la comparaison des humains et des non-humains. Un chercheur commet une erreur de type 1 quand il accorde à tort une capacité psychologique humaine à un organisme non humain. Mais il commet une erreur de type 2 lorsqu'il dénie à un organisme une capacité humaine que cet organisme possède pourtant. Le canon de Morgan est une invitation à éviter les erreurs de type 1 mais il ne permet pas de nous prémunir contre les erreurs de type 2. Et si on étudie la manière dont la recherche est menée, on constate qu'elle ne consiste pas à préférer toujours, face à un comportement donné, l'explication de ce comportement qui est la moins généreuse. Elle consiste plutôt à mettre au point de nouveaux paradigmes expérimentaux afin de mettre à l'épreuve des hypothèses sur les capacités cognitives et affectives des animaux, et à mettre en cohérence les résultats obtenus au moyen de ces divers paradigmes. On retiendra deux exemples de telles recherches.

Dans la littérature psychologique, on entend par théorie de l'esprit la capacité à attribuer à soi-même et aux autres des états mentaux comme des désirs ou des croyances, ce qui nous permet dans la vie ordinaire de rendre raison des actions d'autrui et de les prédire. Le primatologue David Premack a ouvert tout un champ d'étude en se demandant si

52. C. L. Morgan, *An Introduction to Comparative Psychology*, Londres, Walter Scott, 1894, p. 53.

53. E. Sober, « Comparative Psychology Meets Evolutionary Biology : Morgan's Canon and Cladistics Parsimony », *in* L. Daston et G. Mitman (eds.), *Thinking with Animals : New Perspectives on Anthropomorphism*, New York, Columbia University Press, 2005, p. 85-99.

les chimpanzés possèdent eux aussi une théorie de l'esprit. Dans l'étude initiale de Premack, des chimpanzés sont confrontés à des situations où un humain rencontre un problème et où on cherche à déterminer si l'animal est capable d'adopter le point de vue d'un tiers et de comprendre ce que celui-ci cherche à faire [54]. Deux options rivales s'affrontent depuis dans la littérature. Pour certains chercheurs, comme Daniel Povinelli, il n'y a aucune bonne raison de prêter aux chimpanzés une théorie de l'esprit : ceux-ci utilisent des règles qui leur permettent d'associer une réponse opportune à un comportement observé donné (« lorsque A, faire B ») sans jamais remonter de ce qu'ils observent aux intentions que traduisent ces comportements [55]. Pour d'autres chercheurs, comme Michael Tomasello, quelles que soient les faiblesses de l'étude initiale de Premack, il y a de bonnes raisons de penser que les chimpanzés n'en restent pas à la surface des comportements : dans des situations proches, ils vont par exemple répondre différemment à un sujet maladroit qui ne parvient pas à leur donner de la nourriture et à un sujet qui ne manifeste aucune intention de leur en donner [56]. On peut remarquer que la différence de point de vue entre les chercheurs va de pair avec une conception différente de ce qui constitue une meilleure explication. Pour les uns, il est préférable, dans l'esprit du canon de Morgan, d'expliquer le comportement du chimpanzé en lui prêtant un bagage cognitif plus restreint. Pour les autres, l'attribution d'une forme de théorie de l'esprit, pas nécessairement aussi riche que celle dont nous disposons, est la manière la plus économique de rendre compte d'une gamme de comportements variés, sans passer par des explications plus spécifiques pour chacun d'entre eux.

Le second exemple concerne la sentience entendue dans la littérature scientifique contemporaine non comme capacité à avoir des états subjectifs en général (comme voir les couleurs ou entendre les sons) mais plus spécifiquement comme capacité à avoir des états conscients dotés d'une valence positive (comme le plaisir) ou négative (comme la douleur). Lorsqu'on se demande si telle espèce animale est sentiente, il ne s'agit pas uniquement comme dans le cas de la théorie de l'esprit de savoir si une certaine capacité peut être attribuée aux membres de

54. D. Premack et G. Woodruff, « Does the Chimpanzee ave a Theory of Mind ? », *The behavioral and brain science* 4, 1978, p. 515-526.

55. D. Penn et D. Povinelli, « On the Lack of Evidence that Non-Human Animals Possess Anything Remotely Resembling a "Aheory of Mind" », *Philosophical Transactions of the Royal Society* B 362, p. 731-744.

56. J. Call et M. Tomasello, « Does the Chimpanzee Have a Theory of Mind ? 30 Years Later », *Trends in Cognitive Science* 12, 2008, p. 187-192.

cette espèce, et de définir des critères fiables de la présence d'une telle aptitude. Il s'agit également de déterminer quelle attitude les humains doivent adopter à l'égard des animaux qui appartiennent à cette espèce : dans un cadre de pensée hérité de la tradition utilitariste, l'attribution d'états de ce type à une forme de vie implique en effet qu'elle soit éligible à une forme de souci moral et de protection juridique[57].

Pour détecter la présence de sentience, il faut déterminer des indicateurs fiables de celle-ci, qu'ils soient neurophysiologiques ou comportementaux. Parmi les indicateurs de sentience fréquemment cités dans la littérature figure le compromis motivationnel[58]. On parle de compromis motivationnel lorsqu'un animal s'expose à un stimulus nociceptif qu'il évite habituellement (choc électrique, degré élevé de chaleur) dans une situation où ce stimulus est associé à l'obtention d'un bien (nourriture gratifiante, habitat préféré). Un tel compromis implique une forme de plasticité comportementale, du fait de l'inhibition sélective du comportement d'évitement. Il implique également une forme de prise en compte d'informations contextuelles (comme l'indisponibilité d'alternatives aussi gratifiantes et moins coûteuses). Tout se passe comme si l'organisme mettait en balance les coûts (les stimuli nociceptifs) et les gains (la qualité de la nourriture ou de l'habitat) de son comportement, comme nous le ferions dans le cas d'une délibération consciente.

Un chercheur qui fait du compromis motivationnel un indicateur de sentience a recours à une forme de raisonnement qu'on appelle l'inférence à la meilleure explication[59]. Selon cette forme de raisonnement, de la capacité d'une certaine hypothèse à mieux expliquer les données disponibles que d'autres hypothèses, on infère que cette hypothèse est (probablement) vraie. En présence d'une forme typique de compromis motivationnel, si on affirme qu'il y a de bonnes chances pour que l'espèce X chez laquelle ce compromis est observé soit sentiente, c'est parce qu'on estime que la sentience est apte à rendre raison du compromis motivationnel. Il convient de remarquer que l'explication retenue a pour condition l'acceptation d'un arrière-plan théorique : certaines conceptions de la conscience mettent en effet l'accent sur des propriétés de celle-ci comme celle de permettre de relier entre elles des informations ayant une source différente et

57. J. Birch, *The Edge of Sentience*, *op. cit.*

58. M. Gibbons *et al.*, « Motivational Trade-Offs and Modulation of Nociception in Bumblebees », *Proceedings of the National Academy of Science* 119, 2022, p. 1-3.

59. G. Harman, « The Inference to the Best Explanation », *The Philosophical Review* 74, 1965, p. 88-95.

celle d'influencer la prise de décision sur la base de cette liaison[60]. Le compromis motivationnel n'est pas une preuve directe, il est seulement un indicateur de sentience sur la base d'une argumentation. En second lieu, parler de « meilleure explication » implique la définition des critères du « meilleur » : simplicité, plausibilité, mais aussi, dans le cas présent, cohérence avec l'explication d'autres faits. Ainsi, si nous avons par ailleurs des raisons indépendantes d'attribuer des états de conscience à l'espèce considérée, nous aurons davantage de raisons de penser que l'évaluation des stimuli dans le compromis motivationnel est elle-même consciente[61]. En fonction de ce que nous savons par ailleurs, l'explication la plus coûteuse (parce qu'impliquant plus de générosité dans ce qu'on prête à un organisme) peut être aussi la mieux motivée. Dans le contexte évoqué ci-dessus du souci du bien-être animal, où on cherche à éviter les erreurs de type 2, c'est-à-dire le refus de la sentience à des formes de vie qui en sont dotées, l'existence d'un faisceau d'indices convergents, si elle ne vaut pas démonstration, peut espérer motiver un jugement raisonnable en la matière, et un relatif consensus.

L'extension de l'application des concepts de la psychologie à des formes de vie non-humaines engage ainsi des questions transversales de philosophie des sciences, comme la nature des raisonnements mobilisés par les chercheurs, ou celle des relations entre science et questions sociétales. Cette extension et les débats qu'elle suscite sont également l'occasion de réfléchir à la spécificité de la psychologie. Georges Canguilhem avait noté que la psychologie a oscillé dans le passé entre plusieurs projets : celui d'une science naturelle dans la filiation d'Aristote, celui d'une science de la subjectivité, celui d'une science du comportement[62]. La question de la vie psychique des non-humains permet de voir que ces trois projets sont superposés à l'intérieur de la psychologie contemporaine : la psychologie se développe à la fois comme étude de capacités dont de nombreux vivants sont dotés, comme enquête sur les formes de la sentience et de la conscience dont les enjeux sont aussi bien pratiques que théoriques, et comme analyse du comportement qui fait de celui-ci la source d'une enquête féconde sur les variétés de la vie mentale. À la question de la possibilité de la psychologie dont le présent chapitre est parti se substitue celle du

60. S. Dehaene, *Le code de la conscience*, Paris, Odile Jacob, 2014.

61. J. Birch, *The Edge of Sentience*, *op. cit.*, p. 265-270.

62. G. Canguilhem, « Qu'est-ce que la psychologie ? », dans G. Canguilhem, *Études d'histoire et de philosophie des sciences*, *op. cit.*

degré de certitude que la psychologie peut atteindre en s'éloignant de l'introspection.

Bibliographie indicative

BIRCH J., *The Edge of Sentience. Risk and Precaution in Humans, other Animals, and AI*, Oxford, Oxford University Press, 2024.

CANGUILHEM G., « Qu'est-ce que la psychologie ? » [1958, dans G. Canguilhem, *Études d'histoire et de philosophie des sciences*, Paris, Vrin, 1983, p. 365-381.

COMTE A., *Cours de philosophie positive*, Paris, Rouen Frères, 1830, rééd. Paris, Hermann, 1975.

CUMMINS R., *The Nature of Psychological Explanation*, Cambridge (Mass.), The MIT Press, 1983.

DANZIGER K., *Constructing the Subject. Historical Origins of Psychological Research*. Cambridge, Cambridge University Press, 1990.

DENNETT D., « Why the Law of Effect Won't Go Away », *Journal of the Theory of Social Behavior* 5, 1975, p. 169-187, rééd. in *Brainstorms. Philosophical Essays on Mind and Psychology*, London, Penguin Books, 1997, p. 71-89.

HATFIELD G. « Wundt and "Higher" Cognition. Elements, Association, Aperception and Experiment », *HOPOS : The Journal of the International Society for the History of Philosophy of Science* 10, 2020, p. 48-75.

HEMPEL C., « L'analyse logique de la psychologie », trad. fr. J. Haendler, dans *Philosophie de l'esprit*, « Textes clés », Paris, Vrin, 2002, p. 197-215.

JAMES W., *The Principles of Psychology*, London, Macmillan and Co, 1890.

KANT E., *Premiers principes métaphysiques de la science de la nature*, trad. fr. J. Gibelin, Paris, Vrin, 1986.

MARR D., *Vision. A Computational Investigation into the Human Representation and Processing of Visual Information*, New York, W. H. Freeman, 1982.

SPENER M., *Introspection. First Person Access in Science and Agency*, Oxford, Oxford University Press, 2024.

Épistémologie de deux sciences historiques : la paléoanthropologie et l'archéologie

par Mathilde Lequin

La paléoanthropologie et l'archéologie sont deux disciplines scientifiques consacrées à l'étude des humains du passé lointain. La paléoanthropologie s'intéresse à l'évolution biologique du groupe rassemblant toutes les formes qui sont plus proches des humains actuels (*Homo sapiens*) qu'elles ne le sont des chimpanzés et bonobos avec lesquels nous partageons un dernier ancêtre commun. Actuellement, ce groupe est le plus souvent désigné comme la tribu des Hominini, les hominines[1], dans laquelle les paléoanthropologues reconnaissent au moins une vingtaine d'espèces différentes, et plusieurs genres. En l'état des connaissances actuelles, l'hominine le plus ancien serait *Sahelanthropus tchadensis* (7 millions d'années). La paléoanthropologie étudie la diversité biologique des humains au cours de leur histoire évolutionnaire[2], en s'efforçant de puiser le maximum d'informations des vestiges fossiles qui sont parvenus jusqu'à nous.

L'archéologie porte quant à elle sur l'histoire des cultures matérielles, le plus souvent à partir d'artefacts, c'est-à-dire d'objets

1. « Hominines » est le nom vernaculaire en français correspondant au latin Hominini, ce dernier terme étant formé selon les règles du Code international de nomenclature zoologique, en utilisant le suffixe -ini pour les tribus, -inae pour les sous-familles, -idae pour les familles, etc. Depuis le milieu du XXe siècle et jusque dans les années 2000, le groupe aujourd'hui désigné comme la tribu des hominines était le plus souvent désigné comme la famille des hominidés, parfois comme la sous-famille des homininés. Cependant, il n'y a pas actuellement de consensus sur la classification et donc sur la dénomination à adopter pour ce groupe « humain ». Sur les détails et les implications de ce débat taxinomique, voir M. Lequin, « Comment nommer la lignée humaine ? De l'ordre des Bimanes à la sous-tribu des hominiens », *Revue d'histoire des sciences* 75, 2022, p. 35-69.

2. Sur la théorie de l'évolution, voir dans ce volume le chapitre de Philippe Huneman.

façonnés par les humains, comme les pierres taillées. L'archéologie préhistorique analyse les traces les plus anciennes des cultures humaines, longtemps associées à l'émergence du genre *Homo* en Afrique de l'Est, il y a 2,6 millions d'années environ, mais désormais documentées par des outils de pierre âgés de 3,3 millions d'années, à l'époque des Australopithèques. En caractérisant différentes cultures, les archéologues cherchent à retracer le mode de vie, l'organisation sociale et la cognition des humains du passé, des périodes dites préhistoriques, pour lesquelles on ne dispose pas de sources textuelles, jusqu'aux périodes dites historiques, pour lesquelles on dispose de sources textuelles. Toutefois, la notion de « préhistoire » est de plus en plus contestée, car elle est considérée comme un découpage arbitraire dans la continuité de l'histoire humaine.

Si la paléoanthropologie étudie les humains du passé sur un versant biologique, et l'archéologie sur un versant culturel, ces deux disciplines partagent un même statut épistémique[3]. Elles s'appuient sur des restes rares, fragmentés et fragmentaires pour interpréter par inférence ces traces du passé et proposer des hypothèses sur les processus et les événements dont ces vestiges témoignent. La paléoanthropologie et l'archéologie sont des représentantes des paléosciences, c'est-à-dire des sciences dont l'objet d'étude se situe dans le passé lointain. Ce chapitre explore l'épistémologie de ces sciences particulières, dont les méthodes, les concepts et les problèmes spécifiques nous conduisent à réfléchir en marge de l'épistémologie générale de la science.

1. Sciences historiques et sciences expérimentales

On considère habituellement que la démarche scientifique consiste à formuler des hypothèses et à les tester par un dispositif expérimental. Les paléoanthropologues et les archéologues formulent de multiples hypothèses, de l'échelle la plus locale (par exemple « les stries visibles sur cet os sont intentionnelles ») à la plus générale (par exemple « l'extinction des Néandertaliens est liée à une faible transmission sociale »). Ces hypothèses peuvent être discutées, et sont le plus souvent âprement débattues dans ces disciplines d'autant plus propices aux controverses qu'elles disposent de peu de données pour répondre à des questions touchant aux origines de notre espèce. Toutefois, ces hypothèses ne sont pas directement testables, dans le cadre d'un

3. « Épistémique » désigne ce qui est relatif à la connaissance tandis qu'« épistémologique » désigne ce qui est relatif à l'étude de la connaissance.

dispositif expérimental permettant, selon la terminologie de Popper, de corroborer l'hypothèse ou de la falsifier. La paléoanthropologie et l'archéologie ne font pas partie des sciences expérimentales ; ces paléosciences sont considérées comme des sciences historiques, qui visent à expliquer des phénomènes qu'on peut observer actuellement en identifiant leurs causes dans le passé lointain. Contrairement aux sciences expérimentales, dont la démarche est prédictive, les sciences historiques adoptent une démarche rétrodictive : elles remontent des séquences d'événements pour construire une connaissance du passé. Cette démarche n'est pas l'apanage du chasseur de fossiles, déterrant des bouts d'os vieux de plusieurs millions d'années ; elle est aussi couramment employée dans la géologie, la cosmologie, l'astrophysique ou encore l'histoire.

La distinction méthodologique entre sciences historiques et sciences expérimentales se double fréquemment d'une distinction normative : il existe une hiérarchisation, plus ou moins explicite, entre ces deux types de science, qui se fonde sur l'expérimentation comme modèle de scientificité. Ainsi, la recherche expérimentale est considérée comme le paradigme de la « bonne science »[4]. Or, les hypothèses historiques sur le passé éloigné ne peuvent généralement pas être testées de manière expérimentale (l'apport de l'archéologie expérimentale sera toutefois évoqué dans la section 2). Ne pouvant satisfaire à cette norme, les sciences historiques, considérées par conséquent comme moins objectives, moins rationnelles, seraient une forme inférieure et dégradée de science. Les hypothèses des paléoanthropologues et des archéologues peuvent sembler spéculatives, puisqu'apparemment fondées sur de maigres données et impossibles à corroborer par l'épreuve d'un passé à jamais disparu. Cherchant à donner forme à une séquence d'événements, ces hypothèses ne proposent-elles pas des narrations, plutôt que des explications ? Pourtant, la distinction entre la méthodologie des sciences historiques et celle des sciences expérimentales n'implique par leur hiérarchisation : il est utile de chercher à différencier ces deux modes de raisonnement sans considérer que l'un ne soit inférieur à l'autre[5].

4. C. Cleland, « Methodological and Epistemic Differences between Historical Science and Experimental Science », *Philosophy of Science* 69, 3, 2002, p. 474-496.

5. *Ibid.*

2. Qu'est-ce qu'une trace ?

Pour comprendre le mode de raisonnement qui est celui de la paléoanthropologie et de l'archéologie, il faut partir de la situation épistémique de ces disciplines, mises au défi de construire un savoir scientifique à partir de vestiges lacunaires du passé. Tout l'enjeu est de faire parler ces vestiges, d'en extraire tout ce qu'ils ont à nous dire sur l'histoire évolutionnaire et les modes de vie de nos lointains ancêtres. La découverte fossile représente un cas singulier de découverte scientifique, résultant tantôt d'un cheminement dicté par la théorie, comme la quête du « chaînon manquant » inspirée par Haeckel, qui conduisit à la fin du XIXe siècle à la description du « Pithécanthrope » en Indonésie, tantôt d'une trouvaille fortuite, comme le fossile du premier Australopithèque, mis au jour en 1924 par des ouvriers travaillant dans des carrières de calcaire en Afrique du Sud. Le spécimen fossile constitue du reste un objet scientifique singulier : dans le cas de la découverte fossile, peut-on dire de la science qu'elle découvre son objet ou qu'elle le construit ? Les spécimens fossiles, souvent fragmentés, écrasés et déformés, doivent être non seulement patiemment exhumés, mais aussi préparés et reconstruits, avant d'être décrits et analysés. Or il existe plusieurs manières de reconstruire un fossile, également pertinentes au regard de l'anatomie fonctionnelle, et qui ont pourtant des implications différentes quant au comportement de l'individu, donc à l'adaptation et à l'évolution du taxon[6] que cet individu représente. Il existe par exemple plusieurs reconstructions différentes du pelvis de l'Australopithèque Lucy, ayant des implications différentes quant à son comportement locomoteur.

Que dit, par lui-même, un fragment d'os fossile tout juste exhumé ? L'œil averti du paléoanthropologue peut certes distinguer un fémur humain d'un fémur de chimpanzé, ou une molaire de Néandertalien d'une molaire d'Australopithèque. Pourtant, une tout autre analyse est requise pour pouvoir formuler et étayer des hypothèses sur la signification de ce spécimen fossile du point de vue morphologique, fonctionnel, taxinomique et phylogénétique. Quelles sont ses caractéristiques anatomiques ? À quel comportement (locomoteur, alimentaire, etc.) celles-ci sont-elles associées ? À quel genre et quelle espèce peut-il être attribué ? Quelle est son histoire évolutionnaire ? Voici quelques-unes des questions auxquelles les paléoanthropologues

6. Un taxon est une unité dans la classification, quel que soit le niveau hiérarchique qui lui est attribué : une espèce, un genre, une tribu, une famille, etc.

s'emploient à répondre, et qui supposent la construction de tout un échafaudage théorique et méthodologique autour du spécimen fossile.

Par conséquent, des ossements, des dents ou des bifaces (outils de pierre taillés sur leurs deux faces) sont des vestiges du passé, mais ne sont pas encore des traces du passé à proprement parler. La trace n'est pas seulement la partie d'un tout, le paléontologue pouvant se targuer, comme le faisait Georges Cuvier, de reconstituer la totalité d'un animal à partir d'une seule de ses empreintes, selon la « méthode de Zadig »[7]. La trace peut être plus précisément appréhendée comme l'effet d'événements situés dans le passé lointain, conduisant à formuler des hypothèses pour expliquer sa présence et ses caractéristiques : un vestige est une trace parce qu'il témoigne de multiples événements et processus dont les paléoanthropologues et les archéologues s'emploient à construire une connaissance scientifique robuste. Ce concept épistémique de trace consiste à aborder la trace non pas pour ce qu'elle est, mais pour ce qu'elle nous apprend[8].

Pour illustrer la distinction entre la notion de trace dans son sens commun et dans son sens scientifique, prenons l'exemple des empreintes de pas de Laetoli, en Tanzanie. Ces traces de pas sont constituées en traces scientifiques au prix d'une série d'analyses permettant d'associer ces empreintes aux causes qui les ont produites, il y a 3,6 millions d'années, en permettant leur fossilisation dans une couche de cendres volcaniques. Outre leur datation et l'analyse de leur formation, ces traces permettent de faire des inférences sur le nombre d'individus qui les ont produites, sur leur appartenance taxinomique (des hominines ou des ours ?), sur les caractéristiques anatomiques de leur pied, sur leur comportement locomoteur (étaient-ils bipèdes ?) ou encore sur leur organisation sociale (ces empreintes ayant été laissées par plusieurs individus se déplaçant en groupe). Pour qu'un fossile constitue une trace du passé, il faut ainsi mettre au jour un enchaînement causal complexe, du vivant de l'individu jusqu'après sa mort et les altérations du fossile post-mortem.

Revenons à notre concept épistémique de trace : le vestige paléontologique ou archéologique est un objet scientifique dans la mesure où il permet la connaissance du passé. L'accent peut être mis sur une conception causale de la trace, en tant qu'effet produit par un enchaînement causal passé, ou bien sur une conception informationnelle

7. C. Cohen, *La trace, le fossile, la preuve*, Paris, Seuil, 2011, p. 19.

8. A. Currie, *Rock, Bone, and Ruin : an Optimist's Guide to the Historical Sciences*, Cambridge (Mass.), The MIT Press, 2018, p. 69.

de la trace, en tant que réservoir potentiel d'informations sur le passé. Dans les deux cas, la trace est une *relation* entre le passé et le présent qui, par son pouvoir explicatif, acquiert le statut d'une « preuve » (*evidence*) attestant l'existence de processus et de phénomènes désormais inobservables[9]. À travers les paléosciences s'offre en effet une autre manière de questionner la connaissance scientifique des inobservables, qui ne porte pas, comme en physique des particules avec le quark, sur ce que l'on ne peut pas observer directement, mais seulement sur ce que l'on peut mettre en évidence de manière expérimentale. L'inobservable des paléosciences se rapporte à des phénomènes qui se sont produits il y a des milliers ou des millions d'années, de manière irréversible, et sans équivalent actuel : comment marchaient les Australopithèques ? Pourquoi nos ancêtres *sapiens* se faufilaient-ils dans un étroit boyau rocheux, au péril de leur vie, pour représenter des animaux sur les parois des grottes ? Quel était le dimorphisme sexuel entre les mâles et les femelles des différents taxons d'hominines ? Comment les humains du passé communiquaient-ils ? Toutes ces questions ont trait à des phénomènes désormais inobservables, et d'autant plus difficiles à retracer que les comportements, à la différence des corps, ne fossilisent pas.

Relation entre le passé et le présent, la trace compte comme preuve en vertu d'une théorie dite intermédiaire[10]. La notion de théorie intermédiaire (*middle-range theory* ou *midrange theory*) a été définie par l'archéologue Lewis Binford en 1977 pour justifier la manière dont l'étude ethnographique de populations actuelles permet de retracer le comportement des humains du passé lointain. La construction de connaissances à partir de vestiges paléontologiques ou archéologiques suppose de faire intervenir à la fois une théorie générale (la théorie darwinienne de l'évolution fournit ainsi à la paléoanthropologie son cadre de travail, permettant d'identifier des adaptations, de repérer l'action de la sélection naturelle dans les changements de la morphologie au cours de l'histoire évolutionnaire des hominines), mais aussi des théories intermédiaires, qui permettent de donner une signification et une pertinence aux vestiges du passé, de comprendre le flux d'informations qui nous parvient avec le fossile du passé au présent. Reprenons l'exemple des empreintes de pas de Laetoli : leur pertinence comme source de connaissances sur le passé dépend des théories de l'ichnologie (l'étude scientifique des empreintes fossiles),

9. A. Currie, *Rock, Bone, and Ruin*, *op. cit.*, p. 73.
10. *Ibid.*, p. 71.

mais aussi de la biologie du développement et de l'auxologie (étude de la croissance) pour, par exemple, déterminer la stature des individus à partir de ces empreintes.

On peut pour finir dégager une ultime conséquence de cette conception épistémique de la trace. Résumons : une trace est une source d'information permettant d'expliquer les causes du passé qui l'ont façonnée, en vertu de théories intermédiaires qui étayent cette relation entre le présent et le passé. La conséquence est que les traces permettent de tester des hypothèses sur le passé, en mettant ces hypothèses à l'épreuve de ce que les données actuelles nous disent sur le passé[11]. L'expérimentation fait partie de la palette de ressources qui peuvent être exploitées dans ce champ scientifique pour tester des hypothèses sur les processus passés qui ont façonné les archives matérielles. Ainsi, l'archéologie expérimentale consiste à fabriquer des objets (par exemple des outils en pierre taillée) identiques aux objets d'étude, afin d'expérimenter les manières de les utiliser, avec différents gestes, sur différents matériaux. Est ainsi constitué un référentiel de comparaison qui aide à déterminer comment les outils du passé étaient façonnés, tenus et utilisés, et donc à expliquer leurs caractéristiques d'usage et d'usure, dont ils portent les traces. Au terme de cette exploration de la notion de trace, les limites de l'opposition hiérarchique entre sciences historiques et sciences expérimentales apparaissent nettement. Les sciences historiques s'efforcent de construire une connaissance robuste des causes du passé : interpréter un fossile, c'est toujours expliquer les causes susceptibles d'avoir produit ses caractéristiques. Cette démarche permet en outre aux sciences historiques de tester leurs hypothèses, le plus souvent sans avoir recours à un dispositif expérimental, mais en les mettant à l'épreuve des traces du passé.

3. De l'os à l'espèce : l'art de l'inférence

La paléoanthropologie et l'archéologie nous conduisent à réfléchir à ce qu'est l'activité scientifique dans sa diversité, en s'affranchissant d'un modèle de scientificité souvent fondé sur la physique mathématisée. Ces disciplines nous permettent d'explorer une méthodologie distincte de la démarche expérimentale. Elles nous incitent également à explorer un mode de raisonnement distinct du modèle hypothético-déductif, consistant à formuler des hypothèses, à déduire leurs implications et à les tester par l'expérimentation.

11. *Ibid.*, p. 65.

Le mode de raisonnement employé dans la paléoanthropologie et l'archéologie relève plutôt de l'induction. Cela ne signifie nullement que ces disciplines partent de données purement empiriques et vierges de toute théorie. Comme nous l'avons expliqué dans la section précédente, la théorie est inséparable du fossile en tant qu'objet scientifique constitué comme trace du passé. La paléoanthropologie et l'archéologie s'inscrivent dans la démarche des sciences inductives, telles que les caractérise Whewell[12] : ces disciplines rejettent ou acceptent des hypothèses à travers la convergence (« *consilience* ») d'inductions issues de différentes sources de données. L'appel à différentes sources de données, issues de différents sous-champs disciplinaires, joue un rôle fondamental dans l'étude du passé humain. Cette connaissance implique non seulement des paléoanthropologues, des archéologues et des historiens, mais aussi notamment des paléogénéticiens (qui étudient les caractéristiques génétiques des humains du passé), des géoarchéologues (qui analysent le contexte stratigraphique pour comprendre les différentes étapes de la formation du site), des paléopathologistes (qui étudient les pathologies anciennes et ce qu'elles nous apprennent sur les conditions de vie du passé), des archéozoologues (qui étudient les vestiges animaux sur les sites archéologiques). La primatologie, qui étudie le comportement des primates non-humains, et la biomécanique, qui étudie les propriétés mécaniques du corps, livrent également des éléments précieux pour reconstruire les comportements des hominines. Et la liste est loin d'être exhaustive. L'enjeu n'est pas de souligner l'interdisciplinarité du champ scientifique relatif à l'étude de l'évolution humaine, mais son aptitude à mobiliser et à combiner différentes sources d'information, dans le but d'identifier l'hypothèse la plus pertinente pour expliquer les données dont on dispose.

Ce champ scientifique procède par « inférence vers la meilleure explication » (*inference to the best explanation*)[13]. Cette méthode vise à élire, entre de multiples hypothèses rivales et mutuellement exclusives, celle qui fournit la meilleure explication des données dont on dispose. Cette démarche est également celle du mode de raisonnement que Peirce nomme l'abduction, consistant à mettre en relation des indices

12. C. Whewell, *The Philosophy of the Inductive Sciences*, London, Parker, 1840, p. 41-45.

13. T. C. Chamberlin, « The Method of Multiple Working Hypotheses : With this method the dangers of parental affection for a favorite theory can be circumvented », *Science* 148, 1965, p. 754-759. G. H. Harman, « The Inference to the Best Explanation », *The philosophical review* 74, 1, 1965, p. 88-95.

pour inférer des causes probables à un fait observé [14]. Afin d'identifier l'hypothèse fournissant la « meilleure explication » des traces observées jusqu'à présent, les paléoanthropologues et les archéologues se mettent à la recherche de nouvelles traces, c'est-à-dire de nouvelles données probantes, permettant de départager les hypothèses actuellement disponibles. L'inférence vers la meilleure explication est nécessairement éliminative : il s'agit de procéder par élimination, en rejetant l'une après l'autre des explications possibles, c'est-à-dire en restreignant le nombre de causes possibles. À la différence du modèle hypothético-déductif, permettant de confirmer ou de rejeter une hypothèse, dans le modèle d'« inférence vers la meilleure explication », l'hypothèse considérée comme la plus pertinente peut toujours être remise en question par une nouvelle découverte, une nouvelle analyse, une nouvelle technologie. Les hypothèses de travail doivent continuellement être testées et révisées à mesure qu'apparaissent de nouveaux fossiles. Cependant, cette dynamique inférentielle permet aussi de falsifier de manière définitive certaines hypothèses, devenues incompatibles avec ce que nous apprend le registre fossile. Ainsi, l'hypothèse cérébraliste, faisant de l'augmentation de la taille du cerveau le moteur de l'évolution humaine, a été réfutée par les découvertes fossiles dès le milieu du XXe siècle. Celles-ci mettaient au contraire en évidence la verticalisation initiale du corps, précédant la fabrication d'outils et l'apparition du langage [15].

La paléoanthropologie et l'archéologie pratiquent le raisonnement probatoire (*evidential reasoning*) [16], c'est-à-dire un raisonnement sur les faits, qui s'appuie sur des informations incomplètes et hétérogènes : tout l'enjeu est de transformer une collection de données en des preuves qui résultent d'une interprétation [17]. La démarche des paléoanthropologues et archéologues est en un sens analogue à celle des enquêteurs criminels, qui recueillent des indices sur une scène de crime et exploitent toutes les données possibles pour trouver le « suspect » : il s'agit de départager entre des hypothèses pour identifier la meilleure explication possible actuellement disponible.

14. C. S. Peirce, « Les conférences de Harvard » [1903], dans *Œuvres I*, trad. fr. C. Tiercelin et P. Thibaud, Paris, Cerf, 2002, p. 424-425.

15. A. Leroi-Gourhan, *Le Geste et la parole*, Paris, Albin Michel, 1964, p. 97.

16. Voir dans cet ouvrage le chapitre de Marion Vorms, p. 339.

17. R. Chapman et A. Wylie, *Evidential Reasoning in Archaeology*, London, Bloomsbury, 2016.

4. Le problème de la sous-détermination

Pourtant, est-il toujours possible de départager des explications rivales ? Lorsque les éléments de preuve dont on dispose ne permettent pas de décider entre des théories ou des hypothèses concurrentes, on parle de sous-détermination. Dans une perspective générale de philosophie des sciences, on peut considérer que toute théorie, toute hypothèse peut toujours entrer en rivalité avec une autre théorie, une autre hypothèse, également compatible avec les données dont on dispose. Par conséquent, les données probantes mobilisées pour construire un raisonnement pourraient étayer des généralisations inductives tout à fait différentes de celles qui sont faites habituellement [18]. Cette sous-détermination conduit à relativiser la distinction entre différentes hypothèses scientifiques, et même entre les croyances et les connaissances, dans la perspective de Quine [19].

Cette forme radicale de sous-détermination, à laquelle toute science est exposée, peut être qualifiée de sous-détermination « par principe », et distinguée de la sous-détermination locale, concernant spécifiquement certaines disciplines scientifiques plus que d'autres [20]. Le problème de la sous-détermination des hypothèses se pose en effet d'une manière singulière dans la paléoanthropologie et l'archéologie, dans la mesure où les données fondamentales de ces sciences sont à la fois rares et lacunaires. Il est légitime de se demander si la rareté et l'incomplétude des données disponibles constituent un obstacle insurmontable à la constitution d'un savoir scientifique robuste sur l'histoire évolutionnaire humaine.

L'analyse des limitations inhérentes au registre fossile est un point majeur de l'épistémologie de la paléoanthropologie : si l'on ne trouve pas de restes fossiles d'hominines à telle période, dans telle région, est-ce parce qu'il n'y avait pas d'hominines, parce qu'on ne les a pas encore trouvés, ou parce que ces vestiges ont disparu à jamais ? L'adage selon lequel « l'absence de preuve n'est pas une preuve d'absence » a toute sa pertinence dans ce champ scientifique [21]. Le travail des

18. N. Goodman, *Faits, fictions et prédictions* [1955], trad. fr. R. Larose *et al.*, Paris, Minuit, 1984., chap. III.

19. W. V. O. Quine, « Sur les systèmes du monde empiriquement équivalents » [1975], trad. S. Hutin et S. Laugier, dans S. Laugier et P. Wagner (éd.), *Philosophie des sciences*, vol. 2, *Naturalismes et réalismes*, « Textes clés », Paris, Vrin, 2004, p. 114-138.

20. A. Currie, « Stepping Forwards by Looking Back : Underdetermination, Epistemic Scarcity and Legacy Data », *Perspectives on Science* 29, 1, 2021, p. 104-132.

21. B. Wood et R. Smith, « Towards a More Realistic Interpretation of the Human Fossil Record », *Quaternary Science Reviews* 295, 2022, p. 2.

paléoanthropologues consiste à retracer l'histoire évolutionnaire des hominines à partir de données limitées, relatives à une poignée d'individus fossiles, sans savoir combien de points sont manquants autour des quelques points que ces individus représentent. Ces lacunes sont toutefois nombreuses, et s'expliquent de diverses manières. Tous les individus ne fossilisent pas, et tous ceux qui fossilisent ne sont pas retrouvés. De plus, les populations d'hominines ne représentent qu'un petit nombre d'individus, en comparaison des autres groupes de mammifères avec lesquels ils cohabitaient, et dont les restes fossiles sont retrouvés en nombre beaucoup plus important. Ajoutons que les sites fossilifères connus sont en nombre relativement limité : ainsi, les sites permettant de documenter la diversité humaine du passé, essentiellement en Afrique de l'Est et en Afrique du Sud, ne représentent pas plus de 2% de la surface du continent africain [22]. Notons enfin qu'il serait naïf d'attendre des données paléogénétiques qu'elles comblent les lacunes du registre fossile : les informations génétiques ne sont disponibles que dans certaines régions du monde, car l'ADN ancien se conserve très mal dans les zones chaudes et humides.

Toutes ces lacunes semblent être autant de failles donnant prise à la sous-détermination : eu égard aux limitations exposées ci-dessus, peut-on espérer que les données disponibles permettent de départager des hypothèses relatives au nombre de taxons d'hominines représentés dans le registre fossile, à leur répartition géographique et à leur étendue temporelle ? Si la limitation des données, conjuguée à l'ampleur des questions auxquelles on veut répondre, compromet la possibilité de choisir de manière objective entre des explications concurrentes, la paléoanthropologie serait exposée à une forme radicale de sous-détermination. Quoique locale, c'est-à-dire inhérente aux spécificités de la discipline, cette sous-détermination en viendrait à menacer la distinction entre croyances et connaissances. Les paléoanthropologues eux-mêmes s'emploient à critiquer les croyances et les présupposés de leur discipline, certains d'entre eux n'hésitant pas à mettre en évidence la « mythologie » inhérente à leur champ d'étude. Pourtant, n'est-il pas dangereux de jouer le jeu de la relativisation entre croyance et connaissance à propos de l'évolution humaine, eu égard aux attaques du créationnisme contre ce champ scientifique ?

La question de la sous-détermination nous conduit à considérer à nouveau la différence entre sciences historiques et sciences expérimentales. Alors que celles-ci peuvent, par l'expérimentation,

22. *Ibid.*, p. 4.

générer de nouvelles données susceptibles de départager des hypothèses concurrentes, les sciences historiques n'ont pas cette possibilité. Non seulement les sciences du passé ont peu de données, mais celles qui existent sont fragiles et se dégradent au cours du temps[23]. Prenons l'exemple de la grotte Cosquer, entre Marseille et Cassis, une grotte sous-marine qui a été découverte dans les années 1980 et dont la réplique peut être visitée. Cette grotte a été fréquentée par des *Homo sapiens* entre 33000 et 19000 ans, lors de la dernière période de glaciation de la Terre, pendant laquelle le niveau de la mer était beaucoup plus bas. Aujourd'hui, une grande partie de la grotte est noyée, et les informations qu'elle contient sont perdues à jamais ; avec la hausse du niveau de la mer liée au réchauffement climatique, les peintures pariétales aujourd'hui préservées seront bientôt immergées. Cette perspective suggère un cas de sous-détermination insurmontable, qui ne serait pas transitoire mais définitive, propre à ces disciplines scientifiques travaillant sur le passé lointain.

Il serait pourtant inexact de dépeindre la paléoanthropologie et l'archéologie comme des disciplines impuissantes face à une sous-détermination insurmontable, sapant les fondements même de leurs productions scientifiques.

Au contraire, de nombreuses stratégies sont mises en œuvre par ces sciences pour surmonter ces limitations et préserver au mieux les données existantes. Reprenons l'exemple de la grotte Cosquer. Les archéologues anticipent la dégradation et la destruction des données qu'elle abrite, en réalisant des relevés géo-archéologiques des parois et des sols, afin d'enregistrer toutes les traces d'occupation, comme les peintures pariétales, mais aussi les traces de foyers. Un travail de numérisation et de modélisation de la grotte en 2D et 3D est également réalisé, afin de proposer une reconstruction qui livre les volumes et les détails. On remarquera également que la dégradation des données au cours du temps n'est pas seulement subie, elle est documentée, par un sous-champ scientifique important dans la paléoanthropologie. La taphonomie est la science de la dégradation, de l'altération des restes fossiles, depuis la mort de l'individu jusqu'aux restes qui en subsistent actuellement. Cette discipline joue un rôle clé dans l'épistémologie de la paléoanthropologie, puisqu'elle permet d'appréhender le biais dont résulte tout registre fossile, marqué par une série de transformations : les paléoanthropologues savent qu'ils ne peuvent jamais exactement

23. D. Turner, *Making Prehistory : Historical Science and the Scientific Realism Debate*, Cambridge, Cambridge University Press, 2007, p. 53-56.

savoir dans quelle mesure les collections fossiles reflètent fidèlement la communauté vivante dont ils ne fournissent qu'un échantillon.

Un autre argument vient encore s'opposer à l'idée selon laquelle la sous-détermination constitue pour les sciences historiques une fatalité. Ces sciences se nourrissent en effet de nouvelles données, issues non seulement de découvertes, mais aussi d'innovations technologiques. Ainsi, le champ de l'anthropologie virtuelle a permis de développer un ensemble de techniques d'imagerie qui permettent de reproduire les spécimens, de les reconstruire virtuellement, d'accéder à la structure interne des fossiles de manière non invasive, c'est-à-dire sans avoir besoin de les couper. Par exemple, le fait de pouvoir accéder par l'imagerie synchrotron à la microarchitecture de la dent permet d'obtenir des informations précieuses sur l'histoire de vie d'un individu, de calculer son âge, l'âge auquel il a été sevré.

Les données génétiques fournissent un autre exemple. Autrefois inexploitables pour les spécimens fossiles, elles font désormais partie intégrante de la paléoanthropologie et de l'archéologie. La paléogénétique et la paléogénomique permettent d'extraire de l'ADN ancien et de séquencer des génomes entiers. Ainsi, le génome de « l'homme de Néanderthal » a été séquencé en 2010 ; la même année, un groupe éteint d'hominines jusqu'alors inconnu, les Dénisoviens, était identifié à partir de données génétiques. Ces avancées technologiques permettent désormais d'exploiter les protéines anciennes : la paléoprotéomique permet notamment d'identifier des ossements humains fortement fragmentés (abîmés par l'activité des carnivores ou par des processus taphonomiques) qui jusqu'alors ne pouvaient pas être identifiés sur le plan taxonomique.

Ces deux exemples de percées technologiques sont souvent présentés comme des révolutions scientifiques dans l'étude de l'évolution humaine. La « révolution paléogénétique » est parfois vantée comme un mode de connaissance direct et objectif du passé humain. Or, il s'agit surtout d'apporter de nouvelles données qui, combinées aux autres données disponibles, permettent d'écarter certaines hypothèses, d'en corroborer d'autres, ou de les reformuler dans de nouveaux termes. Ceci plaide pour une sous-détermination transitoire, constituant un moteur dans ces disciplines, qui s'efforcent de surmonter les limitations inhérentes au registre fossile.

La relation entre les données disponibles et les hypothèses qu'elles rendent possibles est au centre des débats qui agitent les paléoanthropologues. Cette confrontation à la question de la sous-détermination est un bel exemple de réflexivité dans cette discipline scientifique, encline à s'interroger sur la certitude dont la science est capable, sur la pertinence qu'il y a à se fixer des limites, qui pourtant semblent être toujours flottantes, mouvantes. Une vision « pessimiste » et une vision « optimiste » s'affrontent ainsi quant aux limites de la connaissance possible sur l'histoire évolutionnaire humaine. Faisant part de leur scepticisme face aux hypothèses parfois spéculatives forgées à partir de quelques spécimens fossiles, certains paléoanthropologues s'interrogent sur l'aptitude de leur discipline à « poser des questions auxquelles on peut répondre »[24] et appellent à « une interprétation plus réaliste du registre fossile »[25], dès lors qu'on prend acte du fait que celui-ci est un enregistrement incomplet de l'histoire évolutionnaire humaine, qui limite ce que l'on peut en dire.

Un point important dans cette réflexion est l'unicité des caractéristiques que les paléoanthropologues s'emploient à expliquer, en posant la question « pourquoi » : pourquoi cette espèce est-elle apparue ? Pourquoi ce trait a-t-il évolué ? L'objectif n'est pas de critiquer un vieux fond de téléologie qui subsisterait dans la science de l'évolution humaine, mais de souligner que la recherche d'explication causale pour un événement historique unique ne peut pas recevoir de réponse scientifique[26]. Par exemple, à la question « pourquoi la bipédie a-t-elle évolué ? », plusieurs réponses sont également plausibles qui ne peuvent être départagées. Comment peut-on en effet tester une hypothèse causale à propos d'une caractéristique uniquement humaine ? Pour tester cette hypothèse, il faudrait comparer différents cas, comparer les traits de l'espèce humaine avec ceux d'autres espèces. Or un événement unique ne peut pas être pris comme une instance d'une séquence plus générale et ne peut pas être évalué comparativement : la méthode scientifique ne peut pas s'appliquer, si l'on accepte avec Aristote qu'il n'y a pas de science de l'individuel. Ainsi, l'explication d'un événement unique relèverait de l'histoire, pas de la science, conduisant à porter à ses limites et à scinder la notion de « science historique ». Cependant, ce scepticisme est battu en brèche par d'autres paléoanthropologues, qui questionnent la notion d'unicité convoquée ici[27]. Si l'on peut admettre l'unicité d'un événement comme le Big bang, l'émergence de la bipédie

24. R. Smith et B. Wood, « The Principles and Practice of Human Evolution Research : Are We Asking Questions that Can Be Answered ? », *Comptes Rendus Palevol* 16, 5-6, 2017, p. 670-679.

25. *Ibid.*

26. *Ibid.*

27. B. Villmoare et W. Kimbel, « On the Scientific Credibility of Paleoanthropology », *Evolutionary Anthropology*, 33, 4, 2024, p. 2-3.

chez les hominines constitue-t-elle un événement comparable ? Ce phénomène ne devrait-il pas être appréhendé comme un processus plutôt que comme un événement, s'agissant d'une adaptation sur le long terme, ayant impliqué de multiples changements anatomiques ? De plus, les paléoanthropologues ne prennent pas pour objet d'étude l'origine de la bipédie en tant que telle : ils réduisent cet « événement » en éléments plus petits et susceptibles d'analyse comparative. Le modèle causal global du « pourquoi » se traduit par un ensemble d'hypothèses de travail qui peuvent être testées à l'épreuve de la diversité des traces dont on dispose : la voie empruntée par les sciences historiques a ses particularités méthodologiques, mais elle n'est pas si éloignée de la solution que Popper proposait, avec le critère de la falsifiabilité, au « problème de l'induction »[28].

5. Décrire et classer, au croisement de la biologie et de l'anthropologie

Une part importante du travail des paléoanthropologues consiste à décrire des spécimens fossiles et à les classer, soit dans un taxon déjà existant, soit en créant une nouvelle espèce. Ces deux activités relèvent respectivement de la taxinomie, qui consiste à opérer une classification des spécimens dans des taxons, et de la nomenclature, qui consiste à donner un nom à ces taxons.

L'activité classificatoire peut suivre plusieurs méthodes. La classification évolutionniste vise à retracer la généalogie des espèces à partir des similitudes héritées d'un ancêtre commun, c'est-à-dire des homologies. Cette approche permet d'identifier des grades évolutifs, basés sur des changements adaptatifs. La classification phylogénétique, ou cladistique, vise quant à elle à refléter les relations de parenté, sur la base du partage d'états de caractères dérivés. Cette approche permet d'identifier des clades, c'est-à-dire des groupes d'organismes qu'on appelle monophylétiques car ils sont issus d'ancêtres communs et sont plus étroitement liés les uns aux autres qu'à n'importe quel autre organisme. Bien que la taxinomie soit distincte de la phylogénie, la classification tend à refléter les relations de parenté : l'emboîtement des catégories taxinomiques (espèces, genres, tribus, familles, etc.) doit être cohérent avec les connaissances dont on dispose sur la phylogénie du vivant. Toutefois, toute classification est une hypothèse, qui implique

28. K. Popper, *La logique de la découverte scientifique* [1935], trad. fr. N. Thyssen-Rutten et Ph. Devaux, Paris, Payot, 1973, chap. I.

des choix, également influencés par la pratique scientifique, qui requiert des outils classificatoires opérationnels. Par exemple, certains systématistes proposent de ranger toutes les espèces fossiles plus proches des humains actuels que des chimpanzés et bonobos actuels dans le sous-genre *Homo (homo)*. Or une telle classification, acceptable du point de vue de la systématique, ne serait pas du tout pratique pour les paléoanthropologues, qui ont besoin de plusieurs catégories taxinomiques pour comprendre au mieux la diversité humaine du passé [29].

L'activité nomenclaturale est régie par des règles. La méthode de la nomenclature binominale proposée par Linné au XVIIIe siècle, qui désigne l'espèce biologique par le nom du genre suivi du nom de l'espèce, en latin, continue à être utilisée dans la paléoanthropologie, comme dans la zoologie de manière générale. De plus, le Code international de nomenclature zoologique régit la formation et l'usage des noms de taxon, depuis le rang de l'espèce jusqu'à des rangs plus élevés, comme celui de la famille.

Depuis 1995, au moins quinze nouvelles espèces ont été décrites dans le clade des hominines. Il s'agit de nouvelles espèces du genre *Homo*, comme *Homo luzonensis* en 2019, ou bien de nouvelles espèces du genre *Australopithecus*, comme *Australopithecus sediba* en 2010, ou bien de nouvelles espèces au sein de genres nouveaux, comme *Orrorin tugenensis* en 2001 [30]. Notons que s'il existe des règles de nomenclature, régissant la formation des noms et la description des espèces, les noms d'espèces sont conventionnels : ils ne disent rien de ce qu'est l'entité qu'ils désignent, ni de ses caractéristiques. Ainsi, le genre des Australopithèques, *Australopithecus*, signifiant littéralement « singe du Sud », ne désigne pas les Australopithèques comme étant issus de la lignée conduisant aux grands singes africains actuels (chimpazés et gorilles), alors même qu'ils sont considérés, depuis le milieu du XXe siècle, comme faisant pleinement partie de la lignée conduisant aux humains actuels. Selon le paléontologue George Gaylord Simpson, il est ainsi absurde de rebaptiser ce taxon du nom d'*Australanthropus*, signifiant littéralement « l'humain du Sud », au motif que ce taxon fossile est reconnu comme l'ancêtre du genre *Homo*. Le nom *Palaeolumbricus* (« le ver de terre ancien ») ferait tout aussi bien l'affaire, souligne-t-il, puisque le nom

29. M. Lequin, « Comment nommer la lignée humaine ? », art. cit., p. 65.

30. M. Lequin, « Comment définir l'humain à partir de sa diversité ? Questions épistémologiques et enjeux philosophiques », *Bulletins et Mémoires de la Société d'Anthropologie de Paris* 34, 2, 2022, p. 1.

donné au taxon est purement conventionnel[31]. Pourtant, les taxons d'hominines décrits récemment ne s'affranchissent pas toujours de cette aspiration métaphysique à dire par le nom ce que les espèces sont. Ainsi, *Orrorin* signifie « l'homme originel » en tugen (la langue parlée dans la région du Kenya où les fossiles ont été découverts) : le choix du nom vient appuyer l'interprétation de ce fossile par l'équipe associée à sa découverte, qui le considère comme le premier hominine bipède, il y a 6 millions d'années. Si la classification et la nomenclature des taxons humains suivent les règles de la zoologie, dont elles ne sont qu'un cas particulier, elles sont difficilement séparables d'un questionnement anthropologique portant sur ce qui définit l'humain et « la place de l'homme dans la nature »[32].

La classification des hominines pose également la question de la définition des espèces fossiles : quels sont les critères permettant de justifier la description d'une nouvelle espèce ? On retrouve ici la problématique, classique en philosophie de la biologie, de la définition de l'espèce biologique. Or, il est difficile, voire impossible, d'employer les concepts classiques de l'espèce en biologie s'agissant du registre fossile. Ainsi, le concept biologique de l'espèce, développé par Buffon au XVIIIe siècle, puis formulé par Mayr[33], définit l'espèce par le critère de l'interfécondité : les individus d'une même espèce sont génétiquement isolés des individus appartenant à une autre espèce (isolement reproductif) et peuvent engendrer une progéniture viable et féconde. S'il peut être pertinent pour les espèces actuelles, ce critère semble fort peu utile pour les paléoanthropologues, qui n'ont aucun moyen direct de savoir si deux individus, connus à partir de la morphologie de leurs restes fossiles, pouvaient ou non se reproduire.

On pourra objecter que cette limitation, inhérente à la connaissance morphologique des espèces du passé, peut être franchie grâce aux progrès de la paléogénétique et de la paléogénomique. Ainsi, le séquençage du génome néandertalien nous apprend que toutes les populations actuelles, à l'exception de celles originaires d'Afrique, portent une petite fraction du génome de l'humain de Néandertal proche de 2 %. Cet échange de matériel génétique entre des populations humaines du passé semble indiquer qu'il y a eu des épisodes d'hybridation

31. G. G. Simpson, « The Meaning of Taxonomic Statements », *in* S. L. Washburn (ed.), *Classification and Human Evolution*, London-New York, Routledge, 1963, p. 1-31.

32. T. Huxley, *La place de l'homme dans la nature* [1863], trad. fr. E. Dally et H. de Varigny, J.-B. Baillière et fils, Paris, 1891.

33. E. Mayr, *Systematics and the Origin of Species*, New York, Columbia University Press, 1942, chap. V.

entre Néandertaliens et *sapiens*. À la lumière du concept biologique de l'espèce, on pourrait s'attendre à ce que ces nouvelles données génétiques permettent de trancher définitivement une des questions fondamentales qui agite la paléoanthropologie depuis le milieu du XIXe siècle : est-il pertinent de considérer *Homo neanderthalensis* et *Homo sapiens* comme deux espèces distinctes ou bien ces deux formes appartiennent-elles à la même espèce ? À l'aune du concept biologique d'espèce, les indices d'hybridations entre Néandertaliens et *sapiens* sembleraient plutôt plaider en faveur de l'hypothèse d'une seule et même espèce.

Pourtant, la question est loin d'être close. En effet, des différences morphologiques notables existent bel et bien entre Néandertaliens et *sapiens* : les Néandertaliens ont une voûte crânienne basse, un bourrelet osseux au-dessus des orbites, un menton fuyant, des os robustes, une cage thoracique et un bassin larges. L'ontogénie des Néandertaliens et des *sapiens* semble être également différente : les individus ne se développent pas de la même manière, ainsi le cerveau des enfants *sapiens* acquiert une forme globulaire au cours de la première année de vie ; il est possible que les enfants *sapiens* aient une croissance plus lente que celle des petits Néandertaliens, ce qui a des conséquences importantes non seulement sur la biologie mais aussi sur l'organisation sociale du groupe. Ces différences peuvent-elles n'être que des variations au sein d'une même espèce ?

Ainsi, les informations fournies par la paléogénomique sur les échanges génétiques entre les groupes humains du passé conduisent à questionner notre conception de l'espèce plutôt qu'elles n'apportent une réponse définitive à leur délimitation dans le registre fossile. Si l'espèce tend à être souvent conçue comme une entité close, l'étude des formes fossiles distribuées sur des centaines de milliers d'années nous incite à envisager au contraire les espèces comme des entités spatio-temporelles qui sont des lignées en évolution. Le concept évolutionnaire de l'espèce proposé par Simpson en 1951 soulignait déjà qu'une espèce est une lignée de populations ancestrales descendantes qui a sa propre identité et sa propre histoire évolutionnaire [34]. Dans cette perspective, il convient d'appréhender les différences entre *sapiens* et Néandertaliens comme le résultat d'un processus de différenciation, interprété par certains comme un processus de spéciation : les propriétés taxinomiques qui nous permettent de définir ces deux formes, n'ont pas été toutes présentes d'emblée, mais sont apparues à différents moments. Ainsi le

34. G. G. Simpson, « The Species Concept », *Evolution* 5, 4, 1951, p. 285-298.

critère de l'isolement reproductif, central dans le concept biologique de l'espèce, peut-il apparaître tardivement. Prendre en compte la réalité de l'évolution biologique qui a façonné la morphologie des espèces fossiles nous incite à considérer qu'il n'y a pas de seuil net permettant de délimiter absolument ces espèces, surtout dans les phases initiales de la divergence entre des formes humaines du passé. L'enjeu est ici de s'affranchir d'une conception essentialiste de l'espèce, comme forme définie par des propriétés possédées nécessairement et exclusivement. Cette conception essentialiste concerne aussi les taxons de rang supérieur à l'espèce, par exemple la tribu des Hominini, longtemps définie par l'aptitude à la bipédie. Or cette démarcation stricte de l'origine des hominines est mise en question par la diversité des formes de bipédie que semblent avoir pratiquées les premiers hominines, mais aussi potentiellement les singes hominoïdes du Miocène, antérieurs à la divergence entre la lignée des humains et la lignée des grands singes actuels [35].

S'il paraît malvenu de définir les espèces par des propriétés dans un contexte évolutionniste, des critères de définition sont toutefois nécessaires pour interpréter les fossiles. La paléoanthropologie nous oblige à un ajustement permanent entre une perspective ontologique, portant sur ce que les espèces sont, et une perspective épistémique, portant sur la manière dont on peut les identifier. Les données génétiques, qui ne sont disponibles que pour les formes les plus récentes (actuellement, pas au-delà de 400 000 ans, quand les premiers hominines connus ont 7 millions d'années), ne permettent pas de s'affranchir d'un concept morphologique de l'espèce. Les espèces fossiles sont identifiées à partir de leurs caractéristiques morphologiques et les paléoanthropologues décident de décrire une nouvelle espèce fossile si les spécimens présentent des caractéristiques qui excèdent l'ampleur des variations documentées dans les autres espèces connues. Or il est très difficile d'interpréter la signification des ressemblances et des divergences quand on dispose d'un petit nombre de spécimens et qu'on connaît mal la variabilité qui existait au sein des espèces passées. De plus, ce ne sont pas nécessairement les mêmes parties du corps qui sont connues d'un groupe à l'autre : comment comparer une phalange de doigt à une mandibule ? On retrouve ici la question de la sous-détermination des hypothèses, en l'occurrence des hypothèses taxinomiques, relatives à la classification. On présuppose

35. M. Lequin, *Bipédie et origines de l'humanité. Philosophie et histoire de la paléoanthropologie*, Paris, Hermann, 2019, chap. VII.

que les restes d'un individu fossile sont représentatifs du taxon qu'ils permettent de décrire, par extrapolation. Mais dans quelle mesure l'individu est-il représentatif du taxon ? Il est, par exemple, parfois difficile de déterminer si un individu connu par quelques restes fossiles est mort d'une cause naturelle ou d'une pathologie, ce qui complique l'interprétation de ses caractéristiques anatomiques.

Au-delà des questions relatives à la délimitation des espèces fossiles, l'augmentation du nombre d'espèces d'hominines récemment décrites conduit à demander dans quelle mesure cette inflation taxinomique reflète uniquement la diversité biologique du passé, ou dans quelle mesure elle est influencée par différents biais. Il semble donc important de se questionner sur le rôle des valeurs dans une discipline prenant l'humain pour objet de connaissance. Les valeurs épistémiques, relatives notamment à la cohérence d'une hypothèse scientifique au regard des données disponibles, coexistent ici avec des valeurs non-épistémiques (mais qui peuvent toutefois prendre légitimement part à l'activité scientifique), concernant par exemple la diversité humaine actuelle au regard de la diversité humaine du passé. La réflexion sur les biais susceptibles d'influencer l'évaluation de la diversité des taxons d'hominines implique aussi de prendre en compte les conditions concrètes de la pratique scientifique. Ainsi, on peut se demander si la description d'une nouvelle espèce humaine est toujours désintéressée, quand celle-ci assure la couverture de revues scientifiques prestigieuses comme *Science* ou *Nature*, avec d'importantes retombées en termes de visibilité et de financement de la recherche.

Les problématiques relatives à la classification des hominines fossiles illustrent le statut singulier de la paléoanthropologie. Au croisement des sciences de la nature et des sciences humaines, celle-ci relève de la biologie, et constitue pourtant une anthropologie à part entière, visant la connaissance de l'humain dans sa diversité. La réflexivité est une caractéristique distinctive de la paléoanthropologie, puisque cette discipline scientifique se confronte, avec la méthodologie qui lui est propre, à la question de ce que nous sommes. Cet effort de connaissance de soi se traduit par une réflexion sur les critères de définition de l'humain à ses différents niveaux taxinomiques (espèce *Homo sapiens*, genre *Homo*, tribu des hominines), mais aussi sur l'altérité des humains du passé. Ainsi, l'étude des Néandertaliens n'est pas seulement celle d'un groupe biologique dont sont analysées les caractéristiques anatomiques et comportementales. Parce qu'il s'agit d'un groupe avec lequel nos ancêtres *sapiens* ont coexisté en Europe pendant au moins 10 000 ans, l'étude des Néandertaliens conduit inévitablement à poser la question de ce nous sommes en tant que *sapiens*. La paléoanthropologie implique de considérer d'autres formes d'humanité, d'organisation, de manières de penser. Ainsi l'archéologie cognitive, sans se prononcer sur la signification, sans doute à jamais perdue, qu'avaient pour les Néandertaliens leurs productions culturelles, s'emploie-t-elle à mettre en évidence les capacités cognitives que celles-ci requièrent, potentiellement différentes de celles de nos ancêtres *sapiens* sans pourtant leur être nécessairement inférieures. La confrontation à l'altérité des humains du passé pose en outre la question du point de vue non plus anthropocentré, mais « *sapiens*-centré », que nous portons sur ces événements lointains. Pouvons-nous par exemple penser l'extinction d'*Homo neanderthalensis* sans nous demander ce que cette disparition représente pour nous, qui sommes la seule espèce humaine ayant survécu ? Dès lors, pouvons-nous espérer atteindre cet événement dans sa réalité historique, en envisageant les causes multiples susceptibles d'avoir concouru à la disparition des Néandertaliens ? Ou sommes-nous condamnés à n'y voir que le reflet de ce que nous sommes, ce miroir nous renvoyant tantôt l'image d'une espèce génocidaire ayant éradiqué ses cousins néandertaliens, tantôt celle d'une espèce victorieuse, dont les capacités supérieures expliqueraient la survie ?

Loin de menacer la scientificité de la paléoanthropologie et de l'archéologie, la prise en considération des biais que peut impliquer la réflexivité inhérente à ces disciplines constitue un aspect fondamental de leur épistémologie, au même titre que celle des particularités méthodologiques liées à l'étude des vestiges du passé.

Conclusion

Cette introduction à l'épistémologie de la paléoanthropologie et de l'archéologie a abordé quelques-unes des problématiques particulières auxquelles ces sciences sont confrontées. Ces problématiques dérivent de la disproportion entre les données rares et lacunaires dont ces sciences disposent et l'ampleur des questions, souvent vertigineuses, sur l'origine et l'évolution de notre espèce, auxquelles elles entendent apporter des réponses. Pourtant, nous avons évoqué certaines des nombreuses stratégies méthodologiques que les paléoanthropologues et les archéologues adoptent pour réduire cet écart et construire un savoir scientifique aussi robuste que possible sur le passé lointain. S'il est indispensable de prendre en considération la spécificité épistémique de ces sciences historiques, celles-ci permettent aussi d'aborder sous un angle nouveau les grandes questions de l'épistémologie générale et de la philosophie des sciences, telles que la causalité, la sous-détermination, ou le concept d'espèce.

Bibliographie indicative

CHAPMAN R. et A. WYLIE, *Evidential Reasoning in Archaeology*, London, Bloomsbury, 2016.

CLELAND C. E., « Methodological and Epistemic Differences between Historical Science and Experimental Science », *Philosophy of Science* 69, 3, 2002, p. 474-496.

COHEN C., *La trace, le fossile, la preuve*, Paris, Seuil, 2011.

CURRIE A., *Rock, Bone, and Ruin : an Optimist's Guide to the Historical Sciences*, Cambridge (Mass.), The MIT Press, 2018.

– « Stepping Forwards by Looking Back : Underdetermination, Epistemic Scarcity and Legacy Data », *Perspectives on Science* 29, 1, 2021, p. 104-132.

LEQUIN M., *Bipédie et origines de l'humanité. Philosophie et histoire de la paléoanthropologie*, Paris, Hermann, 2019.

– « Comment nommer la lignée humaine ? De l'ordre des Bimanes à la sous-tribu des hominiens », *Revue d'histoire des sciences* 75, 2022, p. 35-69.

– « Comment définir l'humain à partir de sa diversité ? Questions épistémologiques et enjeux philosophiques », *Bulletins et Mémoires de la Société d'Anthropologie de Paris* 34, 2, 2022.

LEROI-GOURHAN A., *Le Geste et la parole*, Paris, Albin Michel, 1964.

SMITH R. et B. WOOD, « The Principles and Practice of Human Evolution Research : Are We Asking Questions that Can be Answered ? », *Comptes Rendus Palevol* 16, 5-6, 2017, p. 670-679.

TURNER D., *Making Prehistory : Historical Science and the Scientific Realism Debate*, Cambridge, Cambridge University Press, 2007.

VILLMOARE B. et W. KIMBEL, « On the Scientific Credibility of Paleoanthropology », *Evolutionary Anthropology* 33, 4, 2024.

WOOD B. et R. SMITH, « Towards a More Realistic Interpretation of the Human Fossil Record », *Quaternary Science Reviews* 295, 2022.

Sur la paléoanthropologie et l'archéologie

BALZEAU A., *Brève histoire des origines de l'humanité*, Paris, Tallandier, 2022.

– *Histoire d'os. Sur les pas des Néandertaliens*, Paris, Tana, 2024.

BON F. et A. CALLIAS, *Sapiens à l'œil nu*, Paris, CNRS Éditions, 2019.

BRAGA J., C. COHEN, B. MAUREILLE et N. TEYSSANDIER, *Origines de l'humanité : les nouveaux scénarios*, Montreuil, La ville brûle, 2016.

COPPENS Y. et A. VIALET (dir.), *Un bouquet d'ancêtres. Premiers humains : Qui était qui, qui faisait quoi, où et quand* ?, Roma-Paris, Académie pontificale des sciences-CNRS Éditions, 2021.

DEMOULE J.-P., *La préhistoire en 100 questions*, Paris, Tallandier, 2023.

GROSOS P., J.-M. GENESTE et B. VALENTIN (dir.), *Préhistoire. Nouvelles frontières*, Paris, Éditions de la Maison des Sciences de l'homme, 2023.

HEYER E., *L'Odyssée des gènes*, Paris, Flammarion, 2020.

Troisième partie

Sciences, valeurs, société

La technique, entre théorie et pratique

par Henri Stéphanou

Dans une activité particulière, un art ou un métier, une technique est un ensemble de procédés qui permettent de produire un objet, de réaliser une œuvre ou d'obtenir un résultat. Les compétences propres au pianiste, au maçon, au médecin, à l'orateur reposent ainsi sur la maîtrise de techniques qui relèvent chacune d'un domaine particulier. Les techniques se distinguent de l'habileté ou du savoir-faire en ce qu'elles peuvent, en principe, être décrites et consignées sous la forme de règles applicables sous certaines conditions explicitement spécifiées. Quel que soit son degré de difficulté, une technique opère donc une normalisation de l'action et promet des résultats à tout agent capable de l'appliquer correctement. Cette normalisation peut être complexe, requérir un grand nombre de règles et impliquer un collectif d'agents, comme dans le cas du pilotage d'un navire ou dans la mise en œuvre de techniques industrielles. En outre, la maîtrise d'une technique suppose souvent non seulement une coopération mais aussi un apprentissage long et spécialisé. Bien des publications techniques sont tout à fait inaccessibles au profane.

Bien que certaines techniques soient abstraites parce qu'elles relèvent de domaines théoriques – il existe en ce sens des techniques mathématiques utilisées pour la démonstration de certains théorèmes – les techniques sont plus souvent conçues comme orientées vers des pratiques concrètes et présentées parfois comme des applications de théories scientifiques. Les techniques qui permettent la construction d'ouvrages d'art dans les travaux publics, la réalisation d'opérations chirurgicales complexes, ou l'interprétation de données statistiques reposent aujourd'hui sur des théories mathématiques, physiques ou biologiques dont elles constituent des applications. La production industrielle, en particulier, est rendue possible par des techniques largement fondées sur de multiples connaissances scientifiques. Considérés globalement, l'ensemble des procédés qui résultent d'une application des sciences et qui sont orientés vers la production et la transformation de la nature forme ce que certains philosophes nomment *la* technique, au singulier, selon une acception du terme qui a été l'objet, au XXe siècle, d'une abondante littérature philosophique et critique. Cet usage du mot « technique » se trouve par exemple chez Heidegger[1] ou chez Habermas[2]. L'épistémologie des techniques ne se limite cependant pas à ce sens particulier du mot et prend en considération les techniques dans leurs multiples formes, qu'elles soient individuelles ou collectives, artisanales ou industrielles, liées ou non à la production.

Bien que le terme « technique » trouve sa racine dans le grec ancien « *technè* » (τέχνη), traduit par « *ars* » en latin, il n'apparaît en français qu'assez tardivement, au siècle des Lumières, sous une forme adjectivale et dans le cadre de discussions relatives aux arts et aux métiers. Il faut attendre environ un siècle de plus d'une histoire tourmentée[3] pour que le substantif soit attesté dans les dictionnaires. Il reprend alors la place qu'occupe, dans de nombreux usages, le mot « art », dont le sens se spécialise et rejoint celui de « beaux-arts », comme si ces déplacements sémantiques reflétaient les mutations d'un vaste domaine d'activités et de savoirs humains difficiles à circonscrire. En témoigne également la langue anglaise qui, ne disposant d'aucun équivalent du français « technique », doit recourir, selon les contextes, à « *technique* », « *technics* », « *technical knowledge* » ou « *technology* »[4].

La technique est affaire de savoir : les procédés et les savoir-faire ont valeur de techniques seulement s'ils sont susceptibles d'explicitation et de transmission. La technique est d'abord un patrimoine immatériel, car si elle peut mobiliser des d'outils et des machines, c'est bien de leur *conception* qu'elle est dépositaire, et non des artefacts matériels eux-mêmes. Cette relation au savoir est attestée par les nombreuses institutions qui lui sont consacrées comme les universités de technologie ou les instituts polytechniques. Mais de quel savoir s'agit-il précisément ?

Une première réponse possible est que la technique est un savoir pratique, puisqu'elle a trait à des procédés, des préceptes, des méthodes

1. M. Heidegger, « La question de la technique », dans M. Heidegger, *Essais et conférences*, trad. fr. A. Préau et J. Beaufret, Paris, Gallimard, 1958.

2. J. Habermas, *La technique et la science comme idéologie* [1968], Paris, Denoël-Gonthier, 1978.

3. M. Camolezi, « Technique, Technics, Technik, substantifs : les mots à travers les dictionnaires du XIXe siècle », *Artefact* 15, 2022, p. 61-106.

4. Voir sur ce point E. Schatzberg, *Technology: Critical History of a Concept*, Chicago (IL), University of Chicago Press, 2018.

de l'action et de la production. Il faut cependant rappeler qu'elle se distingue de l'habileté et du savoir-faire par une certaine réflexivité : elle décrit les pratiques, les analyse, et les reconfigure à l'occasion, les rendant par-là susceptibles de progrès. En ce sens, elle semble relever déjà de la démarche analytique et critique de la science.

Ce double caractère de la technique – théorie et pratique à la fois – est perceptible dans les hésitations d'Aristote au sujet de la *technè*. Au livre VI de l'*Éthique à Nicomaque*, il la range résolument aux côtés de la prudence, comme une disposition de la raison « délibérative » occupée de la réalisation des fins contingentes de la volonté, qui s'oppose à la raison « épistémique » occupée seulement à considérer des causes nécessaires de la nature[5]. Au livre A de la *Métaphysique* cependant, il présente la *technè* comme un degré inférieur de la science, et parle souvent de « sciences productives » pour désigner son domaine[6]. Aujourd'hui même, la multiplicité des dénominations de ce domaine du savoir : « sciences de l'ingénieur », « technologie »[7], « expertise technique », « savoir-faire », etc. suggère une transition continue entre les pôles théorique et pratique de la connaissance. La technique serait cet entre-deux qui permet de passer des principes théoriques aux préceptes pratiques, et en retour de fournir des exemples et des questions pratiques à la réflexion théorique. Elle attesterait ainsi de l'unité fondamentale de la connaissance et de la valeur toute relative de la distinction entre théorie et pratique.

Dans un tel modèle, la connaissance technique est en général considérée comme inférieure ou de moindre intérêt, parce qu'asservie à l'utilité. Elle serait, pour cette même raison, toujours parcellaire et provisoire. Cette perspective, sans nécessairement relever de l'*applicationnisme*, c'est-à-dire de cette vision réductrice de la technique qui soutient qu'elle est essentiellement un savoir *appliqué*[8], ne lui accorde qu'une faible valeur. L'épistémologue et le logicien sont ainsi

5. Aristote, *Éthique à Nicomaque*, livre VI, chap. I, 1139a5-12.

6. Aristote, *Métaphysique*, A, chap. I, 981b8 *sq.* Voir également Θ, chap. II, 1046b3 et E, chap. II, 1026b5.

7. En français, « technologie » est usité tantôt comme un synonyme de « technique » (on parle par exemple des technologies biomédicales), tantôt au sens d'une science des techniques ou d'une étude systématique des procédés en usage dans un domaine technique (on parle en ce sens de cours de technologie, ou d'instituts universitaires de technologie).

8. Sur l'applicationnisme, voir F. Vatin, « Auguste Comte, les sciences d'application et la formation du peuple », *Revue philosophique de la France et de l'étranger* 132, 4, 2007, p. 421-435 et T. Deldicque, « Canguilhem et “la technique” », *Artefact. Techniques, histoire et sciences humaines* 15, 2022, p. 201-238.

invités à concentrer leurs recherches sur les sciences, qui visent une connaissance pleine et entière.

Cependant, la première thèse d'Aristote, à savoir que la technique est avant tout un savoir pratique ayant sa raison propre, qui ne saurait être réduit à un simple « corollaire de la philosophie théorique », selon le mot de Kant[9], a trouvé de nombreux échos dans l'histoire de la philosophie, notamment chez des philosophes qui, souhaitant remettre en cause des normes de connaissance, ont trouvé dans la technique une source d'inspiration, et ont affirmé son autonomie relativement à la science. En particulier, les humanistes revalorisèrent le savoir des artisans et des ateliers contre la philosophie de l'École[10] et, pour un grand nombre de philosophes du début du XXe siècle, comme Bergson ou Dewey, le savoir pratique et technique, ancré dans « le monde de la vie », peut même apparaître comme le fondement sur lequel s'élaborent des formes plus sophistiquées de connaissance. Là se trouve enfin l'une des origines de l'idée postmoderne selon laquelle ce qu'on appelle aujourd'hui *technoscience* tirerait son unité fondamentale de ce qu'elle « accomplit le projet moderne : l'homme se rend maître et possesseur de la nature »[11]. Ce constat permet d'identifier trois questionnements concernant le savoir technique :

1) Quel degré d'autonomie, voire de primauté, a-t-il relativement au savoir scientifique ? Doit-on dire qu'il en est dérivé, sinon en fait, du moins en droit, et dans ce cas comment caractériser cette dérivation ? Ou au contraire le savoir technique dispose-t-il d'une dynamique propre de développement ?

2) Le savoir technique se développe-t-il continûment, depuis la taille des silex jusqu'à l'ordinateur (comme le soutient Leroi-Gourhan) ou doit-on fondamentalement distinguer les savoirs artisanaux, ancrés dans des pratiques opératoires, de la technologie moderne mathématisée (comme le pense Heidegger) ? Dans ce second cas, comment situer et comprendre cette rupture épistémique ?

3) Comment comprendre la puissance de la science contemporaine à transformer notre monde, et ses rapports avec la technique ? En

9. E. Kant, *Critique de la faculté de Juger*, trad. fr. A. Philonenko, Paris, Vrin, 1989, Introduction, I, p. 22.

10. Voir notamment P. Rossi, *Les philosophes et les machines, 1400-1700*, trad. fr. P. Vighetti, Paris, Puf, 1996 ; L. Roberts, S. Schaffer et P. R. Dear (eds.), *The Mindful Hand: Inquiry and Invention from the Late Renaissance to Early Industrialisation*, Amsterdam, Koninklijke Nederlandse Akademie van Wetenschappen, 2007.

11. J.-F. Lyotard, *Le postmodernisme expliqué aux enfants : correspondance 1982-1985*, Paris, Galilée, 1988, p. 35.

particulier, pourquoi la forme *systématique* du savoir scientifique est-elle si fructueuse en applications ?

Nous analysons d'abord les fondements de la conception classique de la technique comme d'un savoir subordonné à la science, à partir notamment des positions de Thomas d'Aquin et de Kant. Nous développons ensuite les trois problématiques exposées en demandant si elles ne conduisent pas à remettre en question cette conception classique.

1. La compréhension classique de la technique

La distinction entre théorie et pratique proposée par Aristote est très tôt brouillée, au sein même de la tradition aristotélicienne, à travers trois déplacements majeurs.

D'abord, contrairement à *l'Éthique à Nicomaque*, où Aristote établit une stricte distinction entre la science (ἐπιστήμη) et la technique (τέχνη), la tradition arabe développe l'idée qu'on peut distinguer, *à l'intérieur d'une même science*, une partie théorique et une partie pratique. Cet usage apparaît d'abord dans les traités de médecine, et se propage par le biais de leurs traductions dans le monde latin. Dans *Le recensement des sciences*[12] d'Al-Farabi (872-950), traduit en latin au XIIe siècle, cette idée est appliquée à plusieurs disciplines, et notamment aux disciplines mathématiques. Au même moment, Hugues de Saint-Victor (? -1141) propose une quadripartition du savoir en *théorique, pratique, mécanique et logique*[13]. La *théorique* comprend la théologie, les mathématiques du *quadrivium*[14], et la physique. Par *pratique* il entend (comme Kant le fera plus tard) le domaine éthique, et c'est sous le terme générique de *mécaniques* qu'il rassemble les techniques comme l'habillement, la navigation, la construction, l'agriculture, etc. *Mécanique* ne se réfère ici que lointainement à l'usage des machines, et Hugues l'associe aux adjectifs *servile* et *adultérin* (d'après un jeu de mots sur « *mechus* », adultère, car la technique crée des artifices par l'union de l'intelligence et de la nature) – termes péjoratifs qui la connoteront

12. Abu Nasr Muhammad Al-Farabi, *Le recensement des sciences*, éd. et trad. fr. A. Cherni, Beyrouth, Albouraq, 2015.

13. Dans le *Didascalion de studio legendi*, II 1, cité par J. Châtillon, « Le Didascalicon de Hugues de Saint-Victor », *Cahiers d'histoire mondiale* 9, 1, 1965.

14. Les quatre arts libéraux mathématiques : arithmétique, géométrie, astronomie, musique.

jusqu'aux Temps modernes[15]. Cependant Hugues a le mérite de reconnaître les techniques comme champ de savoir authentique et d'élargir ainsi significativement l'horizon de la connaissance[16].

La classification d'Hugues et celle d'Al-Farabi vont se conjoindre et former la base de la vision scolastique des techniques. En particulier, l'idée devient courante dès le XIIe siècle que les sciences théoriques peuvent être d'une grande utilité pour les arts mécaniques[17]. Thomas d'Aquin constate ainsi que certains savoirs sont purement spéculatifs (ainsi les mathématiques), d'autres purement pratiques (ainsi l'agriculture) et d'autres « spéculatifs sous un aspect, et pratiques sous un autre »[18], comme la médecine. Thomas explique cela en distinguant trois sens possibles par lesquels on peut qualifier une connaissance de *spéculative* ou de *pratique*, selon son objet, sa modalité, ou sa finalité. Cette distinction lui permet d'étendre très loin le domaine de la connaissance spéculative[19] :

1) Une connaissance est purement spéculative lorsqu'elle se rapporte à un objet qui ne peut être produit par le sujet connaissant : ainsi les objets naturels, sur lesquels nous ne pouvons que spéculer.

2) On peut également observer un artefact de manière spéculative, ainsi une maison lorsqu'on « réfléchit à son genre, ses différences et ses propriétés » de manière à la définir ou à la classer, en suivant une démarche analytique.

3) Un architecte peut aussi réfléchir à la manière de construire cette maison et se demander « comment elle pourrait être construite, non afin de la construire, mais simplement pour le savoir ». La connaissance est ici spéculative « selon la fin ».

Pour Thomas – et il s'agit là du deuxième déplacement majeur opéré sur le couple théorie / pratique, aucune de ces distinctions n'est absolue –, seule la dernière est pertinente :

15. Sur le sens de *mécanique* au début des Temps modernes, voir A. Gabbey, « What Was "Mechanical" about "The Mechanical Philosophy" ? », *in* C. R. Palmerino et J. M. M. H. Thijssen (eds.), *The Reception of the Galilean Science of Motion in Seventeenth-Century Europe*, Dordrecht, Springer, 2004, p. 12.

16. J. Châtillon, « Le Didascalicon de Hugues de Saint-Victor », art. cit., p. 546.

17. G. Beaujouan, *L'interdépendance entre la science scolastique et les techniques utilitaires (XIIe, XIIIe et XIVe siècles)*, « Les conférences du Palais de la Découverte », Paris, Palais de la Découverte, 1957, p. 10.

18. Thomas d'Aquin, *Somme théologique* Ia pars, q. 14, a. 16, éd. A. Raulin, trad. fr. A.-M. Roguet, 4 vol., Paris, Cerf, 1984.

19. Nous suivons ici les deux textes parallèles de la *Somme théologique* 1,14,16 et du *de Veritate*, q. 3, a. 3, éd. fr. : *Sur la vérité*, trad. fr. G.-J. Ceausescu, Paris, CNRS Éditions, 2008.

> Quand nous distinguons la philosophie ou les arts en théorique ou pratique, on doit le faire sur la base de leur finalité, en nommant théorique ce qui est seulement dirigé vers la connaissance de la vérité, et pratique ce qui est dirigé vers l'opération [20].

Thomas considère ainsi qu'on peut avoir une connaissance spéculative des artefacts et des méthodes de l'action, mais ce n'est pas tout : dans un coup de force décisif, Thomas achève de démontrer l'unité de la connaissance en remarquant que même la distinction de la connaissance selon sa finalité lui est accidentelle, comme il est accidentel, pour la vision, qu'un objet coloré soit grand ou petit car ce qu'elle perçoit essentiellement, c'est la couleur [21].

La position de Thomas, qui s'appuie sur son interprétation du *Traité de l'âme* [22] d'Aristote, est que l'intellect pratique « étend » l'intellect spéculatif par la considération de la fin. Il se situe en cela dans la tradition du commentaire de Jean Philopon (VIe siècle), selon qui l'intellect deviendrait pratique en ajoutant, à la considération du vrai et du faux, celle du bon et du mauvais. Cette interprétation présente le savoir pratique comme une *modalité* qui se surajoute au savoir *simpliciter*, essentiellement spéculatif [23].

Un troisième déplacement est enfin opéré, qui peut paraître paradoxal relativement aux précédents. Thomas déclare en effet que Dieu connaît les choses créées de manière pratique ; il ne les connaît pas en effet comme s'il devait les appréhender comme des choses extérieures à découvrir, mais en tant qu'il en est le créateur et la cause :

> Dieu connaît les choses créées à la manière dont l'artisan connaît les produits de l'art, laquelle connaissance est la cause des produits de l'art. Le rapport de cette connaissance aux choses connues est donc l'inverse de celui qu'entretient notre connaissance [24].

Cette idée, qui remonte à Augustin [25], peut être rattachée à la tradition médiévale du *Timée*. Elle témoigne de l'émergence d'une posture épistémologique qui va s'amplifier au cours des Temps modernes, de Nicolas de Cuse à Descartes. L'historien des sciences A. C. Crombie l'a étudiée sous le nom de *modélisation hypothétique* ; on la nommerait

20. Thomas d'Aquin, *Super Boetium De Trinitate* q. 5, a. 1, nous traduisons.
21. Thomas d'Aquin, *Somme théologique* Ia pars, q. 79, a. 11.
22. Aristote, *Traité de l'âme*, livre III, chap. VII.
23. Jean Philopon, *Commentaire du Traité de l'Âme*, éd. M. Hayduck, CAG XV, Berlin, 1897, p. 554-555. Jean Philippon, *On Aristotle De Anima*, trad. angl. W. Charlton et Ph. J. van der Eijk, London, Duckworth, 1991.
24. Thomas d'Aquin, *De Veritate*, q. 2, a. 8.
25. Voir A. C. Crombie, *Styles of Scientific Thinking in the European Tradition*, 3 vol., London, Duckworth, 1994, vol. 2, p. 1088.

aujourd'hui *constructivisme* : sa thèse centrale, autour de laquelle gravitent des doctrines très diverses, est que *savoir une chose, c'est savoir comment on pourrait la faire* [26].

Ces trois déplacements – toute science a une dimension pratique aussi bien que théorique, les distinctions entre théorie et pratique (selon leur objet, leur modalité et leur finalité) sont relatives et la connaissance divine est essentiellement pratique – ont lieu au sein même d'une tradition majoritairement aristotélicienne. Ils conduisent à affirmer, contre Aristote lui-même, l'unité fondamentale de la connaissance, bien avant le texte de Kant, qui semble seulement solder le compte d'une opposition devenue depuis longtemps désuète.

La position kantienne reste néanmoins novatrice, en ce qu'elle donne un fondement à cette unité de la théorie et de la pratique. Aussi éloignés que puissent être par exemple les théorèmes des mathématiques ou les principes de la physique des tactiques militaires ou des plans de gestion des hommes d'affaires, tous relèvent d'une même faculté de connaissance, qui est l'entendement, et qui détermine aussi bien le jugement (théorique) que la décision (pratique).

Pour le comprendre, il est utile de partir de la proposition centrale de Thomas d'Aquin, qui affirme la possibilité de considérer spéculativement le savoir pratique. Cela se produit, dit Thomas, lorsque l'architecte se demande : « Si je voulais construire la maison, comment devrais-je m'y prendre ? ». Pour qu'ait lieu la conversion du regard pratique en regard théorique, il faut donc *suspendre* l'intérêt pratique, il faut que la finalité recherchée devienne, en quelque sorte, hypothétique. C'est alors que se révèle le caractère de *règle* du savoir pratique : « Si tu veux *A*, alors fais B ». Kant se situe dans cette exacte perspective quand il affirme :

> Toutes les sciences ont une partie pratique, consistant en des problèmes qui supposent que quelque fin est possible pour nous, et en des impératifs qui énoncent comment cette fin peut être atteinte. [...] Que la fin soit raisonnable et bonne, ce n'est pas du tout de cela qu'il s'agit ici, mais seulement de ce qu'il faut faire pour l'atteindre. Les prescriptions que doit suivre le médecin pour guérir radicalement son homme, celles que doit suivre un empoisonneur pour le tuer à coup sûr, sont d'égale valeur, en tant qu'elles leur servent les unes et les autres à accomplir parfaitement leurs visées. [...] On pourrait les

26. A. C. Crombie, *Styles of Scientific Thinking in the European Tradition*, *op. cit.*, vol. 2, p. 1081-1240.

> désigner en disant : ce sont des *règles* de l'habileté [...] On pourrait encore appeler [ces] impératifs *techniques* [27].

Dans cette formulation, un progrès décisif est accompli, qui permet de percevoir pourquoi une procédure pratique est convertible en connaissance théorique. En la pensant comme *règle* en effet, Kant se donne la possibilité de considérer que *toute règle pour l'action se résout, en définitive, en une règle pour le jugement.*

Cette connexion est visible dans le petit opuscule *Sur le lieu commun : il se peut que ce soit juste en théorie, mais en pratique ça ne vaut rien* [28] où, dans un passage célèbre, Kant se moque de l'artilleur qui hausserait les épaules face aux calculs de la balistique. L'artilleur a tort de rejeter la théorie parce qu'elle ne s'accorde pas avec la pratique, mais au contraire il doit *juger*, en fonction des caractéristiques du tir qu'il prépare, quelles parties de la théorie prendre en compte, quelles sont les approximations acceptables ou pas, etc. S'il y a du vent, il ne pourra par exemple négliger de prendre en compte la résistance de l'air. L'application judicieuse de la règle est justement ce qui fait le lien entre la théorie et la pratique, car l'acte propre du praticien est de juger quoi faire dans une situation donnée selon la règle fournie par l'entendement.

Cependant, un tel jugement n'est nullement caractéristique du seul savoir pratique : il est bien plutôt l'objet même de la faculté de juger en général :

> Si on définit l'entendement en général comme la faculté des règles, la faculté de juger est la faculté de *subsumer* sous des règles, c'est-à-dire de discerner si quelque chose rentre ou non sous une règle donnée [29].

Un concept n'est rien d'autre qu'une règle, ou un ensemble de règles, qui préside à l'acte de synthèse de l'expérience sensible (on *juge* qu'une chose est du cinabre à sa matière rouge et lourde) aussi bien qu'il permet de l'insérer discursivement dans un réseau conceptuel de significations (« si une matière est lourde, c'est qu'elle contient des métaux ») [30].

27. E. Kant, *Fondements de la métaphysique des mœurs*, trad. fr. V. Delbos et A. Philonenko, Paris, Vrin, 1987, p. 86.

28. E. Kant, *Œuvres philosophiques*, vol. 3, éd. F. Alquié, « Bibliothèque de la Pléiade », Paris, Gallimard, 1986, p. 249-300.

29. E. Kant, *Critique de la raison pure*, A 132 / B 171, Ak. III, 131, dans E. Kant, *Œuvres philosophiques, op. cit.*, vol. 1, p. 880.

30. Sur ce point essentiel, voir B. Longuenesse, *Kant et le pouvoir de juger. Sensibilité et discursivité dans l'Analytique transcendantale de la Critique de la raison pure*, Paris, Puf, 1993.

Ce sont donc les *mêmes* règles hypothétiques qui régulent le jugement aussi bien que la conduite humaine. Par exemple, la proposition « Tous les négociants en denrées agricoles fondent leurs décisions sur les prévisions météorologiques » a une apparence catégorique qui peut être interprétée aussi bien comme un constat que comme un impératif (« Négocie les denrées agricoles en fonction des prévisions météorologiques ! »). Mais ces formes catégoriques, qu'elles soient déclaratives ou impératives, ne sont que des manières apparentes d'exprimer un unique jugement hypothétique : « Si on veut réaliser des négociations profitables en denrées agricoles, alors il faut consulter les prévisions météorologiques ». Le profit est ici la condition implicite de cette proposition hypothétique.

Pour cette raison fondamentale, les trois distinctions identifiées par Thomas d'Aquin entre connaissance pratique et connaissance théorique sont seulement relatives : que l'objet de la règle soit naturel ou artificiel, que celle-ci soit mobilisée pour former un jugement ou une décision, et enfin que la visée du jugement ou de la décision soit le savoir désintéressé ou non – tout cela ne change rien à la règle elle-même, et donc rien non plus à la connaissance.

2. L'autonomie de la raison technique : une réponse aristotélicienne

La position de Kant étant admise, il reste néanmoins possible de faire droit aux intuitions d'Aristote concernant la distinction générique qui pourrait exister entre raison épistémique et raison délibérative.

Contrairement à ce qu'affirme Thomas, on peut d'abord soutenir, avec Elizabeth Anscombe[31], que les *objets* de la délibération sont essentiellement différents de ceux du jugement théorique. Pour cela il faut comprendre, lorsqu'Aristote affirme que la raison délibérative a pour objet les « êtres dont les principes peuvent être autrement »[32], que ces êtres ne sont pas vraiment les artefacts mais, plus exactement, ce qui est l'objet d'une intention. À Thomas qui affirme qu'on peut étudier spéculativement la maison, Aristote répondrait qu'en faisant cela, on ne l'étudierait pas *en tant que maison*, c'est-à-dire comme un lieu

31. G. E. M. Anscombe, *Intention*, Cambridge (Mass.), Harvard University Press, 2e éd., 2000.

32. Aristote, *Éthique à Nicomaque* livre VI chap. I, 1139a5-12 dans Aristote, *Œuvres : éthiques, politique, rhétorique, poétique, métaphysique*, éd. R. Bodéüs, « Bibliothèque de la Pléiade », Paris, Gallimard, 2014.

qu'on juge *habitable*, mais en tant qu'une certaine structure ayant telle résistance au vent, ou en tant qu'une certaine masse de pierres, etc. Ce que ne peut faire l'esprit théorique, c'est (sans définitions préalables) se demander si la maison sera confortable, si ce confort compense son éloignement, etc. Ce type de raisonnement ne porte pas seulement sur la recherche et l'évaluation des solutions, mais également sur la fixation de leurs critères, c'est-à-dire sur la spécification même de *ce qu'il faut vouloir*, en précisant les ressources disponibles (argent, matériaux, temps de construction, etc.) et les contraintes (tant de personnes à loger, garage, jardin, efficacité énergétique, etc.).

L'intention n'est pas un phénomène, mais une manière de regarder les phénomènes. Le charpentier qui arpente une forêt à la recherche d'un mât pour son navire voit les arbres d'une tout autre manière que le botaniste. L'erreur de Kant aurait été de concevoir la volonté comme un objet naturel soumis à des règles (« si l'agent veut *A*, et que *A* requiert *B*, alors il doit vouloir B »). Au contraire, elle ne peut jamais être objet d'un raisonnement, car elle est la motivation du raisonnement lui-même. C'est cette idée que développe avec force Elizabeth Anscombe dans *Intention*, son ouvrage célèbre tout empreint d'Aristote :

> Si la conception d'Aristote [du raisonnement pratique] consistait à décrire des processus mentaux effectifs, elle serait assez absurde. L'intérêt de cette conception est qu'elle décrit un *ordre* qui est là dès que des actions sont réalisées avec des intentions [33].

La seconde distinction entre connaissance théorique et pratique que Thomas rejette comme non essentielle concerne leur modalité : la première s'occupe de ce qui est, et la seconde de ce qu'il faut faire. Il est intéressant que Thomas illustre la connaissance spéculative de la maison comme un mouvement de classement et de définition. La connaissance théorique est essentiellement systématique, c'est-à-dire qu'elle ne peut connaître un objet qu'en tant qu'elle en repère les coordonnées au sein d'une théorie organisée selon des principes dont tous les termes sont, idéalement, exactement définis. La connaissance technique, au contraire, a affaire à la délibération, tout comme la prudence. Par rapport à cette dernière, dont les délibérations sur les affaires humaines sont chaque fois *hic et nunc* et essentiellement dépendantes des circonstances (l'intelligence pratique consiste justement à prêter attention à la singularité de la situation), la technique consiste à repérer des délibérations *généralisables* dans certaines situations typiques et récurrentes, et ainsi à constituer un *savoir-faire* explicite et

33. G. E. M. Anscombe, *Intention*, *op. cit.*, p. 80.

transmissible au travers de formules qui enchaînent les moyens les uns aux autres pour obtenir des résultats standardisés. Si chaque moyen, pris isolément, est bien une règle tout à fait repérable par la raison théorique, ce que celle-ci n'a nullement la capacité de faire est de *construire* cet enchaînement lui-même. La technique a pour objet des procédures générales de résolution de problème[34]. Elle procède ainsi de manière *constructive*, au sein de l'espace d'un problème (constitué par des matériaux, des outils, des modèles, etc.) dans lequel elle peut exprimer le besoin à satisfaire et tenter de le résoudre par l'agencement de ces moyens. C'est cet agencement lui-même – qu'il prenne la forme d'un plan d'action, d'un programme informatique, de la construction d'un dispositif ou d'une machine – qui est l'objet de la technique. La théorie peut répertorier ces objets une fois qu'ils ont été inventés, mais jamais les *déduire* de premiers principes.

Cette distinction permet d'éclairer enfin en quel sens technique et science diffèrent essentiellement selon la fin (la troisième distinction entre théorie et pratique rejetée par Thomas). On soutient souvent, de nos jours, que la science vise la vérité, et la technique l'utilité, une idée si courante que le philosophe Houkes l'appelle la « thèse TU » (*Truth vs Usefulness*), bien qu'elle soit peu défendable[35]. Comme le disaient déjà Thomas et Kant, il n'y a que la vérité qui puisse être utile, et ce potentiel « lui advient de l'extérieur », c'est-à-dire dépend des circonstances dans lesquelles elle est mobilisée. S'il faut donc rechercher une distinction entre science et technique selon la fin, il ne faut pas regarder les vérités particulières qu'elles proposent, mais leur visée architectonique : les sciences visent essentiellement à s'articuler en systèmes cohérents et à se détacher des conditions particulières de leurs objets afin d'en saisir le principe, tandis que les techniques doivent avant tout rester pertinentes, car elles ne sont que des *délibérations* qu'il s'agit de reconduire d'une situation à une autre. La généralisation y est toujours délicate car, comme l'avait très bien vu Aristote, une seule circonstance qui diffère peut radicalement bouleverser l'effectivité d'un plan d'action tout entier. Les connaissances techniques sont essentiellement *locales*, comme le dit le philosophe Sjoerd Zwart, parce que les concepts, représentations et symbolismes mobilisés par la

34. *Cf.* notre article H. Stéphanou, « Technique et méthode chez Aristote », *Revue de philosophie ancienne* 39, 1, 2021, p. 25-70 concernant cette interprétation de la technique chez Aristote.

35. W. Houkes, « The Nature of Technological Knowledge », *in* A. W. M. Meijers, P. Thagard et J. Woods Jr. (eds.), *Philosophy of Technology and Engineering Sciences*, Amsterdam, Elsevier, 2009, p. 312.

délibération technique le sont toujours à partir d'un contexte donné, c'est-à-dire d'un problème à résoudre, qui commande leur pertinence :

> Les connaissances descriptives sont appréciées en tant qu'elles dépendent le moins possible du contexte. La mécanique de Newton ne produit des résultats concrets que si on lui fournit des conditions initiales précises. Les connaissances prescriptives, en revanche, sont appréciées si elles sont adaptées à un type de contexte exactement circonscrit [36].

Les « conditions initiales précises » évoquent l'artilleur de Kant, qui doit décider de quels paramètres concrets tenir compte, comme les frottements de l'air, pour que le modèle balistique lui permette de prévoir la trajectoire exacte du tir. Cette exigence est contraire à celle de l'exposition théorique, qui privilégie plutôt l'exposition pédagogique de problèmes simples, où les lois étudiées s'appliquent directement.

Une seconde caractéristique de la connaissance technique est qu'elle est *superficielle*, selon le mot de Mario Bunge [37]. Elle ne s'intéresse pas en effet aux causes et aux raisons des phénomènes qu'elle mobilise pour la résolution de problème, mais demande seulement que ceux-ci soient *garantis*. Cette superficialité s'exprime, entre autres, par la méthode de la « boîte noire », où l'on s'intéresse aux propriétés utiles de l'objet, mais non à leurs mécanismes sous-jacents.

Enfin, de ce fait, un même problème peut avoir une multiplicité de méthodes de résolution possibles, et un même objet technique peut être modélisé de plusieurs manières, en fonction du problème à résoudre. C'est ce que Hendricks, Jacobsen et Pedersen appellent le « pluralisme épistémique » du savoir technique [38], donnant l'exemple des modèles d'ingénierie civile qui modélisent le béton comme un matériau plastique ou comme un matériau élastique [39]. Pour Hendricks, ce pluralisme implique une dynamique de progrès du savoir technique différente de

36. S. Zwart, « Prescriptive Engineering Knowledge », *in* D. P. Michelfelder et N. Doorn (eds.), *The Routledge Handbook of the Philosophy of Engineering*, New York, Routledge, 2020, p. 115.

37. M. Bunge, « Technology as Applied Science », *Technology and Culture* 7, 3, 1966, p. 333.

38. V. F. A. Hendricks, A. Jakobsen et S. A. Pedersen, « Identification of Matrices in Science and Engineering », *Journal for General Philosophy of Science* 31, 2, 2000, p. 302.

39. « Élastique » et « plastique » désignent ici des propriétés précisément définies en physique des solides. Voir, pour plus de détail, la préface de la thèse de N. Kostic, « Topologie des champs de contraintes pour le dimensionnement des structures en béton armé », Lausanne, EPFL, 2009, p. I.

celle de la science fondamentale, telle qu'elle fut décrite par Kuhn [40]. Tandis que cette dernière progresse de « paradigme en paradigme » en passant par des périodes de remise en cause profondes, la première progresse de manière plus évolutive, elle est « poly-paradigmatique » [41].

Ces trois spécificités épistémiques des savoirs techniques – localité, superficialité et pluralisme épistémique – découlent de leur dimension contextuelle fondamentale, que la recherche théorique, au contraire, vise à *éliminer*. Leur visée architectonique est essentiellement différente : tandis que les sciences visent la systématicité en tant que telle, celle-ci ne vaut pour les techniques qu'en tant qu'elle les aide à se résumer et à se transmettre. Elle doit être aussitôt sacrifiée dès qu'elle remet en cause leur pertinence. Les procédures ne peuvent ainsi jamais être réduites à des connaissances pures auxquelles l'utilité adviendrait de surcroît, car elles se rapportent toujours à un problème (aussi stylisé soit-il) qu'elles visent à résoudre.

3. Continuité ou rupture dans la connaissance technique ?

Cette mise en débat de Kant et d'Aristote sur l'autonomie de la raison technico-pratique éclaire une seconde question majeure, celle de la propre unité de la connaissance technique et, notamment, celle de son développement continu depuis les premiers outils jusqu'aux révolutions industrielles et numériques incluses. Il se pourrait en effet que le désaccord concernant l'autonomie de la technique relativement à la science s'explique par la transformation profonde du savoir technique lui-même à l'époque moderne lorsqu'il devient *technologie*.

La thèse de la continuité essentielle de la technique est notamment le fait de la « philosophie biologique de la technique », selon l'expression de Georges Canguilhem, qui insiste sur son ancrage originel dans le monde de la vie, plutôt que dans le monde désincarné de la connaissance discursive [42].

40. Th. Kuhn, *La structure des révolutions scientifiques* [1962], trad. fr. L. Meyer, Paris, Flammarion, 2018.

41. V. F. A. Hendricks, A. Jakobsen et S. A. Pedersen, « Identification of Matrices in Science and Engineering », art. cit., p. 284.

42. Voir à ce sujet E. Clarizio, *La vie technique : une philosophie biologique de la technique*, Paris, Hermann, 2021. Chez Canguilhem, voir notamment « Machine et organisme » [1947] dans G. Canguilhem, *La connaissance de la vie* [1965], Paris, Vrin, 1967. L'expression se trouve p. 123.

L'origine de cette idée peut à bon droit être située chez Bergson, notamment dans l'*Évolution créatrice*. Le philosophe, qui caractérise la vie comme un mouvement d'organisation de la matière, et d'insertion réussie de ces corps organisés dans des milieux variables, identifie deux stratégies réussies quant à cette interaction, « deux méthodes différentes d'action sur la matière inerte »[43], l'intelligence et l'instinct. Tous deux « ont pour objet essentiel d'utiliser des instruments : ici des outils inventés, par conséquent variables et imprévus ; là des organes fournis par la nature, et par conséquent immuables »[44]. La technique, comme invention d'outils, est donc une des stratégies possibles de la vie, qui commence dès qu'il y a de l'humain. On peut dire que l'homme se meut d'emblée dans un environnement technique, car sa manière de s'adapter au monde – se vêtir, s'armer pour la chasse, construire des abris, etc. – passe essentiellement par des outils. Tous les développements techniques de l'humanité jusqu'à aujourd'hui ne seraient ainsi qu'un raffinement successif d'une même aptitude fondamentale, « *de fabriquer des objets artificiels, en particulier des outils à faire des outils, et d'en varier indéfiniment la fabrication* »[45].

Une déclinaison célèbre de cette thèse est celle de la « projection d'organes », soutenue notamment par l'anthropologue Leroi-Gourhan, selon laquelle le développement de l'homme s'est fait par extériorisation progressive de ses possibilités corporelles – déchirer avec les incisives, racler avec les ongles, attraper avec la main, etc. – dans des outils qui les amplifient, libérant toujours plus ses capacités intellectuelles de leur asservissement au contrôle des gestes élémentaires de la vie. Sans doute inspiré par les idées cybernétiques, Leroi-Gourhan présente l'informatique comme l'étape ultime de ce processus, l'ordinateur prenant en charge la mémorisation et la transmission de ses gestes techniques. Ainsi écrit-il, dans un raccourci saisissant, qui semble anticiper la célèbre séquence introductive de *2001, l'Odyssée de l'espace* :

> [...] l'automatisation mécanique correspond à l'avant-dernière étape possible du processus amorcé par l'Australanthrope armé de son chopper. La libération des territoires du cortex cérébral moteur, définitivement acquise avec la station verticale, est parfaite à partir du point où l'homme extériorise son cerveau moteur[46].

43. H. Bergson, *L'évolution créatrice* [1913], Paris, Puf, 2013, p. 137.
44. H. Bergson, *Les deux sources de la morale et de la religion* [1932], Paris, Puf, 2008, p. 22.
45. H. Bergson, *L'évolution créatrice*, *op. cit.*, p. 140. Italiques dans le texte original.
46. A. Leroi-Gourhan, *Le geste et la parole 2. La mémoire et les rythmes*, Paris, Albin Michel, 1965, p. 52.

Une telle continuité n'a rien d'évident. Penser l'outil comme l'externalisation d'un organe est assez naturel, mais comment alors rendre compte de la machine, et plus généralement de la conception d'automatismes, qui ne semblent pas étendre le corps de l'agent, mais créer un nouvel agent face à lui ? C'est afin de répondre à cette difficulté que Simondon entreprit de repenser la machine comme organisme doté d'une vie propre [47] – un projet que nous ne pouvons pas examiner ici [48].

Par ailleurs, afin de rendre cette continuité plausible, il faut d'une certaine manière montrer que les développements les plus récents de la technique étaient « préfigurés » par les facultés humaines ; ainsi Leroi-Gourhan parle de « programme » pour désigner la mémorisation par l'homme de ses gestes techniques qu'il appelle « chaînes opératoires », terme sans doute inspiré du vocabulaire de la cybernétique naissante [49]. Une telle thèse a marqué d'une forte empreinte la philosophie française de la technique, en passant notamment par Derrida [50] et Stiegler. Ainsi, dans l'anthropologie philosophique de ce dernier, la notion de *programme* joue un rôle central : programmé génétiquement, la singularité de l'homme est de pouvoir *se reprogrammer* – dans son corps par l'apprentissage de nouvelles chaînes opératoires, mais également socialement à travers les institutions, à travers l'écriture surtout, qui lui permet de structurer et de façonner ses propres capacités mentales.

> De nouveaux programmes apparaissent, ils *suspendent*, en les réintégrant, en les *soumettant* à une nouvelle commande, l'effectivité des programmes en vigueur. Suspensions génératrices d'époques. Incessantes *épochè*, l'histoire de l'homme ne serait que de telles suspensions [51].

Ces fresques amples et suggestives de la continuité essentielle de la technique, en deçà de toutes ses ruptures apparentes – révolution de l'écriture, de la machine à vapeur, de l'ordinateur, etc. ne sont cependant possibles que par l'extension démesurée du sens d'un terme

47. G. Simondon, *Du mode d'existence des objets techniques*, Paris, Aubier-Montaigne, 1958.

48. On peut se référer notamment à H. Rizk, *L'activité technique et ses objets*, Paris, Vrin, 2018, p. 85 *sq.*

49. Voir N. Schlanger, *L'invention de la technologie : une histoire intellectuelle avec André Leroi-Gourhan*, Paris, Puf, 2023, p. 326.

50. Leroi-Gourhan est cité par Derrida dans *De la grammatologie*, Paris, Minuit, 1967, p. 120-125. Cette influence est étudiée notamment par Ch. Johnson, « Derrida : The Machine and the Animal », *Paragraph* 28, 3, 2005, p. 102-120.

51. B. Stiegler, *La technique et le temps*. 1. *La faute d'Épiméthée*. 2. *La désorientation*. 3. *Le temps du cinéma et la question du mal-être*, Paris, Fayard, 2018, p. 391.

technique récent, *programme*, convoqué pour décrire le rapport intime qu'aurait l'homme avec son propre corps et son propre esprit.

Un tel emprunt soulève une difficulté. Il est frappant que ce concept ne se soit dégagé dans toute sa clarté qu'à partir des années 1930, peu avant l'avènement de l'informatique. S'il y a toujours eu des recettes de cuisine, des méthodes de construction, des tactiques militaires, des algorithmes de calcul, etc. ce n'est que récemment qu'on s'est aperçu de la parenté essentielle de tous ces objets de connaissance et de la capacité qu'on avait à les décrire selon une logique commune. Aussi le célèbre informaticien Donald Knuth, pour qui l'informatique est l'étude des procédures, peut-il s'étonner : « L'informatique aurait dû exister bien avant l'invention des ordinateurs » [52]. Répondre à cet étonnement requiert de remettre en cause l'idée d'une continuité essentielle de la connaissance technique. Ne faut-il pas prendre au sérieux l'idée d'une révolution technique radicale, qui ne se mesurerait du reste pas à l'importance, au nombre ou à l'originalité des inventions, mais à un changement de perspective sur le savoir technique lui-même ? C'est ainsi que Heidegger, dans une comparaison célèbre, oppose « la centrale [hydro-électrique] [qui] n'est pas construite dans le courant du Rhin comme le vieux pont de bois qui depuis des siècles unit une rive à l'autre : c'est plutôt le fleuve qui est muré dans la centrale » [53], qui est *commis* à fournir son énergie. La technique moderne serait ainsi avant tout un nouveau regard porté sur les choses, qui ne considérerait que leur seul potentiel de « fonctionnement », l'homme lui-même étant commis à être le rouage central de cet universel fonctionnement de toutes choses.

Pour Heidegger, la science est au service de ce regard technique, sa mission étant de dévoiler le fonctionnement des choses naturelles, afin de mieux les arraisonner à ce projet d'un fonctionnement universel. C'est ainsi que s'expliquerait l'émergence de la *technologie*, terme qui s'impose au tournant du XXe siècle pour désigner l'approche scientifique de la technique [54]. Avec Heidegger, d'autres penseurs de son époque, comme Jacques Ellul ou Herbert Marcuse, voient ainsi dans la technique une force autonome, dont la transparence proclamée fait

52. D. E. Knuth, « Computer Science and Its Relation to Mathematics », *The American Mathematical Monthly* 81, 4, 1974, p. 323.

53. M. Heidegger, « La question de la technique », dans M. Heidegger, *Essais et conférences, op. cit.*, p. 22.

54. Sur l'histoire de ce concept, voir E. Schatzberg, *Technology : Critical History of a Concept, op. cit.*

écran à la prise de conscience des engrenages d'aliénation de l'homme et d'uniformisation du monde moderne qu'elle commande [55].

Sans nécessairement suivre ces interprétations, on peut s'interroger sur la nature de cette rupture épistémique. Il ne s'agit pas ici de revenir à l'applicationnisme – l'idée que la technique moderne consiste principalement à mobiliser des résultats scientifiques à des fins utilitaires ; l'un des mérites du terme « technoscience », malgré ses connotations péjoratives au demeurant assez floues et sa mobilisation dans de trop nombreux contextes, est de décrire l'*enchevêtrement* actuel des sciences et des techniques – du point de vue des institutions, des acteurs, des projets et des valeurs – et leur réalité multipolaire, ouverte, et dynamique [56].

Nous écrivions ci-dessus que la technique avait affaire à la résolution de problèmes, et la science à la construction de théories – c'est-à-dire de représentations systématiques du réel, quels qu'en soient les principes (descriptifs, causaux, classificatoires, etc.). On peut ainsi avancer qu'une approche scientifique de la technique consisterait à viser *la résolution systématique d'un problème*, c'est-à-dire une résolution qui soit exacte – énoncée dans les termes parfaitement définis d'un système théorique préétabli – et exhaustive – correcte pour l'ensemble des configurations possibles du problème prévues par la théorie. Ces exigences sont celles qu'on attend de la résolution de problèmes mathématiques, par exemple des problèmes de géométrie : toutes les étapes de la construction doivent relever de postulats élémentaires ou de problèmes déjà résolus, et on doit démontrer que le résultat obtenu vérifie les spécifications initiales du problème, quelles qu'en soient les données initiales – points, lignes ou cercles *quelconques* du plan.

C'est sans doute cette idée – à savoir qu'il est possible d'exporter la résolution systématique de problèmes hors des mathématiques, son champ d'origine, vers les domaines des sciences et des techniques – qui est centrale dans le changement de perspective qui s'opère à partir des Temps modernes, et particulièrement à partir de Galilée et de Descartes. Le concept de *machine* et de *mécanisme*, ainsi que la science qui leur est associée, la *Mécanique*, jouent ici un rôle central. Il faut se rappeler d'abord que la machine, avant d'être un objet

55. J. Ellul, *La technique ou l'enjeu du siècle* [1954], Paris, Economica, 2008. H. Marcuse, *L'homme unidimensionnel. Essai sur l'idéologie de la société industrielle avancée* [1964], trad. fr. M. Wittig et l'auteur, Paris, Minuit, 1968.

56. G. Hottois, « La technoscience. De l'origine du mot à ses usages actuels », *Recherche en soins infirmiers* 86, 3, 2006, p. 24-32. Sur les liens entre science et technique, voir aussi A. Barberousse, « Science, calcul, modélisation », dans le présent volume.

technique et un paradigme de l'explication scientifique (expliquer les phénomènes de la nature comme s'ils devaient être produits par des machines, *i. e.* comme des mécanismes), est d'abord pour les Modernes un objet mathématique. La mécanique, art autrefois servile, acquiert, avec la redécouverte des traités grecs de mécanique, le statut d'un art libéral, celui de la géométrie du mouvement, qui permet de décrire les mécanismes complexes de manière constructive, à partir d'un nombre limité de mécanismes simples (la poulie, le levier, le coin, etc.), tout comme la géométrie classique permet de construire des figures complexes à partir de la règle et du compas[57].

C'est d'une intuition similaire que relève la cybernétique, comprise comme *théorie générale des machines*[58]. Pour Ashby en particulier, une machine est d'abord un ensemble phénoménal dynamique dont le comportement peut être décrit par une fonction mathématique. Cette définition s'applique aussi bien à des phénomènes naturels qu'artificiels. La machine ne désigne donc pas un genre spécifique d'objets, mais une *catégorie de l'entendement*, c'est-à-dire un principe d'intelligibilité des phénomènes. Cette catégorie est mobilisée pour la *résolution de problèmes* : de problèmes scientifiques, lorsqu'il s'agit d'*expliquer* ou de *prédire* des phénomènes à partir des ressources de la théorie (ce qu'on appelle souvent *modélisation*, et qui exige qu'on définisse *le système* à expliquer ou à prédire) ou de problèmes techniques, où il s'agit véritablement de concevoir les automatismes à mettre en place pour obtenir les résultats escomptés.

Il est ici possible de formuler une hypothèse relative à la nature de la rupture épistémique que connaît la technique à partir des Temps modernes. Si cette dernière a toujours eu affaire à l'établissement de procédures permettant de guider l'action, celles-ci devaient toujours, comme nous l'avons dit, rester étroitement arrimées à leurs conditions concrètes d'exercice ; le concept général d'une procédure pouvait alors apparaître, et à bon droit, comme vide. Le concept de machine au contraire, comme lieu d'exécution d'une procédure résolvant de manière exacte et exhaustive un problème, a permis à la technique, au terme d'une longue maturation, de se doter d'une machine universelle, l'ordinateur, capable d'exécuter toutes les procédures de résolution systématique de problème et d'une mathématique propre,

57. S. Roux, « Cartesian mechanics », *in* C. R. Palmerino et J. M. M. H. Thijssen (eds.), *The Reception of the Galilean Science of Motion in Seventeeth-Century Europe*, Dordrecht, Springer, 2004, p. 24, et J.-P. Séris, « Descartes et la mécanique », *Bulletin de la Société française de philosophie* 81, 2, 1987.

58. W. R. Ashby, *Introduction à la cybernétique*, trad. fr. M. Pillon, Paris, Dunod, 1957.

l'informatique théorique, qui a pour objet l'étude de ces procédures. Là se trouve la rupture radicale, celle qui consiste à réinterpréter (et par là-même à recadrer aussi) les procédures des techniques traditionnelles comme des préfigurations de procédures systématiques. Les historiens de l'informatique Haigh et Ceruzzi, concluant leur ouvrage par l'exemple du véhicule électrique Tesla, montrent comment le logiciel y a pris le contrôle de tous les sous-systèmes constitutifs de cette voiture (moteur, freinage, suspension, pare-brise, etc.) en remplaçant leurs technologies mécaniques antérieures par des contrôles électroniques pilotés algorithmiquement. Cet exemple est pour eux révélateur de la nature profonde de l'informatique : elle est une *technologie dissolvante* qui reconfigure en profondeur toutes les technologies et tous les métiers, voire les relations sociales et politiques[59].

D'où vient cependant la puissance de cette machine universelle, et des machines en général ? On a l'habitude de la représenter en termes de gains de productivité. D'où vient cependant ce gain de productivité lui-même ? Comme le notait déjà Babbage – remarques que reprendra Marx – il ne s'agit pas toujours d'une force ou d'une vitesse accrue. La machine sait aussi être plus délicate et plus précise quand il le faut (par exemple dans la broderie) ou plus lente, s'il s'agit par exemple d'une soudure exigeant de la patience[60]. Comme le dit Marx, la machine se détache des contraintes physiologiques de l'agent humain et s'adapte *exactement* à la tâche qu'il s'agit d'accomplir[61]. Plus généralement, elle permet de réaliser la procédure qui résout exactement le problème visé. Dans cette lignée, la mécanisation présente pour les industriels d'autres avantages souvent bien plus importants que la productivité elle-même. En particulier, elle permet de concilier d'une part la standardisation de la production (qui ne pourrait être réalisée par une équipe d'agents humains qu'au terme d'un apprentissage strict et homogène des règles, et d'une discipline sans faille) avec sa flexibilité, par la reprogrammation aisée des mêmes règles (ce qui reviendrait à réentraîner l'équipe humaine et à lui faire oublier ses routines précédentes). Une machine, et en particulier une machine informatisée, est caractérisée à la fois par une prédictibilité très haute de son bon fonctionnement et par un

59. Th. Haigh et P. E. Ceruzzi, *A New History of Modern Computing*, Cambridge (Mass.), The MIT Press, 2021, p. 423.

60. Ch. Babbage, *On the Economy of Machinery and Manufacture* [1832], Cambridge, Cambridge University Press, 2010, chap. VII.

61. K. Marx, *Le capital. Critique de l'économie politique*, Livre 1, trad. fr. J.-P. Lefebvre, Paris, Puf, 2e éd., 2006, p. 429. Voir également l'analyse de J.-P. Séris, *La Technique*, Paris, Puf, 1994, p. 159.

jeu interne très large des règles de ce fonctionnement. Elle permet ainsi de résoudre exactement, non seulement un seul problème particulier, mais toute une famille de problèmes apparentés, s'il est possible de décrire leur espace de variabilité *d'une manière exhaustive*, par exemple comme une combinatoire de problèmes simples. C'est donc bien la *systématicité* de la résolution de problème – son caractère *exact* et *exhaustif* – qui est à l'origine de la puissance des machines et de la technologie contemporaine.

4. La puissance de la pensée systématique

Cette remarque remet en question les idées philosophiques traditionnelles concernant la nature et la motivation de la pensée systématique, et en particulier de la science théorique. Dans cette tradition (qui inclut Kant), l'organisation systématique du savoir est au service de la quête intime de la raison, qui est de ramener la diversité des connaissances à l'unité d'un principe dont l'évidence serait immédiate. La puissance pratique de cette quête systématique et désintéressée est, d'une certaine manière, entièrement fortuite : elle est due au fait que les sciences, ramenant la diversité des règles empiriques du jugement à des principes plus universels que ne le font les techniques, se donnent par-là les moyens de découvrir un plus grand nombre de règles nouvelles à l'aide de la déduction, comme par exemple le fit la découverte de l'attraction universelle par Newton. En d'autres termes, la technique étant certes dotée de son autonomie propre quant à la résolution de problèmes, sa puissance se trouverait démultipliée tout simplement par la quantité de matériaux (c'est-à-dire de règles) que lui apporterait la science systématique pour construire ses procédures. L'apport de la science à la technique ne serait ainsi que quantitatif.

Les remarques de la section précédente suggèrent cependant une autre interprétation. Si la puissance de la technologie moderne réside dans l'automatisation, et que celle-ci n'est rien d'autre que la résolution systématique d'un problème, alors le rôle des systèmes scientifiques serait de *rendre possible* une telle résolution, en préparant des espaces de problèmes exacts et exhaustifs, où des solutions peuvent être recherchées sans craindre de réaliser une inférence approximative, ou d'oublier de considérer des paramètres importants du résultat à obtenir. Par exemple, la physique permet à l'ingénieur de réaliser un *bilan des forces* du pont dont il veut contrôler la robustesse, tout en laissant ces forces varier à l'infini. Tandis que l'homme d'expérience résout ses problèmes en convoquant les éléments saillants qu'il sait percevoir dans la situation, et l'homme de métier en s'appuyant sur des référentiels techniques préexistants, l'ingénieur dérive de principes théoriques un modèle de la situation, qui n'est rien d'autre qu'un espace de problème lui donnant accès à des méthodes de recherche éprouvées (par exemple la résolution d'une équation différentielle) et surtout la possibilité de *prouver* (au moins dans l'idéal) l'exactitude et l'exhaustivité de la solution.

Dans cette perspective, il est possible de considérer la recherche scientifique comme une forme de division du travail au sein de l'investigation, ainsi que le fait Dewey :

> L'inférence contrôlée, c'est la science, et la science est, par conséquent, une industrie hautement spécialisée. C'est une pratique tellement spécialisée qu'elle ne semble pas du tout être une pratique. Cette haute spécialisation est en partie la raison de l'antithèse actuelle de la théorie et de la pratique [62].

Cette perspective pragmatiste soutient donc, contre Aristote, une nouvelle conception de l'unité fondamentale de la connaissance, à rebours cependant de la tradition classique qui subordonnait le savoir pratique au savoir théorique. Ici c'est au contraire toute l'entreprise de la connaissance qui est analysée au prisme de la résolution de problème, et le savoir théorique qui en est conçu comme une excroissance. La division radicale promue par Aristote entre raison épistémique et raison délibérative n'est plus ici que division du travail opérée par une même raison pratique.

Une telle vision peut sembler attrayante du point de vue des problèmes examinés ici. Elle permet de rendre compte, en particulier, de la concomitance des révolutions scientifique et technique des Temps modernes, et de leur convergence vers la technoscience actuelle. L'enchevêtrement des sciences et de techniques, évoqué en introduction, ne ferait que traduire la multiplicité naturelle des formes possibles et efficaces de la division du travail de l'investigation. De plus, elle s'accorderait aussi bien avec la vision bergsonienne de l'intelligence comme d'une stratégie de la vie qu'avec la vision heideggerienne d'une technologie contemporaine en rupture avec les techniques traditionnelles.

Cependant, ce retournement ultime en faveur de l'unité pratique de la connaissance semble imposer une conception peu orthodoxe

62. J. Dewey, « The Logic of Judgments of Practice » [1915], dans J. Dewey, *The Middle Works, 1899-1924*, vol. 8, Carbondale, Southern Illinois University Press, 2008, p. 78.

de la science. Le philosophe pragmatiste des sciences Hasok Chang, développant la pensée de Dewey, soutient que le critère central de la science est la *cohérence opérationnelle*, c'est-à-dire sa capacité à articuler les activités humaines dirigées vers des fins en un réseau d'inférences cohérent qui assure leur succès et favorise leur expansion[63]. Il faut noter que ces activités ne sont pas nécessairement « utilitaires » – il peut s'agir de résoudre des problèmes théoriques servant la science elle-même. Chang donne comme exemple la découverte de l'effet électromagnétique au milieu du XIXe siècle, selon lequel une aiguille métallique placée près d'un courant électrique s'oriente perpendiculairement à celui-ci. Les scientifiques ne réussissaient pas à rendre compte de ce phénomène dans le référentiel connu des forces newtoniennes, ce qui les amena à multiplier les dispositifs expérimentaux jusqu'à ce que la notion de *champ de force* soit dégagée, qui permettait de trouver une cohérence supérieure à toutes ces activités expérimentales, et ouvrait la perspective de nombreuses activités nouvelles tirant parti des forces électromagnétiques. Pour Chang, les structures d'inférences ainsi dégagées sont d'abord des structures de l'action, et c'est seulement en ce sens qu'on peut dire qu'elles sont également des structures du réel, car notre expérience du monde est fondamentalement l'expérience de notre interaction avec le monde. Une telle conception, si elle peut prétendre rendre compte de la *pratique* des scientifiques, correspond-elle cependant à leur *attitude* fondamentale, celle de l'interrogation du réel *comme tel*, dans son extériorité et dans sa résistance à nos conceptions – autrement dit, cette attitude épistémique qu'Aristote jugeait *génériquement* différente de l'attitude délibérative ?

Bibliographie indicative

ARISTOTE, *Métaphysique*, A 1-2 ; *Éthique à Nicomaque*, III 3, livre VI dans son ensemble, dans *Œuvres : éthiques, politique, rhétorique, poétique, métaphysique*, éd. R. Bodéüs, « Bibliothèque de la Pléiade », Paris, Gallimard, 2014.

ASHBY W. R., *Introduction à la cybernétique*, trad. fr. M. Pillon, Paris, Dunod, 1957.

BUNGE M., « Technology as Applied Science », *Technology and Culture* 7, 3, 1966, p. 329-347.

63. H. Chang, *Realism for Realistic People. A New Pragmatist Philosophy of Science*, Cambridge, Cambridge University Press, 2022.

CLARIZIO E., *La vie technique : une philosophie biologique de la technique*, « L'évolution des machines », Paris, Hermann, 2021.

HEIDEGGER M., « La question de la technique », dans M. Heidegger, *Essais et conférences*, trad. fr. A. Préau et J. Beaufret, Paris, Gallimard, 1958, p. 9-48.

HOTTOIS G., « La technoscience : de l'origine du mot à ses usages actuels », *Recherche en soins infirmiers* 86, 3, 2006, p. 24-32.

HOUKES W., « The Nature of Technological Knowledge », *in* A. W. M. Meijers, P. Thagard et J. Woods (eds.), *Philosophy of Technology and Engineering Sciences*, Amsterdam, Elsevier, 2009.

IHDE D., *Technics and Praxis*, Dordrecht, Reidel, 1979.

LEROI-GOURHAN A., *Le geste et la parole*, 2 vol., « Sciences d'aujourd'hui », Paris, Albin Michel, 1965.

MARX K., *Le capital : critique de l'économie politique*, Livre I, chap. XIII, section 1, trad. fr. J.-P. Lefebvre, « Quadrige », Paris, Presses universitaires de France, 2e éd., 2006.

SÉRIS J.-P., *La Technique*, Paris, Presses universitaires de France, 1994.

SIMONDON G., *Du mode d'existence des objets techniques*, Paris, Aubier-Montaigne, 1958.

STIEGLER B., *La technique et le temps. 1. La faute d'Épiméthée. 2. La désorientation. 3. Le temps du cinéma et la question du mal-être*, Paris, Fayard, 2018.

THOMAS D'AQUIN, *Somme théologique* Ia pars, q. 14, a. 16, et q. 79, a. 11, éd. A. Raulin, trad. fr. A.-M. Roguet, 4 vol., Paris, Cerf, 1984.

ZWART S. D., « Prescriptive Engineering Knowledge », dans D. P. Michelfelder et N. Doorn (eds.) *The Routledge Handbook of the Philosophy of Engineering*, New York, Routledge, 2020, p. 111-126.

Expertise scientifique et prise de décision

par Marion Vorms

Nombre de décisions, qu'elles soient privées ou publiques, individuelles ou collectives, nécessitent des informations scientifiques. Qu'il s'agisse de contenir la propagation d'un virus par des mesures restrictives ou des recommandations publiques, de contrer le réchauffement climatique ou de réglementer l'utilisation de pesticides, les exemples abondent de politiques publiques pour lesquelles les décideurs doivent faire appel à l'autorité épistémique de scientifiques – individus ou collèges d'experts – pour les éclairer. Bien que leurs décisions soient guidées par de nombreux éléments non scientifiques (parmi lesquels des considérations économiques, stratégiques, éthiques et politiques), le recours aux sciences semble à la fois garantir la meilleure base factuelle pour le processus de délibération et appuyer la légitimité de la décision par des éléments objectifs, facilitant ainsi l'acceptation publique. De même, certaines décisions judiciaires reposent sur la consultation d'experts : ainsi semble-t-il raisonnable et légitime qu'un juge qui doit statuer sur la culpabilité d'une entreprise pharmaceutique accusée de désinformation sur les effets toxiques d'un médicament recherche l'avis de pharmacologues. La condamnation (ou la relaxe) devra dépendre d'autres considérations, à la fois factuelles et juridiques, mais une décision fondée sur des conclusions qui contredisent les connaissances scientifiques ne saurait être juste. Enfin, nombre de nos choix privés, individuels, reposent sur ce que nous savons ou croyons être de bonnes informations scientifiques. Même lorsque nous suivons les conseils de notre médecin ou des autorités de santé, nous faisons confiance (à juste titre ou non) au fait qu'ils reposent sur des preuves scientifiques concernant les bénéfices et les risques d'un médicament ou d'un comportement particulier.

Pour autant, la notion même d'éclairage scientifique d'une décision, ainsi que l'idée selon laquelle les décisions doivent – et par conséquent peuvent – être fondées sur les sciences, reposent sur des présupposés qu'il convient d'expliciter et soulèvent des problèmes difficiles, dont ce chapitre vise à donner un aperçu. Avant toute chose, il s'agira de préciser la notion de décision éclairée afin de bien comprendre où et comment des informations scientifiques peuvent entrer en jeu dans une décision. Ensuite, je me demanderai qui sont les experts scientifiques susceptibles d'apporter les informations scientifiques requises pour une décision et dans quelle mesure il est rationnel de leur faire confiance. Adoptant enfin le point de vue des experts eux-mêmes, j'examinerai une série de difficultés posées par l'exigence de neutralité qui semble s'imposer à toute expertise visant à éclairer une décision sans pour autant la préempter.

1. Qu'est-ce qu'une décision éclairée ?

Avant même de poser la question de savoir si et comment les scientifiques peuvent éclairer la prise de décision de sujets (individuels ou collectifs, privés ou publics) non scientifiques, examinons ce que signifie la notion de décision éclairée – que l'éclairage en question soit ou non d'ordre scientifique. Les ingrédients essentiels de toute prise de décision sont de deux types différents : des valeurs d'une part et des informations factuelles d'autre part.

Qu'il s'agisse de voter pour des représentants politiques, d'acheter une maison, de prononcer un verdict dans un procès criminel, de réserver un billet de train, de faire vacciner son enfant ou encore d'emporter un parapluie avant de partir en promenade, toute décision est orientée par des considérations pratiques normatives ou évaluatives – au sens où elles ont à voir avec le caractère souhaitable ou non des conséquences de la décision. La meilleure décision pour un sujet est celle qui a les conséquences les plus désirables possibles au regard des valeurs de ce sujet – sachant que ces valeurs entrent souvent en conflit les unes avec les autres et qu'un arbitrage est généralement nécessaire. Précisons qu'il s'agit ici d'entendre la notion de valeur en un sens large, comme désignant tout ce à quoi un sujet accorde de l'importance et qui par conséquent guide ses choix – qu'il s'agisse d'impératifs moraux supérieurs conçus comme universels ou d'exigences pratiques plus ou moins individuelles et potentiellement égoïstes. Un individu peut reconnaître l'égalité et l'honnêteté comme des exigences morales supérieures tout en accordant de l'importance à la reconnaissance sociale et en étant soucieux de son confort matériel ; il se trouve par conséquent contraint d'arbitrer entre ces différentes valeurs dans ses choix. Le cadre des théories de la décision ou du choix rationnel décrit cet arbitrage comme consistant à associer des coûts et des bénéfices (ce qu'on appelle des « utilités ») aux conséquences des différentes lignes d'action possibles afin de déterminer celle qui permet d'atteindre l'état du monde le plus désirable. Il est clair que, dans une telle perspective, les valeurs sont subjectives – ce qui n'empêche pas que des groupes humains puissent s'accorder sur certaines valeurs (par exemple l'égalité entre les êtres humains ou le respect de l'intégrité physique des personnes) au point de les considérer comme universelles.

Quoi qu'il en soit, nos décisions sont orientées par le souhait de voir advenir un certain état du monde. Mais savoir ce que l'on veut ne suffit pas à prendre une bonne décision (au regard de ce que l'on veut) : il faut des informations sur l'état actuel du monde et sur les relations causales qui le régissent, afin précisément de connaître les conséquences prévisibles des différentes voies d'actions possibles. Très simplement, pour décider de prendre ou non mon parapluie avant de sortir de chez moi (sachant que je ne veux surtout pas mouiller le précieux manteau que ma cousine m'a prêté mais préfère par ailleurs voyager légère que de me charger d'un parapluie), j'ai besoin de savoir s'il pleut. De même, face à une lampe qui ne s'allume plus, j'ai besoin d'en connaître la cause – ampoule grillée ou panne d'électricité ? – afin de choisir la meilleure intervention possible pour qu'elle puisse fonctionner à nouveau. En somme, bien que nos décisions soient *in fine* orientées vers des objectifs pratiques qui dépendent de nos valeurs, nos chances de prendre la meilleure décision (au regard de ces valeurs) sont augmentées par la possession d'un certain nombre d'informations à propos du monde. Ces informations ne constituent pas les déterminants de la décision mais elles en sont un instrument essentiel – pour reprendre la métaphore de l'éclairage, les informations factuelles nous offrent une lumière indispensable pour avoir une bonne vision de la carte des chemins possibles et de leur destination.

Quelles exigences doivent satisfaire ces informations pour offrir un éclairage de qualité – c'est-à-dire un éclairage favorisant la prise de la meilleure décision ? En tout premier lieu, il semble primordial que l'éclairage soit neutre, c'est-à-dire qu'il soit imperméable aux valeurs et aux préférences qui sont, elles, propres au sujet de la décision et peuvent varier d'un sujet à l'autre. Si je veux éviter de mouiller mon manteau, j'ai besoin de savoir s'il pleut – que cette information me fasse plaisir ou non et qu'elle corresponde ou non à mon souhait de ne pas me charger de ce parapluie lourd (et que je risque de perdre !). La meilleure décision pour moi, au regard de mes différentes valeurs (le respect des biens d'autrui, le désir de ne pas me fâcher avec ma cousine, la crainte de perdre mon parapluie et celle d'avoir mal au dos en transportant un poids inutile, etc.) est celle que je prendrai en connaissance de cause – et non pas sur la base d'une information biaisée par ce que je souhaite être le cas (qu'il ne pleuve pas !). Cette imperméabilité des faits aux valeurs – cette neutralité des informations – est au principe de toute réflexion sur la rationalité des décisions ; nous allons toutefois voir qu'elle soulève de profondes difficultés.

S'il est un domaine où est censée régner l'objectivité et dont les normes imposent une imperméabilité de principe aux valeurs, c'est bien, semble-t-il, celui de l'établissement des connaissances scientifiques. Ainsi les sciences paraissent-elles les plus à même de nous fournir les informations dont nous avons besoin pour prendre les décisions les mieux éclairées possibles. Pour obtenir ces informations, il est communément admis que l'attitude la plus raisonnable consiste à faire appel à des experts scientifiques.

2. Qu'est-ce qu'un expert scientifique ?

Quand un éclairage scientifique est nécessaire pour une prise de décision, on se tourne vers un ou plusieurs expert(s) du domaine en question. Qu'entend-on exactement par « expert scientifique » ? Comment identifier les bons experts ? Au nom de quoi, enfin, a-t-on raison de leur faire confiance ?

2.1. Définition initiale de l'expert

En premier lieu, soulignons que l'on s'intéresse ici à l'expertise d'ordre épistémique ou cognitif – c'est-à-dire le type d'expertise qui caractérise celui ou celle qui est en possession d'un certain savoir propositionnel, par contraste avec un savoir-faire ou un talent particulier constitutifs d'une expertise d'ordre pratique (comme celles du mécanicien, du pianiste ou du tailleur de pierre, pour prendre des exemples bien différents). Certes, comme le souligne le philosophe Alvin Goldman [1], l'expertise cognitive s'accompagne le plus souvent de savoir-faire spécifiques, si bien que la distinction n'est pas absolument

1. A. Goldman, « Experts : Which Ones Should You Trust ? », *Philosophy and Phenomenological Research* 63, 1, 2000, p. 85-110.

tranchée. Toutefois, ce qui nous intéresse ici est l'expertise concernant des contenus de connaissance pouvant faire l'objet d'une transmission d'un sujet à un autre : l'expert est celui ou celle qui est en situation d'avoir accès à certaines informations à propos du monde susceptibles de m'être utiles et auxquelles je ne peux pas avoir accès toute seule. Qu'est-ce qui distingue, dès lors, l'expert ainsi défini du simple témoin d'une scène à laquelle je n'ai pas moi-même assisté ? Ici encore, l'analyse d'Alvin Goldman est utile, qui définit les experts cognitifs comme « les personnes qui possèdent [...] une quantité ou un niveau supérieur de connaissance dans un certain domaine et une capacité à produire de nouvelles connaissances en réponse à des questions portant sur ce domaine »[2]. Ce n'est pas seulement la possession, de fait, d'un certain contenu de connaissance qui caractérise l'expert, mais sa maîtrise des méthodes d'enquête et de justification pour ce type bien particulier de connaissances.

Notons que l'expertise d'un individu est toujours relative à un domaine particulier, et que tout expert dans un domaine (par exemple, la mécanique des fluides) est profane[3] dans la plupart des autres (par exemple, en biologie marine) ; inversement, l'expert en biologie marine est (en général) profane en mécanique des fluides. C'est ce constat, joint à celui de la spécialisation croissante dans les différentes branches et sous-branches de la science, qui conduit le philosophe John Hardwig[4] à souligner la place essentielle de la confiance dans l'élaboration des connaissances scientifiques, laquelle est une œuvre irréductiblement collective. Les scientifiques, tout comme les non scientifiques, doivent faire confiance aux experts d'un domaine, vis-à-vis desquels ils font figure de profanes. Mais en quoi consiste cette relation de confiance – et dans quelle mesure est-elle justifiée ?

2.2. Les fondements de la confiance en la parole d'autrui L'épistémologie du témoignage

Faisons ici un rapide détour par des questions plus fondamentales, liées à la nature même de la justification de notre confiance épistémique en nos congénères – c'est-à-dire la confiance que nous leur faisons en tant que source d'information sur le monde. C'est l'objet de la branche

2. *Ibid.*, p. 91. Je traduis.

3. C'est ainsi que les philosophes des sciences désignent traditionnellement les non-experts – sans que cela ait la moindre connotation péjorative.

4. J. Hardwig, « The Role of Trust in Knowledge », *The Journal of Philosophy* 88, 12, 1991, p. 693-708.

de la philosophie de la connaissance appelée « épistémologie du témoignage », dont la question centrale est celle du statut de la parole d'autrui comme source de connaissance : s'il ne fait pas de doute que la plupart des choses que nous savons ou croyons savoir nous vient du témoignage d'autrui (entendu au sens large de toute forme de médiation – livres, médias, enseignement, etc.), en quoi ces croyances sont-elles justifiées ? Au nom de quelle norme épistémique sommes-nous ainsi autorisés à nous fier à autrui ? Cette confiance est-elle première et aussi fondamentale que celle que nous avons en nos propres sens et capacités de raisonnement, ou est-elle dérivée de l'expérience ? Affirmer qu'elle est aussi fondamentale, c'est dire que tout comme notre condition d'êtres sensibles nous autorise à nous fier à nos sens par défaut (c'est-à-dire sauf raison particulière de douter), notre condition d'êtres sociaux et de langage nous autorise à accepter comme vraies les affirmations douées de sens proférées par autrui – sauf raison particulière de douter. En ce sens, la confiance en autrui est l'attitude rationnelle par défaut – sa justification est *a priori*. Inversement, dire que la confiance dans la parole d'autrui est dérivée, c'est dire qu'elle est ancrée dans notre expérience de la fiabilité d'autrui et donc qu'*in fine* elle se réduit à notre confiance dans l'expérience ; sa justification est empirique [5]. Cette position, appelée « réductionniste », est traditionnellement attribuée à David Hume [6] – la position inverse, anti-réductionniste, dont les représentants contemporains sont par exemple Tony Coady [7] et Tyler Burge [8], étant traditionnellement attribuée à Thomas Reid [9].

Quelle que soit la réponse que l'on apporte à cette question fondationnelle, tout le monde s'accorde sur le point suivant : que la confiance soit ou non l'attitude rationnelle par défaut (qu'elle soit justifiée empiriquement ou *a priori*) – il est clair qu'au cas par cas certains témoignages sont davantage crédibles que d'autres et que cette crédibilité relative doit s'évaluer sur une base empirique. Si j'ai constaté par le passé que telle personne en particulier – ou encore

5. Voir M. Vorms, « Le rôle d'autrui dans la formation des connaissances », dans D. Bonnay, H. Galinon et M. Vorms (dir.), *Épistémologie sociale*, « Textes clés », Paris, Vrin, à paraître.

6. D. Hume, *Enquête sur l'entendement humain* [1748], trad. fr. M. Malherbe, Paris, Vrin, 2008, section 10, « Sur les miracles ».

7. T. Coady, « Testimony and Observation », *American Philosophical Quarterly* 10, 2, 1973, p. 149-155.

8. T. Burge, « Content Preservation », *The Philosophical Review* 102, 4, 1993, p 457-488.

9. Th. Reid, *Recherche sur l'entendement humain d'après les principes du sens commun* [1764], trad. fr. Th. Jouffroy dans *Œuvres complètes de Thomas Reid*, t. II, Paris, A. Mesnier, 1828, p. 350.

que les individus qui adoptent tel type d'attitude dans tel type de situations – ment(ent) souvent, j'ai des raisons empiriques de ne pas leur faire confiance.

Plus généralement, on admet communément que la fiabilité d'un témoin s'évalue essentiellement au regard de deux composantes : sa compétence (qui se définit ici comme sa capacité à entretenir des croyances vraies) et son honnêteté ou bonne foi (c'est-à-dire sa volonté de dire ce qu'il croit être vrai). Un individu rapportant une scène dont il a été témoin est fiable s'il est tout à la fois en situation d'avoir effectivement eu accès aux détails de la scène qu'il rapporte et s'il n'a pas de raison de mentir. Ainsi l'avocat de l'accusé dans la pièce d'Agatha Christie *Témoin à Charge* discrédite-t-il le témoignage de la femme de chambre de la victime sur les deux plans – montrant d'une part qu'elle est partiale car intéressée à l'héritage, et d'autre part que son témoignage sur ce qu'elle affirme avoir distinctement entendu n'est pas crédible, car elle est sourde. Dans ce qui suit, nous allons voir comment ces indices de fiabilité se déclinent dans le cas des experts scientifiques.

2.3. Experts scientifiques : pourquoi leur faire confiance ?

Ce qui caractérise l'expert d'un certain domaine est précisément ceci que nous avons de bonnes raisons de penser qu'il constitue une source particulièrement crédible pour les informations relevant de ce domaine. Plus précisément, nous avons de bonnes raisons de penser qu'il est dans une situation épistémique plus favorable que la nôtre pour accéder à certaines informations. Ce constat nous autorise – et même nous enjoint, selon John Hardwig [10], à nous fier à lui plutôt que de suivre notre propre opinion. Dans les termes volontairement provocateurs de John Hardwig, il est ainsi parfois rationnel de *ne pas* penser par soi-même. En réalité, cette affirmation de prime abord choquante pour quiconque est attaché à l'idée d'autonomie intellectuelle qui semble indissociable tout aussi bien de la liberté de pensée que de la rationalité, n'est pas à ce point inconciliable avec celles-ci. De manière plus paradoxale mais aussi plus acceptable, elle revient à dire que penser par soi-même implique parfois d'être capable de déléguer son jugement – on parle dans ce cas de « déférence épistémique » – à une personne dont on a la garantie qu'elle est bien fondée à produire des

10. J. Hardwig, « Epistemic Dependence », *The Journal of Philosophy* 82, 7, 1985, p. 335-349.

affirmations à ce sujet[11]. Mais en quoi consiste une telle garantie ? En quoi consistent ces indices empiriques de la crédibilité d'un expert ?

2.4. Experts scientifiques : comment les identifier ?

On touche au cœur de la difficulté, formulée par John Hardwig, qui distingue entre la confiance que l'on fait au garagiste qui vérifie le niveau d'huile d'une voiture et celle que l'on fait à un expert d'un domaine scientifique auquel on ne connaît rien. Je fais confiance au garagiste qui regarde sous le capot de ma voiture parce que je n'ai pas de raison de douter de sa capacité à évaluer le niveau d'huile ni de ses dispositions à me rapporter fidèlement ce qu'il a constaté. Mais, quand bien même je suis moins habile que lui pour procéder à cette vérification, je suis en capacité de savoir en quoi consiste une telle vérification. De même, je fais confiance à mon ami qui plonge à cinq mètres de profondeur et m'affirme que la température y est nettement plus basse qu'à la surface sans que cela en fasse un expert. Quand bien même je ne suis pas en mesure d'opérer moi-même une telle recherche d'informations parce que je souffre d'otites chroniques m'empêchant de plonger, la procédure à suivre pour évaluer la température de l'eau ne revêt pour moi aucune forme de mystère ou d'opacité. Il en va généralement autrement, selon John Hardwig, pour ce qui concerne la confiance que l'on fait à un expert scientifique. Dans ce cas, non seulement je n'ai pas procédé à l'enquête nécessaire à l'acquisition de certaines informations, non seulement je ne possède pas le savoir-faire nécessaire à la réalisation d'une telle enquête et ne suis peut-être pas même en mesure d'acquérir les compétences requises, mais encore je ne suis pas même en mesure d'évaluer la qualité de l'enquête et des preuves apportées par l'expert ni de comprendre en quoi ces preuves soutiennent effectivement ses affirmations. Autrement dit, non seulement je ne peux pas suivre les procédures nécessaires pour conduire cette enquête, mais ces procédures me sont pour ainsi dire opaques[12]. Concernant par exemple les mécanismes d'action d'une

11. Notons d'ailleurs que l'exigence d'autonomie intellectuelle et la notion d'esprit critique sont parfois dévoyées et mises au service de croyances irrationnelles comme celles de certaines théories du complot ou théories fantaisistes comme celle dite de la « Terre plate ».

12. Il convient de signaler que la notion d'expert peut revêtir un sens plus large, dans lequel elle désigne quelqu'un dont l'expérience de vie l'a rendu particulièrement compétent pour apporter son témoignage sur un certain type de questions – non spécifiquement scientifiques. On pense par exemple aux patients experts – mais, plus

molécule sur l'organisme humain, non seulement je ne connais pas ces mécanismes, mais je ne sais même pas quel procédé expérimental est susceptible de répondre à une question les concernant – ni même la forme qu'est censée prendre une description scientifique de ces mécanismes. Pour le dire autrement, dans certains domaines, le profane ne serait pas capable de distinguer un article scientifique réel d'un pastiche [13].

D'où l'énigme au principe même de la confiance dans l'expertise scientifique : si l'expert se définit par un accès privilégié à certaines connaissances et si cette expertise m'autorise – voire m'ordonne – rationnellement de me fier à lui pour ces connaissances mais si par ailleurs cet accès privilégié m'est par essence opaque, comment le reconnaître et comment, par conséquent, identifier les experts à qui je peux – et dois – me fier ? Pour employer une formulation qui fait ressortir le caractère paradoxal de la confiance dans la parole des experts, comment une confiance à ce point aveugle peut-elle être accordée avec discernement ?

À question paradoxale, réponse paradoxale : ainsi Alvin Goldman, adoptant une conception véritiste de l'expert – c'est-à-dire le définissant par sa position épistémique privilégiée favorisant l'acquisition de croyances vraies à propos d'un certain domaine de phénomènes et non par des marqueurs sociaux et institutionnels comme le ferait une approche sociologique – affirme que ce sont de tels marqueurs externes qui sont, pour le profane, les meilleurs et les seuls indices de l'expertise. En effet, bien que l'expertise ne se réduise pas à la possession d'un certain statut et de certaines propriétés sociales et institutionnelles (typiquement, la reconnaissance institutionnelle, le « *track record* », l'absence de liens d'intérêt, le fait de refuser de s'exprimer en dehors de son domaine de compétence, etc.), ces propriétés sont les seuls indices – certes faillibles – de l'expertise véritable, en raison même de l'opacité qui empêche le profane de l'évaluer directement.

généralement, il est un sens dans lequel chacun de nous est expert de certains domaines en raison de son expérience personnelle ou professionnelle. Une telle expertise, quand bien même elle est le fruit d'une longue acquisition, ne revêt pas, en général, l'opacité propre à l'expertise scientifique. On peut toutefois reconnaître l'existence d'un continuum entre ces différentes sortes d'expertise.

13. Ce propos est à distinguer de ce qu'a cherché à montrer Alan Sokal avec son canular (à l'origine de la désormais célèbre « Affaire Sokal »). Son but était de mettre en évidence la non-scientificité d'un certain type de recherches (relevant d'une approche post-moderne des sciences) en démontrant que des spécialistes de la discipline concernée pouvaient être piégés par des textes dénués de sens rédigés par un profane vis-à-vis de cette discipline (Sokal lui-même).

2.5. De l'expertise comme propriété à l'expertise comme fonction

Reste que cette approche de l'expertise est encore assez abstraite et ne permet pas de saisir les difficultés soulevées, en pratique, par la production d'expertises pour l'aide à la décision. Certes, il est souhaitable que les individus appelés à remplir la *fonction* d'experts *soient* effectivement des experts de leur domaine, au sens dégagé précédemment. Mais dire cela n'épuise pas, loin s'en faut, la question de ce qui constitue une bonne expertise scientifique pour éclairer une décision. Pour répondre à la question de la qualité de l'expertise, il convient de regarder plus concrètement, en pratique, ce que l'on attend d'un avis d'expert.

Or, comme l'a souligné le philosophe Stephen John[14], il n'est pas certain que l'approche classique de l'épistémologie du témoignage, qui conçoit celui-ci comme consistant en la transmission d'un contenu propositionnel d'un individu à un autre soit la meilleure manière d'analyser la communication entre scientifiques et non scientifiques. En effet, les connaissances scientifiques ne sont pas une somme d'affirmations factuelles susceptibles d'être transmises telles quelles, mais un ensemble d'hypothèses plus ou moins bien confirmées, de modèles plus ou moins idéalisés, de résultats d'expériences ou de simulations numériques, de données produites dans un certain contexte de recherche et interprétées à la lumière de certaines théories plus ou moins exploratoires et consensuelles, de réflexions et débats à propos de la validité de ces résultats et modèles et des outils mis en œuvre, etc. En outre, les experts, en tant que représentants de la communauté scientifique, ne sont pas censés transmettre ce qu'ils *croient* à propos du monde (c'est-à-dire leurs états mentaux subjectifs, quand bien même ceux-ci seraient très bien informés), mais plutôt s'exprimer (individuellement ou en groupe) sur ce qui est scientifiquement validé au regard de critères partagés et objectifs. Ils sont censés rapporter ce que la communauté scientifique s'accorde à considérer comme établi par des preuves suffisantes et, le cas échéant, préciser ce qui est encore incertain, voire ignoré. Enfin, comme on va le voir, il est loin d'être clair que la recherche d'une réponse parfaitement exacte, exhaustive et transparente, pour peu qu'elle soit possible, soit souhaitable. Pour comprendre cela, je propose dans ce qui suit de changer de point de vue : adoptons celui du scientifique et examinons les exigences qu'il

14. S. John, « Epistemic Trust and the Ethics of Science Communication : Against Transparency, Openness, Sincerity and Honesty », *Social Epistemology* 32, 2, 2018, p. 75-87.

doit satisfaire pour remplir sa mission d'expertise. Dans tout ce qui suit, je supposerai que le scientifique est de bonne foi et agit en toute indépendance[15]. En quoi consiste une bonne expertise scientifique destinée à éclairer la décision d'un non scientifique ?

3. Quels défis pour une bonne expertise scientifique ?

Nous avons vu précédemment qu'un des piliers de la prise de décision éclairée est l'imperméabilité de principe entre l'éclairage factuel et les valeurs du décideur. Si l'éclairage apporté par les scientifiques était déjà empreint de certaines valeurs, alors il ne serait pas neutre, au sens où il empiéterait, pour ainsi dire, sur la décision. Or l'idée même de décision éclairée, qu'elle soit celle d'un individu dans sa vie privée ou celle d'un groupe de responsables politiques, implique que la décision soit celle du décideur – et non pas celle de l'expert, sans quoi la décision ne serait pas réellement libre (et, pour ce qui est des décisions publiques, la situation serait davantage d'ordre technocratique que démocratique).

La neutralité, toutefois, n'est pas suffisante. Une information neutre mais imprécise ou inexacte ne serait d'aucune utilité – elle offrirait un éclairage trop faible. Inversement, une information neutre mais trop détaillée, trop précise ou trop technique risquerait d'être inintelligible. En plus d'être neutres, les informations doivent donc être suffisamment exactes et complètes pour apporter un véritable éclairage mais aussi suffisamment simples pour être intelligibles et mobilisables par un non scientifique dans sa prise de décision. On voit que ces différentes exigences sont susceptibles d'entrer en conflit les unes avec les autres, si bien que les normes de la communication scientifique des experts aux non-experts sont loin d'être triviales.

Cela est d'autant plus difficile que pour la plupart des décisions auxquelles nous sommes confrontés, les informations pertinentes disponibles sont incomplètes et incertaines. Pour comprendre comment cela peut mettre à mal l'exigence de neutralité, commençons

15. Une telle hypothèse repose bien entendu sur une abstraction ; sans même supposer des scientifiques vraiment malhonnêtes, il est fréquent – et, dans certains domaines, c'est même la norme – que des experts aient des conflits d'intérêts avec des acteurs privés ou publics qui sont partie prenante à la décision (ou qui sont directement concernés par elle). Voir par exemple T. Wilholt, « Bias and Values in Scientific Research », *Studies in History and Philosophy of Science* 40, 2009, p. 92-101. Dans le présent chapitre, je propose d'aborder la question de la bonne expertise scientifique dans toute sa pureté. C'est un préalable nécessaire à l'étude de situations plus compliquées et plus réalistes.

par préciser les problèmes posés par la prise de décision en situation d'incertitude – que les informations factuelles requises nécessitent ou non le recours à l'expertise scientifique [16].

3.1. Les décisions en situation d'incertitude

De très nombreuses décisions doivent être prises dans une situation d'ignorance et d'incertitude partielles. L'arbitrage entre les valeurs qui guident la décision peut alors être représenté sous la forme d'un calcul de risques intégrant les probabilités associées aux diverses conséquences possibles des différentes lignes d'action envisageables ; l'utilité (pour le sujet) de chaque issue possible étant pondérée par sa probabilité, on détermine la meilleure décision – celle qui maximise ce que l'on appelle l'« utilité espérée ». Reprenons l'exemple de la pluie. La chose la plus importante à mes yeux est de ne pas mouiller mon manteau. En conséquence, la situation dans laquelle il pleut et je n'ai pas mon parapluie est la moins désirable à mes yeux. Notons 0 son utilité. Comme je ne tiens pas spécialement à me charger inutilement de mon parapluie, la situation où il ne pleut pas et où je n'ai pas pris mon parapluie est la plus désirable ; admettons que l'utilité correspondante est de 10. Restent deux situations intermédiaires, correspondant à celles où j'ai pris mon parapluie et où il pleut pour la première et ne pleut pas pour la seconde. Attribuons-leur une utilité de 8.

Si j'étais certaine qu'il pleuvrait, la décision serait simple : j'emporterais mon parapluie (car je préfère nettement rester sèche et être chargée que d'abîmer mon manteau en voyageant légère, ce qui se reflète dans la supériorité du 8 sur le 0). Inversement, si j'étais certaine qu'il ne pleuvrait pas, je laisserais mon parapluie chez moi (je préfère, tant qu'à faire, voyager légère, ce qui se reflète dans la supériorité du 10 sur le 8). Mais comme chacun sait, le temps qu'il fait est souvent difficile à prédire avec certitude. Supposons ici que la probabilité de la pluie est de 0.1. Cette probabilité permet de calculer l'utilité pondérée de chaque action (emporter ou ne pas emporter mon parapluie) en multipliant l'utilité de chacune des deux issues possibles (selon qu'il pleut ou non) par la probabilité de cet événement. Ainsi trouve-t-on que l'utilité espérée (pondérée) du fait d'emporter mon parapluie est de 8, et que

16. Sur le rapport entre l'expertise scientifique et les valeurs, voir également le chapitre de Stéphanie Ruphy, « Science, valeurs, démocratie », p. 399, et sur expertise, croyance et justification, le chapitre de Henri Galinon, « L'épistémologie sociale », p. 361.

celle de le laisser à la maison est de 9[17]. La meilleure décision consiste à laisser mon parapluie à la maison (puisque 9 est supérieur à 8). Il est aisé de voir que cela serait différent si la probabilité de la pluie était plus grande. Il suffirait en l'occurrence que la probabilité de la pluie soit supérieure à 0.2 pour que l'ordre des utilités espérées des deux actions possibles s'inversent (celle du fait d'emporter mon parapluie restant à 8 et celle de ne pas l'emporter dépassant 8 dès que la probabilité dépasse 0.2). Cela traduit le fait que ma préférence pour les situations où je n'emporte pas mon parapluie est assez faible. Inversement, si emporter mon parapluie présente un gros inconvénient pour moi, si bien que l'utilité des situations où je l'emporte est de 2, alors il faut une probabilité de pluie supérieure à 0.8 pour que la meilleure décision consiste à l'emporter. Comme il apparaît dans ce qui précède, une fois les utilités calculées (sur la base des valeurs du sujet de la décision), on peut déterminer le seuil de probabilité de l'hypothèse de la pluie au-delà duquel la meilleure décision (pour le sujet) est de prendre le parapluie.

Ce qui précède concerne tous les types de décisions, quelle que soit la nature des informations qu'elles requièrent. Si l'incertitude est une propriété de la plupart – et même de la totalité – des propositions portant sur le monde extérieur, son caractère irréductible se manifeste de manière particulièrement frappante dans les sciences, qui résultent pourtant de la forme d'enquête la plus systématique et approfondie à propos des phénomènes empiriques dont nous disposions. Les informations scientifiques nécessaires à la prise de décisions complexes des responsables politiques face à des problèmes comme celui du changement climatique ou à la régulation de substances potentiellement toxiques sont le plus souvent irréductiblement incertaines. Comment les experts doivent-ils faire face à l'incertitude dans leur communication d'informations scientifiques aux non-experts ?

3.2. Le risque inductif : l'acceptation des hypothèses comme décision en situation d'incertitude

Avant même de considérer la manière de communiquer des résultats incertains pour éclairer les décisions, soulignons que le cadre théorique de la décision en situation d'incertitude peut être appliqué à certains aspects de l'enquête scientifique elle-même. En

17. Le calcul est le suivant. Utilité espérée d'emporter mon parapluie : $0.1 \times 8 + 0.9 \times 8 = 8$. Utilité espérée de ne pas emporter mon parapluie : $0.1 \times 0 + 0.9 \times 10 = 9$.

raison même de l'incertitude irréductible de toute affirmation à visée générale portant sur le monde extérieur, l'adoption – on parle aussi d'acceptation – d'une hypothèse résulte en elle-même d'une décision en situation d'incertitude qui, en tant que telle, comporte une part de risque. Qu'est-ce que cela signifie ? Pour reprendre un exemple fameux, la proposition à forme universelle « tous les corbeaux sont noirs » ne peut obtenir qu'une confirmation empirique relative : quand bien même tous les corbeaux examinés dans toutes les contrées du monde étaient noirs, il reste toujours possible de découvrir un jour un corbeau dont la couleur contredise cette affirmation. Accepter l'hypothèse selon laquelle tous les corbeaux sont noirs repose donc sur une opération inductive qui n'est pas entièrement justifiée par les données empiriques. Une telle acceptation comporte inévitablement un risque d'erreur que le philosophie des sciences Carl Hempel appelle « risque inductif » [18].

Cette acceptation risquée consiste précisément en une décision en situation d'incertitude : à la lumière d'informations sur le monde (ici, celles relatives à la confirmation empirique de l'hypothèse), le scientifique prend la décision de considérer l'hypothèse comme vraie – ou en tout cas comme validée scientifiquement et de l'accepter, voire de la publier. Qu'est-ce qui guide cette décision ? Ici aussi on peut se représenter les issues des différentes décisions possibles (accepter ou rejeter l'hypothèse) sous la forme d'un tableau à double entrée. Il existe deux états du monde possible, celui où l'hypothèse est vraie et celui où elle est fausse. Deux issues sont désirables, celle où l'on accepte une hypothèse vraie et celle où l'on rejette une hypothèse fausse. Deux issues correspondent à des erreurs, à savoir l'acceptation d'une hypothèse fausse et le rejet d'une hypothèse vraie. Selon le coût (et par conséquent l'utilité) que l'on attribue respectivement à ces deux types d'erreurs, on peut fixer le seuil de confirmation de l'hypothèse au-delà duquel il convient de l'accepter – et en deçà duquel il est sage de poursuivre l'enquête (ou de l'arrêter et de rejeter l'hypothèse).

Je n'aborderai pas ici la question des seuils de confirmation – ou standards de preuve – applicables dans la recherche scientifique et des valeurs au nom desquelles on fixe ces seuils [19]. Qu'il suffise de

18. C. Hempel, « Science and Human Values », *in* R. E. Spiller (ed.), *Social Control in a Free Society*, Philadelphia (PA), University of Pennsylvania Press, 1960, p. 39-64.

19. Ces valeurs sont traditionnellement décrites comme des valeurs épistémiques, c'est-à-dire des valeurs liées à l'objectif même de recherche de la vérité. Voir par exemple R. C. Jeffrey, « Valuation and Acceptance of Scientific Hypotheses », *Philosophy of Science* 23, 3, 1956, p. 237-246, et I. Levi, « Must the Scientist Make Value Judgements ? », *The Journal of Philosophy* 57, 11, 1960, p. 345-357.

souligner que la pratique scientifique repose en général sur l'adoption de standards très élevés[20] – il semble en effet préférable de rejeter une hypothèse vraie (sachant, en outre, que ce rejet peut n'être que temporaire et consister essentiellement en une poursuite de l'enquête) plutôt que d'accepter une hypothèse fausse dans le stock des propositions validées scientifiquement.

Sortons, à présent, du laboratoire. Que doit faire le scientifique à qui un décideur pose une question qui n'a de réponse qu'incertaine ? Ici, l'enjeu de la décision – affirmer, par exemple, que telle substance est toxique ou au contraire que la preuve de sa toxicité n'a pas encore été rapportée – n'est pas interne à la science. Les conséquences de ces affirmations sont en effet constituées d'autres décisions – celle, par exemple, d'interdire ou au contraire d'autoriser la commercialisation d'un produit – qui ont des conséquences pratiques dont il revient aux décideurs d'évaluer les utilités.

3.3. Standards de preuve et assertion

Considérons la situation d'une scientifique – disons, une experte en toxicologie – qui doit rendre un rapport sur la toxicité d'une certaine molécule utilisée dans un médicament – dont on supposera que l'efficacité est par ailleurs prouvée. Il n'existe aucune réponse scientifique catégorique à la question de savoir si la molécule est toxique : on dispose de données sur des animaux de laboratoire, mais selon le protocole utilisé (concernant entre autres la sensibilité statistique des tests ou encore la dose administrée aux animaux), l'évaluation de la toxicité n'est pas la même ; en outre les résultats obtenus sur les animaux ne sont pas directement transposables aux humains. Les essais cliniques existants, quant à eux, ne permettent pas de conclure fermement sur l'effet du médicament en population réelle. On voit bien, toutefois, à quoi peuvent ressembler les coûts des deux types d'erreur possible :

20. On peut penser ainsi à la valeur *p* qui permet de déterminer la significativité statistique d'un test. Dans une expérience, l'hypothèse nulle (c'est-à-dire la négation de celle qui fait l'objet du test) peut être rejetée (et donc le test de l'hypothèse en jeu être considéré comme significatif) si la probabilité des résultats obtenus sous l'hypothèse nulle est en deçà d'un certain seuil appelé valeur *p* et conventionnellement fixé, selon les domaines, à 0.01 ou 0.05. Outre que d'autres méthodes statistiques existent, il faut souligner que dans de nombreuses situations, il n'est pas possible d'avoir recours aux statistiques pour chiffrer ainsi un degré de confirmation (ou d'infirmation). Reste que les procédures de validation des hypothèses scientifiques – reposant sur des exigences comme la reproductibilité des expériences et des pratiques comme la validation par les pairs – incarnent l'exigence d'un degré de confirmation élevé.

affirmer que la molécule est (très probablement) toxique alors qu'elle ne l'est pas ou peu (en tout cas aux doses généralement utilisées) risque de conduire au refus de commercialiser le médicament au détriment des patients qui se verraient privés d'un remède efficace. Inversement, affirmer qu'elle est inoffensive alors qu'elle est toxique conduirait à l'autorisation du médicament, mettant les patients en danger[21]. Il est clair que la décision d'autoriser ou non la mise sur le marché d'un médicament dépend (entre autres choses) de l'évaluation du seuil de toxicité en deçà duquel, pour une efficacité donnée, on décide ou non de l'autoriser. C'est de toute évidence un jugement de valeur qui doit faire l'objet d'un débat au sein des instances chargées de la régulation des médicaments (et qui par ailleurs fera entrer en jeu de nombreuses autres considérations, tant économiques que thérapeutiques). Mais la réponse que l'on peut tirer des sciences étant elle-même grevée d'incertitude, comment l'expert doit-il faire face au risque inductif ?

Une première réponse consiste à dire qu'il est de la responsabilité des experts d'adapter leur réponse à l'enjeu de la décision qui s'en suivra. Cela signifie que, si le coût associé à l'autorisation du médicament sous l'hypothèse où il est toxique est très élevé en comparaison de celui d'un refus injustifié de commercialisation, alors au moindre soupçon de toxicité, le scientifique doit alerter[22]. La philosophe Heather Douglas[23] affirme ainsi qu'il est de la responsabilité des scientifiques de prendre en charge les conséquences de leurs recherches dans la fixation des standards de preuve – parce qu'ils sont les mieux à même d'envisager ces conséquences en raison de leur situation épistémique privilégiée[24]. Cela soulève toutefois plusieurs difficultés.

21. Les coûts sont envisagés ici dans la perspective de l'intérêt des patients (ou de la santé publique), dont on suppose que les instances chargées de délivrer des autorisations de mise sur le marché sont garantes. Mais on peut tout à fait imaginer un calcul de coûts analogue du point de vue d'un industriel uniquement préoccupé par la prospérité de son entreprise et s'interrogeant sur l'opportunité de commercialiser son produit (ne pas commercialiser un produit constitue un manque à gagner, mais commercialiser un produit potentiellement toxique ouvre la voie à de sérieuses difficultés, entre autres judiciaires).

22. C'est là une des manières de rendre compte du principe de précaution – qui est en quelque sorte l'inverse du standard de preuve applicable aux procès criminels dans les pays de *common law* – où l'on somme les jurés de ne condamner un accusé que si sa culpabilité a été démontrée au-delà de tout doute raisonnable.

23. H. Douglas, « Inductive Risk and Values in Science », *Philosophy of Science* 67, 4, 2000, p. 559-579. Voir aussi H. Douglas, « The Moral Responsibilities of Scientists (Tensions Between Autonomy and Responsibility) », *American Philosophical Quarterly* 40, 1, 2003, p. 59-68.

24. Heather Douglas (« Inductive Risk and Values in Science », art. cit.) affirme en outre que ce renoncement à la neutralité des scientifiques n'est pas seulement souhaitable,

Une première difficulté, pointée par Stephen John[25], est liée à la nature de l'autorité épistémique des scientifiques. Selon lui, cette autorité, de laquelle les scientifiques tirent leur crédibilité et qui fonde – et justifie – la confiance du public, leur vient précisément du fait qu'ils appliquent des standards de preuve particulièrement élevés dans leurs recherches. En d'autres termes, si l'on fait confiance aux scientifiques, c'est parce que l'on suppose que, en tant que scientifiques, ils n'affirment rien qui ne soit très bien confirmé. Si les scientifiques sont prêts à abaisser leurs standards dans les situations d'urgence, ne risquent-ils pas de saper *ipso facto* ce qui constitue leur autorité[26] ? Toutefois, il semble qu'on puisse aussi à juste titre leur reprocher de rester silencieux face à des dangers probables qu'ils sont les mieux à même de voir – on comprend ici qu'il existe un véritable dilemme.

Deuxième difficulté : en prenant en compte l'enjeu de la décision, l'expert n'est-il pas précisément en train de préempter cette dernière et d'appliquer ses propres valeurs – ou celles qu'il attribue, peut-être à tort, au décideur – plutôt que celles qui sont effectivement celles du décideur ? Prenons un exemple simpliste. Vous souhaitez savoir s'il va pleuvoir, afin de décider de prendre ou non votre parapluie. Si je vous dis, alors que cela est incertain, qu'il ne va pas pleuvoir, parce que je suppose à tort qu'à ce degré de probabilité, vos préférences sont telles que vous ne prendriez pas votre parapluie, vous n'allez pas prendre la meilleure décision pour vous – celle que vous prendriez si vous aviez une idée plus précise de la probabilité qu'il pleuve. Inversement, si je suis moi-même d'un tempérament craintif et vous assure qu'il va certainement pleuvoir, je vous incite à prendre la décision d'emporter votre parapluie ; cette décision est peut-être la meilleure au regard de mes valeurs (comme je crains terriblement la pluie, à votre place, je prendrais mon parapluie), mais pas nécessairement des vôtres. Quoi qu'il en soit, si vous prenez votre décision sur une base erronée, ce

mais aussi inévitable, tant il est vrai que des risques inductifs sont pris à chaque étape de l'enquête scientifique et non pas seulement à celle de l'acceptation et de la publication des résultats.

25. S. John, « Inductive Risk and the Contexts of Communication », *Synthese* 192, 1, 2015, p. 79-96.

26. On peut établir ici un parallèle avec le judiciaire : de même que le juge (en tout cas dans les systèmes de *common law* où il existe des standards de preuve) qui acquitte n'affirme pas qu'il est prouvé que l'accusé n'est pas l'auteur des faits – mais affirme simplement que la preuve de sa culpabilité n'a pas été suffisamment fortement rapportée, de même le scientifique qui n'affirme pas qu'une substance est toxique ne dit pas qu'elle ne l'est pas, mais considère simplement que la preuve scientifique de sa toxicité n'a pas été rapportée. Cela est compatible avec l'existence d'un certain nombre de raisons de croire que la substance est toxique.

n'est pas réellement *votre* décision au sens où ce n'est pas celle que vous prendriez si vous aviez reçu un éclairage neutre. La neutralité des informations semble donc bel et bien l'un des piliers de la décision éclairée.

Une solution qui semble évidente est la suivante : les scientifiques doivent donner une réponse complète – dire tout ce qu'ils savent, ne pas chercher à masquer les incertitudes. Mais une telle réponse complète et exhaustive n'est pas forcément utilisable et intelligible[27]. Il n'est pas du tout certain qu'elle mette l'auditeur dans les bonnes dispositions épistémiques – celles qui le conduiront à prendre la décision qu'il prendrait s'il comprenait tous les tenants et aboutissants des informations scientifiques. Pour le dire plus simplement, il n'est pas certain que le message que le scientifique s'efforce de rendre le plus complet et exact possible passe bien – que le décideur le reçoive et le comprenne, de sorte à en faire la meilleure utilisation. Ce problème dépasse, comme je m'apprête à le montrer pour finir, celui de l'incertitude.

3.4. Neutralité, impartialité et pertinence

L'incertitude n'est pas la seule difficulté qui se pose au scientifique appelé à remplir une mission d'expertise. Pour bien le comprendre, il faut souligner que quand un non scientifique pose une question à un expert, ce n'est pas dans un but purement contemplatif – ni pour obtenir une idée d'ensemble des recherches conduites autour de cette question. C'est pour prendre une décision ; ce dont il a besoin n'est donc pas un état de l'art exhaustif et détaillé, comme les scientifiques sont habitués à en produire dans le cadre de publications scientifiques destinées à être lues par leurs pairs, mais de certains éléments à partir desquels il sera possible de tirer des conclusions utiles à la décision. Non seulement lui fournir un état de l'art complet est inutile et risque de le surcharger cognitivement, mais encore cela peut le conduire à faire fausse route.

Prenons l'exemple d'un juge interrogeant un toxicologue à propos d'un médicament soupçonné de toxicité. Pour le scientifique, ce que l'on sait de l'effet de l'administration de cette molécule sur les rats, à différentes doses, fait partie de l'état de la question : même si l'on ne peut pas extrapoler les résultats obtenus sur les rats aux humains en raison de différences de métabolisme entre ces deux espèces, les résultats sur

27. C'est là l'une des raisons d'être des « résumés à l'intention des décideurs » dans les rapports du GIEC.

les animaux sont un passage obligé de toute enquête toxicologique. Ces données sont pertinentes *scientifiquement*. Mais ce qui intéresse le juge – ce qui est pertinent *pour lui* au sens où il pourra en tirer des conclusions pour ce qui concerne la décision qu'il doit prendre – est la toxicité de cette molécule sur les humains, aux doses thérapeutiques. Si le scientifique fournit l'information sur les rats au juge, ce dernier, qui n'est pas toxicologue, risque de faire des inférences indues à partir de cette information (sur la base de la prémisse fausse selon laquelle « si c'est toxique pour les rats, ça doit l'être pour les humains »). Faut-il la lui fournir, au risque de l'inciter à faire fausse route ? Ou faut-il l'omettre pour lui éviter une erreur, et ce faisant enfreindre les règles de la bonne pratique scientifique ? Ici encore semble se dessiner un dilemme : vaut-il mieux fournir une réponse inexacte et incomplète pour éviter au non scientifique une erreur ou faut-il s'en tenir à la réponse la plus complète d'un point de vue scientifique ? Et après tout, comme c'était le cas pour les valeurs, que sait-on des enjeux exacts de la décision pour prendre la responsabilité d'un tel tri des informations [28] ?

Ces considérations semblent nous conduire au constat suivant : pour donner la réponse la plus pertinente possible pour le décideur, les scientifiques ont besoin de connaître le détail des contraintes qui s'exercent sur la décision et les différents aspects de ses enjeux. Plus il sera renseigné, mieux il calibrera sa réponse. Cette idée soulève, à nouveau, un ensemble de difficultés par l'examen desquelles je me propose de terminer. Pour cela, une excursion dans le cadre judiciaire d'un procès pénal dans lequel les juges ont besoin d'informations scientifiques pour prendre leur décision sera éclairante – en raison même des contraintes que ce contexte bien particulier, mettant en présence des parties aux intérêts opposés, impose aux scientifiques.

En France, les juges peuvent, si la décision qu'ils doivent prendre requiert un éclairage technique ou scientifique, s'adjoindre les services d'experts judiciaires. En tant que collaborateurs des juges, ceux-ci ne sont au service d'aucune des parties en présence ; ils sont, en ce sens, impartiaux. De leur côté, les parties – aussi bien défense que parties civiles – peuvent aussi faire appel à des scientifiques. Mais ces scientifiques ne jouissent pas du même statut que les experts judiciaires ; ils sont de simples témoins [29] et, à ce titre, n'ont pas les

28. Voir A. Barberousse et M. Vorms, « Qu'est-ce qu'une bonne expertise scientifique ? L'enjeu de la pertinence », *Lato Sensu*, à paraître.

29. Cette différence de statut entre experts judiciaires et témoins scientifiques est propre au système dit « inquisitoire » qui gouverne la procédure pénale en France et qui donne au juge une fonction d'enquêteur actif, par contraste avec le système dit

mêmes privilèges : outre que leur serment – et leur mission – ne sont pas exactement les mêmes [30], ils n'ont pas accès au dossier et ne peuvent pas assister aux audiences en amont de leur déposition. Ils sont en outre, par définition, partiaux. Je voudrais maintenant montrer que, dans un tel cas, impartialité et neutralité ne vont pas nécessairement de pair.

Par la connaissance même qu'ils ont du dossier, les experts judiciaires ont accès à l'ensemble des éléments de preuve disponibles (scientifiques ou non) mais aussi aux tenants et aboutissants de la décision, ils savent non seulement ce qui est reproché aux prévenus mais ils connaissent le lien entre les infractions reprochées (par exemple, la tromperie par dissimulation de certaines propriétés d'une molécule) et les questions qui leur sont posées en tant que scientifiques (« quelles sont les propriétés de telle molécule ? »). C'est, semble-t-il, la condition même de la pertinence de leur réponse : un expert interrogé sur l'existence de telle ou telle propriété d'une molécule dont il sait qu'il est reproché au laboratoire de ne pas l'avoir mentionnée donnera la réponse qui lui semblera pertinente au regard de ce reproche et évitera les détails inutiles (bien que pertinents dans le cadre de la recherche scientifique elle-même). Toutefois, cette situation particulière des experts judiciaires constitue aussi une menace pour une certaine forme de neutralité. Alors qu'il revient en principe aux juges de décider si oui non les laboratoires sont coupables de tromperie, les experts judiciaires sont dans une situation – juridique et épistémique – telle qu'il devient naturel pour eux de se prononcer bien au-delà des questions strictement scientifiques concernant les propriétés de la molécule et de donner leur opinion sur la question de savoir si les laboratoires avaient connaissance de ces propriétés et ne les ont pas communiquées. Or une telle conclusion – qu'ils sont fondés à tirer au vu des éléments du dossier dont ils disposent – ne relève plus de leur expertise scientifique. En tant que collaborateurs impartiaux, ils sont exempts, en ce sens, d'une certaine obligation de neutralité.

« accusatoire » de *common law*, dans lequel le juge doit arbitrer plus passivement entre les deux parties en présence ; dans le cadre accusatoire, tous les experts ont statut de témoins.

30. L'article 168 du Code de procédure pénale dispose que les experts judiciaires jurent d'« apporter leur concours à la justice en leur honneur et en leur conscience ». En revanche, les témoins doivent jurer « de parler sans haine et sans crainte, de dire toute la vérité, rien que la vérité » à propos des « faits reprochés à l'accusé » – et non de sa « culpabilité » (article 331 du Code de procédure pénale).

Inversement, les témoins des parties, qui n'ont pas accès au dossier, doivent s'en tenir à des réponses strictement scientifiques – au risque toutefois de tomber à côté de la question en fournissant des détails non pertinents. Leur partialité de fait les contraint – dans les conséquences tant juridiques qu'épistémiques qu'elle a sur leur mission – à une forme de neutralité qui, pour autant, risque de les faire manquer de pertinence pour la décision des juges.

Le cadre judiciaire est très spécifique – en raison notamment de son caractère conflictuel et du décorum qui lui est associé. On peut toutefois tirer de ce modèle des lignes de réflexion plus générales sur le type de dialogue et de collaboration qu'un bon éclairage scientifique des décisions requiert, tout particulièrement dans des domaines où les déterminants des décisions sont multiples et complexes et où les informations scientifiques sont à la fois incertaines et issues de nombreuses disciplines différentes – comme c'est le cas dans l'étude du réchauffement climatique et des moyens de le contrer.

Conclusion

Quels enseignements peut-on tirer de ce qui précède ? Chacune des difficultés propres à la définition d'un bon éclairage scientifique nous place devant un dilemme – qui se résume toujours à la question de savoir dans quelle mesure les scientifiques doivent prendre la responsabilité d'adapter leur réponse à (ce qu'ils savent de) la décision en jeu pour fournir une expertise utile, au risque de ne plus être neutres. Ce que nous enseigne toutefois le détour par le judiciaire est aussi que les décideurs ne sont pas des tablettes vierges, dont les seules contraintes sont des valeurs, et auxquelles il convient d'apporter un éclairage. La responsabilité ne peut être que partagée entre décideurs qui seuls connaissent les tenants et aboutissants de leur décision et scientifiques qui seuls connaissent les tenants et aboutissants (ainsi que les zones d'ombre) des affirmations scientifiques qu'ils peuvent fournir. La qualité de l'éclairage, dont on a vu qu'elle reposait sur un équilibre à trouver entre exactitude, neutralité et pertinence, ne peut en conséquence venir que d'un dialogue entre experts et décideurs – dont les modalités restent à construire.

Bibliographie indicative

BARBEROUSSE A. et M. VORMS, « Qu'est-ce qu'une bonne expertise scientifique ? L'enjeu de la pertinence », *Lato Sensu*, à paraître.

BOUCHARD F. et D. MONTIGNY, « Pourquoi et comment déférer aux experts scientifiques ? », *in* F. Claveau et J. Prud'homme (dir.), *Experts, sciences et sociétés*, Montréal, Presses de l'Université de Montréal, 2018, p. 219-235.

BRIDGMAN P. W., « Scientists and Social Responsibility », *The Scientific Monthly* 65, 2, 1947, p. 148-154.

DOUGLAS H., « Inductive Risk and Values in Science », *Philosophy of Science* 67, 4, 2000, p. 559-579.

– « The Moral Responsibilities of Scientists (Tensions Between Autonomy and Responsibility) », *American Philosophical Quarterly* 40, 1, 2003, p. 59-68.

ELLIOTT K. C., « An Ethics of Expertise Based on Informed Consent », *Science and Engineering Ethics* 12, 2006, p. 637-661.

GOLDMAN A., « Experts : Which Ones Should You Trust ? », *Philosophy and Phenomenological Research* 63, 1, 2000, p. 85-110.

HARDWIG J. « The Role of Trust in Knowledge », *The Journal of Philosophy* 88, 12, 1991, p. 693-708.

– « Epistemic Dependence », *The Journal of Philosophy* 82, 7, 1985, p. 335-349.

HEMPEL C., « Science and Human Values », *in* R. E. Spiller (éd.), *Social Control in a Free Society*, Philadelphia (PA), University of Pennsylvania Press, 1960, p. 39-64.

JOHN S. « Inductive Risk and the Contexts of Communication », *Synthese* 192, 1, 2015, p. 79-96.

– « Epistemic Trust and the Ethics of Science Communication : Against Transparency, Openness, Sincerity and Honesty », *Social Epistemology* 32, 2, 2018, p. 75-87.

KITCHER PH., *Science, Truth, and Democracy*, Oxford, Oxford University Press, 2003.

MERTON R. K., « Science and Technology in a Democratic Order », *Journal of Legal and Political Sociology* 1, 1942, p. 115-126 ; rééd. sous le titre « The Normative Structure of Science », *in* R. K. Merton, *The Sociology of Science. Theoretical and Empirical Investigations*, Chicago (IL), The University of Chicago Press, 1973, chap. XIII, p. 267-378.

VORMS M., « Les sciences et les scientifiques dans la société », dans D. Bonnay, H. Galinon et M. Vorms (dir.), *Épistémologie sociale*, « Textes clés », Vrin, à paraître.

WINSBERG E., « Values and Uncertainties in the Predictions of Global Climate Models », *Kennedy Institute of Ethics Journal* 22, 2, 2012, p. 111-137.

L'épistémologie sociale

par Henri Galinon

1. La vie sociale de la science

1.1. Sociologie ou épistémologie ?

La science est une activité sociale au sens non seulement d'une activité collective mais plus précisément d'une activité socialement structurée, avec ses normes intellectuelles, pratiques, ses revues, ses instituts, ses positions de responsabilité, ses hiérarchies. L'activité scientifique présente ainsi un ensemble riche de phénomènes qu'il est possible d'étudier en sociologue. Dans des études devenues classiques, le sociologue Robert Merton[1] avait été l'un des premiers à prendre la communauté scientifique pour objet d'étude. Cet examen l'avait conduit, entre autres choses, à identifier quatre normes qui, ensemble, caractérisaient selon lui la pratique scientifique : l'universalisme – le scientifique doit produire des connaissances de portée universelle –, le communalisme (*communism*) – le produit de son activité est partagé avec la communauté scientifique et soumise à son évaluation –, le désintéressement – ce produit n'est pas subordonné à la satisfaction d'intérêts particuliers non épistémiques –, et le scepticisme organisé – le doute raisonné et argumenté étant toujours acceptable et encouragé[2]. Depuis ces travaux pionniers, les études sur la science

1. Voir les textes réunis dans R. Merton, *The Sociology of Science : Theoretical and Empirical Investigations,* Chicago (IL), University of Chicago Press, 1973, en particulier « The normative structure of science » [1944].

2. Des études ultérieures ont aussi documenté les manquements des scientifiques à ces normes. *Cf.* W. Broad et N. Wade, *La souris truquée,* trad. fr. Ch. Jeanmougin, Paris, Seuil, 1987, cité dans J.-M. Berthelot, *L'emprise du vrai,* Paris, Puf, 2008.

ont toutefois tendu à s'éloigner de la seule étude des relations sociales structurant la communauté scientifique pour intégrer les textes et les dispositifs scientifiques eux-mêmes au premier plan des produits sociaux et historiques d'étude, et sous l'influence de l'historien des sciences Thomas Kuhn [3], ils ont cherché à documenter l'historicité et le caractère conventionnel, socialement construit, des normes de la validité scientifique et à identifier les déterminants sociaux du choix théorique [4]. La relation de ces études aux questions traditionnellement normatives de l'épistémologie – qu'est-ce qu'une bonne méthode de recherche de la vérité ?, qu'est-ce qu'une enquête rationnelle ? – est toutefois demeurée un temps dans une certaine ambiguïté. La philosophie des sciences, dans son entreprise de reconstruction rationnelle et d'évaluation de l'activité scientifique, s'intéresse en effet elle-aussi au premier chef à la question des déterminants du choix des théories scientifiques. Or du côté des épistémologues, après avoir renoncé à la thèse selon laquelle tout énoncé scientifique devrait pouvoir être prouvé dans l'expérience [5], il a fallu faire une place à des facteurs pragmatiques parmi les justifications du choix des théories scientifiques. La remarque épistémologique cruciale et largement acceptée selon laquelle nos choix théoriques sont sous-déterminés

3. T. Kuhn, *La structure des révolutions scientifiques* [1962], trad. fr. L. Meyer, Paris, Flammarion, 2008.

4. Parmi les ouvrages influents on peut citer B. Latour et S. Woolgar, *La vie de laboratoire. La production des faits scientifiques* [1979], Paris, La Découverte, 1988, dans lequel les auteurs étudient la découverte de l'hormone T.R.F. dans un laboratoire de biologie du Salk Institute. S. Shapin et S. Schaffer, *Léviathan et la pompe à air* [1985], trad. fr. Th. Piélat, Paris, La découverte, 1993, étudient l'émergence mouvementée du laboratoire comme espace de l'expérience scientifique dans le paradigme de la science moderne. C. Knorr-Cetina, *Epistemic Cultures : How the Sciences Make Knowledge*, Cambridge (Mass.), Harvard University Press, 1999, discute l'importance des cultures de recherche dans le domaine de la physique des hautes énergies. Pour une introduction en français à cette littérature le lecteur peut consulter D. Pestre, *Introduction aux Sciences Studies*, Paris, La Découverte, 2006, ou Y. Gingras, *Sociologie des sciences*, « Que sais-je ? », Paris, Puf, 2020.

5. Les positivistes du Cercle de Vienne espéraient en effet que tout énoncé scientifique non-analytique et doué de sens pourrait en principe voir sa vérité testée dans l'expérience. Après la critique de cette thèse par Quine au début des années cinquante, le vérificationnisme est généralement considéré comme une thèse trop naïve pour pouvoir être acceptée comme telle. Pour une introduction à la philosophie des sciences traitant de ces questions classiques on pourra consulter A. Barberousse, M. Kistler, P. Ludwig, *La philosophie des sciences au XXe siècle*, Paris, Flammarion, 2000, A. Barberousse, D. Bonnay, M. Cozic (dir.), *Précis de philosophie des sciences*, Paris, Vuibert, 2011, chap. IV et V, et les textes réunis dans S. Laugier et P. Wagner (dir.), *Philosophie des sciences*, vol. 1 et 2, « Textes clés », Paris, Vrin, 2004.

par l'expérience[6], conjuguée à l'observation historique de l'existence de controverses scientifiques souvent mise en avant par les études sur la science[7], suggèrent alors que le choix théorique pourrait résulter *essentiellement* de facteurs non-épistémiques, et qu'une enquête qui se contenterait d'être épistémologique serait au mieux incomplète, au pire naïve, en raison de causes socio-historiques décisives.

Du point de vue qui est celui des historiens et des sociologues des sciences, il n'y a pas là de quoi être ébranlé. En réalité, lorsqu'il s'agit d'expliquer le fait historique et social de l'émergence d'un paradigme de justification, ce sont au contraire les jugements sur la force épistémique des observations et des arguments échangés par les scientifiques qui relèveraient, selon certains d'entre eux, d'un fâcheux mélange des genres. On peut le comprendre : quel serait le mérite d'un historien qui endosserait la validité des justifications de la partie victorieuse d'une controverse scientifique pour expliquer l'issue de cette dernière ? Il témoignerait certes par-là du fait qu'il juge lui-même l'issue historique conforme à la raison. Mais est-ce son rôle ? Ne s'interdirait-il pas par là-même d'élucider *l'historicité* de ces justifications, la dimension conventionnelle, rationnellement contingente, de toute explication[8], et n'encourrait-il pas du même coup le juste reproche de faire de l'« histoire jugée »[9] ? On n'a rien expliqué de l'historicité d'une théorie quand on a dit qu'elle s'était imposée parce qu'elle est vraie. Du côté des historiens et sociologues des sciences, la mise en avant de déterminants socio-historiques de la production scientifique soulève en fait une question sinon opposée, du moins

6. C'est la thèse dite de Duhem-Quine. Sur cette thèse, voir le chapitre de Mathilde Lequin « Épistémologie de deux sciences historiques : la paléoanthropologie et l'archéologie » dans le présent volume, p. 289. La thèse prend une dimension polémique lorsqu'elle est prolongée par celle du holisme de la signification et de l'incommensurabilité des théories scientifiques. Pour une vue d'ensemble A. Barberousse, D. Bonnay, M. Cozic, *Précis de philosophie des sciences, op. cit.*

7. T. Kuhn, *La structure des révolutions scientifiques, op. cit.*, a mis en avant l'émergence des controverses dans les périodes de crise qui marquent la rupture avec les périodes normales de la science dominées par un paradigme. Le cas de la controverse entre Pasteur et Pouchet sur la génération spontanée a fait l'objet de nombreuses études. Pour une revue d'ensemble et une discussion stimulante J.-M. Berthelot, *L'emprise du vrai, op. cit.*, chap. IV, V et VI.

8. Pour une discussion engagée de la méthode et de ses différentes acceptions on peut consulter D. Bloor, « Anti-Latour », *Studies in History and Philosophy of Science Part A*, 30, 1, 1999, p. 81-112.

9. Voir A. Barberousse « Philosophie des sciences et études sur la science », *in* A. Barberousse, D. Bonnay, M. Cozic, *Précis de philosophie des sciences, op. cit.* Voir aussi J.-M. Berthelot, *L'emprise du vrai, op. cit.*

indépendante, de la question de sa rationalisabilité : est-il possible d'identifier des déterminants historiques et sociaux suffisamment riches pour expliquer le développement des sciences de la nature en faisant totalement l'économie de ce que la nature impose de contrainte au discours scientifique et que la science elle-même prétend justement mettre en lumière ? Des sociologues et historiens l'ont pensé, dans une forme d'affirmation de l'autonomie radicale des sciences spéciales[10], d'autres l'ont nié[11] – c'est une question qu'il nous suffit ici de noter avant de revenir à notre question de philosophie générale des sciences.

1.2. Une épistémologie sociale

À la lumière du développement des études sociales et historiques sur la science, on pourrait tout d'abord se demander si la philosophie classique des sciences, de Bacon à Carnap, n'a pas tout simplement oublié de donner la juste mesure de la dimension sociale de la science. Ce n'est pas, il faut le souligner, que la philosophie des sciences aurait totalement ignoré que la science fût une activité sociale. Reprenons par exemple les normes relevées par Merton : le contenu de ces normes, « communalisme » et « scepticisme organisé » au premier chef, nous rappelle que les critères de la scientificité moderne comportent une référence assumée à la dimension sociale de la science. La scientificité exige que l'administration de la preuve ait une force publique – une preuve qui n'a valeur de preuve que pour soi n'est pas une preuve scientifique. La scientificité moderne, depuis la fondation de la Royal Society et des Académies des sciences jusqu'à ses reconstructions vérificationnistes dans le positivisme du vingtième siècle, est essentiellement liée à l'intersubjectivité et à la publicité des preuves. Quant aux controverses scientifiques, si elles constituent bien l'« entrée royale »[12] de la sociologie des sciences, leur analyse n'est pas leur domaine

10. C'est le thème du « programme fort » défendu en sociologie des sciences par l'école d'Édimbourg. Voir par exemple B. Barnes et D. Bloor, « Relativism, Rationalism and the Sociology of Knowledge », *in* M. Hollis et S. Lukes (eds.), *Rationality and Relativism*, Oxford, B. Blackwell, 1982. Le cas de Bruno Latour est plus complexe. Pour une mise au point dans le cadre de sa controverse avec l'école d'Edimbourg on pourra consulter la réponse de Bruno Latour à D. Bloor, « Anti-Latour », art. cit., dans la même revue. Nous revenons brièvement sur la position de Bruno Latour en fin de chapitre.

11. Voir à nouveau dans J.-M. Berthelot, *L'emprise du vrai*, *op. cit.*, l'analyse des comptes-rendus socio-historiques de la controverse de Pouchet et Pasteur autour de la génération spontanée.

12. Selon l'expression de M. Callon et B. Latour dans *La Science telle qu'elle se fait*, Paris, La Découverte, 1990.

réservé. Pour un philosophe comme Hilary Putnam, elles témoignent ainsi, surtout, de la solidarité de trois choses : du caractère coopératif de la science, de la possibilité du désaccord et de l'adhésion commune des participants à l'idiome de la vérité dans ce qu'il construit d'écart potentiel entre le réel et la croyance. Pour qu'il y ait controverse, chacun doit en effet admettre que l'entreprise à laquelle il prend part a un rapport interne à la recherche de la vérité, sans quoi le désaccord entre les participants demeurerait purement verbal[13]. Ces quelques remarques sur la place que fait déjà l'épistémologie traditionnelle à la dimension sociale de la science ne suffisent cependant pas à répondre aux questions philosophiques que pose l'identification de causalités socio-historiques dans la production de la science. Si les intérêts et les passions sont les déterminants causaux du choix théorique, cela ne mine-t-il pas les prétentions de la science au statut d'exception qui est le sien, celui du discours qui doit faire autorité pour celui qui recherche les vérités naturelles ? La science ne serait-elle en définitive qu'une parole parmi d'autres dans une lutte universelle pour exercer un magistère de la pensée et imposer le mythe de sa propre universalité ?

L'épistémologie, qui doit se prononcer sur les justifications, établir le crédit des méthodes scientifiques, ne doit-elle pas avouer ses limites et céder le pas aux sciences sociales, une fois reconnue la dimension sociale de la science ? L'épistémologie sociale lève cette ambiguïté : se positionnant sur le terrain laissé vacant tant par l'épistémologie traditionnelle que par la sociologie des sciences[14], elle entend se saisir de la question de la valeur *épistémique des processus sociaux* de production de la connaissance[15]. Pour l'épistémologie, l'enjeu de cette

13. La possibilité de la référence interthéorique ou transthéorique est un thème majeur de la philosophie des sciences de Putnam. Voir son article « La signification de “signification” » traduit dans S. Laugier et P. Wagner (dir.), *Philosophie des sciences, op. cit.* L'« externalisme de la référence » défendu par Putnam s'oppose à un « descriptivisme » radical qui voudrait que tout changement de croyances implique un changement de référence – une position tacitement acceptée, semble-t-il, par de nombreux historiens et sociologues des sciences dans le sillage de Kuhn. Selon ce dernier point de vue, deux locuteurs qui ont des croyances différentes au sujet des électrons ne parlent donc pas de la même chose.

14. On notera que cette interrogation caractéristique de l'épistémologie sociale n'a pas toujours été étrangère aux sociologues eux-mêmes. Voir A. Barberousse, « Philosophie des sciences et études sur la science », *in* A. Barberousse, D. Bonnay, M. Cozic, *Précis de philosophie des sciences, op. cit.*, et J.-M. Berthelot, *L'emprise du vrai, op. cit.*

15. Pour une réflexion plus détaillée sur les relations de la philosophie des sciences aux « études sur la science », voir A. Barberousse, « Philosophie des sciences et études sur la sciences », *in* A. Barberousse, D. Bonnay, M. Cozic, *Précis de philosophie des sciences, op. cit.*

réflexion critique sur la dimension sociale de la science est double : elle interroge le philosophe à la fois sur la nature de ce que la science réalise dans les conditions sociales réelles de sa production, mais également sur l'adéquation de l'idéal de rationalité qu'il met en œuvre pour en juger.

2. Science et dépendances

2.1. Penser par soi-même ?

L'idéal de l'enquête qui guide la démarche scientifique est fondé sur l'exigence de la preuve, avons-nous rappelé. Si l'idée que nous nous faisons du contenu de la discipline critique à laquelle il faudrait soumettre la formation de nos croyances varie dans le temps, l'espace, et d'une discipline à l'autre, si l'idée même d'une méthode scientifique universelle soulève des doutes légitimes, le soupçon à l'endroit de la parole d'autrui semble en revanche avoir fait l'objet d'un large consensus philosophique. Il manque à l'« opinion droite », à la « connaissance par ouï-dire », ou encore à la « connaissance du premier genre » au sens de Spinoza, d'être passé au crible de la raison ! Et l'époque moderne, puis celles des Lumières, ont insisté à la fois sur l'universalité de la lumière naturelle et sur le devoir qu'elle nous fait de soumettre à la critique la parole d'autorité – *sapere aude !*

Comme il est facile de s'en convaincre, notre condition épistémique ordinaire est loin d'être à la hauteur de cet idéal. Parmi les choses que je crois, un très grand nombre sont fondées sur le témoignage d'autrui, des plus ordinaires au plus scientifiques – que je m'appelle Henri, que le théorème de Fermat est vrai. Mais examinons le cas du théorème de Fermat. N'étant pas mathématicien, il est vrai que je suis bien incapable de démontrer que l'équation $x^n + y^n = z^n$ n'a pas de solution dans les entiers naturels lorsque $n > 2$. Faut-il alors en conclure que ma croyance n'est pas justifiée ? Ce serait aller trop vite. J'ai bien une justification pour croire vrai le théorème de Fermat. Voici mon argument : (1) Il est écrit dans mon magazine scientifique préféré qu'Andrew Wiles a démontré le théorème de Fermat. (2) Ce qui est écrit dans mon magazine scientifique préféré est (généralement) vrai. Donc (3), Andrew Wiles a démontré le théorème de Fermat – et donc l'équation $x^n + y^n = z^n$ n'a pas de solutions entières lorsque $n > 2$. Je peux établir (1) assez facilement par observation directe. Quant à (2), elle n'a rien d'une affirmation arbitraire. Elle fait l'objet d'une justification par induction en me fondant notamment sur mes expériences passées avec le magazine ou sa réputation de sérieux, et je peux la renforcer au besoin en réunissant des éléments plus exigeants. En tout état de cause, j'ai donc une preuve empirique qu'il existe une preuve mathématique du théorème de Fermat[16] !

Disons à présent qu'un sujet possède une preuve hétéronome de sa croyance que *p* s'il possède une preuve qu'il existe une preuve de *p* sans posséder cette dernière. Une justification autonome de *p* est au contraire une justification qui n'est pas hétéronome, une justification qui ne dépend pas logiquement de l'existence d'une *autre* justification de la *même* proposition. L'asymétrie entre le néophyte que je suis en mathématique et l'authentique mathématicien qu'est Andrew Wiles semble donc maintenant être la suivante : quand Andrew Wiles justifie par une preuve mathématique sa croyance que le théorème de Fermat est vrai, sa justification est autonome, alors que la mienne est désespérément hétéronome, totalement étrangère aux raisons mathématiques qui guident la pensée de Wiles. La justification que je possède permet, certes, à celui qui l'examinerait, de comprendre pourquoi je suis justifié à croire que le théorème de Fermat est vrai mais, à la différence d'une justification autonome elle ne permet pas, pour ainsi dire, de comprendre pourquoi l'équation $x^n + y^n = z^n$ n'a pas de solutions entières lorsque $n > 2$. Notons également que la justification que possèdent les experts journalistes sur lesquels je m'appuie peut à son tour être gagée sur l'expertise d'experts plus pointus qu'ils ne le sont eux-mêmes – la capacité des premiers à solliciter celle des seconds est même peut-être l'une des qualités qui sous-tend ma justification de (2). Et la chaîne ne s'arrête sans doute pas là. Il est facile de voir cependant que, pour que ces justifications donnent ce qu'on en attend, il suffit que cette chaîne soit bien fondée, c'est-à-dire que quelqu'un possède *in fine* une justification autonome du fait que $x^n + y^n = z^n$ n'a pas de solutions entières naturelles si $n > 2$.

Le philosophe John Hardwig a toutefois fait justement observer que cette condition de bonne fondation de la chaîne n'avait rien de

16. Dans la situation envisagée ici je possède donc une preuve empirique qu'il existe une preuve *a priori* du théorème de Fermat. Je sais donc qu'ultimement le statut du théorème de Fermat est celui d'une connaissance *a priori*. Toute cocasse que cette idée de méta-preuve puisse paraître de prime abord, c'est en fait une idée banale qui a de surcroît aussi ses lettres de noblesse philosophique : Kant n'a-t-il pas proposé une preuve qu'il n'existe pas de preuve de l'existence de Dieu, Hilbert ne s'est-il pas proposé de prouver qu'il n'existait pas de preuve arithmétique de « $0 = 1$ », et Gödel n'a-t-il pas (sous certaines conditions) démontré que l'arithmétique formelle ne permet pas de prouver qu'il n'y a pas de preuve arithmétique de « $0 = 1$ » ?

nécessaire[17]. Dans le cas de travaux scientifiques complexes, il n'est plus rare désormais qu'*aucun* des auteurs d'un travail ne possède de justification autonome des résultats obtenus. L'un a établi que *p*, l'autre que *p* implique *q*, ils établissent ainsi ensemble que *q* sans que personne ne puisse seul rendre compte de *q* intégralement selon l'ordre des raisons – le premier ignore peut-être tout des faits savants et des raisonnements pointus qui permettent d'inférer *q* de *p*, et ce qui permet d'établir que *p* est peut-être tout aussi impénétrable au second. Remplaçons les deux auteurs par les dizaines, parfois les centaines de chercheurs qui, dans certains domaines, sont mobilisés pour établir les résultats intermédiaires utilisés par l'ensemble des collaborateurs en vue de la production du résultat, et nous commencerons à apprécier la profondeur des dépendances en jeu dans la science contemporaine[18]. Il semble que, dans un certain nombre de domaines, le véritable sujet épistémique de la production scientifique, celui auquel on serait en tout cas tenté d'attribuer la possession d'une justification autonome, soit devenu irréductiblement collectif. Ces remarques établissent donc une thèse de caractère doublement anti-individualiste au sujet de la rationalité qui est celle, non plus seulement du curieux ordinaire, mais du scientifique : au premier degré cette thèse affirme que, pour tout scientifique, il existe des connaissances – en grand nombre – dont il ne possède pas de justification ; au second degré elle affirme qu'il existe des connaissances – en grand nombre – telles qu'aucun scientifique n'en possède de justification autonome.

2.2. Science sans confiance n'est que ruine de l'âme

Une fois établie leur ubiquité dans les sciences, il faut se demander avec Hardwig si les justifications hétéronomes sont indignes de notre idéal épistémique. L'accent mis par la modernité philosophique sur le projet d'autonomie du sujet rationnel pourrait le laisser penser, que l'on songe, par exemple, au sujet héroïque des *Méditations Métaphysiques* et à son isolement inaugural. Mais ici il faut distinguer. Car le véritable sens de l'injonction à juger selon sa propre raison est d'abord celui d'une invitation à ne pas se le tenir pour dit, c'est-à-dire à ne pas former ses croyances sans posséder de justification de leur vérité. Or, d'une part, ce n'est pas se soustraire à cette injonction que de former

17. J. Hardwig, « Epistemic Dependence », *The Journal of Philosophy* 82, 7, 1985, p. 335-349.

18. L'article « Quantum Error Correction Below the Surface Code Threshold », publié dans *Nature* le 9 décembre 2024, est signé d'environ deux cent cinquante noms.

des croyances sur la base de justifications hétéronomes : nous y avons insisté, posséder une justification hétéronome ce n'est pas ne posséder aucune justification rationnelle. En effet ces justifications sont bien le produit d'une enquête et d'un engagement de la raison qui doivent me permettre de retenir le témoignage de certains interlocuteurs et d'en disqualifier d'autres en fonction de leur crédibilité. D'autre part, une autre raison à considérer soigneusement avant de déclasser les justifications hétéronomes est que, comme Hardwig le fait observer, c'est vis-à-vis des croyances les plus solides, touchant justement les propositions scientifiques elles-mêmes, que nous sommes en position, dans le meilleur des cas, de fournir des justifications hétéronomes, mais non pas de fournir des justifications autonomes. Il s'en suit qu'à moins de disqualifier comme irrationnelle la plus grande part de nos croyances les mieux établies, et une part d'autant plus grande des croyances des scientifiques que la société à laquelle ils appartiennent possède une science étendue dont le développement exige une division du travail cognitif, il faut réexaminer la portée de l'idéal d'autonomie du sujet véhiculé par la tradition épistémologique cartésienne. Il semble ainsi qu'il faille distinguer deux idéaux : celui de la possession de justifications de toutes nos croyances, et celui de la possession de justifications autonomes de toutes nos croyances. Le second est plutôt un idéal d'indépendance, celui d'un esprit universel qui serait capable d'embrasser toutes les connaissances de son temps en expert, à la façon de ces grands esprits qu'on voyait encore à la Renaissance et à l'époque moderne et dont Descartes lui-même fut peut-être l'un des derniers exemples – on fait souvent à Leibniz l'honneur d'être le dernier. Cet idéal doit sans doute être abandonné. Le premier, en revanche, est un idéal de non-sujétion, et il est de prime abord compatible avec la possession de justifications hétéronomes. Si un scientifique est en position de justifier sa croyance dans la véracité de ce qui est rapporté par un collègue expert, et non réduit à en faire le pari ou à en caresser l'espoir, alors sa déférence envers cet expert n'est pas un obstacle mais un outil de la conquête de son autonomie dans un monde scientifique complexe où la connaissance universelle est devenue impossible et la dépendance épistémique inévitable.

L'autonomie du scientifique, avons-nous suggéré, réside en ceci qu'il peut justifier la confiance qu'il met dans son collègue. Mais dans quelles conditions est-on justifié à croire un expert vis-à-vis duquel on est par définition dans une situation d'asymétrie épistémique radicale, c'est-à-dire telle, bien souvent, qu'il serait impossible, par manque de temps et de capacité, de comprendre les justifications qu'il possède ? La réponse à cette énigme est à chercher du côté des raisons que je peux avoir de croire qu'une justification a bien été produite, de façon autonome par l'expert ou en collaboration avec un ensemble d'experts, et donc *in fine* du côté des raisons de croire aux vertus épistémiques de l'organisation sociale qui produit et reconnaît les expertises auxquelles on s'en remet. Si un chercheur ne peut pas évaluer mathématiquement l'expertise de l'expert sur la parole duquel il fonde sa croyance que le théorème de Fermat est vrai, il est crucial qu'il puisse en faire une évaluation épistémiquement pertinente en scrutant le vaste ensemble de méta-données émises en permanence par la structure sociale dans laquelle se déploie l'activité scientifique : contexte institutionnel d'exercice (normes, incitations, etc.), modalité de la publication du résultat (revue avec relecture par des pairs en double aveugle etc.), qualité de la formation du collègue, réputation, reconnaissance et travaux passés, etc. Autant de signes qui peuvent être traités non comme les marques de la détention d'un pouvoir simplement social, mais bien comme des *indices de véracité*. La déférence à laquelle il doit se résoudre n'est donc pas nécessairement une sortie du savant hors de l'éthique individuelle de l'usage critique de la raison et de l'enquête[19]. Ce qui ressort de l'analyse de sa condition épistémique, en revanche, est que la fidélité du scientifique à cet idéal et, surtout, les conséquences épistémiques de cette fidélité, sont conditionnées par la nature des arrangements sociaux dans laquelle il inscrit sa pratique.

3. Rationalité individuelle ou rationalité collective de l'entreprise scientifique ?

3.1. La vérité et la gloire

Le constat de la dépendance épistémique dans laquelle le scientifique se trouve à l'égard de ses collègues et la reconnaissance du rôle de la relation de confiance – et des institutions qui soutiennent cette relation – dans le fonctionnement de la science, ne sont-ils pas de nature à raviver l'inquiétude sur sa fragilité épistémique ? Après tout si, dans les controverses scientifiques, aucune partie ne peut trancher seule l'enjeu selon l'ordre intégral des raisons et si, de surcroît, comme nous l'ont enseigné les études sur les sciences, les scientifiques – humains après tout –, sont parfois plus inquiets de

19. Sur la philosophie du témoignage et de l'expertise, nous renvoyons au chapitre de Marion Vorms « Expertise scientifique et prise de décision », p. 339.

leur gloire que de la vérité, alors qu'importe qu'on ait pu sauver le principe de l'autonomie épistémique du scientifique, c'est la précarité épistémologique réelle des propositions produites collectivement plus que les droits individuels à les revendiquer comme rationnelles qui devrait nous inquiéter. Pour répondre à cette inquiétude, il faut en revenir à la question, soulevée plus haut, de l'évaluation épistémique des processus sociaux qui sont le véhicule de l'activité scientifique. Si l'on définit de façon suffisamment générale la rationalité comme la propriété des processus qui tendent à promouvoir les fins épistémiques (la cohérence et la vérité), alors nous pouvons bien nous demander au sujet de l'organisation cognitive et comportementale d'un individu (de ses raisonnements, de ses méthodes d'enquêtes etc.) si elle est ou non rationnelle, mais c'est aussi une question qu'il devient parfaitement sensé de poser au sujet d'une organisation sociale, et en particulier celle de la science. Et cette question invite à son tour à s'interroger sur le lien entre la rationalité des individus et la rationalité du groupe social qu'ils composent : la vertu épistémique du premier est-elle nécessairement conditionnée par la vertu épistémique des agents qui le composent ?

La question, qui évoque celle posée en d'autres temps et pour d'autres vertus par Bernard de Mandeville ou Adam Smith, a conduit un certain nombre de philosophes contemporains à défendre à leur tour l'existence d'une main scientifique invisible. Dans un article intitulé « La division du travail cognitif » [20], Philip Kitcher montre ainsi qu'il peut en principe exister un conflit inattendu dans la poursuite des idéaux respectifs de rationalité individuelle et de « rationalité collective » : la rationalité individuelle peut s'exercer au détriment de la rationalité collective, et il pourrait se révéler utile à l'excellence scientifique des groupes de promouvoir des intérêts individuels non épistémiques des individus ! L'existence de conflits entre rationalité individuelle et rationalité collective est bien connue quand ce qui est en jeu est la « rationalité pratique » et que les intérêts des individus ne sont pas alignés, comme dans le célèbre exemple du Dilemme du prisonnier [21]. Qu'un tel conflit puisse exister dans le cas de la raison théorique, où les intérêts des individus sont par hypothèse identiques (tous recherchent la vérité), a de quoi surprendre.

20. Ph. Kitcher, « The Division of Cognitive Labour », *The Journal of Philosophy* 87, 1, 1990, p. 5-22.

21. Le « Dilemme du prisonnier » représente une situation d'interaction stratégique entre deux joueurs dans laquelle il existe une issue que les joueurs préfèrent tous à celle qui pourtant ne manquera pas de résulter de la conjonction de leurs choix individuels rationnels bien pesés. On considère parfois que l'état de nature hobbesien est une situation de ce genre.

Kitcher imagine une communauté de savants dont chacun doit choisir de travailler sur un programme de recherche parmi plusieurs programmes en concurrence en vue d'atteindre un certain résultat – pour fixer les idées disons la production d'un traitement contre les tumeurs cérébrales, ou une explication unifiée des théories physiques fondamentales. Certains programmes sont prometteurs car ils s'appuient sur des méthodes dont l'efficacité est bien établie ou des hypothèses solidement soutenues par l'expérience, tandis que d'autres sont plus originaux et plus incertains. Supposons que le caractère prometteur ou non soit une propriété intrinsèque de chaque programme et qu'en outre la probabilité de succès d'un programme augmente jusqu'à sa valeur intrinsèque avec le nombre de chercheurs qui travaillent sur le programme en question. Si la probabilité de succès d'un programme augmentait linéairement avec le nombre de chercheurs qui travaillent sur ce programme, alors la meilleure chose qui pourrait arriver à cette communauté est que tous les chercheurs travaillent sur le programme le plus prometteur. Et si le caractère intrinsèquement prometteur d'un programme de recherche est une propriété que tous les chercheurs peuvent évaluer de façon fiable, c'est bien ainsi qu'il en ira, comme effet du choix de chaque chercheur – conçu comme un individu dépourvu d'ego et dévoué à la recherche de la vérité – de s'engager dans le programme dont la probabilité de succès est la plus grande. Mais que se passe-t-il si la probabilité de succès croît de façon, non pas linéaire, mais marginalement décroissante (c'est-à-dire croît de moins en moins) avec le nombre de chercheurs qui y travaillent ? Alors la répartition de chercheurs sur les différents programmes qui maximiserait la chance de succès pourrait devenir bien différente. Si un nombre suffisamment grand de chercheurs travaille déjà sur un programme A, alors le gain épistémique, ici identifié à l'augmentation de la probabilité de succès, obtenu par l'affectation d'un chercheur supplémentaire au programme A, sera moindre que le gain obtenu par l'affectation de ce chercheur sur un programme de recherche B plus atypique et plus délaissé. Or quelle raison des chercheurs pourraient-ils avoir de s'engager sur le programme B, moins prometteur, plutôt que sur le programme plus prometteur A ? Kitcher observe justement que des motivations non épistémiques pourraient jouer un rôle décisif ici : si le chercheur poursuit, non pas la seule vérité, mais un intérêt personnel (les bénéfices sociaux attendus du fait qu'il soit le découvreur de la vérité ou qu'il partage cette découverte avec une quantité moindre de ses pairs) et que les structures incitatives adéquates sont en place (normes de reconnaissance des auteurs individuels d'une découverte, récompense monétaire des participants au programme qui rencontre le succès etc.), alors le choix de s'engager dans le programme B se justifierait par une espérance individuelle de gain plus grande, malgré une probabilité globalement plus faible de rencontrer le succès. En somme, un gâteau plus petit à partager entre un plus petit nombre de personnes peut donner des parts plus grosses. Par conséquent, des structures sociales d'incitations orientant les engagements de chercheurs mus par des intérêts personnels non épistémiques pourraient bien dans certaines conditions constituer une organisation du travail scientifique avec d'excellentes propriétés épistémiques.

Si la démonstration de Kitcher s'apparente à la démonstration d'une possibilité de principe, d'autres auteurs se sont attachés dans le même esprit à l'examen des réalités historiques de la vie scientifique. David Hull, qui fut l'un des premiers à défendre cette idée dans le détail, étudie par exemple les effets de la règle de priorité, instaurée par la Royal Society au XVIIe siècle, qui veut qu'une découverte ou une invention soit portée au crédit du premier à l'avoir faite [22]. Cette règle, dont l'efficace dépend du désir de reconnaissance des scientifiques, a démontré selon Hull des effets épistémiques extrêmement bénéfiques en excitant la concurrence entre savants, tandis qu'en France l'Académie Royale des Sciences, qui avait lors de sa création, en 1666, décidé de porter au crédit de l'Académie dans son ensemble les contributions de chacun des membres individuels, dut bientôt faire marche arrière [23]. Sur un terrain d'étude plus récent, Miriam Solomon [24] montre à partir de l'histoire mouvementée de l'émergence en géologie du consensus scientifique sur la tectonique des plaques, que certains biais cognitifs des chercheurs qui sont à l'œuvre dans la formation de ce consensus scientifique sont causalement responsables de bonnes propriétés épistémiques de ce dernier. Solomon définit un consensus scientifique comme normativement adéquat si le succès empirique de la théorie qui

22. D. Hull, *Science as a Process*, Chicago (IL), University of Chicago Press, 1988 et D. Hull, « A Mechanism and Its Metaphysics : An Evolutionary Account of the Social and Conceptual Development of Science », *Biology and Philosophy* 3, 1988, p. 123-155.

23. La Royal Society avait quant à elle été fondée dès 1660. La sociabilité scientifique et la philosophie du témoignage qui sont inséparables de sa création sont discutées dans l'ouvrage célèbre de S. Shapin et S. Schaffer, *Le Léviathan et la pompe à air* [1985], Paris, La Découverte, 1993, et plus tard à nouveau dans S. Shapin, *A Social History of Truth*, Chicago, University of Chicago Press, 1994. La création d'une multitude d'Académies des sciences dans toute l'Europe au XVIIe et au XVIIIe siècle, consubstantielle à l'essor de la science moderne, fait par ailleurs l'objet de nombreux travaux historiques. Voir par exemple l'article de J. E. McClellan, « L'Europe des académies », *Dix-huitième siècle* 25, 1993, p. 153-165.

24. M. Solomon, *Social Empiricism*, Cambridge (Mass.), The MIT Press, 2001.

fait l'objet du consensus a été une condition nécessaire de la formation de ce consensus. Elle note que dans un tel cas les facteurs sociaux qui ont de fait permis causalement l'émergence de ce consensus ont alors contribué positivement à la sélection d'une théorie dont le succès empirique est le plus grand. Et qu'importe, pour que cette norme soit satisfaite, que les savants soient individuellement capables de prendre la mesure réelle du succès empirique de la théorie sur laquelle se forme le consensus. Dans le cas historique de la formation du consensus sur la théorie de la dérive des continents, les processus de formation du consensus à l'œuvre dans le tissu social ont permis la sélection de la théorie dont le succès empirique est le plus grand – c'est pour cette raison que le consensus atteint est normativement satisfaisant –, alors même que les protagonistes individuels de cette histoire, montre Solomon, ont eu continuellement une appréciation biaisée des succès empiriques de la théorie.

3.2. Réconcilier l'épistémologie et la sociologie des sciences ?

L'idée qu'un mécanisme de type « main invisible » puisse constituer la clé explicative unique ou même principale des succès épistémiques de la science n'est pas universellement reçue. Certains auteurs insistent au contraire sur l'importance des mécanismes de type « main cachée ». Une explication par la main invisible explique ce qui semble être le produit de la conception intentionnelle de quelqu'un comme n'étant pas le résultat des intentions de quiconque, tandis qu'une explication par la main cachée explique ce qui semble être un simple ensemble de faits déconnectés comme étant le produit de la conception intentionnelle d'un individu ou d'un groupe [25]. On peut ainsi penser que les règles institutionnelles relevées par Merton, qui résument l'esprit de pratiques conçues à dessein par la communauté scientifique (relectures en double aveugle par les pairs, prix d'excellence, etc.), jouent non moins que les passions individuelles un rôle déterminant dans la conduite des acteurs de la science, et qu'elles contribuent tout autant que la main invisible à ses succès [26].

25. Cette distinction est celle de R. Nozick, *Anarchie, état et utopie* [1974], Paris, Puf, 1988.

26. B. Wray, « Invisible Hand and the Success of Science », *Philosophy of Science* 67, 1, 2000, p. 163-175. Pour une discussion critique des explications en termes de « main invisible » en philosophie des sciences, voir aussi P. Ylikoski, « The Invisible Hand and Science », *Science Studies* 8, 1995, p. 32-43.

Cachée ou invisible, la main qui conduit la communauté scientifique a en tout cas cette particularité qui la distingue d'autres mécanismes sociaux-économiques : son produit est de la connaissance. Considérée dans son rapport à cette fin, l'action des mécanismes sous-jacents revêt donc une dimension cognitive. Or cette idée vient faire écho à un certain nombre de développements en sciences cognitives qui, à partir des années quatre-vingt, ont affirmé de façon indépendante que la cognition ne pouvait se limiter à la manipulation interne de représentations[27], et qu'elle pouvait au contraire engager des représentations externes (comme lorsque l'on pose une opération sur le papier et qu'on applique des règles mécaniques pour l'effectuer, selon l'exemple de D. Rumelhart), voire se passer de représentation (la tâche de chercher du pollen, effectuée par des abeilles, engage-t-elle en un sens intéressant des représentations ?). À la faveur de cette reconceptualisation de la cognition, la frontière érigée naguère entre explication cognitive et explication sociale de l'activité scientifique tend à s'effacer devant l'idée que les processus sociaux qui font la science, rapportés à la tâche qu'est la production de connaissance comme à leur finalité, réalisent une forme de *cognition distribuée*[28]. Dans un livre souvent cité, l'anthropologue Ed Hutchins[29] se livrait à une analyse détaillée et fascinante du pilotage[30] d'un navire de la marine américaine. Le pilotage d'un navire classique exige l'exécution d'une tâche cognitive complexe de repérage répété de la position du navire par rapport au port en approche. Il ressortait de cette analyse que cette tâche est réalisée à bord de façon irréductiblement distribuée dans un arrangement de sous-tâches cognitives réalisées individuellement par les membres d'équipage (appréciation de la position de telle partie du navire, de la vitesse d'approche de telle autre, analyse de

27. D. Rumelhart, J. L. McClelland et le PDP Research group, *Parallel Distributed Processing: Exploration in the Microstructure of Cognition*, Cambridge (Mass.), The MIT Press, 1986. Le premier chapitre, écrit par J. L. McClelland, D. E. Rumelhart et G. E. Hinton, est paru en français sous le titre « Une nouvelle approche de la cognition : le connexionnisme », *Le Débat* 5, 47, 1987, p. 45-64.

28. Si les racines de cette idée sont à chercher dans l'influence sur les philosophes des sciences qu'ont eu dans les années quatre-vingt et quatre-vingt-dix les recherches en intelligence artificielle et philosophie de l'esprit, notamment le connexionnisme et l'idée de calcul distribué (D. E. Rumelhart *et al.*, *Parallel Distributed Processing : Exploration in the Microstructure of Cognition*, *op. cit.*), la notion de cognition socialement distribuée s'inscrit également dans la veine plus large de la « cognition étendue » qui s'est développée sous plusieurs angles contre l'approche symbolique de la cognition. Voir par exemple A. Clark, *Being There*, Cambridge (Mass.), The MIT Press, 1997.

29. E. Hutchins, *Cognition in the Wild*, Cambridge (Mass.), The MIT Press, 1995.

30. Le pilotage est la manœuvre du navire pour l'approche et l'entrée au port.

données, repérage visuel, etc.), eux-mêmes en interaction avec des représentations externes sous forme d'instruments de bord variés (cartes, tableaux, etc.) et coordonnés par différents macro-instruments comme le plan du pont ou les règles sociales du bord. Hutchins insiste par exemple sur le fait que les règles hiérarchiques entre capitaine, navigateur et marins observateurs sur les ponts babord et tribord – règles sociales par excellence – sont elles-mêmes essentielles à la bonne exécution de la tâche. Dans son sillage, un certain nombre de philosophes ont cherché à décrire les fonctions cognitives réalisées distributivement dans l'organisation sociale du travail scientifique[31], remobilisant parfois dans cette perspective les descriptions fines des pratiques sociales scientifiques antérieurement produites par les sociologues des sciences.

Si plusieurs travaux de Latour sont ainsi réexaminés par Giere et Moffat[32] dans une perspective de cognition distribuée, il vaut d'être noté que, réciproquement, Latour réserva un accueil enthousiaste à l'ouvrage d'Hutchins[33]. Il croit retrouver en effet dans ce dernier une conception de la cognition consonante avec son approche de l'explication de la construction scientifique par l'analyse de réseaux « d'actants » humains et non humains, une approche qui délaisse la métaphysique cartésienne de l'esprit qu'il dénonçait lui-même à sa façon depuis plusieurs années. La cognition distribuée scellerait-elle la réconciliation des approches philosophique et socio-historique de la production scientifique ? En dépit d'un intérêt commun pour les dispositifs sociaux-techniques et leur chaînage avec les représentations individuelles, l'écart des perspectives reste marqué. L'approche cognitive voit dans ces dispositifs le moyen permettant à des esprits

31. P. Thagard, « Societies of Minds : Science as Distributed Computing », *Studies in History and Philosophy of Science* 24, 1, 1993, p. 49-67. N. Nersessian, « Interpreting Scientific and Engineering Practices : Integrating the Cognitive, Social, and Cultural Dimensions », *in* M. E. Gorman, R. D. Tweney, D. Gooding, A. P. Kincanon (eds.), *Scientific and Technological Thinking*, Mahwah (NJ), Lawrence Erlbaum Associates, 2005 p. 17-56. R. Giere « Scientific Cognition as Social Cognition », *in* P. Carruther, S. Stich, M. Siegal (eds.), *The Cognitive Basis of Science*, Cambridge, Cambridge University Press, 2002. R. Giere et B. Moffatt, « Distributed Cognition : Where the Cognitive and the Social Merge », *Social Studies of Science* 33, 2, 2003, p. 301-310.

32. R. Giere et B. Moffatt, « Distributed Cognition : Where the Cognitive and the Social Merge », art. cit., discutent ainsi des dispositifs analysés dans B. Latour « Visualization and Cognition : Thinking with Eyes and Hands », *Knowledge and Society* 6, 1986, p. 1-40, et dans B. Latour, « The "Pedofil" of Boa Vista : A Photo-Philosophical Montage », *Common Knowledge* 4, 1995, p. 144-187.

33. B. Latour, « "Cogito ergo sumus !" » A Review of Ed Hutchins Cognition in the Wild », *Mind, Culture, and Activity : An International Journal* 3, 1, 1995, p. 54-63.

humains dotés de capacités limitées de produire et de traiter des représentations véridiques de leur environnement. Bruno Latour a cherché de son côté à développer une ontologie et une épistémologie « amoderne », qui récuserait la distinction entre sujet et objet, société et nature, et viderait de sa substance l'idée même de représentation véridique. Lorsqu'un dispositif technique permet de stabiliser une certaine représentation / objet – qu'il y a là des « microbes » par exemple – alors elle existe dans cette ontologie latourienne des « quasi-objets », mais n'existe pas seule, elle existe avec toute la chaîne de représentations / objets qui permettent de la maintenir, de l'attester. Les microbes comme objets / représentations sont des « actants » qui ne peuvent subsister que dans un réseau d'alliances avec d'autres « actants » de ce réseau que sont Pasteur, ses instruments, son habilité expérimentale, ses alliés scientifiques et politiques etc.[34]. Certains réseaux s'étendent en trouvant de nouveaux alliés, d'autres se réduisent et disparaissent sous les coups de l'épreuve permanente du monde. Le réseau du phlogistique s'est effondré, celui de l'oxygène s'est développé – mais il serait vain de vouloir séparer ce qui, de cette histoire, relèverait de mise à l'épreuve de croyances par la nature et de mise à l'épreuve sociale. Ce serait une erreur d'écrire cette histoire en affirmant que le phlogistique n'existait pas, qu'on s'était trompé en forgeant une représentation fausse. Pour Latour, pourtant, et il demeure en cela sans doute le plus philosophe des sociologues de la science, le problème ne tient pas tant au risque, évoqué en commençant, de faire de l'histoire « jugée », qu'à l'urgence d'une critique radicale des catégories de la modernité philosophique. Cette radicalité est-elle philosophiquement cohérente ? L'avenir dira en tout cas qui, des représentations cognitives ou des réseaux d'actants, nouera les alliances les plus solides dans l'environnement qui vient.

Conclusion

Au terme de ce parcours, posons-nous à nouveau la question : en quel sens la science est-elle sociale ? La science, avons-nous dit, est d'abord une affaire de preuve, la preuve comme ce qui tend à établir la vérité. Et nous avons vu que la preuve elle-même était une affaire sociale. Mais dire que la preuve est une construction sociale peut signifier des choses très différentes, selon que l'on parle, pour

34. B. Latour, *Pasteur : guerre et paix des microbes*, Paris, La Découverte, 1984.

reprendre ici une distinction qui a cours dans les discussions des représentations mentales en philosophie de l'esprit – du véhicule de la preuve ou de la preuve elle-même. Le véhicule, ce sont par exemple les suites de mots dans lesquels telle preuve est écrite sur le morceau de papier devant moi, et ce sera bientôt une certaine représentation mentale en mon esprit quand je l'aurai lue. Traditionnellement, on considérait sans y prêter attention qu'une proposition était prouvée s'il existait un véhicule public de la preuve qui puisse lui-même servir de modèle à un véhicule mental de preuve dans l'esprit de quiconque se donnerait la peine d'en prendre connaissance. Ce que les réflexions précédentes nous montrent est que cette idée est erronée : le véhicule de la preuve peut demeurer irréductiblement externe à l'esprit de tout individu, et essentiellement social, distribué. Ce constat est compatible avec trois autres. Il est compatible, d'abord, avec l'idée que le contenu de la preuve – en particulier ce qui est constitutif du caractère de preuve de cette preuve – ne change pas de nature avec les changements qui affectent le véhicule. Il faut peut-être s'y mettre à dix pour trouver le résultat d'une certaine addition, mais ce qui doit être réalisé à dix plutôt que seul ne s'en trouve pas changé. Deuxièmement, ce que nous venons de dire de la preuve s'applique aussi bien au but de la preuve, la vérité : le caractère social de l'administration de la preuve n'implique pas nécessairement le caractère constitutivement social de la vérité que cette preuve vise à établir – la théorie de la vérité scientifique n'est pas une version de la théorie de la vérité-consensus[35]. Enfin, dernière remarque, le fait que la communauté scientifique construise certaines preuves si complexes qu'elles ne trouvent plus de véhicule que les esprits scientifiques individuels puissent embrasser, ne fait pas de ces derniers des esprits vidés de preuves : y circulent densément les véhicules de preuves hétéronomes et contenant (pour certaines) à titre de partie les morceaux constitutifs de la preuve totale qui se déploie dans le grand véhicule.

Il nous faut pour finir dire un mot d'une question que nous avons jusqu'à présent laissé dans l'ombre. Nous avons vu que l'existence d'une causalité sociale-historique et la rationalité des produits de l'activité scientifique n'étaient pas nécessairement incompatibles, pas plus que les déterminations causales des relations du cerveau à son

35. On peut résumer ce concept de vérité par l'idée qu'une proposition est constituée comme vraie du seul fait qu'elle soit l'objet d'un consensus dans la communauté des locuteurs. Si certains philosophes pensent qu'il s'agit du bon concept de vérité dans les domaines de discours normatifs, moins nombreux sont ceux qui jugent le concept adapté au discours scientifique.

environnement ne sont incompatibles avec la rationalité de la pensée. Mais peut-on se satisfaire de cette conclusion ? Ne doit-on pas tirer aussi des conséquences normatives de la découverte de l'historicité des formes de notre rationalité ? Cette découverte ne devrait-elle pas nous conduire à nous interroger plus avant sur la valeur des canons de scientificité et d'objectivité qui prévalent dans la science d'aujourd'hui ? Pour Helen Longino[36] par exemple une épistémologie sociale qui n'entreprend pas de réflexion sur ces questions ne va pas assez loin. Le philosophe devrait, selon ceux qui adoptent ce point de vue, produire ses analyses en mettant à distance critique les conceptions de l'objectivité et de la validité de la preuve que nous héritons des conditions sociales et historiques particulières qui sont les nôtres. D'autres philosophes insistent au contraire pour inscrire leur travail dans la continuité (critique) de l'enquête scientifique – comment mieux conduire son questionnement philosophique qu'en mobilisant selon ses nécessités l'ensemble de nos connaissances les plus solidement établies, et donc celles que nous jugeons telles de là où nous sommes, au moment où nous y sommes ? Ces deux attitudes ne sont contradictoires que prises comme revendications concurrentes d'une hypothétique précellence méthodologique qui devrait s'imposer à l'« épistémologie sociale ». Les développements de cette dernière ces vingt-cinq dernières années démontrent plutôt la relative indépendance, l'intérêt et la fécondité des deux approches[37].

Bibliographie indicative

BARBEROUSSE A. D. BONNAY et M. COZIC (dir.), *Précis de philosophie des sciences*, Paris, Vuibert, 2011.

BERTHELOT J.-M., *L'emprise du vrai*, Paris, Puf, 2008.

BONNAY D., H. GALINON et M. VORMS, *Épistémologie sociale*, « Textes-clés », Paris, Vrin, à paraître.

BOUVIER A. et B. CONEIN, *L'épistémologie sociale. Une théorie sociale de la connaissance*, Paris, Éditions de l'EHESS, 2007.

BROAD W. et N. WADE, *La souris truquée* [1982], Paris, Seuil, 1987.

CLARK A., *Being there : Putting brain, Body and World Together Again*, Cambridge (Mass.), The MIT Press, 1997.

36. H. E. Longino, *Science as Social Knowledge : Values and Objectivity in Scientific Inquiry*. Princeton (NJ), Princeton University Press, 1990. H. E. Longino, « What's Social About Social Epistemology ? », *The Journal of Philosophy* 119, 4, 2021 p. 169-195.

37. Merci à Thomas Boyer-Kassem et à Cyril Imbert qui ont relu des versions antérieures de ce travail.

GOLDMAN A., *Knowledge in a Social World*, Oxford, Oxford University Press, 1999.

HUTCHINS E., *Cognition in the Wild*, Cambridge (Mass.), The MIT Press, 1995.

KITCHER P., *Science, verité et démocratie* [2001], Paris, Puf, 2010.

LATOUR B. et S. WOOLGAR, *La vie de laboratoire. La production des faits scientifiques*, Paris, La Découverte, 1988.

SHAPIN S. et S. SHAFFER, *Léviathan et la pompe à air. Hobbes et Boyle entre science et politique* [1985], trad. fr. Th. Piélat, Paris, La Découverte, 1993.

L'épistémologie située

par Anne-Lise Rey

Les modalités de construction de la connaissance objective se sont constituées comme un arrachement à la singularité du sujet connaissant via l'identification d'obstacles épistémologiques ou de croyances non réfléchies (Bachelard prône un « effort constant de désubjectivation » [1]) qui peut conduire à aspirer à une « épistémologie sans sujet connaissant » [2]. L'éclipse de la situation historique et sociale du sujet connaissant serait donc la condition de l'objectivité du savoir. Or, des biais épistémiques, notamment liés au sexe ou à la race, ont été identifiés, avec plus de force ces dernières années, et leur repérage doit s'inscrire dans un effort critique constant.

Par « biais épistémique », on entend un défaut de raisonnement fondé sur des préjugés ou croyances non interrogées, le plus souvent involontaires et toujours implicites. Ce biais qui procède d'une sélection de critères déterminés pour l'établissement d'une théorie scientifique, donne une centralité à certains modèles interprétatifs au détriment d'autres, par exemple le modèle mécaniste en biologie [3], et produit une erreur ou un écart par rapport à la vérité. En un sens, ces biais sont inhérents à toute pratique scientifique, l'épidémiologie analytique qui s'emploie à formuler des relations causales entre les facteurs de risque et la maladie est exemplaire à cet égard en ce que l'usage qui y est fait du concept statistique de biais (distorsion systématique par rapport à un résultat attendu) permet de désigner différentes formes de variations [4]

1. G. Bachelard, *La formation de l'esprit scientifique* [1938], Paris, Vrin, 1975, p. 248.

2. K. Popper, *La connaissance objective* [1972], trad. fr. J.-J. Rosat, Paris, Flammarion, 1998, titre du chapitre III.

3. Voir G. Canguilhem, *La formation du concept de réflexe aux XVIIe et XVIIIe siècles* [1955], Paris, Vrin, 1977.

4. Voir N. Brault, *Le concept de biais en épidémiologie*, Thèse de doctorat, dir. A. Leplège et J. Coste, Université Paris Cité, 2017.

mais ils nous importent tout particulièrement lorsqu'ils contredisent l'exigence de justice sociale, en particulier lorsqu'ils concernent des biais liés au sexe et à la race. La minimisation de la douleur des malades, femmes et / ou non-blancs, dans leur prise en charge par les médecins est aujourd'hui bien documentée [5]. L'explication de la fécondation comme la rencontre de l'œuf féminin inerte et passif pénétré par un spermatozoïde actif et toujours en mouvement a cédé la place à une explication en termes d'interaction conjointe [6]. La différence de force physique « avérée » entre hommes et femmes au Paléolithique, est remise en cause par des recherches récentes en ethno-archéologie sur la préhistoire [7]. Les limites de la supposée répartition des tâches entre hommes chasseurs et femmes cueilleuses et sa signification ont été interrogées : Sally Slocum [8] a établi le caractère déterminant des activités accomplies par les femmes dans le processus d'hominisation. Elle a ramassé le résultat de ces recherches en une formule désormais devenue slogan : « Woman the Gatherer » (la femme cueilleuse). Autour de la collecte se joue, en effet, la construction de collectifs porteurs de valeurs éthiques. Les travaux des généticiens des populations rendent introuvables les « races humaines » [9] portées par les mythes de l'anthropologie coloniale.

Ces quelques exemples montrent comment la fabrication de la science, en dépit de ses protocoles et de ses normes d'objectivation, est traversée par des représentations qui reproduisent des inégalités et des formes de domination sociale parfois en les adossant à un naturel inventé [10] qu'il nous faut interroger.

Or, la catégorie d'injustice épistémique forgée par Miranda Fricker [11] permet d'identifier ces biais épistémiques dans les conceptions de la connaissance. Elle donne en effet le moyen de penser deux procédés

5. Sur la prescription des antalgiques, *cf.* F. Coisy *et al.*, « Do Emergency Medecine Health Care Workers Rate Level of Chest Pain Differently Based Upon Appearance in Simulated Patients ? », *European Journal of Emergency Medicine* 31, 3, 2024, p. 188-194.

6. E. Martin, *The Woman in the Body. A Cultural Analysis of Reproduction*, Boston (Mass.), Beacon, 1991 ; E. Fox Keller, « Histoire d'une trajectoire de recherche », dans D. Gardey, I. Löwy, *L'Invention du naturel*, Paris, Archives contemporaines, 2000.

7. C. Cohen, *Femmes de la préhistoire*, Paris, Belin, 1996.

8. S. Slocum, « Woman the Gatherer : Male Bias in Anthropology », *in* R. R. Reiter (ed.), *Towards an Anthropology of Women*, New York, Monthly Review, 1975.

9. A. Langaney, N. H. Van Blijenburgh, A. Sanchez-Mazas, *Tous parents, tous différents*, Paris, Muséum d'Histoire naturelle, 1995.

10. D. Gardey et I. Löwy, *L'invention du naturel. Les sciences et la fabrication du féminin et du masculin*, Paris, Archives contemporaines, 2000.

11. M. Fricker, *Epistemic Injustice. Power and the Ethics of Knowing*, Oxford, Oxford University Press, 2009.

de neutralisation de la parole. Elle dénonce d'une part, l'injustice testimoniale, inscrite dans une économie de la crédibilité qui suppose de ne pas prendre en compte la parole d'acteurs et d'actrices infériorisé.e.s, ou pas de la même manière, et de fausser ainsi la corrélation entre la considération accordée à la parole et les raisons qui conduisent ou conduiraient à la croire. Se joue ici la question de la reconnaissance de la parole (du ou de la malade pour l'exemple de la prise en charge de la douleur préalablement évoqué). Mais se joue également par exemple dans le champ mathématique, une autre forme d'injustice épistémique lorsque la normativité démonstrative exclut certaines pratiques démonstratives comme le montrent Tanswell et Rittberg[12] dans leur article de 2020. Ici ce sont les mathématiques entendues comme institution académique qui peuvent être le terrain d'injustices commises par l'institution et subies par les sujets connaissants. Fricker dénonce, d'autre part, l'injustice herméneutique entendue comme l'absence de conscience et de ressources conceptuelles permettant d'identifier un préjudice subi qui, lorsqu'elle est investie à nouveau dans le champ médical, peut expliquer par exemple le silence à l'égard des violences obstétricales.

L'injustice épistémique contribue avec d'autres outils à identifier des biais épistémiques singuliers fondés sur la naturalisation d'une différence entre hommes et femmes, entre blancs et non-blancs, elle-même justifiant des formes de domination travaillant la science du triple point de vue de ses contenus, de ses méthodes et de son organisation. Le vrai savoir est socialement situé, quelles conséquences en tirer ?

C'est pour répondre à cette fausse objectivité que s'est développée depuis une quarantaine d'années une proposition visant à transformer le champ de l'épistémologie : celle de l'épistémologie située. Si le point commun aux différentes propositions théoriques de refonte de l'épistémologie qui vont être exposées dans ce qui suit est de dénoncer une fabrication de l'universel en réalité androcentrée, ainsi qu'une invisibilisation des différents procédés de domination et de privilégier le point de vue épistémique des opprimé.e.s, elles diffèrent sur plusieurs points majeurs : y a-t-il une oppression visant spécifiquement les femmes ? La connaissance doit-elle encore prétendre à l'objectivité ? Il faut donc commencer par dire qu'il n'y a pas de théorie unifiée du point de vue.

12. F. Tanswell, C. Rittberg, « Epistemic Injustice in Mathematics Education », *ZDM. Mathematics Education* 52, 2020, p. 1199-1210.

S'il y a accord, il porte sur l'impossibilité de maintenir une théorie de la connaissance qui ne prendrait en compte ni le contexte social, ni le statut des sujets connaissants [13]. Et cela permet de formuler en guise de corrélat un problème : est-il possible de maintenir une exigence d'objectivité dans la connaissance et en même temps de défendre une démocratie du savoir qui garantirait une égalité sociale en neutralisant les biais sexistes, androcentristes et racistes ? Faut-il choisir entre vérité et justice ou bien toute véritable conception de la vérité ne requiert-elle pas précisément cette justice comme condition *sine qua non* ? Luce Irigaray, permet de comprendre l'enjeu épistémique de cette complète refonte du savoir, en indiquant que ce sont tous ses pré-requis qu'il convient de repenser : « l'enjeu n'est pas d'élaborer une nouvelle théorie dont la femme serait le *sujet* ou l'*objet* mais d'enrayer la machinerie théorique elle-même, de suspendre sa prétention à la production d'une vérité et d'un sens par trop univoques » [14].

Nous allons dans ce qui suit présenter cette proposition en nous demandant en quoi la connaissance située relève d'un privilège épistémique, puis nous verrons que la neutralisation de l'oppression épistémique permet une science de relève. Enfin, si on tient à refonder l'objectivité scientifique, c'est parce que l'enjeu est celui d'une démocratie du savoir.

1. La connaissance située, un privilège épistémique ?

À quel titre prendre en compte le point de vue des femmes dans la reconfiguration du savoir ? Une première réponse à cette question a été formulée par Nancy Hartsock dans son article fondateur de 1983 « The Feminist Standpoint » [15] qui identifie ce point de vue à celui des opprimés. En reprenant la conception marxiste selon laquelle c'est l'adoption du point de vue des opprimés, lui-même déterminé par les conditions matérielles d'existence et un rapport singulier à la nature, qui est facteur de changement social et condition de l'émancipation, Hartsock affirme qu'il existe un rapport des femmes à la nature plus puissant que celui des prolétaires : celui qui, dans la division sexuelle

13. L. Alcoff et E. Potter (eds.), *Feminist Epistemologies*, New York, Routledge, 1993.

14. L. Irigaray, *Ce sexe qui n'en est pas un*, Paris, Minuit, 1977, p. 75.

15. N. Hartsock, « The Feminist Standpoint : Developing the Ground for a Specifically Feminist Historical Materialism », *in* S. Harding (ed.), *The Feminist Standpoint Theory Reader*, New York, Routledge, 2003.

du travail, vise le travail reproductif et l'éducation. Ce diagnostic est bien exprimé dans la formule fameuse « le personnel est politique ». Elle n'entend pas pour autant dissoudre les logiques de domination mises à nu par une lecture qui rabattrait les méfaits du patriarcat sur le mode de production capitaliste. C'est la spécificité de l'oppression des femmes que « la masculinité abstraite » [16] du sujet connaissant échoue à saisir si on s'en tient à la catégorie marxiste classique de classe.

Voilà pourquoi Hartsock introduit le point de vue féministe (« *feminist standpoint* ») : pour rendre visibles des savoirs invisibilisés, pour transformer les expériences en savoirs, pour forger des instruments à même de critiquer la fausse neutralité du savoir établi en commençant par l'historiciser. À ces conditions, il est possible d'identifier un *privilège épistémique* conféré à ce point de vue. L'intérêt de la position d'Hartsock, – même si elle a fait l'objet de critiques (Susan Hekman [17]) concernant, entre autres, l'homogénéité relative de sa conception des femmes (blanches, occidentales, hétéronormées) –, est de ne pas concevoir le point de vue comme ce qui serait propre à toutes les femmes (Dorothy Smith [18]) mais comme ce qui relèverait d'un « processus de conscientisation collectif et féministe » [19] ou d'une « *consciousness raising* » (Catharine MacKinnon [20]). En ce sens, « il s'agit d'une position construite à partir d'une situation subie et non pas d'un point de vue féminin essentialisé » [21]. Si le point de départ privilégié est celui d'un groupe marginalisé, en l'occurrence celui des femmes, il tombe difficilement sous le coup de la critique d'une forme d'ethnocentrisme dans la mesure où il ne s'agit pas ici de considérer comme supérieur le point de vue d'un groupe de femmes partageant une culture commune, mais bien plutôt de partir de positions marginalisées (les vies des esclaves noires, autochtones canadiennes, prostituées, etc.) pour comprendre les déformations auxquelles procèdent les

16. *Ibid.*, p. 44.

17. S. Hekman, « Truth and Method : Feminist Standpoint Theory Revisited », *Signs* 22, 2, 1997.

18. D. Smith Dorothy, « Women's Perspective as a Radical Critique of Sociology », E. Fox Keller et H. E. Longino, *Feminism and Science*, New York, Oxford University Press, 1996.

19. A. F. Espinola, « Subjectivité et connaissance : réflexions sur les épistémologies du 'point de vue' », *Cahiers du Genre* 53, 2012, p. 99-120.

20. C. McKinnon, *Toward a Feminist Theory of the State*, Cambridge (Mass.), Harvard University Press, 1989, chap. V « Consciousness Raising », p. 83 *sq.*

21. E. Dorlin, *Sexe, genre et sexualités : introduction à la philosophie féministe*, Paris, Puf, 2023. Voir le chap. I dans lequel il est fait référence aux travaux de Maria Puig de la Bellacasa, en particulier, *Politiques féministes et constructions des savoirs. « Penser nous devons » !*, Paris, L'Harmattan, 2012.

conceptualisations autorisées du pouvoir, de la communauté, du savoir, etc.

Elsa Dorlin montre la fécondité de la position d'Hartsock par exemple en anthropologie lorsqu'elle mentionne les travaux de Nicole-Claude Mathieu. Celle-ci cherche moins à identifier des sociétés matriarcales encore inconnues afin de battre en brèche un patriarcat structurel qu'à montrer au cœur même de l'activité ethno-anthropologique les biais épistémiques qui s'y nichent. Ainsi N.-C. Mathieu [22] démonte avec précision les mécanismes d'andro-centrisme de la recherche, dont les deux principaux sont la « survisibilisation » des femmes par les explications à tendance naturaliste et leur « invisibilisation » dès lors qu'il s'agit d'identifier leur importance dans les interactions sociales, de mesurer et de catégoriser leurs activités comme travail (surfatigue et sous-évaluation de la charge de travail dues à une emprise totale sur leur corps pour les travaux des champs, le portage des enfants, de l'eau, du bois, etc.). C'est ce que Dorothy Smith désigne comme la « conscience bifurquée » [23] des femmes, entendant par-là l'exclusion des expériences des femmes du domaine des objets d'études de la sociologie. N.-C. Mathieu demande enfin de prêter attention au sexe de l'ethnologue pour déterminer comment, dans les rapports sociaux de sexe, il ou elle a une familiarité avec l'oppression exercée ou subie. Ainsi,

> il ne s'agit pas tellement de chercher les femmes « derrière » les formes sociales manifestes, mais de voir dans les structures sociales étudiées, la signification de leur absence. (J'ajouterai qu'il faut la voir aussi dans les structures des sociétés qui produisent l'ethnologie) [24].

En affirmant la nécessité d'une épistémologie située, il s'agit, pour ces féministes marxiennes, de restituer les expériences minoritaires et de leur donner une centralité dans la construction des savoirs.

Ce privilège épistémique fonctionne ici comme une réponse compensatoire à l'oppression épistémique.

22. N.-C. Mathieu, *L'anatomie politique. Catégorisations et idéologies du sexe*, Paris, Côté-femmes, 1991, chap. IV : « Critiques épistémologiques de la problématique des sexes dans le discours ethno-anthropologique ».

23. D. Smith, « Comment on Hekman's 'Truth and Method : Feminist Standpoint Theory Revisited'« *Signs* 22, 2, 1997.

24. N.-C. Mathieu, *L'anatomie politique. Catégorisations et idéologies du sexe*, *op. cit.*

2. Neutraliser l'oppression épistémique : vers une science de relève ?

Que le concept d'oppression soit un outil d'analyse requis pour tenir un discours scientifique sur les femmes dénonçant leurs conditions sociales et politiques d'existence [25] ne fait plus vraiment débat. La question est plutôt de savoir ce que signifie le fait que cette oppression soit épistémique [26], qu'on la désigne comme exclusion à l'instar de ce que décrit Patricia Hill Collins à propos de la « suppression de la pensée féministe noire », comme épistémicide lorsque Boaventura de Sousa Santos [27] décrit une sociologie des absences (on construit l'absence de savoirs), ou encore comme injustice herméneutique (Miranda Fricker déjà évoquée) en pointant l'exclusion de certaines ressources épistémiques dans la production des savoirs.

C'est l'occasion de mentionner une forme de résistance à l'identification de cette injustice : on a pu interroger la dimension épistémique de ces injustices en se demandant si l'injustice épistémique n'était pas une fable [28]. On s'est ainsi demandé jusqu'à quel point le constat des injustices concerne réellement la question du savoir (et non le seul militantisme politique), et cela, au nom même parfois du fantasme d'une neutralité de la connaissance. Dans la connexion que les épistémologies situées proposent d'établir entre les méthodes scientifiques et les enjeux politiques en montrant que les sujets connaissants et les « objets » de savoir sont toujours pris dans leurs conditions sociales et historiques d'élaboration et en montrant également la visée démocratique de ces nouvelles épistémologies, le soupçon d'une centralité du politique affleure rapidement. Comme si justice et savoirs avaient quelque chose d'antinomique. En un mot, certes, on peut reconnaître qu'il y a des injustices, mais en quoi seraient-elles proprement épistémiques ? Ce qui est particulièrement intéressant dans cette manière de poser le problème, c'est qu'elle présuppose que la question politique viendrait troubler la neutralité axiologique requise par toute entreprise épistémologique. Or, précisément, c'est en posant une question « politiquement orientée » qu'on met au jour les présupposés sexistes et androcentriques des principaux programmes

25. C. Delphy, « L'ennemi principal » [1970], dans *L'ennemi principal*, t. 1, *Économie politique du patriarcat*, Paris, Syllepses, 1999.

26. K. Dotson, « Conceptualiser l'oppression épistémique », dossier « Philosopher en féministes », *Recherches féministes* 31, 2, 2018, p. 9-34.

27. B. de Sousa Santos, *Épistémologies du Sud*, Paris, Desclée de Brouwer, 2016.

28. P. Engel, « La fable de l'injustice épistémique », 2015, hal-03680781.

de recherche dans les sciences de la nature et les sciences humaines (tout comme les croyances partagées d'une époque) et qu'ainsi on peut assouvir l'exigence de connaissance objective en produisant une connaissance moins partiale [29].

Repérer ce phénomène d'oppression et le désigner comme épistémique revient ainsi à identifier des procédures de disqualification ou de neutralisation de propositions épistémiques, de paroles, de pratiques ou de savoirs au cœur même de dispositifs déjà existants, l'enjeu est alors celui de l'inclusion. Mais il peut également s'agir d'interroger la pertinence de ces dispositifs et ainsi de les remettre en cause. Concrètement : prendre en compte le point de vue des femmes minorisées et assujetties dans la production du savoir suppose-t-il simplement d'*ajouter* ces points de vue à un dispositif épistémique ? Comment procéder ? S'agit-il des mêmes expériences, individuelles et collectives ? Traversées par les mêmes rapports de pouvoir ? En rendre compte est-il possible dans les procédures épistémologiques du canon existant de la méthode scientifique ?

C'est à cette question que s'attèle Donna Haraway dans son article majeur « Savoirs situés » [30] en défendant en philosophe postmoderne, une fragmentation des points de vue qui prenne en compte à la fois la contingence historique radicale, la différence et la multiplicité des savoirs locaux, la conscience de nos « technologies sémiotiques » autrement dit la façon dont nous fabriquons des significations. À l'évidence, cette proposition est construite contre le « Truc divin » (qui revient à « voir tout depuis nulle part ») garant d'une vision unifiée, hégémonique et totalisante du savoir objectif. Il s'agit de défendre une « objectivité encorporée » (littéralement inscrite dans un corps mais fondamentalement qui n'abolisse pas l'expérience du sujet) et ainsi de proposer un autre regard sur la subjectivité du sujet connaissant et sur le caractère trompeur et partiel du sujet sensible. Il s'agit bien ainsi de « reconquérir le système sensoriel » [31] en se demandant : en quoi la perspective partielle, incorporée peut-elle permettre de connaître et pouvons-nous connaître en nous inscrivant dans la même méthode de la science que celle grâce à laquelle nous produisons une connaissance objective du monde ?

29. Sur le rôle des valeurs non épistémiques dans les sciences et la neutralité, voir le chapitre de Stéphanie Ruphy, « Science, valeurs, démocratie » dans le présent volume.

30. D. Haraway, « Savoirs situés : question de la science dans le féminisme et privilège de la perspective partielle », trad. fr. D. Petit et M. Magnan, dans D. Haraway, *Manifeste cyborg et autres essais : sciences, fictions, féminismes*, Paris, Exils, 2007, p. 107-144.

31. *Ibid.*, p. 115.

L'argument central repose sur l'explicitation du rapport entre vision et responsabilité et conduit à interroger le rapport, mais surtout le partage entre sujet et objet. Il s'agit en effet de considérer le regard, le point de vue, la situation comme le point de départ d'une activité, d'un système de perception actif, or cette activité consiste à pouvoir « apprendre à voir fidèlement à partir du point de vue d'un autre ». En assumant cette localisation du savoir, il s'agit de prendre en compte les points de vue de l'autre, des autres, de ceux aussi qui peuvent être victimes des différentes formes d'injustice épistémique, mais sans fausse candeur. Il convient tout à la fois de faire droit aux perspectives des marges mais sans les idéaliser ou s'approprier leurs visions.

> Les positionnements des assujettis ne sont pas dispensés de réexamen critique, de décodage, de déconstruction et d'interprétation : ce qui veut dire des démarches à la fois sémiologiques et herméneutiques d'enquête critique. Les points de vue des assujettis ne sont pas des positions « innocentes » [32].

Ainsi, l'intégration du point de vue partiel, du point de vue minorisé, invisibilisé ne peut se faire qu'à condition d'exercer une activité critique et interprétative car aucune situation n'est innocente, la localisation du savoir et sa délocalisation pour un autre site disent deux choses : tout d'abord notre *mobilité épistémique*, au sens où nous devenons capables de « déménager » vers quelque autre point d'observation, ensuite (et comme une conséquence) ce sujet réintégré, il faut le repenser :

> Le moi connaissant est partiel dans toutes ses manifestations, jamais fini, ni entier, ni simplement là, ni originel ; il est toujours composé et suturé de manière imparfaite, et donc capable de s'associer avec un autre, pour voir avec lui sans prétendre être l'autre [33].

En un mot, le point de vue pensé ici n'a rien de l'expression d'une vision immédiate et figée, le positionnement est au contraire le préalable à partir duquel nous nous engageons dans l'organisation du savoir, nous devenons responsables en décidant de ce que nous délimitons comme périmètre pour le savoir rationnel.

Il faut ajouter un dernier point, décisif : les objets de connaissance ne sont pas inertes et passifs, ils sont des acteurs du savoir.

Rien d'étonnant à ce que cette multiplication des points de vue puisse être prise, à première vue, pour une défense d'une forme de relativisme qui supposerait que toutes les situations sociales se valent

32. *Ibid.*, p. 119.

33. Haraway ajoute un peu plus loin dans le chapitre : « Le meilleur moyen d'obtenir une vue plus large est de se trouver quelque part en particulier. » (*ibid.*, p. 127).

d'un point de vue épistémique ou encore que chaque perspective localement et historiquement située est irréductible à toutes les autres et à ce titre incommensurable. Ce n'est pourtant pas le cas dans la mesure où, précisément, l'épistémologie du positionnement affirme qu'il existe des situations sociales meilleures que d'autres pour parvenir à la connaissance scientifique d'un champ de recherche. Cette critique permet de préciser que nous n'avons pas à choisir entre les deux membres d'une alternative étroite qui pourrait être formulée en ces termes : totalisation d'une vision unifiée *versus* relativisme. *A contrario*, il est possible de promouvoir « des savoirs partiels, localisables, critiques qui maintiennent la possibilité de réseaux de connexion appelés solidarité en politique et conversations partagées en épistémologie »[34].

Dans cette perspective, Haraway indique que les métaphores mobilisées dans les expériences en biologie expérimentale prouvent que les sciences naturelles sont elles aussi traversées par des biais liés aux sociétés dans lesquelles elles sont élaborées. Ainsi, en proposant de déconstruire les premiers textes américains de primatologie, elle montre comment l'observation des primates lue au prisme d'une recherche de ce qu'est l'homme sans et avant la culture sert d'instrument de légitimation d'une hiérarchie sociale fondée sur la domination masculine. Cela a conduit cette discipline scientifique à mettre artificiellement l'accent sur « la compétition pour la reproduction et le sexe entre des mâles agressifs et des femelles réceptives ». Evelyn Fox Keller relève le même geste à propos du discours sur l'action du gène au début du XXe siècle qui conduit à délaisser pour un temps les recherches sur le rôle joué par les structures cytoplasmiques de l'ovocyte avant la fécondation. Plus récemment Anne Fausto-Sterling[35] montre qu'encore au début des années 1990, des théories sur la taille des corps calleux du cerveau (ce paquet de fibres nerveuses reliant les deux hémisphères du cerveau) ont servi à expliquer, à partir du soi-disant repérage de la taille des corps calleux plus importante chez les femmes que les hommes, « l'intuition féminine », des manières proprement féminines de penser, etc.

Dans la primatologie, en génétique, et plus largement en biologie, la science n'est pas seulement le reflet des préjugés d'une époque, elle est aussi ce qui contribue à les produire en leur donnant une assise

34. D. Haraway, *Manifeste cyborg et autres essais*, *op. cit.*, p. 119.

35. A. Fausto-Sterling, *Corps en tous genres. La Dualité des sexes à l'épreuve de la science* [2000], trad. fr. O. Bonis et F. Bouillot, Paris, La Découverte-Institut Émilie du Châtelet, 2012, chap. V.

« scientifique ». Ce sont les vérités socialement constituées qui servent alors aux scientifiques d'instruments de lecture de la nature.

Dans ces conditions, peut-on encore vouloir que la science soit objective alors que sous sa neutralité affichée on ne cesse d'identifier des biais, que sous son universalité affirmée, on traque une hégémonie andro et ethnocentrée ?

3. Pour une refonte de l'objectivité scientifique : la démocratie du savoir

Renoncer à la neutralité surplombante du modèle d'objectivité représenté par l'élimination du sujet ne se paie-t-il pas d'un tribut trop lourd ? Certainement pas si cela conduit à maintenir l'exigence d'objectivité en science mais en proposant de la produire autrement, en prenant acte des biais qui la grevaient et en assumant une position épistémique explicite. C'est le propos de Sandra Harding qui défend une « objectivité forte »[36]. Refonder l'objectivité ce n'est sans doute pas seulement « compléter » une vision partielle et tronquée des phénomènes biologiques. Car en s'exprimant ainsi, on dit que c'est au nom d'un canon inchangé et surtout ininterrogé de ce qu'est la science, qu'il faut compléter les pratiques, changer les méthodes, enrichir le corpus, mais en un sens, on maintient le même paradigme, on suppose qu'on faisait de la « mauvaise » science, selon les critères inchangés de ce que doit être une bonne science. Il aurait ainsi suffi d'être plus rigoureux et plus prudents. Mais cela suffit-il ? N'est-ce pas fondamentalement la logique même de la recherche et celle de l'explication qu'il convient de remettre en cause ? Si tel est le cas, il faut alors adopter une autre perspective : on peut montrer que c'est la méthode elle-même qui doit être modifiée et que c'est à cette condition que l'on peut atteindre une objectivité renforcée. La modification de cette méthode devrait pouvoir reposer sur de nouvelles normes : celles qui intègrent des modalités systématiques de neutralisation et d'élimination des pratiques ou grilles interprétatives sexistes et androcentriques.

Cette autre perspective conduit à définir autrement l'objectivité. Le point de départ de cette redéfinition qui s'ancre dans la conviction que tout savoir est situé et qu'il est illusoire « de considérer que la pensée humaine puisse complètement effacer les traces qui révèlent

36. S. Harding, « Repenser l'épistémologie du positionnement : qu'est-ce que "l'objectivité forte" ? », trad. fr. C. Brousseau, T. Crespo et L. Vedie, dans M. Garcia (éd.), *Philosophie féministe. Patriarcat, savoirs, justice*, Paris, Vrin, 2021, p. 129-187.

son processus de production», quoi qu'en pensent les adeptes du « Truc divin »[37], est donc historiquement et socialement située et c'est à leur conscience et à leur critique que doit d'abord se consacrer toute nouvelle tentative de définition de l'objectivité.

Si les vies marginalisées produisent à la fois les problèmes scientifiques et les programmes de recherche dominants en ce qu'elles les mettent en crise, elles ne fournissent pas pour autant les solutions pour les théories du positionnement, affirme Sandra Harding. La première réponse à apporter au problème soulevé consiste à penser le sujet de connaissance, non comme « culturellement et historiquement désincarné et invisible » au sens où « la science » n'aurait pas de sujet[38]. *A contrario*, naturellement, la proposition de Harding est de penser le sujet comme incarné, visible, socialement situé et en définitive d'indiquer ainsi (1) qu'il ne diffère pas de l'objet de connaissance, ou du moins que leurs rapports peuvent être pensés symétriquement :

> Nous devons supposer une symétrie causale au sens où les mêmes types de forces sociales qui façonnent les objets de connaissance façonnent aussi (sans pour autant les déterminer) les sujets de connaissance et leurs projets scientifiques[39].

Et cela vaut non seulement, comme on pourrait s'y attendre pour les objets des sciences sociales, mais aussi pour les objets des sciences naturelles qui ne sont saisis que (2) depuis leur catégorisation déjà socialement constituée, ils sont « la-nature-comme-objet-de-connaissance » et en un sens reproduisent ainsi la vie sociale[40].

(3) Que c'est toujours une communauté et non un individu qui valide et même constitue une connaissance ainsi socialement légitimée. On pourrait se demander ici quels sont les leviers de transformation de cette « logique de recherche » qui pourraient être utilisés, au cœur d'une politique scientifique de recherche, quels objets et quelles priorités ils permettraient de valoriser. Mais on pourrait aussi demander à quelles conditions on peut faire vaciller les croyances majoritairement partagées d'une communauté. Et enfin que (4) les sujets de connaissance ne doivent pas être essentialisés, ils sont multiples, hétérogènes, parfois contradictoires.

37. S. Harding, « Repenser l'épistémologie du positionnement : qu'est-ce que "l'objectivité forte" ? », dans M. Garcia (éd.), *Philosophie féministe. Patriarcat, savoirs, justice*, *op. cit.*, p. 150.

38. *Ibid.*, p. 164.

39. *Ibid.*, p. 165.

40. Sur la vie sociale de la science, voir le chapitre d'Henri Galinon, « L'épistémologie sociale », dans le présent volume, p. 361.

Ces quatre instruments de redéfinition du sujet de connaissance servent de point de départ pour proposer une maximisation de l'objectivité.

En défendant une démarche fondée sur une réflexivité forte : il s'agit ici de prendre acte des conséquences de la symétrie causale entre sujets de connaissance et objets de connaissance. Il faut interroger les croyances tenues pour vraies par les différentes communautés de savants à différentes époques, en un mot leurs présupposés, portés par des valeurs, désirs et intérêts qu'il nous faut identifier. Mais pour mener à bien cette réflexivité, il faut la conduire de l'extérieur, c'est-à-dire depuis une position marginale (marginalisée par ce canon) à l'égard de cette communauté. On voit bien l'enjeu démocratique de cette proposition.

> Toutes les procédures de maximisation de l'objectivité qui se concentrent sur la nature et / ou les relations sociales constituant l'objet direct de l'observation et de la réflexion doivent aussi se concentrer sur ceux / celles qui produisent ces observations et ces réflexions – les scientifiques et l'ensemble de la société dont ils / elles partagent les présupposés [41].

On l'a dit, c'est la symétrie qui justifie la réflexivité. Pour « maximiser » cette nouvelle conception de l'objectivité, il ne s'agit pas d'expulser le sujet, il ne s'agit pas non plus de neutraliser axiologiquement les intérêts et les valeurs sociales présents au cœur du processus de recherche [42], il s'agit d'en proposer une approche critique.

Pourquoi ne pas renoncer au concept même d'objectivité ? Le terme est chargé de significations souvent problématiques : certaines pratiques impérialistes ont trouvé moyen d'être justifiées au nom de la défense de l'objectivité, il présuppose une « barrière rigide » entre le sujet et l'objet de connaissance, une distinction factice et pour tout dire intenable entre une méthode scientifique neutre et des pratiques moralement répréhensibles. Mais Harding tient au contraire à le conserver comme le témoin d'une tension, en effet : « la notion d'objectivité est une façon utile de penser le décalage qui doit exister entre ce que tout individu ou groupe veut que le monde soit, et ce qu'il est de fait » [43].

41. S. Harding, « Repenser l'épistémologie du positionnement : qu'est-ce que "l'objectivité forte" ? », dans M. Garcia (éd.), *Philosophie féministe. Patriarcat, savoirs, justice*, *op. cit.*, p. 177.

42. *Ibid.*, p. 179.

43. *Ibid.*, p. 183.

Il s'agit donc moins d'abandonner la notion d'objectivité que de la conserver à condition de concevoir la réflexivité comme une attitude de vigilance récurrente plus que comme un moment circonscrit une fois pour toutes.

En faisant cela, on met en évidence un point important : la théorie du point de vue révèle les enjeux politiques de la connaissance[44]. Si on se « cantonne » à la recherche de la meilleure méthode permettant d'atteindre la vérité, on perd de vue ces enjeux politiques fondamentaux, mais si on montre comment cette théorie du point de vue transforme la méthode scientifique en intégrant la conscience de cette dimension politique, il est possible d'élaborer une conception de l'objectivité qui réponde à l'exigence démocratique du savoir.

Le maintien de cette catégorie d'objectivité dans le contexte de l'épistémologie du positionnement a suscité, à son tour des critiques. Contentons-nous de mentionner l'accusation d'objectivation : s'appuyant sur le retour d'une attention portée aux sujets connaissants, on soupçonne alors l'objectivité forte ou ainsi renforcée d'être un simple dispositif d'objectivation de positions subjectives. Il est intéressant d'aborder cette critique de l'objectivité forte en la mettant en regard de la lecture que Sally Haslanger[45] propose d'un universel qui résulterait d'un processus d'objectification. Qu'entend-elle par-là ? Elle interroge l'idée que la raison serait genrée, et discute l'hypothèse de McKinnon, juriste, critique féministe du droit qui souligne l'inadéquation des lois aux violences sexuelles et en conclut que la loi est pensée majoritairement pour les hommes. Elle précise, en effet, que cette raison serait masculine. Haslanger indique comment McKinnon déconstruit la conception de l'objectivité entendue comme neutre et aperspective (sans situation) et montre comment elle résulte d'un processus d'objectification qui projette et attribue à un objet des propriétés qui seraient propres à sa supposée nature et qu'il acquiert de ce fait. Mais la critique qui est ainsi faite de l'objectivité suppose que dans sa construction se joue une hiérarchie de genre, une domination masculine : « L'objectivité est la position épistémologique dont

44. Pour Patricia Hill Collins, la théorie du point de vue est un « cadre interprétatif visant à démontrer combien la connaissance contribue à jouer un rôle fondamental dans le maintien ou la transformation des systèmes de pouvoirs injustes. » (P. H. Collins, « Comment on Hekman's 'Truth and Method : Feminist Standpoint Theory Revisited': Where's the Power ? », *Signs* 22, 2, 1997, p. 335) cité par A. F. Espinola, « Subjectivité et connaissance : réflexions sur les épistémologies du 'point de vue' », art. cit.

45. S. Haslanger, « Objectivité et objectification » [1993], trad. fr. M. Garcia, dans M. Garcia (éd.), *Philosophie féministe. Patriarcat, savoirs, justice, op. cit.*, p. 190-278, ici p. 242-255.

l'objectification est le processus social et dont la domination masculine est la forme politique, la pratique sociale mise en œuvre »[46].

À titre d'exemple, la critique que Monique Wittig mène des approches phallocentriques du langage chez les linguistes et les psychanalystes la conduit à identifier, marquée dans la langue, une naturalisation de la différence sexuelle socialement constituée, une langue porteuse d'inégalités. Et parce que, pour elle, « femme » est un statut social inscrit dans une hiérarchie, elle écrit les *Guérillières*, roman dans lequel le héros est une forme grammaticale, *Elles* qui travaille la langue au-delà des catégories de sexe.

On comprend bien ce qui se joue dans cette discussion sur ce qu'est une connaissance objective : en reprochant à l'épistémologie classique d'avoir « objectifié » des positions androcentristes pour construire un universel de façade, répond comme en regard le soupçon formulé à l'encontre de l'épistémologie du positionnement, celui d'avoir objectivé des positions subjectives. C'est sans doute pour cela qu'il importe de conserver l'exigence d'objectivité, pour montrer le chemin qui conduit de l'objectivité factice, qui généralise une perspective androcentrée, à une objectivité qui prendrait pour point de départ la pluralité des positions marginalisées. À nouveau, il est précieux de concevoir une exigence d'objectivité rectifiée et des usages de la raison qui récusent le pléonasme d'une rationalité masculine.

Conclusion

Le paradigme de la connaissance qu'élabore, sous ses différentes formes, l'épistémologie située commence avec les expériences différentes et pour une part contradictoires des vies de femmes et fait de cette conflictualité une condition de la visée émancipatrice de cette perspective de recherche. Pour neutraliser les biais qui se drapent dans les habits de l'objectivité, il faut expliciter les croyances d'arrière-plan qui travaillent les communautés scientifiques et négocient avec les critères épistémiques de validation des énoncés tout en renonçant à l'idée d'une science neutre. Sous la catégorie « d'empirisme contextuel », Helen Longino[47] est partie de ces différents acquis de l'épistémologie située pour spécifier un protocole de critique des biais épistémiques de

46. C. McKinnon, *Feminism Unmodified*, p. 50 cité par S. Haslanger, « Objectivité et objectification », dans *ibid.*, p. 242.

47. H. Longino, *Science as Social Knowledge*, Princeton (NJ), Princeton University Press, 1990.

ces croyances ou préjugés. Elle propose de développer des interactions critiques au sein des communautés scientifiques, une critique transformative suppose ainsi la confrontation des différentes valeurs sociales qui président à l'appréciation de telle ou telle hypothèse ou résultat scientifique. À condition d'orchestrer cette confrontation, on peut considérer que nous contribuons à une démocratie du savoir en ce qu'elle permet d'expliciter ses présupposés (ses valeurs conceptuelles), de les discuter de manière contradictoire, de déjouer ses biais en en prenant conscience, tout en récusant sa fausse neutralité pour garantir une objectivité renforcée.

Sur le plan pratique, on peut indiquer comment très concrètement procéder ainsi peut changer le visage de la science. Avec son expression de « *gender innovations* » [48], Londa Schiebinger prend le parti de mettre en évidence ce que l'introduction explicite des analyses situées change dans les priorités de recherche, l'analyse des données, la constitution des modèles de référence, ou encore, dans le champ de l'ingénierie, dans les processus d'innovation. Elle a mis en évidence, pour le cas de médicaments, les limites des tests effectués exclusivement sur des hommes dans le cas de maladies cardio-vasculaires. Elle a également montré les limites de l'efficacité des ceintures de sécurité ne prenant pour modèle que le corps masculin dans des essais de choc, elle a permis de substituer des mannequins enceintes dans des situations d'impact.

Ces exemples, qui pourraient sembler anecdotiques, montrent avec d'autres comment à la science universelle c'est-à-dire masculine (Haslanger), il est possible de répondre par une science, explicitement située, donc enfin objective, dont la visée démocratique constitue une exigence désormais non négociable.

Bibliographie indicative

ALCOFF L. et E. POTTER (eds.), *Feminist Epistemologies*, New York, Routledge, 1993.

COHEN C., *Femmes de la préhistoire*, Paris, Belin, 1996.

COISY F. *et al.*, « Do Emergency Medecine Health Care Workers Rate Level of Chest Pain Differently Based Upon Appearance in Simulated Patients ? », *European Journal of Emergency Medicine* 31, 3, 2024, p. 188-194.

COLLINS P. H., « Comment on Hekman's 'Truth and Method : Feminist Standpoint Theory Revisited': Where's the Power ? », *Signs* 22, 2, 1997.

48. L. Schiebinger, « Innovations de genre en ingénierie » dans A.-M. Devreux (éd.), *Les sciences et le genre : déjouer l'androcentrisme*, Rennes, PUR, 2016, p. 258.

DORLIN E., *Sexe, genre et sexualités : introduction à la philosophie féministe*, Paris, Puf, 2023.

ENGEL P., « La fable de l'injustice épistémique », 2015. hal-03680781

ESPINOLA A. F., « Subjectivité et connaissance : réflexions sur les épistémologies du 'point de vue' », *Cahiers du Genre* 53, 2012, p. 99-120.

FAUSTO-STERLING A., *Corps en tous genres. La Dualité des sexes à l'épreuve de la science*, trad. fr. O. Bonis et F. Bouillot, Paris, La Découverte-Institut Émilie du Châtelet, 2012.

GARDEY D. et I. LÖWY, *L'invention du naturel. Les sciences et la fabrication du féminin et du masculin*, Paris, Archives contemporaines, 2000.

HARAWAY D., *Manifeste cyborg et autres essais : sciences, fictions, féminismes*, traduit en français en 2007, « Savoirs situés : question de la science dans le féminisme et privilège de la perspective partielle », trad. fr. D. Petit et M. Magnan, dans D. Haraway, *Manifeste cyborg et autres essais : sciences, fictions, féminismes*, Paris, Exils, 2007, p. 107-144.

HARDING S. « Repenser l'épistémologie du positionnement : qu'est-ce que "l'objectivité forte" ? » [1993], trad. fr. C. Brousseau, T. Crespo et L. Vedie, dans M. Garcia (éd.), *Philosophie féministe. Patriarcat, savoirs, justice*, « Textes clés », Paris, Vrin, 2021.

HARTSOCK N., « The Feminist Standpoint : Developing the Ground for a Specifically Feminist Historical Materialism », *in* S. Harding et M. Hintikka (eds), *Discovering Reality : Feminist Perspectives on Epistemology, Metaphysics, Methodology and Philosophy of Science*, Dordrecht-Boston (Mass.), D. Reidel, 1983.

HASLANGER S., « Objectivité et Objectification » [1993], trad. fr. M. Garcia dans M. Garcia (éd.), *Philosophie féministe. Patriarcat, savoirs, justice*, « Textes clés », Paris, Vrin, 2021.

IRIGARAY L., *Ce sexe qui n'en est pas un*, Paris, Minuit, 1977.

LONGINO H., *Science as Social Knowledge*, Princeton (NJ), Princeton University Press, 1990.

MARTIN E., *The Woman in the Body. A Cultural Analysis of Reproduction*, Boston, (Mass.), Beacon, 1991.

MATHIEU N.-C., *L'anatomie politique. Catégorisations et idéologies du sexe*, Paris, Côté-femmes, 1991.

SCHIEBINGER L., « Innovations de genre en ingénierie » dans A.-M. Devreux, éd., *Les sciences et le genre : déjouer l'androcentrisme*, Rennes, PUR, 2016.

SLOCUM S., « Woman the Gatherer : Male Bias in Anthropology », in Rayna R. Reiter (éd.), *Towards an Anthropology of Women*, New York, Monthly Review, 1975.

SMITH D., « Comment on Hekman's "Truth and Method : Feminist Standpoint Theory Revisited" » *Signs* 22, 2, 1997.

Science, valeurs, démocratie

par Stéphanie Ruphy

Imposition d'une théorie de l'hérédité « acquise par l'environnement » promue par le biologiste Lyssenko et interdiction formelle de faire de la recherche en génétique classique, jugée incompatible avec l'idéologie politique alors dominante dans l'URSS de Staline. Autorisation « encadrée » en France de la recherche sur les cellules souches embryonnaires humaines après une période d'interdiction. Einstein justifiant sa réticence envers la jeune mécanique quantique en invoquant sa conviction métaphysique d'un monde déterministe – « Dieu ne joue pas aux dés ». Discours scientifique faisant autorité au XIXe siècle sur l'infériorité cognitive des femmes (ou plus largement des femelles) supposée dériver de mesures du crâne. Contribution majeure de Theo Colborn, zoologiste et épidémiologiste américaine très engagée dans la défense de la santé environnementale, à l'identification des effets des perturbateurs endocriniens dans les années 1990. Mobilisation d'arguments scientifiques par des chercheurs et chercheuses contre le projet d'autoroute A69 entre Toulouse et Castres.

Autant d'exemples, dans l'histoire des sciences et dans les pratiques de recherche contemporaines, qui illustrent l'influence de valeurs non épistémiques, dites « contextuelles », c'est-à-dire culturelles, sociales, religieuses, politiques, métaphysiques, etc., sur l'activité scientifique. Sur le plan descriptif, l'affaire est ainsi entendue : la science est perméable de multiples façons à des valeurs, et le constat de cette perméabilité soulève pour la philosophie des sciences des questions normatives aussi riches que centrales, à la fois pour certaines de ses problématiques traditionnelles, et en raison des enjeux politiques et culturels majeurs que soulève cette perméabilité.

En effet, prendre acte des influences de valeurs contextuelles en science invite à analyser en premier lieu leur impact sur la prétention de la science à l'objectivité. Ces influences constituent-elles nécessairement une menace contre l'objectivité scientifique ? Ou peuvent-elles, et doivent-elles, être minimisées, et si oui, par quels mécanismes ? Autrement dit, l'idéal d'une science « libre de valeurs » (*the value-free ideal of science*) doit-il être maintenu comme horizon normatif de l'activité scientifique ? Cette question prend un relief tout particulier aujourd'hui, en raison de la centralité de la science dans nos sociétés démocratiques. Considérons par exemple les nombreux domaines de politiques publiques qui intègrent des dimensions scientifiques et techniques, comme les politiques sanitaires, environnementales ou encore d'adaptation aux changements climatiques, et où la décision politique est susceptible de se nourrir à un degré sans précédent d'expertise scientifique. Considérons également la visibilité croissante dans l'espace public de chercheuses et chercheurs mobilisant leurs connaissances scientifiques au service d'une cause, qui peut faire naitre des tensions avec des attentes traditionnelles à l'égard de la science en matière d'objectivité mais aussi de neutralité. Dès lors, dans quelle mesure maintenir ou renforcer l'autorité épistémique de la science dans nos démocraties est-il compatible avec des activités de recherche perméables de multiples façons à des valeurs contextuelles ?

Le fil conducteur de ce chapitre sera donc la question, normative, des formes épistémologiquement acceptables et politiquement souhaitables d'influences de valeurs contextuelles en science. Aborder une telle question suppose de distinguer deux phases de l'enquête scientifique : choix des sujets de recherche, à la lumière notamment des usages et applications envisagés, et production de résultats, une fois ces choix effectués. En effet, il apparaît à première vue largement consensuel d'envisager que des considérations économiques, politiques, sociales ou encore éthiques puissent légitimement intervenir dans la première phase de définition des problèmes à traiter, sans qu'il en découle, comme dans la seconde phase, une remise en cause de l'objectivité et de l'autorité épistémique des résultats scientifiques produits. Notre première partie, centrée sur des enjeux épistémologiques, examinera des propositions de mécanismes par lesquels opère l'influence de valeurs contextuelles au cœur même de la phase de production d'un résultat scientifique. À la lumière de ces propositions, nous discuterons dans une deuxième partie des remèdes envisagés pour minimiser ces influences et ainsi préserver, voire renforcer la prétention de la science à l'objectivité. Aborder la phase de choix des sujets de recherche nous conduira dans un troisième temps sur un terrain d'analyse plus politique, en interrogeant le rôle de valeurs contextuelles dans la définition des objectifs de la science. Enfin, le phénomène croissant de l'engagement au nom de valeurs de chercheuses et chercheurs, révélateur de l'absence de neutralité de la science, nous conduira dans la quatrième partie à examiner les attentes dans une démocratie à l'égard d'une science assumant son rôle dans la cité. Mais il convient au préalable d'expliciter deux éléments d'arrière-fond pour préparer le terrain pour les discussions principales du chapitre. Nous reviendrons ainsi successivement sur la distinction entre valeur épistémique et valeur non épistémique (ou contextuelle), et sur le contraste entre objectivité et neutralité.

1. Éléments d'arrière-fond : valeurs épistémiques *vs* valeurs contextuelles et objectivité *vs* neutralité

1.1. Valeurs épistémiques *vs* valeurs contextuelles

Explicitons tout d'abord la distinction entre valeur épistémique et valeur non épistémique ou contextuelle, distinction structurante quand on pose la question de l'influence de valeurs en science, puisque les enjeux d'objectivité et d'autorité scientifiques découlent principalement de l'influence des secondes. Une valeur épistémique renvoie à une caractéristique ou propriété d'une théorie, d'un modèle, d'une hypothèse scientifique dont on pense qu'elle nous met sur le chemin de la vérité (elle est pour cela dite « *truth-conducive* »), autrement dit qu'elle promeut l'acquisition de croyances vraies ou au moins fiables. Quelles sont ces valeurs épistémiques ? La liste proposée par Thomas Kuhn fait encore référence en la matière [1]. On y trouve en premier lieu l'adéquation empirique : les conséquences observables d'une théorie doivent être en accord avec l'observation ou les résultats d'une expérience. Viennent ensuite la consistance interne et la consistance externe (compatibilité avec les autres théories tenues pour valides), puis la généralité et la simplicité (capacité de mettre de l'ordre dans des phénomènes disparates), et enfin la fécondité qui renvoie à la capacité d'une théorie de prévoir de nouveaux phénomènes.

Ces valeurs épistémiques constituent pour Kuhn une base partagée de jugement, qui guide les scientifiques dans leur choix entre théories, même si le poids accordé à l'une ou l'autre de ces valeurs peut varier

1. T. S. Kuhn, « Objectivité, jugement de valeur et choix d'une théorie », dans T. S. Kuhn, *La tension essentielle*, trad. fr. M. Biezunski *et al.*, Paris, Gallimard, 1990.

d'un individu (ou d'un collectif) à l'autre[2]. Une valeur épistémique fonctionne ici comme un « vecteur de décision »[3], c'est-à-dire comme un facteur qui influence un processus de décision et non comme une règle qui fixerait l'issue de ce processus. Selon Kuhn, l'objectivité du jugement scientifique découle alors de cette base partagée de critères de choix et est parfaitement compatible avec le caractère ouvert de l'issue d'un tel processus de choix.

Il est important de souligner que le statut épistémique d'une valeur ne va pas toujours de soi et peut varier selon le contexte. Certaines valeurs comme l'adéquation empirique, la consistance interne ou la fécondité (pouvoir prédictif) peuvent être considérées comme des valeurs intrinsèquement épistémiques : ce sont des attendus pour toute théorie ou hypothèse scientifique et qui, lorsqu'elles font défaut, jouent toujours en défaveur de la théorie ou de l'hypothèse. Il en va autrement pour des valeurs comme la simplicité ou la consistance externe, qui peuvent être qualifiées de valeurs épistémiques extrinsèques[4] : leur capacité à être un indicateur de vérité ou de fiabilité peut dépendre d'autres éléments du contexte épistémique, comme par exemple la validité effective des autres pans du savoir considérés comme acquis. Le contraste entre valeurs épistémiques et valeurs contextuelles tient néanmoins car les valeurs contextuelles, elles, ne sont jamais susceptibles d'intervenir dans un processus de choix en tant qu'indicateur de vérité ou fiabilité. Mais elles partagent, nous y reviendrons, avec les valeurs épistémiques cette fonction de « vecteur de décision » dans différentes phases du travail scientifique.

1.2. Objectivité (impartialité) *vs* neutralité

Nous souhaitons mettre en avant dans ce chapitre la distinction qui peut être faite entre objectivité, au sens d'impartialité, et neutralité[5], car une telle distinction nous semble essentielle pour aborder la

2. Kuhn illustre cette variabilité par l'épisode historique d'un choix à effectuer entre deux systèmes pour rendre compte des mouvements apparents des planètes : le système (géocentrique) des épicycles de Ptolémée et le système (héliocentrique) de mouvement des astres proposé par Copernic. Le critère de cohérence externe a pu un temps jouer en faveur de Ptolémée alors que celui de la simplicité favorisait Copernic, tandis que le critère d'adéquation empirique ne permettait pas de départager les deux.

3. Cette notion est développée par Miriam Solomon dans son ouvrage *Social Empiricism*, Cambridge, The MIT Press, 2007.

4. Pour une discussion approfondie de ce contraste et plus généralement du contraste entre valeurs épistémiques et valeurs non épistémiques, voir D. Steel, « Epistemic Values and the Argument From Inductive Risk », *Philosophy of Science* 77, 2010, p. 14-34.

5. H. Lacey, *Is Science Value Free ?*, London, Routledge, 1999.

problématique des attentes d'une démocratie à l'égard de la science. La notion d'objectivité (impartialité) renvoie aux raisons (*grounds*) pour développer et accepter une hypothèse, un modèle, une théorie, un résultat au cours d'une enquête scientifique. Défendre l'objectivité (impartialité) d'un résultat scientifique revient alors à défendre l'imperméabilité de son processus de production aux influences de valeurs non épistémiques. Un résultat sera dit objectif dans la mesure où il n'est pas influencé par les préférences ou intérêts non épistémiques des agents (individuels ou collectifs) qui l'ont produit. La neutralité d'une enquête scientifique renvoie, elle, à ses *implications*, à ses *conséquences*, en particulier non épistémiques. On peut proposer l'analogie suivante pour illustrer ce contraste : on attend que la décision d'un juge soit impartiale, c'est-à-dire qu'elle ne soit pas entachée de préférences ou d'intérêts personnels, mais elle n'est assurément pas neutre puisqu'elle est susceptible d'impacter fortement les parties concernées par cette décision. En science on peut interroger par exemple l'influence de préférences métaphysiques ou culturelles judéo-chrétiennes pour un univers ayant une origine dans l'avantage accordé à une certaine époque au modèle du Big Bang, au détriment du modèle concurrent d'univers quasi stationnaire, sans création. Pour autant, on peut considérer que l'adoption du modèle du Big Bang est neutre en raison de son absence d'impact significatif de nature non épistémique sur la société. Il en va tout autrement de recherches en sociobiologie ou en neurobiologie par exemple : indépendamment de la délicate question de l'influence de valeurs contextuelles sur le contenu même des modèles explicatifs développés dans ces disciplines, il apparaît bien difficile de défendre la neutralité de tels modèles dans la mesure où ils sont susceptibles d'influencer des politiques publiques, notamment en matière d'éducation. Défendre la neutralité de la science nécessite en réalité de dissocier la phase de production des connaissances de celle des usages ou applications qui en sont tirés, permettant ainsi d'exempter la première de toute évaluation morale, éthique ou politique et de restreindre une telle évaluation aux seconds[6].

6. Pour une critique approfondie de ce « mythe de la pureté » de la science, voir le chapitre VII de l'ouvrage de P. Kitcher, *Science, vérité, démocratie*, trad. fr. S. Ruphy, Paris, Puf, 2010.

2. Comment le contenu des sciences peut-il être influencé par des valeurs contextuelles ?

Par quels mécanismes opère l'influence de valeurs contextuelles sur les résultats même d'une enquête scientifique ? Nous allons examiner dans cette section deux propositions d'arguments largement débattues encore aujourd'hui en raison, d'une part, de leur pertinence épistémologique au regard des pratiques effectives de recherche et, d'autre part, en raison des tensions qui peuvent résulter de cette influence avec des attendus en démocratie.

2.1. Des valeurs morales au cœur du travail scientifique : l'argument du risque inductif

En 1953 Richard Rudner fait paraître dans une revue internationale réputée de philosophie des sciences un article dont le titre a pu sonner à l'époque comme une provocation : « The scientist *qua* scientist makes value judgments »[7]. Attirant l'attention sur le rôle de valeurs non épistémiques au cœur même du processus d'acceptation d'une hypothèse en science, Rudner entendait rompre avec l'orthodoxie positiviste de l'époque qui mettait notamment l'accent sur l'application de règles logiques comme base de choix entre théories concurrentes. Pour Rudner en effet, le degré de confirmation exigé pour accepter une hypothèse va dépendre de « l'*importance*, au sens éthique traditionnel, qu'aurait le fait de commettre une erreur en acceptant ou rejetant l'hypothèse »[8]. Il illustrait ensuite ses propos par le cas de figure suivant, toujours d'actualité : « [...] si l'hypothèse examinée était celle du caractère non létal de la présence d'un ingrédient toxique dans une substance, alors nous exigerions un degré relativement élevé de confirmation ou de confiance avant d'accepter l'hypothèse, car les conséquences d'une erreur seraient extrêmement graves au regard de nos standards moraux »[9].

Cet argument du risque inductif continue de susciter de très riches débats[10]. Une ligne de discussion centrale pour notre propos est celle

7. R. Rudner, « The Scientist *Qua* Scientist Makes Value Judgments » (« Le scientifique, *qua* scientifique, porte des jugements de valeur »), *Philosophy of Science* 20, 1953, p. 1-6.

8. *Ibid.*, p. 2. Traduction personnelle. Toutes les traductions qui suivent sont également des traductions personnelles.

9. *Ibid.*

10. Voir par exemple H. Douglas, *Science, Policy, and the Value-Free Ideal*, Pittsburgh (PA), Pittsburgh University Press, 2009. Pour une discussion plus large de la notion de risque inductif, voir le chapitre de M. Vorms sur « Expertise scientifique et prise de décision » dans ce volume, p. 339.

de la légitimité *politique* des valeurs adoptées par un scientifique ou un collectif de scientifiques au cœur même de l'enquête scientifique via le mécanisme décrit par Rudner. Dans la mesure où un résultat scientifique fonde ou influence une prise de décision en matière de politique publique (par exemple, réglementer, voir interdire, l'usage de telle ou telle substance), est-il acceptable que les valeurs qui entrent en jeu soient exclusivement celles d'un sous-ensemble très restreint de la société (la communauté de recherche) ? Une telle position semble difficilement tenable dans une démocratie, dès lors que l'ensemble d'une population est susceptible d'être affecté par la politique publique et que les valeurs de ces parties concernées ne coïncident pas nécessairement avec celles de la communauté de recherche.

Cette tension avec des attendus démocratiques créée par l'introduction de jugements de valeur propres aux chercheurs au cœur même du processus d'acceptation d'une hypothèse fait directement écho au « problème de l'imposition de valeurs » (the « *Value Imposition Concern* ») qui met en avant le pouvoir « disproportionné » que l'utilisation de valeurs octroie aux scientifiques, au détriment des décideurs politiques et, plus largement, des citoyens concernés[11]. Il en résulte alors une nouvelle question de recherche en philosophie politique des sciences, et qui reste encore très largement ouverte, celle de l'élaboration de dispositifs assurant que l'adoption de valeurs dans le processus de choix d'hypothèses résulte d'un choix *partagé* et non laissé aux seuls scientifiques. Nous allons retrouver ce problème de l'imposition de valeurs au terme de l'examen d'un deuxième grand mécanisme d'influence de valeurs contextuelles sur le contenu même des sciences.

2.2. Comment de la bonne science peut néanmoins être biaisée : l'empirisme contextuel de Longino

L'histoire des sciences nous fournit nombre d'exemples où les préférences ou intérêts d'un chercheur ou d'un collectif de chercheurs ont pu directement et volontairement impacter l'impartialité, la fiabilité des résultats d'une enquête scientifique. La génétique lyssenkoiste évoquée en introduction en est un exemple extrême : son adoption a marqué l'abdication de tout standard méthodologique, sans aucune prise en compte notamment des valeurs épistémiques

11. I. de Melo-Martin, « Concerns About Contextual Values in Science and the Legitimate/Illegitimate Distinction », *Philosophy of Science* 91, 2024, p. 851-868.

évoquées précédemment comme base partagée du jugement au cœur des processus de choix d'hypothèse ou de théorie en science.

De tels cas de mauvaise science sont très intéressants d'un point de vue historique ou sociologique, mais beaucoup moins d'un point de vue épistémologique. Plus intéressants sont les cas de bonne science, c'est-à-dire qui respectent les canons méthodologiques en vigueur, mais qui s'avèrent néanmoins biaisés car perméables à des systèmes de valeurs contextuelles.

Plusieurs cas d'école nous ont été fournis par des travaux d'historiennes et d'historiens féministes des sciences [12]. En primatologie par exemple, jusque dans les années 1960, il était d'usage de distinguer trois groupes – les mâles dominants, les femelles et les jeunes, et les mâles périphériques – et d'attribuer aux comportements des mâles dominants, en particulier leur compétition pour le contrôle du territoire, le rôle central de structuration sociale d'une société de primates. Sur le terrain, les primatologues accordaient très peu d'attention observationnelle aux comportements des femelles, considérant, en accord avec le système de valeurs contextuelles en vigueur dans la société dans laquelle ils évoluaient, que le rôle social des femelles était avant tout d'assurer la reproduction. Cette compréhension de la dynamique sociale des sociétés de primates a fortement évolué lorsque, à la fin des années 1960, des scientifiques féministes ne partageant pas le même système de valeurs contextuelles ont intégré les communautés de recherche en primatologie et ont élargi la base observationnelle en s'intéressant à ce que faisaient les femelles au-delà de leur rôle de reproduction. Il s'est alors avéré que des stratégies d'alliance entre femelles jouaient également un rôle de structuration sociale d'une société de primates. Un tel cas est épistémologiquement intéressant car on ne peut attribuer le biais observationnel en faveur des comportements des mâles dominants à des écarts délibérés aux standards méthodologiques, motivés par des préférences ou intérêts explicitement privilégiés. Autrement dit, la description de la dynamique sociale des sociétés de primates jusqu'aux années 1960 ne saurait simplement être disqualifiée au motif que c'était de la mauvaise science, c'est-à-dire un cas patent de non-respect des canons méthodologiques en vigueur dans la discipline.

Comment dès lors rendre compte de tels cas de bonne science néanmoins biaisée ? L'« empirisme contextuel » développé par la philosophe des sciences américaine Helen Longino offre une réponse qui fait référence aujourd'hui, en proposant un mécanisme

12. Pour des études de cas détaillées de biais sexistes en science, voir L. Schiebinger, *Has Feminism Changed Science ?*, Cambridge (Mass.), Harvard University Press, 1999.

précis d'influence de valeurs contextuelles, centré sur la phase de confirmation empirique d'une hypothèse scientifique[13]. Longino écrit plus précisément la chose suivante : « [...] il existe des standards d'acceptabilité rationnelle indépendants d'intérêts ou de valeurs particulières, mais la satisfaction de tels critères par une théorie ou une hypothèse ne garantit pas que la théorie ou l'hypothèse en question soit libre de valeurs »[14]. Comment cela est-il possible ? La réponse de Longino repose essentiellement sur l'affirmation selon laquelle la capacité pour des données empiriques de confirmer une hypothèse dépend de suppositions d'arrière-plan (« *background assumptions* »). Ces suppositions d'arrière-plan peuvent être de différentes natures : il peut s'agir de croyances métaphysiques, de convictions idéologiques, d'hypothèses factuelles non testées, etc. Longino illustre sa proposition par le cas (simplifié) de l'observation de l'alternance des jours et des nuits sur Terre. En elle-même, nous dit Longino, cette observation ne corrobore aucune hypothèse sur le mouvement de la Terre, en particulier sur sa rotation. Son pouvoir de justification va dépendre de l'adoption d'une hypothèse d'arrière-plan, en l'occurrence l'hypothèse héliocentrique ou l'hypothèse géocentrique. Lorsque l'hypothèse héliocentrique est adoptée, l'alternance jour-nuit corrobore bien l'hypothèse de la rotation de la Terre sur elle-même. Ce qui n'est pas le cas si l'hypothèse géocentrique est adoptée, c'est alors l'hypothèse d'un mouvement du Soleil autour de la Terre qui est corroborée. Une même donnée peut donc servir à confirmer des hypothèses différentes, selon la croyance d'arrière-plan adoptée.

Ce rôle médiateur des croyances d'arrière-plan est précisément ce qui ouvre la porte à l'influence de valeurs contextuelles sur le choix de modèles, d'hypothèses ou de théories : « les croyances d'arrière-plan sont les véhicules par lesquels s'expriment dans l'enquête scientifique valeurs sociales et idéologies qui ainsi s'inscrivent subtilement dans les théories, modèles et hypothèses d'un programme de recherche »[15]. Rappelons que Longino n'affirme pas qu'il n'existe pas de critère universel d'acceptabilité rationnelle pour une hypothèse scientifique, comme par exemple le critère central de l'adéquation

13. H. Longino, *Science as Social Knowledge*, Princeton (NJ), Princeton University Press, 1990. Cette section et la suivante reprennent des éléments de notre présentation des contributions de Longino dans « Rôle des valeurs en science : contributions de la philosophie féministe des sciences », *Écologie et politique* 51, 2015, p. 41-54.

14. H. Longino, *Science as Social Knowledge*, *op. cit.*, p. 12.

15. H. Longino, « Essential Tensions – Phase Two : Feminist, Philosophical and Social Studies of Science », dans E. McMullin (ed.), *The Social Dimension of Science*, Notre Dame (IN), University of Notre Dame Press, 1992, p. 204.

empirique. Elle affirme plutôt que des valeurs ou intérêts contextuels viennent supplémenter de tels critères dans le choix de théories. D'où le nom d'« empirisme contextuel » donné à sa thèse : les données observationnelles ou expérimentales restent au fondement des processus de justification en science. Pour autant, on vient de le voir, des valeurs contextuelles, et pas seulement des valeurs épistémiques, interviennent également dans ces processus. Ainsi est établie la possibilité épistémologique d'une bonne science néanmoins biaisée. Quel remède peut-on alors espérer apporter pour minimiser les biais en science et ainsi maximiser l'objectivité des résultats d'une enquête scientifique ?

3. Comment minimiser l'existence de biais en science et maximiser son objectivité ?

Dès 1961, le philosophe des sciences analytique Ernst Nagel invoquait l'organisation sociale de la science comme remède aux biais en science :

> [...] les difficultés générées dans l'enquête scientifique par des biais inconscients et des orientations tacites en matière de valeur sont rarement résolues par de pieuses résolutions d'éliminer les biais. Elles sont en général surmontées, et souvent seulement progressivement, par les mécanismes auto-correcteurs de la science, en tant qu'entreprise sociale [16].

Il s'inscrit en cela dans la désormais riche famille d'approches dites procédurales ou sociales de l'objectivité en science, selon lesquelles l'imperméabilité à des valeurs contextuelles résulte de processus particuliers d'interactions critiques entre membres des communautés scientifiques [17].

C'est également à cette famille qu'appartient le processus de « critique transformative » proposé par Longino pour maintenir la possibilité d'une science objective, tout en prenant acte de l'influence de valeurs contextuelles. Puisque les croyances d'arrière-plan, nous l'avons vu, sont le véhicule des biais idéologiques, le remède sera une critique

16. E. Nagel, *The Structure of Science* [1961], Cambridge, Hackett Publishing Company, 1979, p. 485.

17. D'autres contributions de référence à cette tradition sont « l'intersubjectivité de la méthode scientifique » de Karl Popper et, en sociologie des sciences, le « scepticisme organisé » de Robert Merton ou encore, plus près de nous, les « mécanismes d'universalisation » par contrôles mutuels de Pierre Bourdieu.

appropriée de ces croyances au sein des communautés scientifiques. Mais n'importe quel processus critique ne va pas faire l'affaire, il faut, nous dit Longino, « des interactions critiques entre scientifiques de différents points de vue, afin d'atténuer l'influence des préférences subjectives sur les croyances d'arrière-plan et donc sur le choix des théories »[18]. Le cas de la primatologie discuté plus haut fournit une illustration directe de ce processus de critique transformative essentiel à l'objectivité : c'est bien lorsque sont entrées dans la discipline des scientifiques ne partageant pas les préjugés sexistes alors dominants à l'époque (et donc dominants aussi parmi les primatologues) que des croyances d'arrière-plan véhicules de biais sexistes sont devenues visibles et ont pu être remises en question. Aux yeux de chercheurs (le plus souvent chercheuses) ayant une conscience féministe, la croyance implicite que seul le comportement des mâles pouvait jouer un rôle déterminant dans la structure et la dynamique sociales des sociétés de primates est en effet apparue comme ce qu'elle était, à savoir une simple transposition d'une répartition des rôles en vigueur dans les sociétés humaines, et non une hypothèse fondée empiriquement ou théoriquement, explicitement soumise à la critique par les pairs.

Pour que de telles interactions critiques portant sur les croyances d'arrière-plan puissent se déployer au sein des communautés scientifiques, Longino formule quatre conditions[19], dans la continuité des approches dites procédurales ou sociales de l'objectivité, et qui reprennent des caractéristiques traditionnelles du fonctionnement des communautés scientifiques : i / il doit y avoir des lieux reconnus de la critique (revues scientifiques, congrès etc.), où des débats publics entre pairs peuvent se déployer selon des standards partagés ; ii / il doit y avoir réceptivité à la critique, essentiellement à l'échelle des collectifs : les croyances d'une communauté scientifique doivent en effet pouvoir évoluer, et cette absence de dogmatisme est compatible avec l'existence d'individus qui ne feraient pas évoluer leurs croyances ; iii / il doit exister des standards, publiquement reconnus, au nom desquels peut se faire la critique. Ces standards doivent être partagés au sein des communautés épistémiques engagées dans un processus de critique transformative, qui en reconnaissent la pertinence pour l'évaluation des pratiques cognitives déployées en leur sein. On retrouve parmi ces

18. H. Longino, « Cognitive and Non-Cognitive Values in Science : Re-thinking the Dichotomy », *in* L. H. Nelson et J. Nelson (eds.), *Feminism, Science, and the Philosophy of Science*, Dordrecht, Kluwer Academic Publisher, 1996, p. 40.

19. H. Longino, *The Fate of Knowledge*, Princeton (NJ), Princeton University Press, 2002, p. 129-131.

standards des valeurs épistémiques intrinsèques comme l'adéquation empirique ou la consistance interne. Mais ces standards peuvent également inclure, on va y revenir, des valeurs non épistémiques. Enfin, iv / il doit y avoir égalité d'autorité intellectuelle. Ce critère, inspiré par les travaux de Jürgen Habermas, vise à prémunir contre des situations où un ensemble de présupposés dominerait en vertu d'un pouvoir politique ou administratif, ou d'une position sociale privilégiée.

Lorsque ces conditions sont réalisées peut alors se déployer un processus de critique transformative dont résulte l'objectivité scientifique. L'ouverture à la variété de points de vue au sein d'une communauté scientifique et l'encouragement de voix discordantes apparaissent comme des conditions favorisant l'efficacité de ce processus. En effet, une telle diversité de points de vue accroît la capacité du processus à mettre au jour des hypothèses d'arrière-plan porteuses de biais mais invisibles car partagées par l'ensemble d'une communauté scientifique.

Dans cette approche, l'objectivité apparaît comme une notion *graduelle* : l'objectivité sera d'autant plus forte que le processus de critique transformative sera plus efficace, cette efficacité dépendant elle-même du degré de réalisation des quatre conditions présentées précédemment.

La minimisation de l'existence de biais en science est donc ici ancrée de façon essentielle dans l'organisation et dans le fonctionnement social des communautés scientifiques[20].

Ces apports de Longino font aujourd'hui référence en épistémologie sociale et au-delà, dès lors qu'il s'agit d'interroger la prétention de la science à l'objectivité et de mobiliser les approches procédurales ou sociales de l'objectivité. L'intérêt des travaux de Longino est ainsi d'offrir une alternative à l'idéal d'une science libre de valeurs, sans avoir pour autant à renoncer à la prétention de la science à l'objectivité. Puisque des valeurs contextuelles sont susceptibles d'intervenir au cœur même de la production de résultats scientifiques, autant en prendre acte, rendre visibles de telles valeurs, et organiser la science de façon à pouvoir minimiser les biais par un processus de critique transformative.

Moins consensuelle est cependant la possibilité ouverte par Longino, évoquée précédemment, de faire entrer en jeu des valeurs contextuelles lors de l'examen critique des croyances d'arrière-plan et pas seulement

20. Sur le fonctionnement social de la science, voir le chapitre d'Henri Galinon « L'épistémologie sociale », dans le présent volume, p. 361.

des valeurs épistémiques. Longino considère en effet que l'adoption ou le rejet d'hypothèses d'arrière-plan ne peut pas toujours résulter d'un processus de critique où n'interviendraient que des considérations épistémiques. Lorsque l'empirique (expérience, observation) notamment ne suffit pas à trancher, alors il est acceptable épistémologiquement de faire appel à des valeurs pragmatiques ou encore à des valeurs sociales ou politiques comme critère de choix d'hypothèses d'arrière-plan. Et il peut même être politiquement désirable de le faire selon Longino. Elle propose ainsi que « des considérations politiques puissent constituer des contraintes de raisonnement. Ces considérations politiques auront dès lors une influence sur le contenu des résultats scientifiques »[21]. Les sciences du comportement lui offrent un terrain privilégié pour défendre cette position, après avoir analysé de façon très détaillée le rôle de considérations non épistémiques, politiques dans les processus d'élaboration et de justification d'hypothèses et de modèles au sein de ce domaine de recherche. À propos par exemple de certains modèles biologiques du comportement, développés en lien avec une certaine vision culturelle et politique d'un déterminisme biologique, Longino invite alors à *assumer* le rôle indépassable de valeurs contextuelles au cœur même de l'enquête scientifique :

> Nos engagements politiques présupposent une certaine compréhension de l'action humaine, de sorte que lorsque nous nous trouvons confrontés à un conflit entre ces engagements et tel ou tel modèle de relation entre cerveau et comportement, nous pouvons admettre que nos engagements politiques guident nos choix[22].

La sphère des pratiques scientifiques est dès lors susceptible d'être elle-même le théâtre d'une confrontation de plusieurs systèmes de valeurs. Cette situation est-elle souhaitable ? Pour Longino, il faut assumer cette dimension de débat démocratique au sein même des communautés scientifiques. Cette proposition nous ramène cependant au problème de l'imposition de valeurs évoqué précédemment : il apparaît souhaitable, dans une démocratie, qu'un tel débat ne soit pas restreint aux communautés scientifiques mais inclue l'ensemble des parties concernées.

21. H. Longino, *Science as Social Knowledge*, *op. cit.*, p. 193.

22. *Ibid.*, p. 191. Il est important de souligner ici que pour Longino, qui reste empiriste, admettre des valeurs contextuelles comme standard d'acceptabilité ne conduit en rien à la possibilité d'une simple et brute imposition d'idées (à la Lyssenko) sur le monde empirique. Rappelons en effet que pour Longino les données empiriques demeurent au fondement des processus de justification en science.

Examinons maintenant quelles formes prend l'influence de valeurs contextuelles dans la phase de définition des objectifs de la science.

4. Quelles valeurs pour guider la recherche ?

Qu'attendre aujourd'hui de la science dans une démocratie ? La question est aussi simple que fondamentale et renvoie à celle de la définition des objectifs assignables à la science. Sans surprise, plusieurs conceptions coexistent plus ou moins pacifiquement dans l'espace public (et en philosophie) et façonnent implicitement nombre de débats récurrents, concernant notamment les modes de financement de la recherche et le soutien à la recherche fondamentale. Notre hypothèse de travail dans cette section sera celle de la légitimité d'une attente de nature *utilitariste* à l'égard de la science[23]. Après une rapide mise en perspective historique et philosophique d'une telle attente, nous aborderons les deux questions centrales qui en découlent : à quels besoins doit répondre prioritairement la science, qui doit les définir et comment ? Autrement dit, quelles sont les valeurs contextuelles qui doivent guider la définition des objectifs de la science ?

4.1. Quels objectifs pour la science aujourd'hui ?

On distingue traditionnellement deux grandes conceptions des objectifs de la science[24]. Héritée de Platon et d'Aristote, une conception *désintéressée* des objectifs de la science valorise la production de connaissances pour elles-mêmes, indépendamment des usages qui pourraient par la suite en être faits. Dans *La République*, Platon sépare ainsi nettement les individus engagés dans l'enquête philosophique de ceux engagés dans les arts manuels, attribuant un statut élevé aux premiers. Aristote est tout aussi explicite dans sa valorisation des activités dont les objectifs sont purement épistémiques (dirions-nous aujourd'hui) en comparaison des activités développées avec des objectifs d'utilité. Par contraste, selon une vision *utilitariste* de la science inaugurée par Francis Bacon au début du XVIIe siècle, ce qui fait la valeur d'une connaissance est avant tout son utilité. Ce contraste historique

23. Pour une justification de cette hypothèse de travail, voir S. Ruphy, « Pour un tournant politique de la philosophie des sciences », dans I. Alfandry, S. Laugier, et R. Zagury-Olry (dir.), *Où va la philosophie française ?*, Paris, Vrin, 2024, p. 233-240.

24. Les références qui suivent sont empruntées à la brève histoire du développement de ces deux conceptions proposée par D. E. Stokes, *Pasteur's Quadrant – Basic Science and Technological Innovation*, Washington, Brookings Institution Press, 1997.

fait écho en philosophie des sciences contemporaine au contraste entre une conception *décontextualisée* et une conception *contextualisée* des fins de la science[25]. Selon la première conception, ce que la recherche doit s'efforcer d'atteindre concerne avant tout la structure du monde lui-même, que ce que se trouvent être, à une certaine époque, les besoins épistémiques ou pratiques, contingents, d'une société. La version théologique de cette conception décontextualisée des fins de la science, à l'œuvre chez un Newton ou un Kepler – en découvrant la structure du monde, la science découvre les règles et le dessein divin –, a cédé la place à une version séculaire, qui se décline en un certain nombre de propositions familières. Le but de la science est par exemple d'identifier les lois de la nature, de fournir des explications des phénomènes, des prédictions, des modélisations, ou encore de parvenir à une description la plus unifiée possible de la nature. Ce qu'ont en commun ces diverses conceptions décontextualisées des fins de la science, c'est d'attribuer une valeur en soi à la science en vertu de sa capacité à remplir les objectifs précédents, et ceci indépendamment de considérations d'utilité pour la société. Selon la seconde conception contextualisée, utilitariste des fins de la science, ces objectifs épistémiques demeurent bien évidemment, mais ne sont pas considérés comme des fins en soi et ne peuvent être séparés d'objectifs reflétant des valeurs contextuelles en lien avec des besoins et préférences de la société, tant épistémiques que pratiques. Comment dès lors ces valeurs contextuelles guidant la recherche doivent-elles définies ?

4.2. Approches objectivistes *vs* non objectiviste des fins de la science

On peut opter pour une approche dite objectiviste de la définition des fins de la science, comme le fait par exemple la philosophe des sciences Janet Kourany[26], qui développe l'idéal d'une science guidée par des « valeurs sociales raisonnables ». Cet idéal présuppose qu'un accord soit possible au sein des communautés scientifiques sur un ensemble de « valeurs sociales raisonnables », incluant notamment des valeurs égalitaires et des valeurs environnementales, choisies de sorte « qu'une science pilotée au nom de ces valeurs soit une science en mesure de répondre aux besoins de la société, y compris ses besoins

25. Voir P. Kitcher, *Science, vérité et démocratie*, *op. cit.*

26. J. Kourany, *Philosophy of Science after Feminism*, Oxford, Oxford University Press, 2010.

en termes de justice sociale »[27]. Comment de telles valeurs sont-elles déterminées ? Kourany exclut qu'elles puissent être déterminées par nos gouvernants ou représentants élus, et plus encore par des mécanismes de marché. Dans cette mesure, la vision de Kourany des fins de la science est bien une vision objectiviste de la définition des besoins et des attentes de la société. Une procédure philosophique est en effet susceptible de déterminer les besoins d'une société ou ses attentes morales de façon univoque plutôt qu'une procédure politique, démocratique, qui pourrait d'ailleurs aboutir à l'adoption de valeurs différentes des valeurs prônées par Kourany et caractéristiques des positions des *liberals* américains.

Le choix d'une procédure démocratique est, par contraste, au cœur d'une approche non objectiviste de la définition des fins de la science. Dans une telle approche non objectiviste, cette définition des fins de la recherche résulte d'un processus politique de prise en compte des préférences et besoins exprimés par les citoyens et les citoyennes. La proposition philosophique la plus aboutie en la matière, et qui fait aujourd'hui référence en philosophie des sciences, est l'idéal de « science bien ordonnée » développé par Philip Kitcher au début des années 2000[28].

La science sera dite bien ordonnée lorsque ses programmes de recherche promeuvent un bien collectif, défini de façon non objectiviste, par un processus de délibération impliquant des citoyens et citoyennes « éduquées » (« *tutored* ») par des experts scientifiques. Un tel processus vise à aboutir à une liste d'objectifs jugés prioritaires pour la recherche, processus au cours duquel les citoyens délibérateurs sont informés par les experts des tenants et des aboutissants des programmes de recherche envisageables. Il n'est pas nécessaire d'entrer ici dans le détail de ce processus idéal de délibération, ni dans les multiples discussions qu'il a suscitées, tant du côté de la philosophie politique que des sciences sociales[29]. Retenons simplement qu'une telle approche non objectiviste de la définition des fins de la science permet d'éviter le problème de l'imposition de valeurs et peut servir d'idéal régulateur aux démarches de démocratisation des choix des grandes priorités de la recherche.

27. J. Kourany, *Philosophy of Science after Feminism*, *op. cit.*, p. 38. Sur la science dans son rapport à la justice sociale, voir le chapitre d'Anne-Lise Rey sur « L'épistémologie située », dans le présent volume, p. 381.

28. P. Kitcher, *Science, vérité, démocratie*, *op. cit.*

29. Voir par exemple M. B. Brown, « The Political Philosophy of Science Policy », *Minerva* 42, 2004, p. 77-95.

5. Des valeurs au cœur de l'engagement dans la cité de chercheuses et chercheurs

Les discussions jusqu'à présent ont essentiellement porté sur la possibilité épistémologique de maintenir le privilège épistémique de la science en matière d'objectivité, tout en prenant acte de sa perméabilité à des valeurs contextuelles, puis sur les processus de définition des valeurs susceptibles de guider les grandes orientations de la recherche. Nous allons nous intéresser dans cette dernière section à un fait social qui s'est intensifié ces dernières années, celui de l'engagement dans la cité de chercheuses et chercheurs au nom de valeurs sociétales et politiques. Le phénomène n'est en soi certes pas nouveau : l'histoire nous offre nombre d'exemples de savants publiquement engagés au service d'une cause – songeons par exemple à l'engagement pacifiste de Marie Curie ou Bertrand Russell. Ce qui caractérise cependant les formes contemporaines d'engagement dont il va être question ici est le lien entre les compétences scientifiques et la nature de la cause défendue. Ainsi, des spécialistes du changement climatique s'expriment en tant qu'experts du sujet dans l'espace public en faveur, ou contre, telle ou telle décision politique en matière d'adaptation au changement climatique. Des chercheuses et chercheurs en sciences de l'environnement manifestent leur opposition à tel ou tel projet de construction, au nom de la défense d'une biodiversité qu'ils prennent comme objet de recherche. Des spécialistes du comportement animal se mobilisent pour faire évoluer les lois de protection des animaux. Des spécialistes de maladies infectieuses s'engagent au côté de décideurs politiques dans l'élaboration et la défense de politiques publiques vaccinales. L'intensification actuelle de ce type d'engagement, en lien notamment avec l'intensification des problématiques climatiques, environnementales ou encore sanitaires auxquelles font face nos sociétés, ouvre selon nous plusieurs questions de recherche tant épistémologiques que politiques très intéressantes pour la philosophie des sciences. Nous restreindrons ici notre discussion, qui restera préliminaire, aux deux questions centrales suivantes : dans quelle mesure l'engagement politique d'une chercheuse ou d'un chercheur est-il susceptible d'entrer en tension avec l'attente traditionnelle d'objectivité, au sens d'impartialité, à l'égard de la science ? À quelles conditions l'absence de neutralité qui va de pair avec un engagement dans la cité est-elle compatible avec des attendus démocratiques en matière de représentativité des intérêts de l'ensemble des composantes de la société ? Pour dessiner des pistes de réponse précises, il nous faut dans un premier temps distinguer plusieurs formes possibles d'engagement.

5.1. Les différentes formes d'engagement politique

Sans souci d'exhaustivité, nous proposons de distinguer trois façons possibles pour la chercheuse ou le chercheur de s'engager dans la cité : par le choix de ses sujets de recherche, en intervenant en tant qu'expert dans la sphère publique ou dans un processus de décision politique, et par des actions militantes. Ces trois modes d'engagement forment davantage un continuum que des options mutuellement exclusives. Leur distinction permet cependant de saisir des différences d'enjeux significatives comme nous le verrons ci-dessous.

La première forme d'engagement (choix de sujets de recherche) est sans doute celle qui est la moins perçue comme telle, que ce soit par les communautés scientifiques elles-mêmes ou par d'autres composantes de la société. Elle nous paraît cependant la plus impactante étant donné la centralité de la science et de l'innovation dans nos sociétés contemporaines.

Concernant la deuxième forme d'engagement (s'engager en tant qu'expert), il nous paraît essentiel de souligner le caractère pluriel du rôle de l'expert scientifique, bien illustrée par la typologie proposée par Roger Pielke, qui distingue quatre grands types d'experts [30] :

– Le « scientifique pur » (« *Pure scientist* ») : son rôle est de remplir un réservoir de connaissances sans envisager les usages qui pourraient en être faits ou les décisions qui pourraient s'en nourrir. Dans ce cas l'expert ne formule aucune recommandation et n'interagit pas avec les décideurs. Ce sont les décideurs, ou tout autre acteur ayant besoin d'expertise, par exemple des groupes d'intérêts, qui viennent alors puiser dans ce réservoir de connaissances.

– L'« arbitre de la science » (« *Science arbiter* ») : comme pour le scientifique pur, l'arbitre de la science se tient à distance du politique et des groupes d'intérêts mais peut siéger dans des panels ou comités qui doivent répondre de façon consensuelle à des questions posées par les décideurs politiques, qui peuvent alors proposer aux citoyens différentes options. Si conflit il y a, c'est entre les décideurs, et non entre les experts, qui ne dévoilent pas leur préférence.

30. R. Pielke, *The Honest Broker*, Cambridge, Cambridge University Press, 2007.

– L'« avocat d'une cause » (« *Issue advocate* ») : la chercheuse ou le chercheur qui revêt ce rôle mobilise des connaissances scientifiques pour soutenir une certaine ligne d'action politique. Par exemple, un chercheur soucieux de la défense de la biodiversité va produire une expertise sur l'impact d'un projet de construction sur la biodiversité d'une certaine zone, en appui aux actions de groupes opposés à ce projet.

– Le « courtier impartial » (« *The honest broker* ») : comme l'avocat d'une cause, le courtier impartial a le souci de développer des connaissances en réponse aux intérêts et besoins de parties prenantes mais par contraste avec l'avocat d'une cause, le courtier impartial ne cherche pas selon Pielke à réduire les options en matière de ligne d'action (dans l'exemple précédent, stopper un projet de construction) mais à rendre visible une variété d'alternatives, de sorte que le politique puisse faire son choix. Le point à retenir est qu'une chercheuse ou un chercheur a ainsi le choix entre plusieurs rôles lorsqu'elle ou il s'engage à contribuer à un processus de décision ou à intervenir dans l'espace public en tant qu'expert.

La troisième forme d'engagement (le militantisme) est celle qui apparaît la plus manifestement comme un engagement politique. Rappelons que le militantisme dont il est question ici est un engagement en faveur d'une cause en lien direct avec ses sujets de recherche – on parle alors parfois de recherche activiste.

5.2. Engagement et attente d'objectivité (impartialité)

À la lumière de ces distinctions, examinons quelles formes d'engagement sont susceptibles d'entrer en tension avec l'attente d'objectivité au sens d'impartialité à l'égard de la science. Les analyses de la section 2 nous ont rappelé que la question d'un tel manque d'objectivité se pose pour toute activité de recherche. L'approche doit donc être *comparative* : pour quelles formes d'engagement le risque d'un manque d'impartialité *s'accroît-il* ? Dans quels cas a-t-on par exemple un risque plus élevé de pratiques de recherche problématiques, qui visent à favoriser un résultat davantage en adéquation avec les valeurs et intérêts au cœur de l'engagement de la chercheuse ou du chercheur ? De telles pratiques problématiques sont aujourd'hui bien documentées : « *cherry picking* »[31], biais de confirmation, « effet

31. Le « *cherry picking* » ou « picorage » (littéralement « cueillette de cerise ») désigne le fait de sélectionner une partie seulement des observations ou résultats expérimentaux pour favoriser l'hypothèse que l'on veut défendre.

autruche », favoritisme intragroupe, pour ne citer que quelques-uns des principaux biais cognitifs susceptibles d'affecter l'impartialité des résultats d'une enquête scientifique. Ou encore, dans quels cas les processus de critique intersubjective au fondement de la prétention de la science à l'objectivité, comme le processus de critique transformative de Longino discuté plus haut, perdent-ils en efficacité ? Ces questions, qui relèvent de l'épistémologie sociale, doivent bien être distinguées de celle de la *perception*, hors du monde de la recherche, par d'autres parties de la société, d'un risque accru de manque d'impartialité, question qui est, elle, avant tout de nature empirique et qui reste à notre connaissance sans réponse consensuelle à ce jour.

Considérons le premier type d'engagement, par le choix des sujets de recherche : un tel engagement augmente-t-il le risque d'un manque d'impartialité ? La réponse semble négative. Il n'y a en effet aucune raison de penser que privilégier un domaine de recherche au motif qu'il répond directement à des besoins épistémiques ou pratiques que l'on valorise entraînerait par exemple un risque accru de pratiques de recherche problématiques. La question est à ce jour plus ouverte pour le cas de la recherche activiste, dont une modalité est le choix du rôle d'« avocat d'une cause » parmi les différentes figures possibles de l'expert. Des travaux commencent à analyser d'un point de vue épistémologique les différents effets d'une recherche activiste [32]. Une voix de recherche qui nous paraît prometteuse est le projet de développer une théorie de l'objectivité scientifique qui prendrait en compte les enjeux épistémologiques spécifiques de ce type de recherche [33]. Une telle démarche s'inscrit dans la continuité des approches procédurales existantes de l'objectivité, telle que la critique transformative de Longino. Il s'agit en effet d'élaborer des mécanismes d'autorégulation au sein des communautés scientifiques adaptés aux caractéristiques particulières d'une recherche activiste, c'est-à-dire capables d'atténuer un risque plus élevé de manque d'impartialité quand un programme de recherche est conduit en vue de fournir des appuis scientifiques à une cause.

32. R. Hauswald, « The Epistemic Effect of Close Entanglements Between Research Fields and Activist Movements », *Synthese* 198, 2021, p. 597-614.

33. N. Cartwright *et al.*, « Towards a Theory of Objectivity for Activist Research », Emerging Scholars Initiative Press at the University of Pretoria, https://esipress.up.ac.za/, à paraître.

5.3. Engagement et attendus démocratiques

Qu'un chercheur (ou groupe de chercheurs) produise et mobilise des résultats de recherche au service d'un système de valeurs, d'une cause particulière, n'est en soi pas problématique, à condition qu'il se trouve soumis aux mêmes attentes d'impartialité et de fiabilité que le reste de l'activité scientifique. D'autres attentes viennent cependant s'ajouter qui relèvent d'attentes caractéristiques d'une démocratie contemporaine. Ainsi l'époque valorisant la transparence, on peut attendre minimalement d'un chercheur ou d'une chercheuse engagée qu'il ou elle fasse preuve de transparence en la matière. Choisir par exemple d'endosser le rôle d'avocat d'une cause plutôt que celui de scientifique pur est tout à fait acceptable d'un point de vue épistémologique, et peut même être jugé désirable d'un point de vue politique, mais doit être assumé. Un autre attendu, tout aussi central dans une démocratie, concerne la pluralité des connaissances scientifiques disponibles au sujet d'un phénomène multidimensionnel, au moment de l'élaboration d'une décision politique. Prenons l'exemple simple suivant : une municipalité doit décider de laisser, ou pas, les éclairages publics fonctionner toute la nuit. Dans ce cas, il faut que des connaissances scientifiques soient produites et disponibles tout autant par exemple sur l'impact de la lumière artificielle sur la vie des insectes ou des oiseaux que sur l'impact de l'obscurité sur les conditions de circulation piétonne, ou encore sur les évolutions éventuelles de délits ou crimes sur la voie publique. Ce ne sont pas les mêmes communautés de recherche qui vont produire ces différentes expertises et certaines productions d'expertise peuvent relever d'une démarche d'avocat d'une cause. Ce qui est attendu est qu'il n'y ait pas d'angle mort dans la production de connaissances sur un phénomène, qui résulterait d'un manque de pluralité de valeurs au sein des acteurs de la recherche, conduisant à privilégier l'étude de certaines dimensions du phénomène au détriment d'autres [34].

34. La recherche publique a une responsabilité toute particulière en la matière, en veillant à ce que des sujets de recherche ne soient pas négligés, ce qui ne peut réalistement pas être attendu de la recherche privée. Sur les stratégies délibérées de fabrication de l'ignorance voir M. Girel, *Science et territoires de l'ignorance*, Paris, Quae, 2017.

Conclusion

La problématique, multiforme, du rôle des valeurs en science est aujourd'hui un sujet de recherche central pour la philosophie des sciences. Combinant des dimensions épistémologiques et politiques, elle est exemplaire d'un tournant politique de la discipline. À l'heure où la question de l'autorité épistémique de la science est plus que jamais d'actualité, les propositions philosophiques comme celle de Longino offrent de précieuses ressources pour défendre l'objectivité scientifique de façon réaliste au regard des pratiques effectives en science. Le maintien ou le renforcement de l'autorité épistémique de la science nécessite également de dépasser le mythe d'une science neutre, sans responsabilité, pour élaborer les conditions organisationnelles et politiques d'une science engagée au service des intérêts et besoins de l'ensemble de la société.

Bibliographie indicative

BOURDIEU P., *Science de la science et réflexivité*, Paris, Raisons d'agir, 2001.

DOUGLAS H., *Science, Policy, and the Value-Free Ideal*, Pittsburgh, Pittsburgh University Press, 2009.

ELLIOTT K. C., *A Tapestry of Values*, New York, Oxford University Press, 2017

GIERE R., « The Feminism Question in the Philosophy of Science », *in* L. H. Nelson et J. Nelson (eds.), *Feminism, Science, and the Philosophy of Science*, Kluwer Academic Publisher, 1996, p. 3-15.

HOLMAN B. et T. WILHOLT, « The New Demarcation Problem », *Studies in the History and Philosophy of Science* 91, 2022, p. 211–220.

KITCHER P., *Science, vérité et démocratie*, trad. fr. S. Ruphy, Paris, Puf, 2010.

KOURANY J., *Philosophy of Science after Feminism*, Oxford, Oxford University Press, 2010.

LONGINO H., *Science as Social Knowledge*, Princeton (NJ), Princeton University Press, 1990.

PIELKE R., *The Honest Broker*, Cambridge, Cambridge University Press, 2007.

RADDER H., *From Commodification to the Common Good: Reconstructing Science, Technology, and Society*, Pittsburgh (PA), University of Pittsburg Press, 2019.

RUPHY S., « Pour un tournant politique de la philosophie des sciences », dans I. Alfandry, S. Laugier, et R. Zagury-Olry (dir.), *Où va la philosophie française ?*, 2024, Paris, Vrin, p. 233-240.

– « Toward more inclusive research : new challenges and responsibilities for scientists, philosophers of science and citizens », *in* A. Chakravartty (ed.), *Science and Humanism*, Chicago (IL), Chicago University Press, à paraître en 2025.

SCHIEBINGER L., *Has Feminism Changed Science* ? , Cambridge (Mass.), Harvard University Press, 1999.

STOKES D., *Pasteur's Quadrant – Basic Science and Technological Innovation*, Washington, Brookings Institution Press, 1997.

Bibliographie générale

Sur un sujet aussi large que « logique et épistémologie », une bibliographie générale procède nécessairement de choix susceptibles d'introduire des biais. Les principes qui ont présidé à la sélection qui suit sont les suivants : pour des raisons d'espace et afin de contenir le nombre d'entrées dans une proportion raisonnable, nous mentionnons principalement des livres, et donc très peu d'articles ou de chapitres d'ouvrages, et nous indiquons une traduction française publiée, lorsqu'il en existe une, sans préciser la référence des textes originaux. Si tous les titres retenus sont hautement recommandables, certains sont inclus principalement parce qu'ils sont disponibles en français. Dans les deux champs d'étude considérés, la majorité des publications contemporaines sont cependant des articles écrits en anglais et la bibliographie qui suit ne prétend donc pas refléter l'état présent de la recherche en logique et en épistémologie. Elle vise à offrir aux lectrices et aux lecteurs francophones peu familiers de ces deux champs une introduction aisée qui leur permette de s'y former plus commodément. Nous ne pouvons qu'encourager ces lectrices et lecteurs à s'appuyer sur cette bibliographie pour mieux la dépasser et la compléter, en se tournant autant que possible vers la lecture des textes originaux et vers des articles dont le choix sera relatif aux intérêts intellectuels qui les animent et aux objectifs visés. Les indications bibliographiques incluses dans chaque chapitre (dans les notes de bas de page et les bibliographies finales) peuvent orienter ces lectures.

Les références sélectionnées relèvent de catégories diverses : ouvrages introductifs, monographies, anthologies, textes classiques, commentaires, etc. Dans les titres des sections, le mot « épistémologie » s'entend principalement au sens de « philosophie des sciences » (voir à ce sujet l'introduction générale du volume). Tous les domaines épistémologiques ne pouvaient faire l'objet de listes spécifiques et celles qu'on trouvera ci-dessous ne contiennent qu'une sélection restreinte de titres ; d'autre choix de sections et d'ouvrages seraient possibles.

I. Épistémologie générale

Philosophie générale des sciences

Textes classiques

BOLZANO B., *Théorie de la science* [1837], trad. partielle J. English, Paris, Gallimard, 2011.

CARNAP R., *Les fondements philosophiques de la physique. Une introduction à la philosophie des sciences* [1966], trad. fr. J.-M. Luccioni et A. Soulez [1973], Paris, Vrin, 2020.

– *La construction logique du monde* [1928], trad. fr. Th. Rivain, Paris, Vrin, 2002.

– *Testabilité et signification* [1936-1937], trad. fr. Y. Benétreau-Dupin, Paris, Vrin, 2015.

CASSIRER E., *Substance et fonction* [1910], trad. fr. P. Caussat, Paris, Minuit, 1977.

COURNOT A. A., *Essai sur les fondements de nos connaissances et sur les caractères de la critique philosophique* [1851], Paris, Vrin, 1975.

– *Matérialisme, vitalisme, rationalisme* [1875], Paris, Vrin, 1987.

FEYERABEND P., *Contre la méthode* [1974], trad. fr. B. Jurdant et A. Schlumberger, Paris, Seuil, 1979.

– *Adieu la raison* [1987], trad. fr. B. Jurdant, Paris, Seuil, 1989.

GRANGER G.-G., *La vérification*, Paris, Odile Jacob, 1991.

HACKING J., *Concevoir et expérimenter* [1983], trad. fr. B. Ducrest, Christian Bourgois, 1989.

HEMPEL C. G., *Éléments d'épistémologie* [1966], trad. fr. B. Saint-Sernin [1972], Paris, A. Colin, 2023.

– *Aspects of Scientific Explanation and Other Essays in the Philosophy of Science*, New York, Free Press, 1965.

KITCHER P., *Science, vérité et démocratie* [2001], trad. fr. S. Ruphy, Paris, Puf, 2010.

– « Explanatory Unification » *Philosophy of Science* 48, 4, 1981.

KUHN T., *La Structure des révolutions scientifiques* [1962], trad. fr. L. Meyer, Paris, Flammarion, 2018.

– *La Tension essentielle* [1977], trad. fr. M. Biezunski, Paris, Gallimard, 1990.

LAKATOS I., *Histoire et méthodologie des sciences. Programmes de recherche et reconstruction rationnelle*, trad. fr. sous la dir. de L. Giard, Paris, Puf, 1994.

– *Preuves et réfutations. Essai sur la logique de la découverte mathématique*, trad. fr. J. Worall et É. Zahar, Paris, Hermann, 1984.

— et A. MUSGRAVE, *Criticism and the Growth of Knowledge*, Cambridge, Cambridge University Press, 1970.

LAUDAN L., *La dynamique de la science* [1977], trad. fr. Ph. Miller, Bruxelles, Mardaga, 1987.
– *Science et relativisme. Quelques controverses clefs en philosophie des sciences* [1990], trad. fr. M. Dufour, Paris, Matériologiques, 2017.
LEWIS D., « Causation », *Journal of Philosophy* 70, 17, 1973.
LONGINO H., *Science as Social Knowledge*, Princeton (NJ), Princeton University Press, 1990.
MACH E., *L'analyse des sensations*, trad. fr. F. Eggers et J.-M. Monnoyer, Nîmes, J. Chambon, 1996.
MERTON R. K., « The Normative Structure of Science » [1942], *in* R. K. Merton, *The Sociology of Science. Theoretical and Empirical Investigations*, Chicago (IL), University of Chicago Press, 1973.
– « Science and the Social Order » *in* R. K. Merton, *Social Theory and Social Structure*, New York, MacMillan, 1968.
MEYERSON E., *De l'explication dans les sciences*, Paris, Payot, 1921.
NEURATH O., R. CARNAP et CH. MORRIS (eds.), *Foundations of the Unity of Science*, vol. 1 et 2, Chicago (IL), The University of Chicago Press, 1938-1939.
NICOD J., *Le problème logique de l'induction* [1923], Paris, Puf, 1961.
POINCARÉ H., *La Science et l'hypothèse* [1902], Paris, Flammarion, 2017.
– *La valeur de la science* [1905], Paris, Flammarion, 2011.
– *Science et méthode* [1908], Paris, Kimé, 2011.
– *Dernières pensées* [1913], Paris, Flammarion, 1924.
POPPER K. R., *La Logique de la découverte scientifique* [1935], trad. fr. N. Thyssen-Rutten et P. Devaux, Paris, Payot, 2017.
– *Conjectures et réfutations* [1963], trad. fr. M.-I. de Launay et M. B. de Launay, Paris, Payot, 1979.
– *La connaissance objective* [1972], trad. fr. J.-J. Rosat, Paris, Flammarion, 1998.
– *Les deux problèmes fondamentaux de la théorie de la connaissance*, trad. fr. Ch. Bonnet, Paris, Hermann, 1999.
REICHENBACH H., *Experience and Prediction*, Chicago (IL), The University of Chicago Press, 1938.
VUILLEMIN J., *La logique et le monde sensible*, Paris, Flammarion, 1971.
– *Nécessité ou contingence*, Paris, Minuit, 1984.
WHITEHEAD A. N., *Le concept de nature* [1919], trad. fr. J. Douchement, Paris, Vrin, 2006.
– *La science et le monde moderne* [1925], trad. fr. H. Vaillant, Francfort-Paris, Ontos, 2006.
VON WRIGHT G. H., *Expliquer et comprendre* [1971], trad. fr. O. Fontaine, Paris, Ithaque, 2017.

Littérature secondaire

ANDLER D., A. FAGOT et B. SAINT-SERNIN, *Philosophie des sciences*, Paris, Gallimard, 2002.

BARBEROUSSE A., M. KISTLER et P. LUDWIG, *La philosophie des sciences au XXe siècle*, Paris, Flammarion, 2000.

— et D. BONNAY et M. COZIC (dir.), *Précis de philosophie des sciences*, Paris, Vuibert, 2011.

BRENNER A. et A. PETIT (éd.), *Science, histoire et philosophie. La constitution d'un champ disciplinaire sous la Troisième république*, Paris, Vuibert, 2009.

CHALMERS A., *Qu'est-ce que la science ?* [1982], trad. fr. M. Biezunski, Paris, Librairie générale Française, 1990.

CRASNOW S. et K. INTEMANN (eds.), *The Routledge Handbook of Feminist Philosophy of Science*, New York, Routledge, 2021.

DEAR P. R., *The Intelligibility of Nature : How Science Makes Sense of the World*, Chicago (IL), University of Chicago Press, 2006.

DUPRÉ J., *The Disorder of Things. Metaphysical Foundations of the Disunity of Science*, Cambridge (Mass.), Harvard University Press, 1993.

ELLIOTT K. C. et D. STEEL (eds.), *Current Controversies in Values and Science*, London-New York, Routledge, 2017.

ESPINOLA A. F., « Subjectivité et connaissance : réflexions sur les épistémologies du "point de vue" », *Cahiers du genre* 53, 2012.

FRIEDMAN M., *Reconsidering Logical Positivism*, Cambridge, Cambridge University Press, 1999.

– *Dynamics of Reason*, Stanford, CSLI Publications, 2001.

GABBAY D., P. THAGARD et J. WOODS (eds.), *Handbook of the Philosophy of Science*, 16 vol., Amsterdam, Elsevier-North Holland, 2007-2012.

GAUKROGER S., *The Emergence of a Scientific Culture : Science and the Shaping of Modernity, 1210-1685*, Oxford, Oxford University Press, 2006.

– *The Collapse of Mechanism and the Rise of Sensibility : Science and the Shaping of Modernity, 1680-1760*, Oxford, Oxford University Press, 2010.

GINGRAS Y., *Sociologie des sciences*, Paris, Puf, 2013.

GODFREY-SMITH P., *Theory and Reality : an Introduction to the Philosophy of Science*, Chicago (IL), University of Chicago Press, 2003.

GRANGER G.-G., « Épistémologie », *Encyclopedia universalis*, 1999, 2e version, 2009.

HARDING S. et M. B. HINTIKKA (eds.), *Discovering Reality*, 2e éd., Dordrecht, Kluwer, 2003.

HUMPHREYS P., *Oxford Handbook of Philosophy of Science*, Oxford, Oxford University Press, 2016.

HUNEMAN P., *Pourquoi ? Une question pour découvrir le monde*, Paris, Autrement, 2020.

JACOB P., *L'empirisme logique*, Paris, Minuit, 1980.

KISTLER M., *L'Esprit matériel. Réduction et émergence*, Paris, Vrin, 2023.
LAUGIER S., *L'anthropologie logique de Quine*, Paris, Vrin, 1992.
— et S. PLAUD (éd.), *La philosophie analytique*, chap. III et V, Paris, Ellipses, 2011.
MOULINÈS C. U., *La philosophie des sciences. L'invention d'une discipline*, Paris, Rue d'Ulm, 2006.
OKASHA S., *Philosophy of Science. A Very Short Introduction*, Oxford, Oxford University Press, 2002.
PATTON L., *Philosophie, Science, and History*, New York-London, Routledge, 2014.
RUPHY S., *Pluralismes scientifiques*, Paris, Hermann, 2013.
–« Rôle des valeurs en science : contributions de la philosophie féministe des sciences », *Écologie et politique* 51, 2015.
– *Scientific Pluralism Reconsidered*, Pittsburgh (PA), University of Pittsburgh Press, 2016.
SALMON W., « Scientific Explanation : Three Basic Conceptions », *Philosophy of Science* 2, 1984.
SOLER L., *Introduction à l'épistémologie*, Paris, Ellipses, 2019, 3e éd.
TIERCELIN C., *Le ciment des choses*, Paris, Ithaque, 2011.
VORMS M., *Qu'est-ce qu'une théorie scientifique ?* , Paris, Vuibert, 2011.
VARENNE F., *Théorie, réalité, modèle*, Paris, Matériologiques, 2013.
WAGNER P. (dir.), *Les philosophes et la science*, Paris, Gallimard, 2002.

Anthologies

AYER A. J. (ed.), *Logical Positivism*, New York, The Free Press, 1959.
BONNET CH. et P. WAGNER (éd.), *L'âge d'or de l'empirisme logique*, Paris, Gallimard, 2006,
CARNAP R., *Logique inductive et probabilité*, Paris, Vrin, 2015.
FEIGL H. et M. BRODBECK (eds.), *Readings in the philosophy of science*, New York, Appleton Century Crofts, 1953.
JACOB P., *De Vienne à Cambridge. L'héritage du positivisme logique*, Paris, Gallimard, 1980.
LAUGIER S. et P. WAGNER (dir.), *Philosophie des sciences*, 2 vol., « Textes clés », Paris, Vrin, 2004.
SOULEZ A. (éd.), *Manifeste du Cercle de Vienne et autres écrits* [1985], Paris, Vrin, 2010.

Épistémologie française

Textes classiques

BACHELARD G., *Le nouvel esprit scientifique*, Paris, Alcan, 1934.
– *La formation de l'esprit scientifique*, Paris, Vrin, 1938.
– *La Philosophie du non*, Paris, Puf, 1940.
– *L'Activité rationaliste de la physique contemporaine*, Paris, Puf, 1951.
BRUNSCHVICG L., *Les étapes de la philosophie mathématique*, Paris, Alcan, 1912.
CANGUILHEM G., *Le normal et le pathologique*, Paris, Puf, 1966.
– *Études d'histoire et de philosophie des sciences*, Paris, Vrin, 1983.
– *Œuvres complètes*, t. 1 à 6, Paris, Vrin, 2011-2025.
CAVAILLÈS J., *Sur la logique et la théorie de la science*, Paris, Vrin, 2008, 2e éd.
– *Méthode axiomatique et formalisme*, Paris, Hermann, 1981.
COMTE A., *Cours de philosophie positive*, Paris, Hermann, 1975.
FOUCAULT M., *Naissance de la clinique*, Paris, Puf, 1963.
– *Les mots et les choses*, Paris, Gallimard, 1966.
– *L'archéologie du savoir*, Paris, Gallimard, 1969.
GRANGER G.-G., *Essai d'une philosophie du style*, Paris, A. Colin, 1968.
– *Langages et épistémologie*, Paris, Klincksieck, 1979.

Littérature secondaire

BENIS SINACEUR H., *Jean Cavaillès. Philosophie mathématique*, Paris, Vrin, 2019.
BITBOL M. et J. GAYON (dir.), *L'épistémologie française. 1830-1970* [2006], Paris, Matériologiques, 2015.
BRAUNSTEIN J.-F., *La philosophie de la médecine d'Auguste Comte*, Paris, Puf, 2009.
— et I. MOYA DIEZ et M. VAGELLI (dir.), *L'épistémologie historique. Histoire et méthodes*, Paris, Éd. de la Sorbonne, 2019.
BRENNER A., *Les origines françaises de la philosophie des sciences*, Paris, Puf, 2003.
DASTON L. et P. GALISON, éd., *Objectivity*, New York, Zone Book, 2007.
LECOURT D., *L'épistémologie historique de Gaston Bachelard*, Paris, Vrin, 1969.

Anthologie

BRAUNSTEIN J.-F. (éd.), *L'histoire des sciences*, « Textes clés », Paris, Vrin, 2008.

Histoire de la philosophie ancienne, classique et moderne

Textes classiques

ARISTOTE, *Catégories* et *De l'interprétation*, trad. fr. M. Crubellier *et al.*, Paris, GF-Flammarion, 2007.

– *Premiers analytiques*, trad. fr. M. Crubellier, Paris, GF-Flammarion, 2014.

– *Second analytiques*, trad. fr. P. Pellegrin, Paris, GF-Flammarion, 2005.

ARNAULD A. et P. NICOLE, *La logique ou l'art de penser* [1662], Paris, Vrin, 1981.

BACON R., *Du signe*, trad. fr. et comm., I. Rosier-Catach *et al.*, Paris, Vrin, 2022.

DESCARTES R., *Règles pour la direction de l'esprit* [1627 ou 1628], Paris, Vrin, 2000.

– *Discours de la méthode* [1637], Paris, Vrin, 1987.

GUILLAUME D'OCKHAM, *Somme de logique*, trad. fr. J. Biard, Mauvezin, TER, 1993.

HUME D., *Enquête sur l'entendement humain* [1748], trad. fr. M. Malherbe, Paris, Vrin, 2008.

KANT E., *Critique de la raison pure* [1781, 1787], Préfaces, intro. et appendice à la dialectique transcendantale, trad. fr. A. J.-L. Delamarre et F. Marty, Paris, Gallimard, 1980.

– *Logique*, trad. fr. L. Guillermit, Paris, Vrin, 1989.

LEIBNIZ G. W., *Discours de métaphysique* [1686], Paris, Vrin, 2016.

– *Nouveaux essais sur l'entendement humain* [1710], Paris, Flammarion, 1993.

LOCKE J., *Essais philosophiques concernant l'entendement humain* [1690], trad. fr. J.-M. Vienne, Paris, Vrin, 2001-2003.

PASCAL B., *De l'esprit géométrique et de l'art de persuader*, dans *Œuvres complètes*, « Bibliothèque de la Pléiade », Paris, Gallimard, 1954.

SPINOZA B., *Éthique* [1677], appendice au livre I, trad. fr. B. Pautrat, Paris, Seuil, 2010.

THOMAS D'AQUIN, *Seconds analytiques d'Aristote. Commentaire de Thomas d'Aquin*, trad. fr. G.-F. Delaporte, Paris, L'Harmattan, 2015.

Littérature secondaire

BIARD J., *Guillaume d'Ockham. Logique et philosophie*, Paris, Puf, 1997.

– *Science et nature, la théorie buridanienne du savoir*, Paris, Vrin, 2012.

BOH I., *Epistemic Logic in the Later Middle Ages*, London-New York, Routledge, 1993.

BRUMBERG-CHAUMONT J. (dir.), *Ad notitiam ignoti. L'*Organon *dans la* translatio studiorum *à l'époque d'Albert le Grand*, Turnhout, Brepols, 2013.

CAROTI S. (ed.), *Studies in Medieval Natural Philosophy*, Firenze, Leo S. Olschki, 1989.

DUTILH-NOVAES C. et S. READ (eds.), *Cambridge Companion to Medieval Logic*, Cambridge, Cambridge University Press, 2016.

FRANCESCHI S. DE *et al.* (dir.), *La Théologie comme science*, Turnhout, BHESR, 2024.

GOURINAT J.-B. et J. LEMAIRE, *Logique et dialectique dans l'Antiquité*, Paris, Vrin, 2016.

GRELLARD C., « Epistemology », *in* H. Lagerlund (ed.), *Encyclopedia of Medieval Philosophy*, Dordrecht, Springer, 2011, p. 294-300.

– « Le scepticisme au Moyen Âge, de saint Augustin à Nicolas d'Autrécourt. Réception et transformation d'un problème philosophique », *Cahiers philosophiques* 153, 2, 2018.

LENNOX J. G., *Aristotle's Philosophy of Biology*, Cambridge, Cambridge University Press, 2001.

– *Aristotle in Inquiry, Erotetic Frameworks and Domain-Specific Norms*, Cambridge, Cambridge University Press, 2021.

LIBERA A. DE, *Penser au Moyen Âge*, Paris, Seuil, 1991.

RABOUIN D., *Mathématiques et philosophie chez Leibniz*, Paris, Vrin, 2025.

SOLÈRE J.-L., *Formes de la pensée médiévale*, Paris, à paraître.

II. Domaines épistémologiques particuliers

Philosophie de la technique

Textes classiques

HABERMAS J., *La technique et la science comme idéologie* [1968], trad. fr. J.-R. Ladmiral, Paris, Denoël-Gonthier, 1978.

HEIDEGGER M., « La question de la technique », trad. fr. A. Préau, dans M. Heidegger, *Essais et conférences*, Paris, Gallimard, 1993.

LEROI-GOURHAN A., *Le geste et la parole*, 2 vol., Paris, Albin Michel, 1965.

SIMONDON G., *Du mode d'existence des objets techniques*, Paris, Aubier, 1958.

Littérature secondaire

CLARIZIO E., *La vie technique : une philosophie biologique de la technique*, Paris, Hermann, 2021.

IHDE D., *Technics and Praxis*, Dordrecht, Reidel, 1979.

MEIJERS A. M., P. THAGARD et J. WOODS (eds.), *Philosophy of Technology and Engineering Sciences*, Amsterdam, Elsevier, 2009.

MICHELFELDER D. P. et N. DOOM (eds.), *The Routledge Handbook of the Philosophy of Engineering*, New York, Routledge, 2021.

SCHARFF R. C. et V. DUSEK (eds.), *Philosophy of Technology*, Chichester, Wiley Blackwell, 2014.
SCHATZBERG E., *Technology. Critical History of a Concept*, Chicago (IL), The University of Chicago Press, 2018.
SÉRIS J.-P., *La technique*, Paris, Puf, 1994.
STIEGLER B., *La technique et le temps. 1. La faute d'Épiméthée. 2. La désorientation. 3. Le temps du cinéma et la question du mal-être*, Paris, Fayard, 2018.

Philosophie de la logique et des mathématiques

Textes classiques

COUTURAT L., *De l'infini mathématique*, Paris, Albert Blanchard, 1973.
DESANTI J.-T., *Les idéalités mathématiques*, Paris, Seuil, 1987.
FREGE G., *Die Grundgesätze der Arithmetik* [1893, 1903], trad. angl. P. A. Ebert et M. Rossberg, *Basic Laws of Arithmetic*, Oxford, Oxford University Press, 2013.
– *Écrits logiques et philosophiques*, trad. fr. C. Imbert, Paris, Seuil, 1971.
– *Les fondements de l'arithmétique* [1884], trad. fr. C. Imbert, Paris, Seuil, 1969.
– *Idéographie* [1879], trad. fr. C. Besson, Paris, Vrin, 1999.
– *Écrits posthumes*, trad. fr. sous la dir. P. de Rouilhan et C. Tiercelin, Nîmes, Jacqueline Chambon, 1999.
HACKING I., *Why Is There Philosophy of Mathematics at All ?*, Cambridge, Cambridge University Press, 2014.
HUSSERL E., *Recherches logiques* [1900-1901], trad. fr. H. Elie *et al.*, Paris, Puf, 2000-2011.
– *Philosophie de l'arithmétique*, trad. fr. J. English, Paris, Puf, 1972.
– *Logique formelle et logique transcendantale* [1929], trad. fr. S. Bachelard, Paris, Puf, 2009.
KRIPKE S., *La logique des noms propres* [1970], trad. fr. P. Jacob et F. Recanati, Paris, Minuit, 1982.
LUKASIEWICZ J., *Écrits logiques et philosophiques*, trad. fr. S. Richard *et al.*, Paris, Vrin, 2013.
MILL J. S., *Système de logique déductive et inductive* [1843], trad. fr. L. Peisse, Bruxelles, Mardaga, 1988.
PRIOR A., *Objets de pensée*, trad. fr. J.-C. Pariente, Paris, Vrin, 2002.
QUINE W. V. O., *Méthodes de logique* [1952], trad. fr. M. Clavelin, Paris, Armand Colin, 1973.
– *Du point de vue logique* [1953], trad. fr. sous la dir. de S. Laugier, Paris, Vrin, 2003.
– *Philosophie de la logique* [1970], trad. fr. J. Largeault, Paris, Aubier, 2008.

RAMSEY F., *Logique philosophie et probabilité*, trad. fr. P. Engel *et al.*, Paris, Vrin, 2003.

RUSSELL B., *Principles of Mathematics*, Londres, George Allen and Unwin, 1903.

– *Écrits de logique philosophique*, trad. fr. J.-M. Roy, Paris, PUF, 1989.

TARSKI T., *Introduction à la logique*, trad. fr. J. Tremblay, Paris, Gauthier-Villars, 1960.

WITTGENSTEIN L., *Tractatus logico-philosophicus* [1922], trad. fr. C. Chauviré et S. Plaud, « GF », Paris, Flammarion, 2022.

– *Remarques sur les fondements des mathématiques* [1956], trad. fr. M.-A. Lescourret. Paris, Gallimard, 1983.

Littérature secondaire

ARANA A. et M. PANZA (dir.), *Précis de philosophie de la logique et des mathématiques*, vol. 2, *Philosophie des mathématiques*, Paris, Éditions de la Sorbonne, 2022.

BACHELARD S., *La logique de Husserl*, Paris, Puf, 1957.

BELNA J.-P., *Histoire de la logique*, Paris, Ellipses, 2014.

BLANCHÉ R., *L'axiomatique* [1955], Paris, Puf, 2009.

DOXIADIS A. et C. PAPADIMITRIOU, *Logicomix*, Paris, Vuibert, 2010.

HALIMI B., *Le nécessaire et l'universel*, Paris, Vrin, 2013.

HODGES A., *Alan Turing ou l'énigme de l'intelligence* [1983], trad. fr. N. Zimmermann, Paris, Payot, 1988.

LAPOINTE S. (ed.), *Logic from Kant to Russell. Laying the Foundations for Analytic Philosophy*, New York, Routledge, 2019.

MACFARLANE J., *Philosophical Logic. A Contemporary Introduction*, New York-London, Routledge, 2021.

MANCOSU P., *Infini, logique, géométrie*, Paris, Vrin, 2015.

—, et M. Mugnai, *Syllogistic Logic and Mathematical Proof*, Oxford, Oxford University Press,

NEF F. et D. VERNANT (éd.), *Le formalisme en question. Le tournant des années 30*, Paris, Vrin, 1998.

PANZA M. et A. SERENI, *Introduction à la philosophie des mathématiques. Le problème de Platon*, trad. fr. R. de Calan et R. Locatelli, Paris, Flammarion, 2013.

PLATO J. VON, *Elements of Logical Reasoning*, Cambridge, Cambridge University Press, 2013.

POGGIOLESI F. et P. WAGNER (dir.), *Précis de philosophie de la logique et des mathématiques*, vol. 1, *Philosophie de la logique*, Paris, Éditions de la Sorbonne, 2021.

PRADELLE D., *Intuition et idéalités. Phénoménologie des objets mathématiques*, Paris, Puf, 2020.

READ S., *Thinking About Logic*, Oxford, Oxford University Press, 1995.

RIVENC F. et G. SANDU, *Entre logique et langage*, Paris, Vrin, 2009.
SHAPIRO S. (ed.), *Oxford Handbook of Philosophy of Mathematics and Logic*, Oxford, Oxford University Press, 2009.
VAN HEIJENOORT J., « Logic as Calculus and Logic as Language », *Synthese* 17, 1967.
VERNANT D., *Introduction à la logique standard*, Paris, Flammarion, 2001.
WAGNER P., *La logique*, « Que sais-je ? », Paris, Puf, 2024, 5e éd.
– *Logique et philosophie*, Paris, Ellipses, 2014.

Anthologies

BONNAY D. et M. COZIC, éd., *Philosophie de la logique*, Paris, Vrin, 2009.
RIVENC F. et PH. de ROUILHAN (éd.), *Logique et fondements des mathématiques. Anthologie (1850-1914)*, Paris, Payot, 1992.
VAN HEIJENHOORT J., *From Frege to Gödel*, Cambridge (Mass.), Harvard University Press, 1967.

Philosophie de la physique

Textes classiques

DUHEM P., *La Théorie physique. Son objet, sa structure* [1906], Paris, Vrin, 2007.
– *Sozein ta phainomena. Essai sur la notion de théorie physique de Platon à Galilée* [1908], Paris, Vrin, 1994.
EINSTEIN A., *La Relativité*, trad. fr. M. Solovine, Paris, Payot, 2016.
FEYNMAN R., *La nature de la physique*, trad. fr. H. Isaac *et al.*, Paris, Seuil, 1980.
FLECK L., *Genèse et développement d'un fait scientifique* [1935], trad. fr. N. Jas, Paris, Flammarion, 2008.
KOYRÉ A., *Du monde clos à l'univers infini* [1957], trad. fr. R. Tarr [1962], Paris, Gallimard, 1988.
– *Études d'histoire de la pensée scientifique*, Paris, Puf, 1966.
REICHENBACH H., *The Philosophy of Space and Time*, trad. angl. M. Reinchenbach et J. Freund, New York, Dover publications, 1958.
– *The Direction of Time* [1956], Berkeley-Los Angeles (CA), University of California Press, 1971.
VAN FRAASSEN B., *Lois et symétrie*, trad. fr. C. Chevalley, Paris, Vrin, 1994.

Littérature secondaire

ALBERT D., *Quantum Mechanics and Experience*, Cambridge (Mass.), Harvard University Press, 1994.

BARBEROUSSE A., *La physique face à la probabilité*, Paris, Vrin, 2000.
BLAY M., *La naissance de la science classique au XVIIe siècle*, Paris, Nathan, 1999.
BOYER-KASSEM TH., *Qu'est-ce que la mécanique quantique ?*, Paris, Vrin, 2015.
ESFELD M., *Physique et métaphysique*, Lausanne, Presses polytechniques et universitaires romandes, 2012.
KISTLER M., *Causalité et lois de la nature*, Paris, Vrin, 1999.
LE BIHAN S. (dir.), *Précis de philosophie de la physique*, Paris, Vuibert, 2013
MAUDLIN T., *Philosophy of Physics : Space and Time*, Princeton (NJ), Princeton University Press, 2012.
– *Philosophy of Physics : Quantum Theory*, Princeton (NJ), Princeton University Press, 2019.
NORTON J. D., *Einstein for Everyone*, Pittsburgh (PA), Nullarbor Press, 2024.
SKLAR L., *Philosophy of Physics*, Boca Raton (FL), CRC Press, 1992.
WALLACE D., *Philosophy of Physics : a Very Short Introduction*, Oxford, Oxford University Press, 2021.

Philosophie de la biologie et de la médecine

Textes classiques

BERNARD C., *Introduction à l'étude de la médecine expérimentale* [1865], Paris, Flammarion, 2008.
CANGUILHEM G., *La connaissance de la vie*, Paris, Vrin, 1974.
DARWIN CH., *L'origine des espèces* [1859], trad. fr. Th. Hoquet, Paris, Seuil, 2013.
FOX-KELLER E., *Le siècle du gène* [2000], trad. fr. S. Schmitt, Paris, Gallimard, 2003.
GOULD S. J., *La vie est belle. Les surprises de l'évolution* [1989], trad. fr. M. Blanc, Paris, Seuil, 1991.
JACOB F., *La logique du vivant*, Paris, Gallimard, 1974.
MONOD J., *Le hasard et la nécessité*, Paris, Seuil, 1970.

Littérature secondaire

ANKENY R. et S. LEONELLI, *Model organisms*, Cambridge, Cambridge University Press, 2021.
ARIEW A., R. CUMMINS et M. PERLMAN (eds.), *Functions : New Essays in the Philosophy of Psychology and Biology*. New York, Oxford University Press, 2002.
BRANDON R., *Adaptation and Environment*, Princeton (NJ), Princeton University Press, 1990.
CRAVER C., *Explaining the Brain*, Oxford, Oxford University Press, 2007.
FAGOT-LARGEAULT A., *Médecine et philosophie*, Paris, Puf, 2010.

– (dir.), *L'émergence de la médecine scientifique*, Paris, Matériologiques, 2013.
FAUCHER L. et D. FOREST (eds.), *Defining Mental Disorder. Jerome Wakefield and his Critics*, Cambridge (Mass.), The MIT Press, 2021.
GAYON J., *Darwin et l'après Darwin*, Paris, Matériologiques, 2018.
—, et V. PETIT, *La connaissance de la vie aujourd'hui*, London, ISTE, 2018.
GIROUX É. et M. LEMOINE (éd.), *Philosophie de la médecine. Santé, maladie, pathologie*, « Textes clés », Paris, Vrin, 2012.
—, et F. MERLIN et Y. FAYET (eds.), *Integrative Approaches in Environmental Health and Exposome Research*, Cham, Palgrave Macmillan, 2023.
HEAMS TH., PH. HUNEMAN, G. LECOINTRE et M. SILBERSTEIN (dir.), *Les mondes darwiniens. L'évolution de l'évolution*, Paris, Matériologiques, 2011.
HOQUET TH., *Darwin contre Darwin. Comment lire l'Origine des espèces*, Paris, Seuil, 2009.
—, et F. MERLIN (éd.), *Précis de philosophie de la biologie*, Paris, Vuibert, 2014.
HULL D. L. et M. RUSE (eds.), *The Cambridge Companion to the Philosophy of Biology*. New York, Cambridge University Press, 2007.
LAPLANE L., *Cancer Stem Cells. Philosophy and Therapies*, Cambridge (Mass.), Harvard University Press, 2016.
MERLIN F., *Mutations et aléas : le hasard dans la théorie de l'évolution*, Paris, Hermann 2013.
NICOGLOU A., *Plasticity in the Life Sciences*, Chicago (IL), Chicago University Press, 2024.
OYAMA S., R. GRAY et P. GRIFFITHS (eds.), *Cycles of Contingency : Developmental Systems and Evolution*, Boston (Mass.), The MIT Press, 2003.
RICHARDS R., *The Romantic Conception of Life : Science and Philosophy in the Age of Goethe*, Chicago, University of Chicago Press, 2002.
ROSENBERG A. et D. MCSHEA, *Philosophy of biology. A Contemporary Introduction*, New York (N.Y), Routledge, 2008.
SACHSE CH., *L'évolution biologique, un trésor de philosophie*, Lausanne, EPFL, 2021.
SOBER E., *The Nature of Selection*, Cambridge (Mass.), MIT Press, 1984.
– (ed.) *Conceptual Issues in Evolutionary Biology*, Cambridge (Mass.), MIT Press, 2015.
– *Philosophy of Biology*, Princeton (NJ), Princeton University Press, 2003.
SPRANZI M., *Le travail de l'éthique*, Bruxelles, Mardaga, 2018.
STERELNY K. et P. E. GRIFFITHS, *Sex and Death. An Introduction to Philosophy of Biology*, Chicago (IL), University of Chicago Press, 1999.

Philosophie des sciences humaines

Textes classiques

BOURDIEU P., *Science de la science et réflexivité*, Paris, Raisons d'agir, 2002.
—, J.-C. CHAMBODERON et J.-C. PASSERON, *Le métier de sociologue. Préalables épistémologiques*, Paris, EHESS, 2021.
DENNETT D., *La stratégie de l'interprète* [1987], trad. fr. P. Engel, Paris, Gallimard, 1990.
DURKHEIM É., *Sociologie et philosophie*, Paris, Félix Alcan, 1924.
FODOR J., *La Modularité de l'esprit. Essai sur la psychologie des facultés* [1983], trad. fr. A. Gerschenfeld, Paris, Minuit, 1986.
GRANGER G.-G., *Pensée formelle et sciences de l'homme*, Paris, Aubier-Montaigne, 1975.
JAMES W., *Précis de psychologie* [1892], trad. fr. N. Ferron, Paris, Les empêcheurs de penser en rond, 2003.
KIM J., *L'esprit dans un monde physique* [1998], trad. fr. F. Athané et É. Guinet, Montreuil-sous-Bois, Ithaque, 2014.
LÉVI-STRAUSS C., *Tristes tropiques*, Paris, Plon, 1955.
– *Anthropologie structurale*, Paris, Seuil, 1958.
MAUSS M., *Sociologie et anthropologie*, Paris, Puf, 1968.
PASSERON J.-C., *Le raisonnement sociologique*, Paris, Nathan, 1990.

Littérature secondaire

DOUET Y. et A. FERON (dir.), *Les sciences humaines*, Limoges, Lambert-Lucas, 2022.
ENGEL P., *Philosophie et psychologie*, Paris, Gallimard, 1996.
EPSTEIN B., *The Ant Trap*, Oxford, Oxford University Press, 2017.
KAHNEMAN D., *Système 1-système 2. Les deux vitesses de la pensée* [2011], trad. fr. R. Clarinard, Paris, Garnier-Flammarion, 2016.
SHAPIRO L. A., *Embodied Cognition*, New York, Routledge, 2011.
SCHELLING TH. C., *Micromotives and Macrobehaviors*, New York, Norton, 2006.

Philosophie de la connaissance

Textes classiques

DEWEY J., *Logic : The Theory of Inquiry*, New York, Henry Holt and Co, 1938, reproduit dans J. Dewey, *The Later Works, 1925–1953*, vol. 12., 1981.

GETTIER E. « Une croyance vraie et justifiée est-elle une connaissance » [1963], trad. fr. dans J. Dutant et P. Engel (éd.), *Philosophie de la connaissance*, « Textes clés », Paris, Vrin, 2005.

GOLDMAN A. I., *Epistemology and Cognition*, Cambridge (Mass.), Harvard University Press, 1986.

HABERMAS J., *Logique des sciences sociales* [1967], trad. fr. R. Rochlitz, Paris, Puf, 1989.

HINTIKKA J., « 'Knowing that One Knows'Reviewed », *Synthese* 21, 1970, p. 141-162.

– *Socratic Epistemology. Exploration of Knowldge-Seeking by Questioning*, Cambridge, Cambridge University Press, 2007.

SCHLICK M., *Théorie générale de la connaissance*, trad. fr. Ch. Bonnet, Paris, Gallimard, 2009.

Littérature secondaire

DUTANT J., « The Legend of the Justified True Belief Analysis », *Philosophical Perspectives* 29, 2015, p. 95–145

ENGEL P., *Les vices du savoir*, Paris, Agone, 2020.

GHOSH K. *et al.* (eds.) *Uncertain Knowledge. Scepticism, Relativism and Doubt in the Middle Ages*, Turnhout, Brepols, 2014.

GIREL M., *Science et territoires de l'ignorance*, Paris, Quae, 2017.

HITCHCOCK D., *On Reasoning and Argument. Essays in Informal Logic and on Critical Thinking*, Basel, Springer, 2017.

MIZUMOTO M., E. MCCREADY et S. STICH (eds.), *Epistemology for the Rest of the World*, Oxford, Oxford University Press, 2018.

PASNAU R., *After Certainty. A History of Our Epistemic Ideals and Illusions*, Oxford, Oxford University Press, 2017.

Anthologie

DUTANT J. et P. ENGEL (éd.), *Philosophie de la connaissance*, « Textes clés », Paris, Vrin, 2005.

Contributeurs

Marianna Antonutti Marfori est maîtresse de conférences à l'université Paris 1 Panthéon-Sorbonne et membre de l'IHPST (Institut d'histoire et de philosophie des sciences et des techniques à Paris). Ses recherches portent principalement sur la philosophie des mathématiques, et plus particulièrement sur les questions philosophiques concernant la vérité et la prouvabilité en mathématiques, ainsi que sur la nature de la connaissance et de la justification mathématiques. Elle a codirigé plusieurs numéros de revues, notamment « The Explanatory and Heuristic Power of Mathematics » (*Synthese*, avec S. Bangu et E. Ippoliti).

Vincent Ardourel est chercheur CNRS à l'IHPST. Ses travaux portent sur la philosophie de la physique et la philosophie des sciences. Il s'intéresse à différents domaines de la physique (physique statistique, mécanique classique, physique quantique, mécanique des fluides) et aux outils mathématiques qui y sont utilisés (idéalisations, modèles, calcul numérique). Parmi ses publications en français, il est l'auteur de l'ouvrage *Du calcul numérique à la mécanique discrète* (Vrin, 2018) et co-auteur, avec Quentin Rodriguez, de l'article « Des usages pluriels d'un modèle en physique : le cas du modèle d'Ising » pour les *Cahiers philosophiques* (Vrin, 2024).

Anouk Barberousse est professeure de philosophie des sciences à Sorbonne Université et membre de l'UMR 8011 Sciences, Normes, Démocratie. Elle s'intéresse aux représentations scientifiques (modèles, théories, images) et au raisonnement probatoire. Elle a co-dirigé, avec D. Bonnay et M. Cozic, le *Précis de Philosophie des Sciences* (Vuibert, 2011). Parmi ses autres publications : « Quelle place pour les données dans le raisonnement scientifique ? (*Bulletin de la Société Français de Philosophie*, 2019), « Le tournant computationnel et l'innovation théorique », avec Cyrille Imbert, dans S. Le Bihan (dir.), *Philosophie de la physique* (Vuibert, 2013).

Julie Brumberg-Chaumont est directrice de recherche au CNRS (PSL / LEM). Elle est spécialisée en histoire de la logique et des traditions aristotéliciennes au Moyen Âge, avec un intérêt particulier pour l'histoire sociale et l'anthropologie historique de la logique. Elle a notamment co-écrit *Adam of Bockenfield and his Circle on the* De memoria (Oxford University Press, 2022) et dirigé avec Cl. Rosental, *Logical Skills. Historical-Social Approaches* (Springer, 2021). Elle a récemment publié « When Logic Goes East and Far-West », *Historiography and the Formation of Philosophical Canons* (Routledge, 2023) ; « Raison et logique au Moyen Âge », *La Raison au Moyen Âge* (Vrin, 2023).

Denis Forest est professeur de philosophie et d'histoire des sciences à l'université Paris 1 Panthéon-Sorbonne et membre de l'IHPST, Paris. Ses travaux portent notamment sur les sciences de l'esprit et sur les neurosciences. Il est l'auteur de trois ouvrages en nom propre : *Histoire des aphasies* (Puf, 2005), *Neuroscepticisme* (Ithaque, 2014) et *Neuropromesses* (Ithaque, 2022). Il est également l'éditeur de collectifs comme *L'innéité aujourd'hui* (Matériologiques, 2013), *Defining Mental Disorder. Jerome Wakefield and his Critics* (The MIT Press, 2021, avec Luc Faucher) et *Conscience. Nouvelles recherches* (*Revue de métaphysique et de morale*, 2024).

Henri Galinon est maître de conférences à l'université Clermont Auvergne et membre de l'équipe Philosophies et Rationalités. Il a co-dirigé avec T. Achourioti, K. Fujimoto et J. Martinez l'ouvrage *Unifying the Philosophy of Truth* (Springer, 2015), et prépare actuellement avec D. Bonnay et M. Vorms l'édition d'un volume de textes intitulé « Épistémologie sociale » (Vrin, à paraître). Parmi ses publications récentes : « Putnam, le réel, le rationnel et le naturel » (*Archives de Philosophie*, 2024), « Ebbs, la référence en partage » avec S. Gandon (*Revue de métaphysique et de morale*, 2022).

Philippe Huneman est directeur de recherche à l'IHPST (CNRS / Paris 1 Panthéon Sorbonne). Ses travaux portent essentiellement sur la philosophie de la biologie évolutive et l'écologie, ainsi que la théorie des explications. Il a écrit sur le kantisme, la notion d'organisme, l'écologie et la sélection naturelle et codirigé *Les Mondes Darwiniens* (Matériologiques, 2011) et *Challenging The Modern Synthesis* (Oxford University Press, 2017). Il est l'auteur de *Métaphysique et biologie* (Kimé, 2008), *Death. Perspectives from the Philosophy of Biology* (Palgrave, 2023), *Pourquoi ? Une question pour découvrir le monde* (Flammarion, 2020), et *Les sociétés du profilage. Évaluer, optimiser, prédire* (Payot, 2023).

Mathilde Lequin, chargée de recherche au CNRS, est philosophe des sciences à l'UMR PACEA (De la Préhistoire à l'Actuel : Culture, Environnement, Anthropologie, CNRS / Université de Bordeaux). Ses travaux portent sur l'épistémologie de la paléoanthropologie et s'intéressent en particulier aux critères d'interprétation des vestiges fossiles et aux critères de définition de l'humain. Elle a notamment publié l'ouvrage *Bipédie et origines de l'humanité* (Hermann, 2019) et le *Dictionnaire des anthropologies* (Presses universitaires de Paris Nanterre, 2022, avec Albert Piette).

Francesca Merlin est directrice de recherche au CNRS (IHPST). Ses travaux de recherche en philosophie de la biologie portent sur des concepts centraux comme hasard et probabilité, épigénétique et hérédité, *fitness* et évolution, ainsi que sur la relation santé-environnement dans les sciences biomédicales. Elle a publié en nom propre *Mutations et aléas : le hasard dans la théorie de l'évolution* (Hermann, 2013). Elle a également co-dirigé le *Précis de philosophie de la biologie* (avec T. Hoquet, Vuibert, 2014). Elle a reçu la Médaille de Bronze du CNRS en 2019.

Alberto Naibo est maître de conférences en logique à l'université Paris 1 Panthéon-Sorbonne et membre de l'IHPST (UMR 8590). Ses recherches portent sur la notion de preuve dans les sciences formelles (logique, mathématiques, informatique théorique), ainsi que sur la relation que cette notion entretient avec des notions voisines comme celle de construction, d'algorithme et de calcul. Il a publié ses travaux dans plusieurs revues internationales à comité de lecture sur des thèmes portant sur la sémantique des preuves, la correspondance entre preuves et programmes, la théorie de la démonstration et la définition des constantes logiques.

Marco Panza, directeur de recherche au CNRS (IHPST) est philosophe et historien des mathématiques et de la logique. Il a travaillé surtout sur les mathématiques à l'âge classique et à l'âge des Lumières, sur Frege et le platonisme en philosophie des mathématiques. Il est l'un des fondateurs de l'*Association for Philosophy of Mathematical Practice*. Parmi ses livres en français : *Newton et l'Origine de l'Analyse (1664-1666)* (Blanchard, 2005), *Introduction à la philosophie des mathématiques* (avec A. Sereni, Flammarion, 2013) et *Modes de l'analyse et formes de la géometrie* (Vrin, 2021).

Anne-Lise Rey est professeure de philosophie des sciences à l'université Paris Nanterre et membre du laboratoire Ireph (EA 373). Elle travaille sur la philosophie de Leibniz, l'épistémologie des Lumières et sur le canon de l'histoire de la philosophie. Elle a récemment dirigé un dossier de la *Revue de métaphysique et de morale* « les femmes philosophes au XVIIe siècle » (2024/3), un autre de la *Revue d'histoire des sciences* « Margaret Cavendish : un autre ordre de la nature ? » (2024/2). Parmi ses autres publications récentes : « Method and Explanation », *The Routledge Handbook of Women and Early Modern European Philosophy*, éds Karen Detlefsen et Lisa Shapiro (Routledge, 2023).

Stéphanie Ruphy est professeure de philosophie des sciences à l'École normale supérieure – université PSL et membre du laboratoire République des savoirs. Ses recherches relèvent de la philosophie générale des sciences et portent notamment sur le pluralisme scientifique et sur le rôle de la science dans nos démocraties contemporaines. Elle a co-dirigé avec A. Guay le volume collectif *Science, philosophie, société* (PUFC, 2017) et est l'auteur de *Scientific Pluralism Reconsidered* (Pittsburg University Press, 2016).

Henri Stéphanou est titulaire d'une chaire de professeur junior à l'université Paris 1 Panthéon-Sorbonne, chercheur à l'ISJPS. Ses recherches portent sur trois thèmes : l'épistémologie de l'informatique et des logiques constructives ; la philosophie de la technique ; les relations entre technique, droit et politique. Un ouvrage est à paraître : *Systems and Machines : the Modern Form of Problem-Solving* (De Gruyter), et un livre en français sur l'épistémologie de la programmation est en préparation.

Marion Vorms est maîtresse de conférences à l'université Paris 1 Panthéon-Sorbonne, chercheuse à l'IHPST et membre junior de l'Institut universitaire de France. Ses travaux se situent à la croisée de la philosophie des sciences et de la connaissance, de la psychologie du raisonnement et du droit. Ses recherches s'articulent autour de trois thèmes : le raisonnement sur les faits et sur les preuves dans le contexte judiciaire, le rôle de l'expertise scientifique dans la prise de décision et la nature et la formation des croyances. Deux ouvrages sont à paraître : *De toute évidence. Faits, preuves et procès* (Seuil) et *Le procès du Mediator. Une enquête philosophique sur le rôle des sciences au tribunal* (avec A. Barberousse et I. Drouet, Puf).

Pierre Wagner est professeur à l'université Paris 1 Panthéon-Sorbonne et membre de l'IHPST. Ses travaux portent sur la philosophie de la logique (axiomes et définitions, le désaccord dans le raisonnement) et l'histoire de la philosophie analytique (la pensée de Carnap, l'empirisme logique et le Cercle de Vienne). Il est l'auteur de nombreux articles sur ces sujets, ainsi que de *La machine en logique* (Puf, 1998), *La logique* (Puf, 2007) et *Logique et philosophie* (Ellipses, 2014) et a dirigé, entre autres, *Les philosophes et la science* (Gallimard, 2002), et codirigé *Philosophie des sciences* (Vrin, 2004), *L'âge d'or de l'empirisme logique* (Gallimard, 2006) et *Précis de philosophie de la logique et des mathématiques* (Éditions de la Sorbonne, 2021).

Table des matières

I. Logique, mathématiques, algorithmes

III. Sciences, valeurs, société

Achevé d'imprimer en mars 2025
sur les presses de
La Manufacture - Imprimeur – 52200 Langres
Tél. : (33) 325 845 892

N° imprimeur : 250144 - Dépôt légal : mars 2025
Imprimé en France